IDEEN, DIE DIE WELT VERÄNDERTEN

ADAM FERNER, CHRIS MEYNS

IDEEN, DIE DIE WELT VERÄNDERTEN

Die bedeutendsten Werke der Geistesgeschichte

Aus dem Englischen
von Susanne Schmidt-Wussow

Haupt Verlag

1. Auflage: 2021

ISBN 978-3-258-08237-0

Aus dem Englischen übersetzt von Susanne Schmidt-Wussow, D-Berlin
Satz der deutschsprachigen Ausgabe: Die Werkstatt Medien-Produktion, D-Göttingen
Umschlag: pooldesign.ch, CH-Zürich

Die englischsprachige Originalausgabe erschien 2021 unter dem Titel *The Philosopher's Library. Books that Shaped the World* bei Ivy Press, einem Imprint der Quarto Group, The Old Brewery, 6 Blundell Street, UK-London, N7 9BH

Gedruckt in Singapur

MIX
Papier aus verantwortungsvollen Quellen
FSC www.fsc.org FSC™ C007207

Um lange Transportwege zu vermeiden, hätten wir dieses Buch gerne in Europa gedruckt. Bei Lizenzausgaben wie diesem Buch entscheidet jedoch der Originalverlag über den Druckort. Der Haupt Verlag kompensiert mit einem freiwilligen Beitrag zum Klimaschutz die durch den Transport verursachten CO_2-Emissionen. Wir verwenden FSC-Papier. FSC sichert die Nutzung der Wälder gemäß sozialen, ökonomischen und ökologischen Kriterien.

Diese Publikation ist in der Deutschen Nationalbibliografie verzeichnet. Mehr Informationen dazu finden Sie unter http://dnb.dnb.de.

Der Haupt Verlag wird vom Bundesamt für Kultur für die Jahre 2021–2024 unterstützt.

INHALT

EINFÜHRUNG

RECHTS

Die Zerstörung der Bücher von Qin Shihuangdi, 18. Jh., China

Die Seidenmalerei eines unbekannten Künstlers zeigt, wie der chinesische Kaiser die Verbrennung von Büchern sowie das Begraben ruistischer Gelehrter bei lebendigem Leib befiehlt. Das Bild stammt aus dem Nachlass von Henri Bertin, einem französischen Buchprüfer der Ostindien-Kompanie im 18. Jahrhundert, und hängt heute als Schenkung in der Bibliothèque Nationale in Paris.

UNTEN

Das Niederbrennen der Bibliothek von Alexandria, 1532, Deutschland

Dieser Holzschnitt des deutschen Holzschnittgrafikers Hans Weiditz zeigt den angeblichen Gründer der Bibliothek Ptolemaios Philadelphos, der in großer Verzweiflung über die Feuersbrunst entscheiden muss, welche Bücher er retten soll. Er ist in einem Text mit dem Titel *Von der Artzney bayder Glück* zu finden.

Bücher lassen sich überraschend schwer verbrennen. Das Papier, aus dem sie gemacht sind, ist oft so stark verdichtet, dass sie aus Mangel an Sauerstoff nicht leicht Feuer fangen. Das hindert die Menschen jedoch nicht daran, es trotzdem zu versuchen. Zwar ist das Buch, wie wir es heute kennen – bedruckte Papierbündel zwischen zwei Buchdeckeln –, eine relativ neue Erfindung, doch das Verbrennen literarischer Werke hat eine ebenso lange wie beunruhigende Tradition.

Zu den allerersten dokumentierten Verbrennungen gehören die von 221 v. Chr., angeordnet vom ersten Kaiser der Qin-Dynastie als Ausdruck der antiruistischen (d. h. antikonfuzianistischen) Ideologie des neuen Reiches. Ganze Wagenladungen von Schriftrollen und Schriften aus den Provinzen wurden verbrannt. Kurze Zeit später wurde die Bibliothek von Alexandria von römischen Truppen unter dem Kommando von Julius Caesar bei seinem Feldzug gegen das ptolemäische Ägypten dem Erdboden gleichgemacht. Im 12. Jahrhundert legten Anhänger von Muhammad bin Bakhtiyar Khalji in der Bibliothek der Universität von Nalanda in Indien einen so gewaltigen Großbrand, dass es angeblich Monate dauerte, bis er erlosch. In den Straßen von Florenz lag nach dem spontanen «Fegefeuer der Eitelkeiten» 1497 überall Asche und 1562 befahl Bischof Diego de Landa Calderón die Verbrennung von Büchern der Maya in der Stadt Maní in Yucatán (Mexiko). Etwas später zündeten britische Truppen 1814 die Kongressbibliothek in Washington an, um sich für Angriffe der Amerikaner in Kanada zu revanchieren. Und in den 1930er-Jahren führte die Nationalsozialistische Partei in ganz Deutschland und Österreich eine weit verbreitete Kampagne zeremonieller Bücherverbrennungen durch, die sich gegen antifaschistische oder sozialistische Literatur und gegen Werke jüdischer Autoren richtete.

Warum sollte jemand ein Buch verbrennen wollen? Weil Bücher Zündstoff sind – in mehrerlei Hinsicht. Sie sind *mächtig*. Gedruckte Seiten können radikale Ideen enthalten und damit können Bücher Kritik und Zensur, ja sogar Hass auf sich ziehen. Sie sind Symbole, Codes und Träger explosiver und streitbarer Gedanken und Theorien, die andere Gruppen vielleicht unterdrücken möchten. Bücherverbrennungen stehen in einer Reihe mit ähnlichen Formen kultureller Übergriffe wie der Zerstörung archäologischer Stätten und Angriffen auf religiöse Bauwerke. Sie spielen noch heute eine ebenso wichtige Rolle in der Kriegsführung wie in der Vergangenheit – man denke nur an den Schaden, den Nationalbibliothek und -archiv des Iraks während der Invasion 2003 durch die USA und ihrer Verbündeten erlitt. Die 8000 seltenen Texte, die beim Bombenanschlag der militanten Gruppe Daesh (ISIS, der sogenannte Islamische Staat) 2015 auf die öffentliche Bibliothek von Mosul verbrannten, zählen zu den jüngsten Verlusten, werden aber nicht die letzten sein.

Es ist die Macht der Bücher, die Bücherverbrennungen selbst zur Machtdemonstration werden lassen. Sie sind Drohungen und Zurschaustellung von Stärke und markieren gleichzeitig sowohl territoriale als auch kulturelle Grenzen. Zur selben Zeit, als die

坑儒焚書

Nazis verbotene Bücher – philosophische und andere – ins Feuer warfen, verteilten sie Exemplare von Adolf Hitlers *Mein Kampf* (zu Hunderttausenden vom Staat gedruckt). Damit grenzten sie den ideologischen Raum ab, in dem ihre Bewegung existierte: *Dies*, sagten sie, gehört hinein; *das* ist außerhalb. *Dies* ist akzeptabel, *das* ist verboten.

Diese Praxis kultureller und philosophischer Grenzziehung tritt auch in anderen, weniger aufrührerischen Formen auf. Linda Nochlin, Charles Mills und Michael Apple haben gezeigt, dass die Unterdrückung von Literatur auch bei der Erstellung von literarischen Kanons, Studieninhalten, Lehrplänen und Listen großer Werke stattfindet. Dieser Prozess fällt weniger ins Auge als das Feuer und das Wüten brennender Bücher, ist daher aber auch schädlicher und weniger leicht abzustellen. Durch subtile, heimtückische Methoden werden bestimmte Figuren an den Rand der Geschichte gedrängt, während andere gefeiert, bejubelt, in ihrer Bedeutung unterstrichen und die Namen ihrer Autoren an den Fassaden gelehrter Institutionen angebracht werden. All das gehört zu einem System des subtilen «Gedächtnismanagements», in dem Bücherverbrennungen einfach nur die sichtbarste Manifestation sind.

Über eine Frage sind wir beim Schreiben dieses Buches gestolpert: Warum gelten einige Werke als «Klassiker» der philosophischen Literatur und andere nicht? Eng damit verbunden ist die Frage, was ein Buch überhaupt zu einem philosophischen Werk macht und – sozusagen als Ausläufer dieser Fragestellung – die Frage, was genau «Philosophie» eigentlich ist.

Vielleicht gibt es kein einzelnes wesentliches Merkmal, nicht einmal eine bestimmte Merkmalsammlung, die aus einem Text ein philosophisches Werk macht. Vielleicht, um ein Konzept von Ludwig Wittgenstein anzuwenden, gruppieren wir philosophische Werke nach «Familienähnlichkeit». Mitglieder der Gruppe weisen mehrere einer Reihe überlappender Ähnlichkeiten auf, doch kein einzelnes Merkmal muss von allen geteilt werden. Es mag schwierig sein, genau zu definieren, was ein philosophisches Werk ausmacht, doch wir erkennen es, wenn wir es sehen.

Leider birgt eine Methode, die im Ganzen oder teilweise auf Äußerungen beruht, dass Individuen «gleich aussehen», oder behauptet, dass «man etwas ganz einfach erkennt», ernsthafte Probleme, die Wittgenstein als Jude in der Nazizeit und als Homosexueller, der seine sexuelle Identität verstecken musste, eher erkannt haben muss als die meisten anderen. Individuelle Voreingenommenheiten spielen eine große Rolle und jede Liste, die nach dieser Methode erstellt wurde, wird mehr darüber aussagen, *wer* sie zusammengestellt hat und wer darüber berichtet, als über die Philosophie selbst.

Als europäische Autoren mit europäischem Bildungshintergrund sind wir darauf trainiert (ohne uns dessen immer bewusst zu sein), die Philosophiegeschichte aus einem sehr spezifischen und lokalen Blickwinkel zu betrachten. In unserer Ausbildung hörten wir, dass unsere Geschichte weder spezifisch noch lokal ist, sondern aus einem Guss und unabhängig. Wir bekamen eurozentristische Literaturlisten und Einführungstexte vorgelegt, die das Bild der Philosophie als Abfolge «großer Werke» von «großen Männern» (typischerweise europäisch und typischerweise als «weiß» eingestuft) untermauern. Unsere «Klassiker» spiegeln das wider, was Peter Linebaugh «Philhellenismus» nennt, die Liebe zur hellenistischen Kultur: Sokrates, Platon und Aristoteles stehen dabei ganz weit oben. Das ist kein Zufall. Wir finden Martin Bernals Beobachtungen überzeugend, dass die britische Liebe zur hellenistischen Literatur auf dem Höhepunkt des atlantischen Sklavenhandels aufblühte, als das britische Empire schwer damit beschäftigt war, die kulturellen Leistungen des Niltals und der afrikanischen Völker, die es gerade versklavte, zu verunglimpfen. Philosophische Kataloge sind eng mit den Vorhaben des Empires verflochten.

OBEN

Adolf Hitler, Einband von *Mein Kampf*, Volksausgabe, 1933, Franz-Eher-Verlag: München, Deutschland

Diese Propagandaausgabe des faschistischen Textes *Mein Kampf* sollte zu Beginn des Zweiten Weltkriegs in einer Massenauflage die Naziideologie des Diktators verbreiten. Gedruckt und vertrieben wurde sie vom Eher-Verlag, dem Zentralverlag der NSDAP.

OBEN

Porträt von Ludwig Wittgenstein, 1930, Cambridge, UK

Dieses Foto des österreichisch-britischen Philosophen entstand während seiner Dozentenzeit in Cambridge und befindet sich derzeit in der österreichischen Nationalbibliothek. Durch einen merkwürdigen Zufall ging der junge Wittgenstein in einer Schule in Linz in dieselbe Klasse wie Adolf Hitler.

Beim Zusammentragen unserer Buchauswahl haben wir versucht, das im Allgemeinen unausgesprochene Verständnis davon zu untersuchen, was einen Text «wahrhaft philosophisch» macht. Wir werfen die Frage auf, warum bestimmte Texte zu bestimmten Zeiten in den Vordergrund treten, während andere im Hintergrund versauern. Die Kanons der philosophischen Literatur sind Orte der Herrschaft und des Widerstands. An philosophische Texte erinnert man sich aus soziopolitischen Gründen.

Dies führt zu einem allgemeineren Aspekt, der die Kulturpolitik der Philosophie als Wissenszweig betrifft. Philosophisches Denken ist wichtig. Philosophische Rätsel sind anders als die Kreuzworträtsel in der Zeitung; es sind nicht einfach nur Gedankenspiele, über die sich in aller Muße nachgrübeln lässt. Trotz der Bemühungen der Philosophen, sich aus dem Alltag zurückzuziehen, indem sie abgeschieden in Seminarräumen arbeiten und sich hinter einem Schleier von Fachbegriffen verstecken, haben selbst die abstrusesten, abstraktesten Theorien eine politische Relevanz. Die Frage etwa, was passiert, wenn eine unaufhaltsame Kraft auf ein unbewegliches Objekt trifft, kann Anlass zu müßigem Sinnieren geben. Doch wenn wir verstehen, dass die unaufhaltsame Kraft Gott ist und das unbewegliche Objekt ein Gesetz der Logik, erkennen wir ein sehr reales politisches Dilemma, was die Einsetzung erkenntnistheoretischer Autoritäten angeht: Vertrauen wir Institu-

LINKS

Porträt von Jean-Baptiste Belley, 1797, Frankreich

Jean-Baptiste Belley spielte in der haitianischen Revolution eine zentrale Rolle als Infanteriehauptmann, der gegen die Kolonisten kämpfte. Das Bild, auf dem Belley lässig an einer Büste des französischen Philosophen G. T. Raynal lehnt, ist ein Werk des Künstlers Anne-Louis Girodet de Roussy-Trioson und unterstreicht die Verknüpfung von Theorie und Revolution.

OBEN

Ägyptischer Papyrus, um 1250 v. Chr., Ägypten

Die als «Papyrus des Ani» bekannte Schriftrolle wurde im Grab des Ani gefunden und zeigt den Gott Anubis beim Wiegen des Herzens eines Verstorbenen. Wie viele der Werke in diesem Buch wurde es von Antiquaren von seinem Entstehungsort fortgeschmuggelt und ist aktuell in einem Museum der Imperialmacht ausgestellt, die es mitgehen ließ – in diesem Fall das British Museum.

tionen der Vernunft oder Institutionen der Offenbarung? Die Philosophie, wie sehr sie auch das Gegenteil behauptet, ist politisch aktiv.

Keiner dieser Gedankengänge ist natürlich besonders originell. Die Überzeugung der Philosophin, Aktivistin und Dichterin Audre Lorde, «Es gibt keine neuen Konzepte», eignet sich gut als Startpunkt eines Buches über philosophische Neuerungen. Wie Kristie Dotson darlegte, ist die Fetischisierung des Neuen und Originellen sowohl fehlgeleitet als auch politisch mit dem «Neuen» der «Neuen Welt» verknüpft – dem Abstecken uralter Räume zum Zwecke der Kolonisierung und Ausbeutung. Statt auf spontane Neuerungen möchte dieses Buch eher auf Verschiebungen und Neukonfigurierungen hinweisen. Descartes' «*Cogito*» etwa ist die Wiederaufnahme eines Arguments, das sich bei Ibn Sina (und anders formuliert in früheren Werken) findet und das es ihm ermöglicht, sich von der aristotelischen Scholastik dominanter Zeitgenossen abzusetzen. Leibniz' Theodizee, die Konzepte wieder aufnimmt, die bis zum *Babylonischen Kohelet* zurückgehen, verteidigt den Status quo als «beste aller möglichen Welten»; sie hat daher ein besonderes Gewicht im Kontext seiner Arbeit für das Herzogtum Braunschweig im Heiligen Römischen Reich.

Auf ähnliche Weise möchten wir die Vorstellung hinterfragen, dass Gedanken abgeschlossen und eigenständig in einzelnen herausragenden Geistern aufsteigen. Das Konzept des einsamen Genies, das in der Isolation radikal neue Ideen hervorbringt, hilft dem Narrativ, ist historisch gesehen aber irreführend. Häufiger deutet die Faktenlage auf Einzelne hin, die Konzepte im Zusammenwirken mit ihren Zeitgenossen, Vorgängern, Mitarbeitern und intellektuellen Gegenspielern entwickeln. Statt Individuen aus ihrem größeren Kontext heraus zu abstrahieren, versuchen wir, die ergiebigen intellektuellen Gemeinschaften und Gemeinschaftsprojekte herauszustreichen, an denen sie so häufig beteiligt waren. Der Hang zu einzelnen Gelehrten hat auch mit der Bevorzugung schriftlicher statt mündlicher Traditionen zu tun – und obwohl der Akzent hier auf Büchern liegt, versuchen wir, auch Gespräche im wörtlichen wie im literarischen Sinn mit einzubeziehen.

OBEN

Porträt von Audre Lorde, 1983, Florida, USA

Die Schriftstellerin, Feministin, Dichterin und Bürgerrechtsaktivistin posiert während ihrer Residenz am Atlantic Centre for the Arts in New Smyrna Beach in Florida für ein Foto. Auf der Tafel sind die Worte «Women are powerful and dangerous» («Frauen sind mächtig und gefährlich») zu lesen.

Die folgenden Kapitel sind grob chronologisch angeordnet und behandeln Konstellationen von Konzepten, die in allen philosophischen Literaturen auftauchen. Statt einem einzigen, linearen, großen Narrativ präsentieren sie mehrere faszinierende, miteinander verwobene Muster der Philosophiegeschichte. In Kapitel 1 («Natürliche Teilungen«) geht es um die frühe Periode von 2500 bis 300 v. Chr. Es untersucht die konzeptionellen Schachzüge, durch die lokale Themen auf die globale Ebene gebracht werden – «Naturalisierung» –, die bereits in den allerersten philosophischen Texten des *Veda* und des *Daodejing* auftauchen. Kapitel 2 («Grenzüberschreitungen», 300 v. Chr. bis 200 n. Chr.) umfasst den Beginn des ersten Jahrtausends und befasst sich mit den Werken, die die imperialistischen Vorhaben des persischen und mazedonischen Reichs legitimierten, sowie mit den revolutionären Erkenntnistheorien von Siddhartha Gautama und Mahavira im alten Indien. In Kapitel 3 («Assimilierung», 200 bis 600) erörtern wir, wie radikal kritische Werke durch die Obrigkeit neutralisiert werden, indem sie sie in die Mainstream-Kultur aufnimmt – ein Prozess, der in der römischen Gesellschaft ebenso deutlich wird wie in der vedischen und der ruistischen. In der Periode, um die es in Kapitel 4 geht («Wahrheitsregimes», 600 bis 1000), wenden wir unsere Aufmerksamkeit dem «Goldenen Zeitalter des Islam» zu; hier untersuchen wir die unterschiedlichen Wahrheitsinstanzen und die Bücher, die sie hervorbrachten, um verschiedene Auffassungen der Wirklichkeit zu verteidigen. Kapitel 5 («Gleichgewichtszustände», 1000 bis 1450) führt dieses Thema fort und geht auf die Spannung in den Texten christlicher, islamischer und jüdischer Gelehrter zwischen dem Respekt vor den Gesetzen der Offenbarung und den Gesetzen der Vernunft ein. In Kapitel 6 («Offene Grenzen», 1450 bis 1850) untersuchen wir, wie Narrative über Vernunft und «Naturphilosophie» allmählich die Methoden älterer Institutionen verdrängen und zur Gründung «wissenschaftlicherer» Einrichtungen führen, gleichzeitig aber auch die Gesetze für die koloniale Expansion auf «objektiver» Grundlage schaffen. Das letzte Kapitel («Große Narrative») bringt uns bis ins Jahr 2000. Hier sehen wir uns an, wie philosophische Themen sich mit Bezug auf Weltereignisse wie die Weltkriege, den Kalten Krieg, die Entkolonialisierung und Befreiung verschieben.

Bücherverbrennungen erzeugen eine spezielle Art von Entsetzen. *Alle* Konzepte sind es wert, in Erinnerung zu bleiben, selbst oder vielleicht gerade die beunruhigenderen, und aus diesem Grund sind die Bibliografiegeschichten, auf denen dieses Buch basiert, so wichtig. Selbst wenn sie verstörende, provokative oder «politisch unkluge» Ideen enthalten, schenken Bücher uns nicht dann am besten Licht, Wärme und Erregung, wenn sie brennen, sondern wenn sie gelesen werden. In diesem Sinne hoffen wir, dass Ihnen unser Buch und dessen Geschichten darin gefallen.

1

NATÜRLICHE TEILUNGEN
(2500 BIS 300 V. CHR.)

1 Von Anfang an?

Wo sollte ein Buch über Bücher beginnen? Die ersten gedruckten Bücher aus Papier tauchen erst ganz am Ende des ersten Jahrtausends unserer Zeitrechnung auf. Wenn wir dort beginnen, vernachlässigen wir jedoch eine ganze Palette philosophischer Texte aus Babylonien, Griechenland, dem indischen Subkontinent und noch vielen weiteren Orten. Aber wie weit zurück können wir realistischerweise gehen? Eine «Zivilisationsdämmerung» gibt es nicht: Menschen versammeln sich seit Hunderttausenden von Jahren in komplexen sozialen Gruppen, bis zurück beispielsweise zur Sangoan-Kultur im heutigen Uganda vor 65000 v. Chr. und noch darüber hinaus. Doch je weiter wir zurückblicken, desto lückenhafter werden unsere Geschichten. Artefakte aus den frühesten menschlichen Zivilisationen gibt es nur wenige; die Geschichten, die sie erzählen, sind unvollständig und oft mehrdeutig.

Belastbarer (relativ gesehen) werden die Geschichten erst um 3000 v. Chr. Dank neuer archäologischer Methoden entsteht allmählich ein deutlich umfassenderes Bild dieser Periode. Wir wissen beispielsweise, dass die britischen Inseln wenig mehr waren als ein Netz von Sümpfen, bewohnt von wenigen Menschen und Wildtieren.

Auf dem afrikanischen Kontinent jedoch hatten technologisch weit entwickelte Gesellschaften bereits beeindruckende kulturelle Leistungen erbracht. Nubische Königreiche in der Gegend des heutigen Sudans und Südägyptens gab es schon einige Jahrhunderte. Weiter nördlich leiteten Pharao Mnj (Menes) und sein Hofstaat die dynastische Zeit der ägyptischen Geschichte ein, aus der Pyramiden, Hieroglyphenschrift und die Sphinx von Gizeh hervorgingen. Der Nil spielte eine große Rolle in der ostafrikanischen Wirtschaft; er machte die Region ungeheuer fruchtbar und damit zum «Brotkorb» der Welt.

Um dieselbe Zeit entstanden in Mesopotamien – dem Gebiet, in dem der heutige Irak liegt – das sumerische Reich und das Reich von Akkad. Hier erstreckten sich die Reiche mal mehr, mal weniger eng entlang der ähnlich fruchtbaren Flüsse Euphrat und Tigris. Weiter östlich, im heutigen Pakistan, verbreitete sich die Harappa-Kultur im gesamten Industal; Spuren ihrer frühen Wurzeln sind heute noch dort zu finden.

Diese hochentwickelten Zivilisationen hatten eigene Städte, politische Systeme und unverwechselbare Kulturen. Das sollte alle die ins Grübeln bringen, die sich von der Vorstellung verführen lassen, die Geschichte sei ein Prozess linearen Fortschritts von gering entwickelten hin zu fortgeschritteneren Gesellschaften. Diese Reiche waren alles andere als «primitiv» und ihre kulturellen und gesellschaftlichen Abläufe formen noch heute einen großen Teil unserer Welt.

Zu den damals entwickelten Technologien gehörte auch die Schrift. Strichlisten und Piktogramme existierten schon jahrtausendelang, aber das Aufkommen der riesigen Verwaltungsapparate und die damit verbundene Ausdehnung der Städte bedeutete, dass die Buchführung sich anpassen musste, um mit dem Handel Schritt zu halten. Die Schriftsysteme wurden in Reaktion auf diesen Bedarf immer komplexer. Die Sumerer benutzten eine Keilschrift, die sich bis zur Mitte des dritten Jahrtausends v. Chr. von Piktogrammen hin zu abstrakteren Figuren entwickelt hatte, welche näher an den Zeichen lagen, mit denen dieses Buch gedruckt ist. Die Ägypter setzten Hieroglyphen und ein Schreibschriftsystem ein, die

UNTEN

Tafel mit Proto-Keilschrift, um 3100–2900 v. Chr., Mesopotamien

Die Piktogramme auf dieser sumerischen Tontafel geben Einzelheiten über die Verteilung von Gerste wieder. Abgebildet sind unter anderem auch eine männliche Figur, Jagdhunde und Wildschweine. Die Bildzeichen wurden mit einem spitzen Utensil in den Ton geritzt, vielleicht mit einer Schilfrohrfeder oder einem Griffel mit keilförmiger Spitze. Gegenwärtig befindet sich die Tafel im Metropolitan Museum of Art, das sie aus einer Sammlung der Schweizer Antiquare Marie-Louise und Hans Erlenmeyer erwarb. Die Frage, wie solche Objekte in öffentlichen oder privaten Besitz gelangen, ist faszinierend und häufig beunruhigend, würde aber leider den Umfang dieses Buches sprengen.

OBEN

Sitzender Schreiber, um 3800–1710 v. Chr., Ägypten

Diese ägyptische Statue zeigt eine unbekannte Figur in einem weißen Kilt, die eine zum Teil eingerollte Papyrusrolle hält. Die eingelegten Augen bestehen aus rotgeädertem weißem Magnesit mit abgeschliffenen Bergkristallen. Die Statue wurde vom französischen Archäologen Auguste Mariette im 19. Jahrhundert aus Ägypten mitgenommen und ist derzeit im Louvre ausgestellt.

LINKS

Detail aus der Stele von Zezen-nakht, um 2000 v. Chr., Ägypten

Eine Stele ist eine aufrechte Steinplatte, typischerweise mit einer Gedenkinschrift oder einem Relief. Diese hier, ausgegraben in Naqada, zeigt in Stuck und Farbe den Adligen Zezen-nakht mit Lockenperücke, Sandalen und weißem Kilt. Derzeit befindet sie sich im Toledo Museum of Art.

hieratische Schrift, die häufig mit Schilfrohrfedern auf Papyrus geschrieben wurde. Und auf Papyrus, hergestellt aus dem weichen Mark der Papyruspflanze, entstand auch unser erster philosophischer Text, die *Maximen des Ptahhotep*.

2 Göttliche Instruktionen

Eines der weltweit frühesten Beispiele für systematisches ethisches Denken stammt aus dem Niltal in Nordafrika und geht zurück auf das Alte Reich in Ägypten (auch «Kemet» genannt). Es besteht aus mehreren Zusammenstellungen von Instruktionen oder Lehren *(sebayt)*, die theoretische Einsichten vermitteln, aber auch als praktische Richtlinien für den moralischen und spirituellen Aufstieg gedacht waren. Sie sollten die Menschen dazu ermuntern, aufrichtig zu sprechen, regelkonform zu handeln und einen Beitrag zur Gemeinschaft zu leisten.

Die Maximen des Ptahhotep (um 2000 v. Chr.) wurden von einem hochrangigen Beamten namens pth-htp oder «Ptahhotep» verfasst. Sie enthalten praktische, ethische Richtlinien für richtiges Benehmen: Was soll ich tun, wenn sich jemand mir gegenüber aggressiv verhält? Zurückhaltung und Demut üben, rät der Autor. Verhalten vermeiden, das andere erzürnen könnte. Bescheiden sein. Verantwortung übernehmen, wenn Freunde mir Dinge anvertrauen. Nicht selbstsüchtig oder gierig sein. Nicht tratschen. Als frühes Beispiel des Selbsthilfebuchs erkennen die *Maximen* auch den Wert der Selbstvermarktung: «Wenn du diese Dinge beachtest, über die ich zu dir gesprochen habe», schreibt der Autor, «wirst du in allen Angelegenheiten erfolgreich sein.»

Ein Kernkonzept, das diese Instruktionen untermauert, heißt «Ma'at«. Auf der einen Seite bezieht sich Ma'at auf moralische Werte und richtiges Handeln; hier bedeutet es «Wahrheit», «Gerechtigkeit» und «Aufrichtigkeit». Das Wort steht aber auch für «Gleichmäßigkeit», «Geradheit» und «Korrektheit» und spiegelt so die Ordnung und Regelmäßigkeit in der Welt wider. Als ethisches und metaphysisches Prinzip wahrt Ma'at sowohl die Gesetze des Universums als auch die der menschlichen Gesellschaft:

> **Groß ist Ma'at und seine Grundlage ist fest verankert**
> **Seit der Zeit des Osiris wurde es nicht erschüttert**
>
> **Und wer die Gesetze bricht, muss bestraft werden.**

Die Weisen, so erfahren wir in den *Maximen*, lieben Ma'at. Ihre Gelehrtheit ermöglicht ihnen Einsichten in das Wesen der Dinge. Deshalb befinden sie sich in einer guten Situation, um Instruktionen zum richtigen Verhalten zu geben und dabei deutlich zu machen, dass Ordnung in der Natur und Ordnung in der Gesellschaft miteinander verwoben sind.

Aber wer genau sind hier die «Weisen»? In der damaligen Tradition (wie auch in vielen nachfolgenden Zeitaltern) konnten überwiegend Adlige und mächtige Beamte sich den Luxus leisten, sich in abstrakten Theoretisierungen zu ergehen. Der Gelehrte und Architekt Imhotep etwa, der im zweiten Jahrtausend v. Chr. lebte, war auch ein Hohepriester. Die große Peseschet war Ärztin, Lehrerin und Totenpriesterin, ihr Fast-Zeitgenosse Hardjedef ein Prinz, der mit den glanzvollen Pyramiden von Gizeh in Zusammenhang steht. Echnaton, auch bekannt als Amenhotep IV. (gestorben um 1335 v. Chr.) war ein König. Schriftliche Instruktionen mit Bezug zur kosmischen Gesetzmäßigkeit des Status quo kamen also von oben.

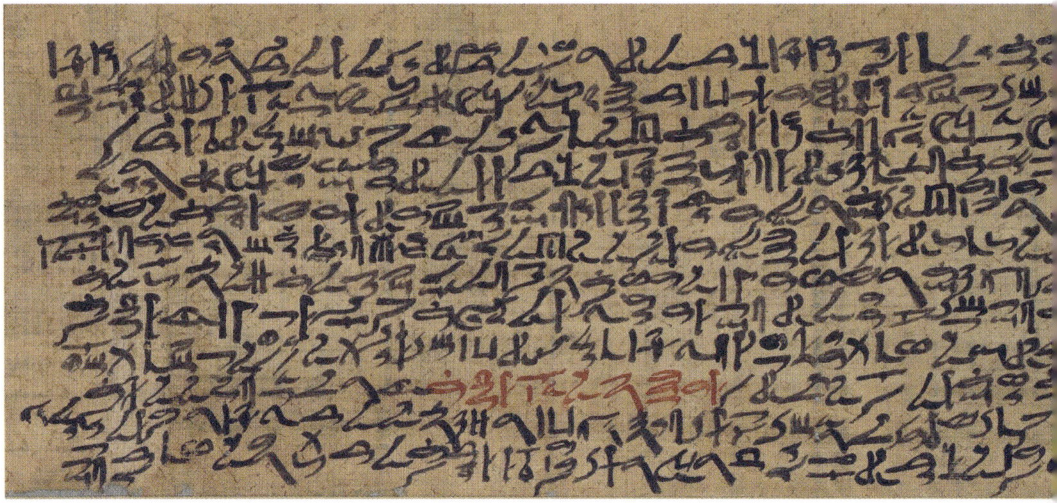

LINKS

Porträt des Ptahhotep, um 2400 v. Chr., Ägypten

Das helle Relief ist in der Mastaba, dem «Grab» von Ptahhotep im nordwestlichen Teil der Nekropole von Sakkara zu finden. Dieses Detail aus einem größeren Bild zeigt Ptahhotep vor einem Opfertisch sitzend und aus einem Becher trinkend.

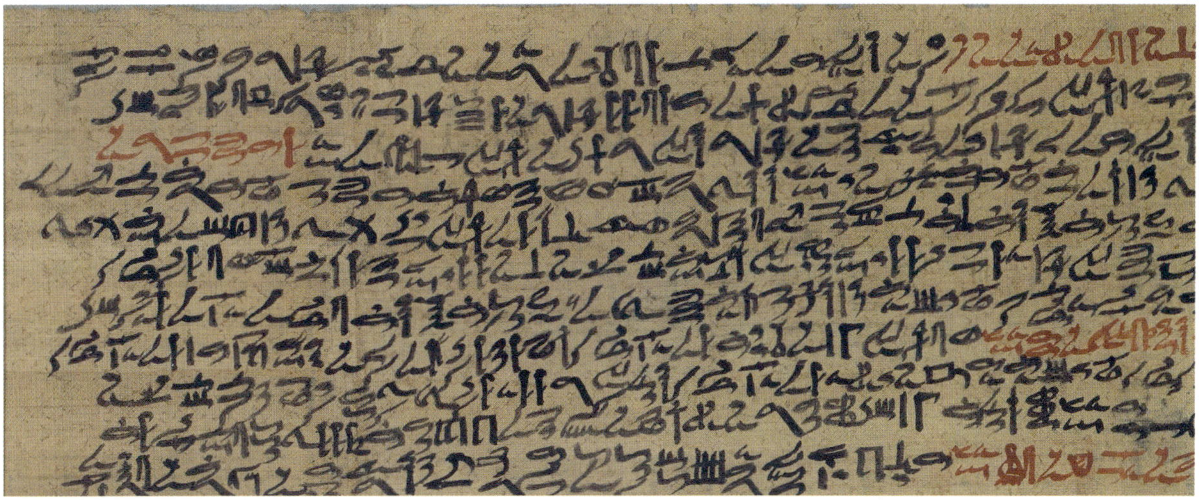

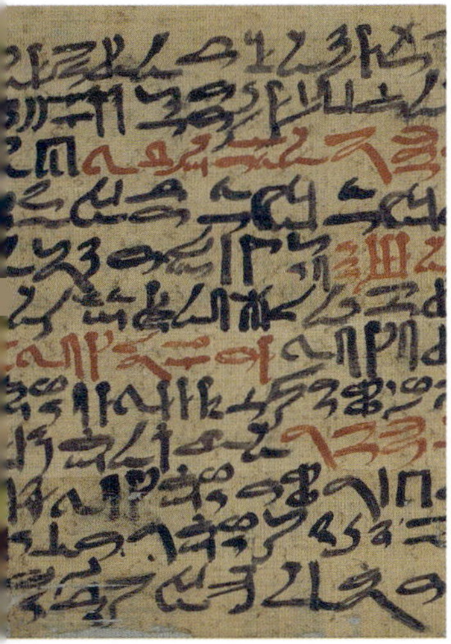

OBEN UND LINKS

Ptahhotep, *Maximen des Ptahhotep,* um 2000 v. Chr., Ägypten

Dies ist das einzige verbliebene Exemplar der *Maximen*, die einen Teil des sogenannten «Papyrus Prisse» bilden, 1847 von Émile Prisse d'Avennes im Sarg des Pharaos Sechemre-Wepmaat Anjotef entdeckt und in Besitz genommen. In diesem Abschnitt warnt Ptahhotep seinen Gesprächspartner davor, übermäßig stolz auf seine Bildung zu sein. Dank Prisses Rührigkeit befindet es sich heute in der Bibliothèque Nationale de France.

3 Götter, Könige und Theodizeen

Babylon war das alte Königreich, das um 1850 v. Chr. in Mesopotamien seine Blütezeit hatte, mitten im «fruchtbaren Halbmond» um die Flüsse Euphrat und Tigris (die berühmten *rivers of Babylon*). Die babylonische Gesellschaft grenzte an die Zivilisationen an, die vor ihr da waren, und viele ihrer technologischen und kulturellen Entwicklungen basierten auf denen des sumerischen und des akkadischen Volkes, die vor ihnen über die Region geherrscht hatten. Dazu gehört auch die keilschriftliche akkadische Sprache, in der die *Theodizee* verfasst ist.

Aufgebaut ist die um 1000 v. Chr. entstandene Theodizee, die auch unter der Bezeichnung *Babylonischer Kohelet* bekannt ist, in Form eines Dialogs. Wir lesen von zwei Männern, die über Leid diskutieren. Keiner von ihnen wird namentlich genannt, aber in der Literatur werden sie meist als «der Leidende» und «der Freund» bezeichnet. Der Leidende, der Mürrischere der beiden, beklagt die Ungerechtigkeit der Welt. Warum geht es schlechten Menschen gut? Warum leiden gute Menschen? Warum lassen die Götter eine solche Ungerechtigkeit bestehen?

RECHTS

Fragment der Babylonischen Theodizee, um 1000 v. Chr., Mesopotamien

Wie immer wieder zu sehen ist, fiel auch die Tafel mit dem Babylonischen *Kohelet* den imperialen Raubzügen zum Opfer: Britische Antiquare nahmen sie mit, heute befindet sie sich im British Museum. Die Schätze dieser Einrichtung stehen im Mittelpunkt anhaltender Rückführungskontroversen.

Der Autor dieses Textes nannte ihn nicht «Theodizee». Dieser Begriff wurde erst viel später im 17. Jahrhundert vom deutschen Denker Gottfried Wilhelm Leibniz bekannt gemacht, der für den Titel seines letzten Buches zwei altgriechische Wörter – *theós* (Gott) und *dikē* (Gerechtigkeit) – kombinierte. Im Wesentlichen ist eine Theodizee eine Verteidigung eines göttlichen Wesens (oder auch mehrerer), oft in Verbindung mit wahrgenommener weltlicher Ungerechtigkeit. Warum zahlt Verbrechen sich aus? Warum sterben Unschuldige, wenn das göttliche Wesen es auch anders einrichten könnte? Im *Kohelet* spricht der Leidende im Speziellen über gesellschaftliche Ungerechtigkeit und seine eigene Not. Er sei ein frommer Mensch, sagt er, und den Göttern treu ergeben. Wenn sie so mächtig und so gut sind, warum belohnen sie ihn nicht mit Gesundheit und Reichtum? Warum lassen sie es stattdessen zu, dass gottlose, wohlhabende Menschen ihn verfolgen? (Den Sprecher kränkt diese Ungerechtigkeit so sehr, dass er überlegt, kriminell zu werden.)

Diese Erzählung taucht in der Geschichte der Philosophie immer wieder auf. Wir finden sie in einem weiteren Text aus dem späten zweiten Jahrtausend wieder, bekannt als *babylonischer Hiob* oder *Dichtung vom leidenden Gerechten* (*Ludlul bēl nēmeqi*, Akkadisch für «Preisen will ich den Herrn der Weisheit») und dann wieder im Alten Testament im Buch Hiob. Im *Kohelet* gibt der Freund eine inzwischen kanonische Antwort auf die Klagen seines Gefährten. Ja, es scheint ungerecht, sagt er, aber das kommt nur daher, dass einfache Sterbliche nicht dafür ausgelegt sind, die Pläne der Götter zu verstehen.

Theodizeen gelten oft als rein theologische oder metaphysische Rätsel. Sie werden als Texte mit nahezu paradoxen Anklängen gedeutet: Wenn Gott allmächtig und wohlwollend ist, wie kann es dann das Böse in der Welt geben? Theodizeen haben jedoch auch eine mächtige politische Funktion. Indem sie die Götter und die göttliche Ordnung verteidigen, dienen sie der Aufrechterhaltung einer spezifischen Gesellschaftsstruktur.

OBEN

Fragment aus *Der Weg eines Pilgers*, um 600 v. Chr., Mesopotamien

Dieser mit einem Griffel mit harter Spitze auf Akkadisch geschriebene Text wurde in der Bibliothek von Aššur-bāni-apli in Ninive gefunden und beschreibt Missgeschicke des Adligen Shubshi-mesh-re-Shakkan und seine Erholung dank des Segens von Marduk. Die Tontafel befindet sich gegenwärtig im Louvre als Leihgabe des British Museum.

Ich, Saggil-kīnam-ubbib, der Beschwörungspriester, huldige den Göttern und dem König.

Saggil-kīnam-ubbib, der in einem Leistenvers als Autor der *Theodizee* identifiziert wird, erklärt seine Loyalität sowohl den Göttern als auch dem Monarchen gegenüber. Es ist eine übliche Partnerschaft; Monarchien werden häufig durch das «göttliche Recht der Könige» gerechtfertigt, nach dem die politische Legitimität eines Monarchen von einem oder mehreren höchsten Wesen garantiert wird (in der Tonalität ähnlich dem «Himmelsmandat» weiter unten). In Babylonien beispielsweise wird diese besondere Beziehung von König Hammurabi beschworen, dessen Autorität sich teilweise auf die angebliche Unterstützung durch den Gott Marduk stützte.

Angesichts der Verbindung zwischen Göttern und Königen erzeugen Theodizeen unweigerlich einen besonderen politischen Widerhall. Die Verteidigung eines Gottes wird zur Verteidigung des Monarchen und im erweiterten Sinne auch seiner Staatsführung. Als der Leidende seinen Sorgen um die gesellschaftliche Gerechtigkeit Ausdruck verleiht, versichert sein Freund ihm, dass er sich umsonst sorgt. Die Götter (und der König) haben einen Plan – nur entzieht er sich seinem Verständnis. Die philosophische Debatte geht schnell in politische Aktivität über.

4 Ordnung und Opfer

Etwa zur gleichen Zeit, als das *Babylonische Kohelet* in einen feuchten Tonblock gepresst wurde, schnitzten andere Autoren unsere nächste Textreihe, den *Veda* (auch die *Veden* genannt), in der Region Punjab auf dem indischen Subkontinent in Birkenrinde und Palmblätter. Die *Veden* gelten wahlweise als religiöse Schriften, spekulative Metaphysik, politische Dokumente, epische Dichtung oder Handlungsanweisung. Die in der indoeuropäischen Sprache Sanskrit verfassten vedischen Texte wurden dabei weniger erschaffen als vielmehr niedergeschrieben, denn sie sind die schriftliche Form einer viel älteren mündlichen Tradition, die in der Zeit der sogenannten Indus-Kultur (manchmal auch «Harappa-Kultur» genannt) aufkam. Diese fortschrittliche bronzezeitliche Zivili-

RECHTS

Fragment aus der *Shukla Yajurveda,* 1735, Indien

Diese Version des alten vedischen Sanskrittextes *Shukla Yajurveda* wird in der Lalchand Research Library in Chandigarh (Indien) aufbewahrt. Es handelt sich um eine Reproduktion des 3000 Jahre alten Textes aus dem 18. Jahrhundert mit arabischen Ziffern am oberen Rand.

sation florierte in den Becken des Indus um die großen Städte Mohenjo-daro und Harappa herum und dauerte etwa von 2600 bis 1700 v. Chr. Aus den wenigen erhaltenen Artefakten wissen wir, dass die Harappa-Menschen regelmäßig mit den Mesopotamiern Handel trieben, sonst gibt es allerdings kaum Informationen. Linguisten können nicht einmal die überlieferten Beispiele der Indus-Schrift entziffern. Einige Historiker spekulieren jedoch, dass viele der gesellschaftlichen Aspekte aus dem Kuru-Reich übernommen wurden, das nach Einwanderungswellen der Arier aus Zentralasien ins Industal nach 1200 v. Chr. gegründet wurde – und über diese Kultur wissen wir eine ganze Menge.

Die offizielle Religion des Kuru-Reichs war die vedische Religion, der Vorläufer des heutigen Hinduismus. Im Zentrum steht dabei das Konzept des Brahman, der unendlichen kosmischen Seele. Die Veden – die schriftlichen Aufzeichnungen der vedischen Tradition – scheinen auf den

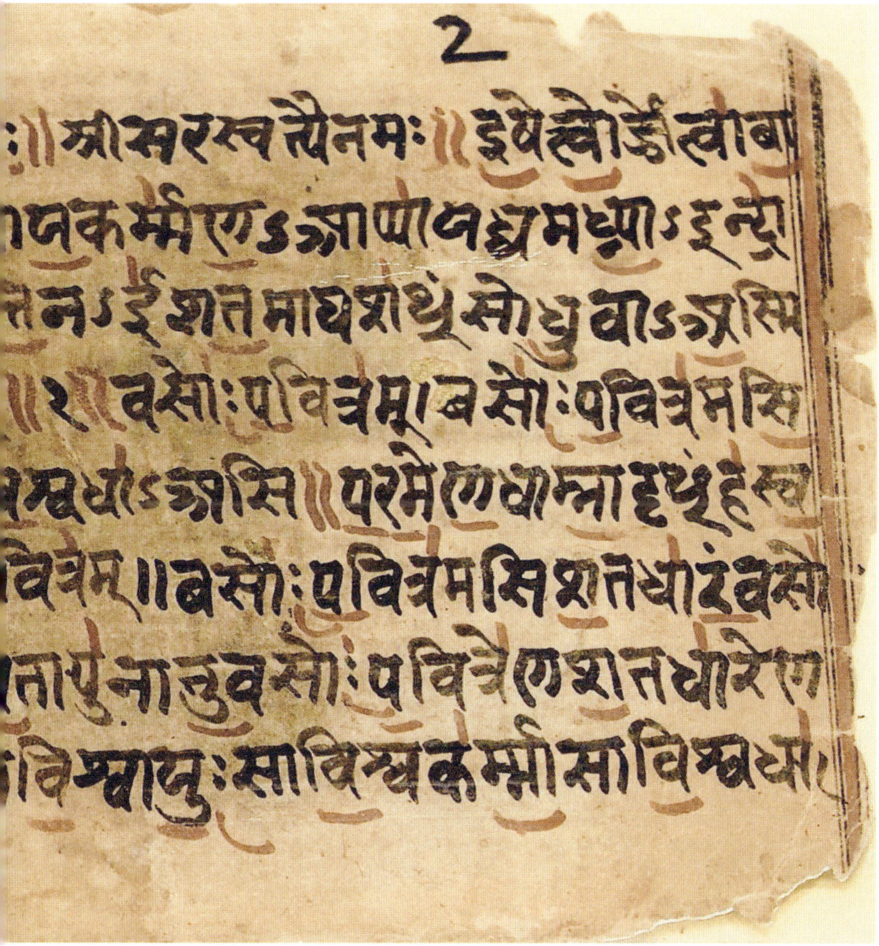

ersten Blick eindeutig in die Kategorie der religiösen Schriften zu fallen. Das Wort *veda* lässt sich grob mit «Wissen» oder «Weisheit» übersetzen und die Veden sind an vielen Stellen wie eine spirituelle Anleitung aufgebaut. Dennoch sind ihre konzeptionellen Grenzen schwer zu definieren. In Form von Hymnen oder Versen geht es um Gottheiten (und wie man sie preist), aber es werden auch weiter reichende metaphysische und gesellschaftliche Fragen untersucht.

Die Veden sind in vier Texte unterteilt: *Rigveda*, *Yajurveda*, *Samaveda* und *Atharvaveda*. Der *Rigveda* ist der älteste und enthält Schriften, die auf die Zeit um 1200 v. Chr. zurückgehen (und ein noch viel älteres Glaubenssystem beschreiben). Er besteht aus zehn Büchern, die sich wiederum aus jeweils etwa 100 Hymnen zusammensetzen, bestehend aus Mantras (heiligen Gesängen),

Darstellungen metaphysischer Thesen, Spekulationen zur Kosmologie und Anleitungen für rituelle Opfergaben. All diese Teile überlappen sich und sind so miteinander verwoben, dass eine eindeutige Klassifizierung nicht möglich ist.

Nehmen wir einmal die berühmte Beschreibung des Pferdeopfers zu Beginn des *Rigveda*. Priester erhalten hier komplizierte Instruktionen, wie sie das Pferd vor, während und nach dem Opfer behandeln sollen: Das Pferd soll frei laufen dürfen, bevor es als Opfergabe den Göttern dargeboten wird; die Priester sollen bei seiner Zerlegung eng mit dem König zusammenarbeiten; seine Knochen müssen in einer besonderen Ordnung angeordnet und die Körperteile benannt werden, während sie ausgelegt werden. Das Pferdeopfer fällt eindeutig in den Bereich religiöse Rituale, gibt aber auch detaillierte metaphysische und ethische Überlegungen preis.

LINKS

Papyrus Oxyrhynchus 29, um 200 v. Chr. bis 640 n. Chr., Ägypten

Die «Oxyrhynchus Papyri» sind eine Manuskriptsammlung, die auf einer urzeitlichen Müllhalde nahe Oxyrhynchus gefunden wurde. Die Schriftrollen aus der ptolemäischen und römischen Zeit enthalten Verwaltungstexte, aber auch Fragmente aus Werken von Platon und in diesem Fall Euklids *Elementen*. Einige der griechischen Texte sind «bustrophedisch», die Zeilen werden also abwechselnd erst von links nach rechts, dann von rechts nach links gelesen.

RECHTS

***Brihadaranyaka-Upanishad*, 700 v. Chr., Indien**

Diese Seiten aus dem ersten Folio (vom lateinischen *folium* = «Blatt») der «Upanishad des großen Waldes» werden im Schoenberg Institute for Manuscript Studies an der University of Pennsylvania aufbewahrt. Das Institut ist eine von vielen solcher Organisationen, die ihren Namen einem reichen Wohltäter verdanken. Lawrence J. Schoenberg war Geschäftsmann in der Computerindustrie und ein Sammler von Manuskripten. 2011 spendeten er und Barbara Brizdle-Schoenberg den Pennsylvania Libraries 287 Manuskripte im Wert von über 16 Millionen Euro.

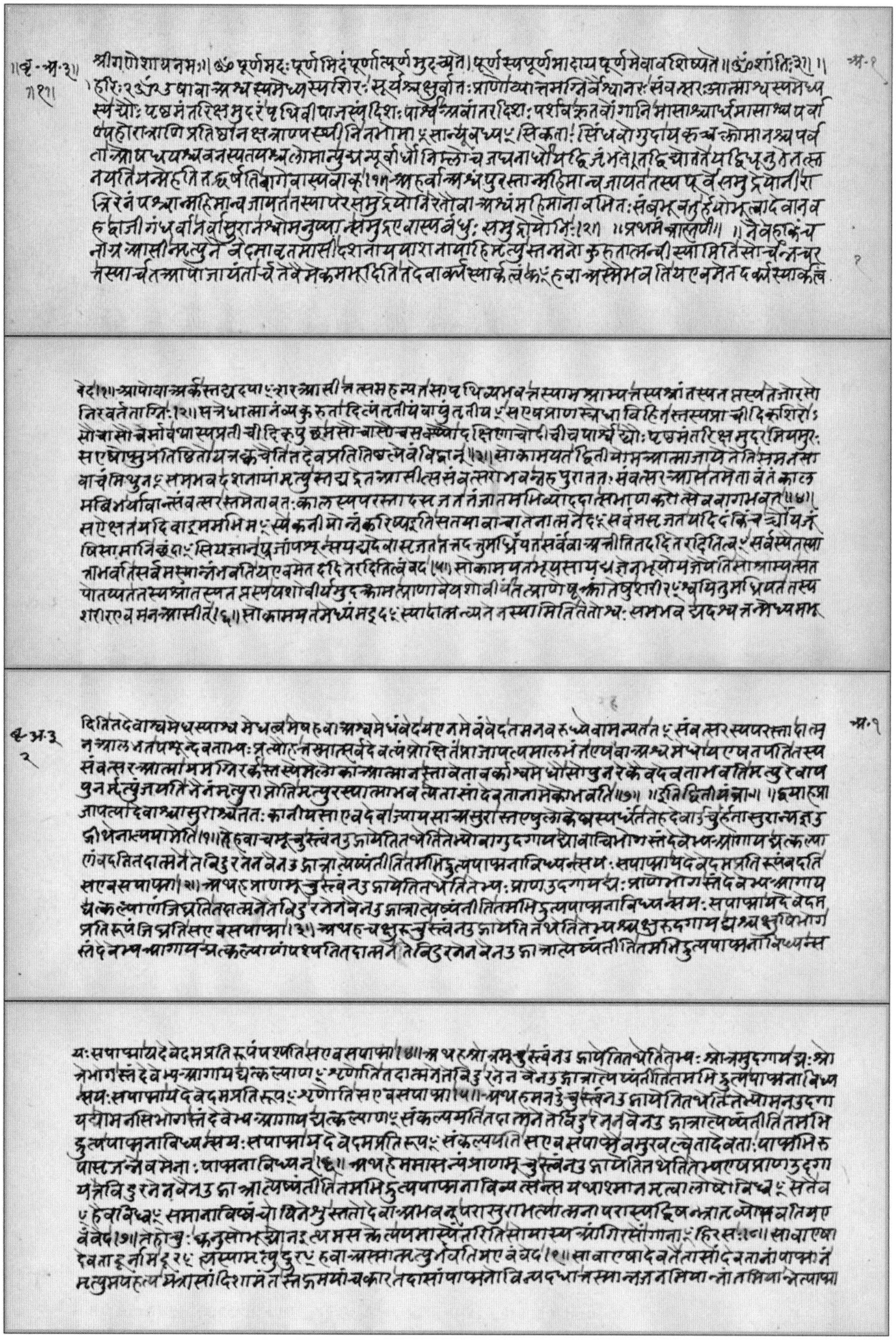

5 Naturgesetze

Ein Teil der *Veda*-Texte ist undurchsichtig und schwer fassbar. Die Bedeutung von Passagen, wie die über Opferpraktiken, wird durch ausführliche Kommentare erweitert, die unter dem Namen *Upanishaden* bekannt sind. In ihrer frühesten Form gehen diese Texte etwa auf das 7. Jahrhundert v. Chr. zurück. Die Texte der *Upanishaden*, die ursprünglich mündlich überliefert wurden, sind in Form von längeren Anekdoten, Dialogen und Gedichten auf Rinde und Stoff verewigt. Ihr Zweck besteht darin, die geheimen Lehren der komplexen Veden auseinanderzupflücken.

Ein Gedanke taucht in den *Upanishaden* immer wieder auf: Die Muster, die wir in der Tierwelt finden, entsprechen denen des Kosmos. Diese Vorstellung steht im ältesten Text der *Upanishaden*, der *Brihadaranyaka-Upanishad* oder «Upanishad des großen Waldes», in der das oben beschriebene Ritual des Pferdeopfers zu finden ist. Die Autoren der *Brihadaranyaka* behaupten, dass der *Rigveda* Verbindungen zwischen den Teilen des geopferten Pferdes und Teilen des Kosmos herstellt: Der Pferdekopf ist die Morgendämmerung, das Fleisch die Wolken, der Rücken der Himmel. Das Ritual ummantelt eine komplexe Kosmologie mit einer dazugehörigen Methode der metaphysischen Erhebung: Die Untersuchung der Struktur dieser irdischen Körper liefert Einsichten in die Struktur aller Dinge – einschließlich der kosmischen Ordnung von Grundelementen und Himmelskörpern.

Da die Körperteile des Pferdes in einer Eins-zu-eins-Beziehung zu den Teilen des Kosmos stehen, kann ein rituelles Opfer eine Neuordnung der Welt bewirken. In der Tradition des *Rigveda* ist ein Opfer nicht nur ein Geschenk an die Götter. Die religiösen Instruktionen überlappen sich mit einem komplizierten metaphysischen System, das direkte Korrelationen zwischen dem Mikrokosmischen und dem Kosmischen sieht.

Wir erkennen auch die Entsprechungen zwischen Natur und Gesellschaft in den Versen des *Rigveda*, die als *Purusha-Sukta* bekannt sind. Den *Purusha-Sukta* zufolge ist das Universum das Ergebnis der Selbstopferung einer Urseele (identifiziert als Vishnu oder Shiva). Der Text beschreibt, wie die Urseele in vier Kasten geteilt wurde: Aus dem Kopf gingen die *Brahmanen* (Priester) hervor, die Arme wurden zu *Kshatriyas* (adligen Kriegern), die Oberschenkel zu *Vaishyas* (Händlern) und aus den Füßen wurden *Shudras* (Arbeiter). Die gesellschaftliche Hierarchie wird damit als kosmische Tatsache präsentiert: Krieger stehen «höher» als Händler, Priester «höher» als Arbeiter.

Diese «Naturalisierung» – die Darstellung des sozialen Status als kosmische oder natürliche Gegebenheit – tritt in der Geschichte des globalen Denkens immer wieder zutage. Wir sehen sie in Immanuel Kants Versachlichung rassischer Hierarchien und in katholischen Verurteilungen angeblich «unnatürlicher Akte». Wieder und wieder dient die Behauptung, dass die Natur auf eine bestimmte Weise geordnet sei, als Rechtfertigung für vorherrschende Lehrmeinungen.

UNTEN

Orakelknochen, um 1400 v. Chr., China

Dieser versteinerte Schildkrötenpanzer in verblichenem Gelbbraun ist von Orakelknochen-Texten in Siegelschrift bedeckt, möglicherweise aus der Shang-Dynastie. Die «Siegelschrift» ist eine Art der chinesischen Kalligrafie. Man kann davon ausgehen, dass sich die Schreibtechnologien linear verbessert haben, aber kaum ein Material ist so beständig wie dieser jahrtausendealte Panzer.

6 Kosmisches Gleichgewicht

Im alten China prägten vergleichbare kosmologische Grübeleien die öffentliche Ordnung. Im Gegensatz zu Harappa und Babylonien lebten die jungsteinzeitlichen Stämme in China relativ isoliert. Die Yangshao- und die Dawenkou-Kultur vor und während des «Jade-Alters» (3000 bis 2000 v. Chr.) konzentrierten sich auf die Region Shandong in Ostchina. Wie die nachfolgende Longshan-Kultur (2500 bis 1700 v. Chr.) breiteten sich diese Gesellschaften am Unterlauf des Gelben Flusses entlang aus, aber nicht so weit, dass ihre Handelsrouten die der Harappa-Menschen kreuzten. Die Yangshao- und Dawenkou-Menschen hatten eigene florierende Wirtschaftssysteme; Archäologen fanden eine Fülle von Artefakten aus Türkisen, Elfenbein, Jade und Keramik aus diesen Epochen – Funde, die auf monarchische, dynastische Herrschaftsformen und kleine, häufig Krieg führende Gemeinwesen hindeuten.

UNTEN

Orakelknochen, um 1400 v. Chr., China

Poliert, gebrannt und mit geschnitzten Inschriften versehen: Diese Segmente von Schildkröten-Plastren (dem flachen Teil des Panzers) und Ochsenknochen aus der Shang-Dynastie wurden in ethischen und administrativen Angelegenheiten konsultiert (wie in der Illustration auf der nächsten Seite dargestellt).

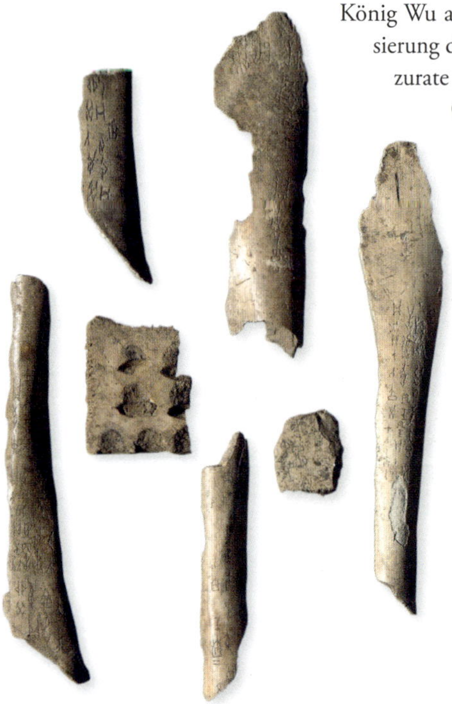

Nach Longshan herrschte die Shang-Dynastie zwischen 1600 und 1046 v. Chr. über den unteren Gelben Fluss. Neben Bronze-, Jade- und Keramikartefakten aus dieser Zeit liefert sie uns einige der frühesten Beispiele der chinesischen Schrift. An vorderster Stelle stehen die Weissagungstexte auf den berühmten «Orakelknochen» – die Grundlagen unseres nächsten philosophischen Textes. Die in diese Knochen (normalerweise Schildkrötenpanzer und Ochsen-Schulterblätter) geschnitzten Kosmologien fanden eine feste Form im *Yijing* (auch als *I Ging* oder «Buch der Wandlungen» bekannt). Das Handbuch der Divination wurde kurz nach der Shang-Herrschaft in der Westlichen Zhou-Dynastie erstellt.

Historiker gehen davon aus, dass die Gesellschaft der Westlichen Zhou-Dynastie (1046 bis 771 v. Chr.) den feudalen Gesellschaften Europas im Mittelalter ähnelte. Sie war hierarchisch aufgebaut; die Herrschaft über verschiedenartige Provinzen übertrugen Monarchen wie der legendäre König Wu an Regionalfürsten. Die zentralistische Regierung führte zu einer größeren Standardisierung des kulturellen Schaffens, dessen bekanntestes Beispiel das *Yijing* ist. Es wurde weithin zurate gezogen und reproduziert, galt als eines der prägenden Texte der Ära und legte die Grundlagen für einen Großteil der späteren chinesischen Philosophie.

Das *Yijing* soll nicht von vorn bis hinten durchgelesen werden. Mit einem Orakel – einem zerbrochenen Schildkrötenpanzer, Schafgarbenstängeln oder einem Würfel – identifizierte ein sachkundiger Experte eines seiner 64 Hexagramme (Figuren aus sechs übereinanderliegenden waagerechten Linien). Auf dieser Grundlage sagte er dann die Zukunft voraus oder leitete die moralische Entscheidungsfindung.

Die Aussagen des *Yijing* werden nach den Prinzipien von Yin und Yang gedeutet. Hier erhalten wir erstmals einen Eindruck von der Bedeutung des Gleichgewichtskonzeptes in der chinesischen Tradition. Das *Tàijí*-Symbol, bestehend aus zwei verschlungenen Kommas in Schwarz und Weiß, beschreibt ein kosmisches Gleichgewicht zwischen Gegensätzen. Das Yin, das «den schattigen Hang eines Hügels» bezeichnet, ist mit Passivität, Weiblichkeit, Schwäche, Dunkelheit und Nässe verknüpft, das Yang, «der sonnige Hang eines Hügels», wird mit Aktivität, Männlichkeit, Stärke, Licht und Trockenheit in Verbindung gebracht. Selbst hier sehen wir, wie kosmologische Assoziationen eine politische Tendenz transportieren können: Es überrascht kaum, dass eine patriarchale Gesellschaft Männlichkeit mit Stärke und Weiblichkeit mit Schwäche assoziiert.

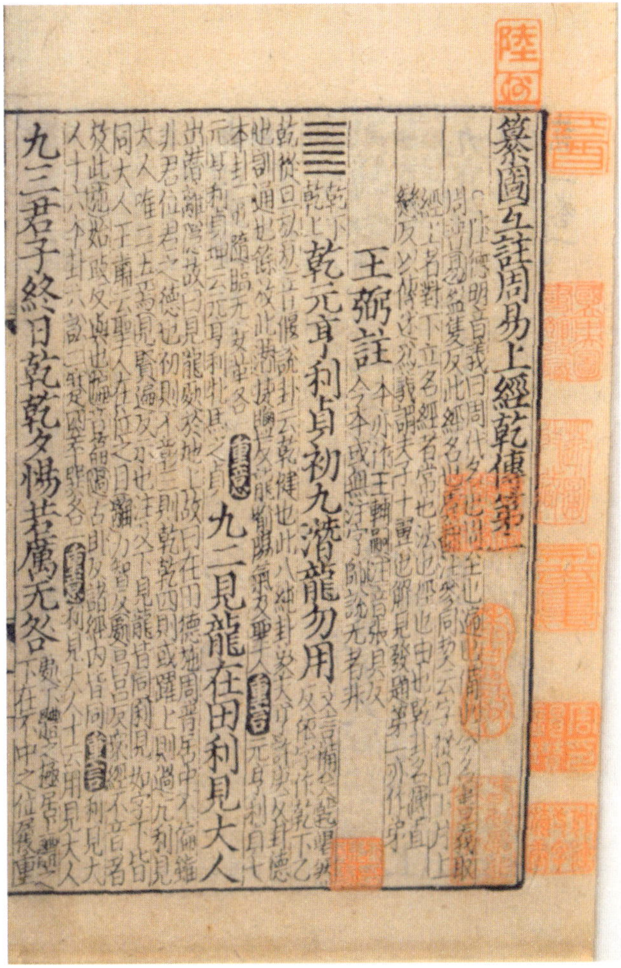

纂圖互註周易上經乾傳第一

王弼註

乾元亨利貞初九潛龍勿用

九二見龍在田利見大人

九三君子終日乾乾夕惕若厲无咎

LINKS

***Yijing*, um 960–1279, China**

Diese Seite stammt aus einer Ausgabe des *Yijing* aus der Song-Dynastie und weist zur Hervorhebung fett gedruckten Text in unterschiedlicher Größe auf. Sie wird in der zentralen Nationalbibliothek in Taipeh aufbewahrt, deren Kollektion seltener Bücher zu den weltweit führenden Sammlungen chinesischer antiker Bücher gehört.

OBEN

Porträt von Dschingis Khan, 1928, Frankreich

Die Radierung von Dschingis Khan aus dem 20. Jahrhundert im chinesischen Stil zeigt, wie der Herrscher Orakelknochen konsultiert, um sein Schicksal zu bestimmen. Sie findet sich im Buch *Grandeur et suprématie de Peking* von Alphonse Hubrecht.

Auf die Westliche Zhou-Dynastie folgte die Östliche Zhou-Dynastie, die traditionell in zwei Abschnitte unterteilt wird: die Zeit der Frühlings- und Herbstannalen (770 bis 476 v. Chr.) und die Zeit der Streitenden Reiche (475 bis 221 v. Chr.). Die Östliche Zhou-Dynastie war ein Zeitalter großer kultureller Expansion und politischer Spannungen. Wie der Name schon andeutet, kam es in der Zeit der Streitenden Reiche zum gesellschaftlichen Zerfall; dieser führte zu einer Blüte der chinesischen Philosophie, die oft als die «Hundert Schulen» bezeichnet wird. Die Zhou-Könige verloren ihre Macht an die Regionalfürsten, die ihrerseits von Beamtenfamilien verdrängt wurden. Die Staatsführung wurde weniger zentralistisch – es gab keine Struktur mehr, die ein einiges, starres Denkmodell unterstützte. An seiner Stelle erwuchs ein intellektueller Pluralismus – und ein dringendes Bedürfnis nach politischer Analyse. In der Östlichen Zhou-Dynastie entstanden zahlreiche Schulen, unter anderem auch der spätere Ruismus, Daoismus, Legalismus, die Yin-Yang-Schule, Nongjia und Mohismus (neben vielen anderen -ismen).

OBEN

Porträt des Kŏng Zĭ, Datierung unbekannt, China

Der Philosoph wird in einem Zustand stiller Kontemplation dargestellt. Ein Lächeln umspielt seine Lippen und er schiebt die Spitze seines Zeigefingers aus dem Ärmel, als wolle er gleich eine Unterweisung von sich geben.

Die *Gespräche* oder *Analekten des Konfuzius* sind das Werk unseres ersten «berühmten» Philosophen: Kŏng Zĭ (um 551 bis 479 v. Chr.). Kŏng Zĭ («Meister Kong», bei uns besser unter seinem latinisierten Namen Konfuzius bekannt) arbeitete in der Provinz Shandong als Beamter und Wanderlehrer. Er bereiste das Land und referierte vor einem Zirkel von Schülern, die seine Aussprüche gewissenhaft aufzeichneten und in einem einzigen Text zusammentrugen. Die *Analekten* sind eine Mischung aus ethischen und politischen Grübeleien, die sich insbesondere mit der Frage nach der weisen Herrschaft und gesellschaftlicher Harmonie beschäftigten (Was sind diese Dinge? Wie werden sie umgesetzt?). Sie sind eindeutig eine Antwort auf die politischen Krisen jener Zeit. Als in China die Zeit der Streitenden Reiche anbrach, wurden die Ansichten von Kŏng Zĭ – dessen Anhänger auch Ruisten genannt werden, hergeleitet vom Wort *rú* für «Gelehrter» – immer relevanter.

Ein roter Faden in den *Analekten* ist die Vorstellung, dass die Lösung der gesellschaftlichen Zerrissenheit in der Vergangenheit liegt. Kŏng Zĭ hielt die Westliche Zhou-Dynastie, die einige Jahrhunderte zuvor geendet hatte, für ein «goldenes Zeitalter», in dem unter der Führung legendärer weiser Könige wie Wu oder seinem Vater Wen Harmonie herrschte. Politische Einigkeit, so glaubte er, ließe sich durch eine Rückkehr zu den gesellschaftlichen Verhältnissen der Vergangenheit erreichen, und die Einhaltung der richtigen Riten gehört für ihn zu den ethischen Qualitäten, die unbedingt kultiviert werden müssen.

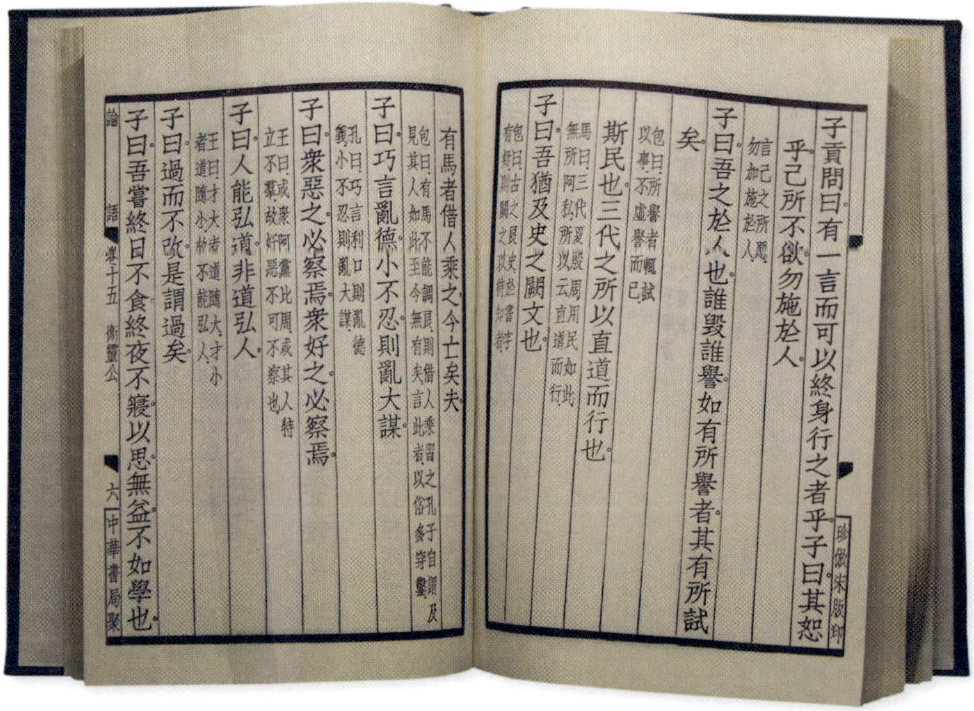

LINKS

Kŏng Zĭ: *Die Analekten*, 6. Jh. v. Chr., China

Diese Ausgabe der *Analekten* befindet sich im Ostasiatischen Museum in Stockholm. Es wurde von Johan Gunnar Andersson gegründet, einem Archäologen und einstigen Berater der chinesischen Regierung, und ist einer der Gründe, warum viele chinesische Artefakte heute in Schweden zu finden sind.

RECHTS

***Daodejing*, 2. Jh. v. Chr., China**

Diese Version des *Daodejing*, entdeckt in den Gräbern von Mawangdui in Changsha in der chinesischen Provinz Hunan, ist mit Tinte auf Seide geschrieben und zeigt, welchem Verfall solche Texte ausgesetzt sind. Chinesische Texte werden in senkrechten Spalten von oben nach unten und von rechts nach links geschrieben.

7 So oder so

Eine vergleichbare Hinwendung zur Vergangenheit sehen wir im Werk von Mozi (um 470 bis 391 v. Chr.) – ein weiterer «großer Name», dessen Aussprüche in einem Text gesammelt wurden, der unter dem einfachen Namen *Mozi* bekannt ist. In diesem Text beschreibt Mozi eine halb mythische Periode in der chinesischen Geschichte, in der gesellschaftlicher Aufruhr durch den «würdigsten und fähigsten [Menschen]» im Zaum gehalten wurde, dem «Sohn des Himmels», dem es gelang, einen zentralisierten und einheitlich regierten Universalstaat zu gründen. Wie Kǒng Zǐ sah auch Mozi in einzelnen, allmächtigen Monarchen die Lösung für das Chaos der Streitenden Reiche.

Das *Mozi* und die *Analekten* sind politiktheoretische Werke. Weil sie die Eigenschaften einer guten Herrschaft untersuchen, sind sie jedoch auch ethische Schriften und beschäftigen sich mit Problemen der persönlichen Tugend. Was macht einen fähigen und würdigen Anführer aus? Wer könnte der «Sohn des Himmels» werden? Indem sie sich mit diesen Fragen beschäftigten, fragten sich Kǒng Zǐ, Mozi und ihre Zeitgenossen: Welcher ist der beste Lebensweg?

Der Begriff «Weg» hat in diesem Zusammenhang eine besondere fachspezifische Bedeutung, denn er ist die Übersetzung des chinesischen Begriffs *dào*. In seiner grundlegendsten Interpretation bezeichnet *dào* einen Pfad, dem man folgen soll, oder eine Methode, um etwas zu tun. Wie es in den *Analekten* erscheint, bezieht sich das Wort auf einen Lebensweg, eine Art zu leben, eng verbunden mit dem Konzept *dé* (Tugend). Kǒng Zǐ interessierte sich dafür, was einen tugendhaften Lebensweg ausmacht.

Für Kǒng Zǐ wird *dé* (Tugend) vom Himmel verliehen und es ist die Pflicht jedes Menschen, sie richtig zu kultivieren. Der «Himmel» unterscheidet sich in dieser Tradition vom entsprechenden westlichen Konzept. Er ist nicht das Reich einer allwissenden Gottheit (Kǒng Zǐ erwähnt nur selten Götter), sondern steht eher für die Vorstellung der kosmischen Ordnung oder allgemeiner des Universums. Die Idee vom «Mandat des Himmels», auf das sowohl Kǒng Zǐ als auch Mozi verweisen, beschreibt die Autorität, die einem Herrscher verliehen wird. Im Gegensatz zum göttlichen «Recht der Könige» jedoch wird diese Autorität nicht von einer gottähnlichen Obrigkeit gewährt, sondern entsteht, wenn ein Individuum im richtigen, ausgewogenen Verhältnis zum Kosmos steht.

Ausgewogenheit ist das Schlüsselwort, wenn es um die Pflege der Tugend geht. Für Kǒng Zǐ ist die Dynamik ähnlich wie beim Kultivieren von Blumen. Möchte man, dass Blumen wachsen, sorgt man für eine ausgewogene Versorgung mit Wasser und Sonnenlicht; bei zu viel Sonnenschein welken sie, mit zu wenig Wasser verdorren sie.

Die Ausgewogenheit, die im *Yijing* dargestellt ist und im *Tàijí*-Symbol zum Ausdruck kommt, rückt einen weiteren Klassiker dieser Zeit in den Vordergrund: im *Daodejing* (*Das Buch vom Dao*

OBEN

Statue des Laozi, 1438, China

Laozi ist der quasi-historische Autor des wegweisenden daoistischen Textes *Daodejing*. Diese vergoldete Messingstatue des Künstlers Cheng Yanqing steht im Metropolitan Museum of Art.

und vom De). Genau wie Kǒng Zǐ interessierten sich die Autoren des *Daodejing* für das Leben in Harmonie mit dem Strom des Universums. Im Gegensatz zu Kǒng Zǐ jedoch widersprachen sie der Vorstellung, dass Tugend sich aktiv pflegen lässt. Das *Daodejing* behauptet, dass zu einem tugendhaften Leben Passivität gehört. Die Ausgewogenheit wird hergestellt, indem man «mit dem Strom schwimmt»; das menschliche Wesen sollte auf natürliche Weise erblühen, statt in bestimmte Richtungen gezwungen zu werden. Dementsprechend vertreten die «Daoisten» das *wú wéi*, das «Nicht-Handeln» oder Handeln im Einklang mit der natürlichen «Ordnung der Dinge». Wie es das *Daodejing* ausdrückt, kann ein Mensch durch Stillhalten «schlammiges Wasser allmählich klären». Im politischen Kontext manifestiert sich diese daoistische Überzeugung wie folgt:

Herrscht ein ganz Großer, so weiß das Volk kaum, dass er da ist.

Wieder sehen wir hier eine Überlappung abstrakter kosmologischer Behauptungen (über das Gleichgewicht von Gegensätzen) und politischer Direktiven. Wir sehen auch, wie diese metaphysischen Behauptungen benutzt werden könnten, um eine konservative politische Anschauung zu unterstützen. Wie die Wissenschaftshistorikerin Lorraine Daston es formuliert, gibt es die verständliche Befürchtung, dass ein Gründen von Normen auf die Natur zu blindem Konservatismus führen kann: Wenn die Normen aus der Natur stammen und die Natur unveränderlich ist, dann sind es auch die «Normen». Ob aus Ehrerbietung gegenüber einem universellen Gleichgewicht (wie im Daoismus) oder historischen Einrichtungen (wie im Ruismus), der Hintergrundgedanke dieser Texte ist stets, dass die Welt auf eine einzige, spezifische Weise funktioniert und immer funktioniert hat – und wer davon abweicht, stürzt sich ins Verderben. In der gesamten Geschichte haben Philosophen (und viele andere) die gesellschaftlichen Privilegien einiger – Männer im Gegensatz zu Frauen, Reiche im Gegensatz zu Armen – gerechtfertigt, indem sie sich einer unangreifbaren «natürlichen Ordnung» fügten.

8 Tatsächlich … Liebe

Immer wieder sind Männern im Laufe der Geschichte Privilegien und gesellschaftlicher Status zugesprochen wurden, die anderen verwehrt blieben. Das gilt für die philosophische Literatur ebenso wie für alle anderen Bereiche. Denken wir nur an die «großen Namen», die regelmäßig als Beispiele für die Philosophie des alten Griechenlands genannt werden: Sokrates, Platon, Aristoteles. Standardlisten verraten nicht immer, dass auch Frauen diese Art von intellektueller Arbeit verrichteten. Doch eine genauere historische Untersuchung zeigt, dass zu den frühesten Denkern in der Ägäisregion, die Griechenland und die heutige Türkei umfasst, auch die Philosophin und Dichterin Sappho gehörte (um 610 bis 570 v. Chr.). Sie stammte aus einer wohlhabenden Familie auf der Insel Lesbos. Die wenigen Fragmente, die von ihrem Werk erhalten blieben, geben Hinweise auf eine komplexe Theorie der Emotionen mit Schwerpunkt auf der Liebe.

Sapphos *Ode an Aphrodite* war Teil einer mündlichen Tradition lyrischer Poesie (zum Spiel der Leier deklamierte Gedichte), daher können wir von Glück sagen, dass überhaupt Aufzeichnungen erhalten blieben. Sie zeugt von einer konkreten, sinnlichen statt abstrakten Vorstellung von Gefühlen. Dennoch reduziert Sappho die Liebe nicht vollständig auf körperliche Empfindungen (dieses Thema nahm Platon später in seinem *Symposion* auf). Liebe steht in einer komplexen Dreierbeziehung mit Schönheit und Güte. Wenn Sappho in einem anderen Gedicht sinniert: «Was ist das Schönste?», lautet ihre Antwort: «das, was man liebt. Und auch Güte kann Schönheit erzeugen (und damit Liebe). In Sapphos Worten: … wer gut ist, wird bald schön sein.»

Sappho ist die Vorreiterin einer neuen kulturellen Bewegung, einer intellektuellen Verlagerung, die teilweise aus der zunehmenden ökonomischen und politischen Stabilität der Region resultierte.

LINKS

Fragmente der Sappho, um 200 v. Chr. bis 640 n. Chr., Ägypten

Diese fragilen Blätter, ein weiterer Beitrag zu den in Ägypten entdeckten «Oxyrhynchus Papyri», gehören zu den wenigen verbliebenen Fragmenten von Sapphos Werk und enthalten aufreizende Hinweise auf das vollständige Werk. In den letzten Zeilen steht: «Überall in den Straßen gab es … Schalen voller Wein und Becher, Myrrhe und Kassia, Weihrauch, ein Durcheinander von Düften …».

GANZ LINKS

Laozi lehrt das *Daodejing*, 16. Jh., China

Die zarte Tuschezeichnung auf Papier zeigt Laozi in ländlicher Umgebung beim Lehren des *Daodejing*. Das Original aus der Ming-Dynastie wird gelegentlich dem Künstler Li Gonglin zugeschrieben. Es befindet sich heute in der Freer Gallery of Art in Washington, D. C.

OBEN

Porträt der Sappho, um 50 n. Chr., Italien

Die Person auf diesem Fresko, das in den Ruinen von Pompeji entdeckt wurde, soll offenbar Sappho mit einem Buch und einem Schreibgriffel darstellen. Die Vulkanasche, die 79 n. Chr. Pompeji unter sich begrub, konservierte die Farben. Das Bild ist heute im Archäologischen Nationalmuseum Neapel zu bewundern.

In den Jahrhunderten nach der dorischen Invasion des griechischen Festlands 1100 v. Chr. entstanden überall in Ionien griechische Kolonien. Dank des Aufschwungs der Landwirtschaft florierten im Laufe der Zeit Stadtstaaten wie Milet im (relativ) toleranten Altpersischen- oder Achämenidenreich (das 539 v. Chr. das babylonische Reich zu Fall brachte).

Eine weitere häufig übersehene Denkerin dieser Zeit ist Theano von Kroton. Über sie ist wenig bekannt (sogar so wenig, dass sie manchmal als literarisches Konstrukt abgetan wird), aber die Belege deuten darauf hin, dass sie im 6. Jahrhundert v. Chr. im heutigen Süditalien lebte. Ihre drei Töchter Arignote, Myia und Damo traten später in ihre Fußstapfen und ihr Lebensgefährte soll Pythagoras von Samos (um 580 bis 500 v. Chr.) gewesen sein (nach dem der Satz des Pythagoras benannt ist). Am bekanntesten ist Theano vielleicht als Autorin mehrerer Briefe.

Auf einer Ebene fungieren diese Briefe als Leitfaden für Haushaltsdinge, in dem sie erklärt, wie man Kinder erzieht und einen Haushalt führt. Gemäß den gesellschaftlichen Sitten jener Zeit rät Theano, Kinder hungern und frieren zu lassen und sie bloßzustellen, um sie gegen die Wechselfälle der Gesellschaft abzuhärten und ihnen Tugend einzuimpfen. Verwoben mit diesen strengen Instruktionen jedoch finden sich Hinweise auf einen größeren metaphysischen Plan im Zusammenhang mit dem Konzept der Harmonie.

> **Erinnere dich […] der Saiten auf einem Instrumente, die, zu wenig gespannt, keinen Ton von sich geben und, zu hoch gespannt, springen. Gerade so verhält es sich zwischen der Frau und ihrem Gesinde. Durch zu viel Nachsicht verliert die Frau ihr Ansehen und die Mägde vergessen ihre Schuldigkeit; zu viel Strenge hingegen kann die Natur nicht aushalten. Und so gilt auch hier der goldne Spruch: Der Mittelweg ist überall der beste.**

Theanos Haltung Hausangestellten gegenüber ist wie auch ihre Haltung zu Kindern nicht gerade zu bewundern, aber ihr Hinweis auf den «Mittelweg» zeigt, dass sie die Natur als etwas betrachtet, das einer besonderen Ordnung oder Harmonie folgt. Wie Pythagoras und die Kulte, die um ihn herum entstanden, war sie der Überzeugung, dass diese Ordnung sich durch Zahlen ausdrücken lässt. Musikalische Harmonien bilden einen Einklang mit mathematischen Harmonien, die wiederum in den Harmonien widerhallen, die wir in der Natur finden. Wenn alles zu einer übergeordneten Ordnung gehört, dann ist der familiäre Haushalt selbst ein Mikrokosmos dieser Ordnung.

9 Urprinzipien

In dieser Periode der ägäischen Gedankenwelt steigt das Interesse an der grundlegenden Struktur der Wirklichkeit. Was ist die grundlegendste *Materie*, aus dem alles andere gemacht ist? Antworten auf diese Frage nannten normalerweise eines der Elemente. Thales von Milet (um 624 bis 545 v. Chr.) beispielsweise behauptete, dass das «Urprinzip», auf Griechisch *archē*, das Wasser sei. Das ist nicht so absonderlich, wie es klingen mag: Alle Lebensformen auf der Erde enthalten etwas Wässriges. Darüber hinaus steht die Qualität des Wassers für die grundlegende Dynamik der Welt.

Den Fragmenten seines Werkes *Über die Natur* nach glaubte Thales' Schüler Anaximander (um 610 bis 546 v. Chr.), dass die Ursubstanz das «Unbegrenzte» sei (*ápeiron* auf Griechisch). Auch das entbehrt nicht einer gewissen Logik. Die meisten Dinge – Bäume, Enten, Taschentücher etc. – haben Grenzen, und da Grenzen definitionsgemäß Beschränkungen sind, müssen sie Beschränkungen von etwas anderem sein: dem, das keine Grenzen hat, dem Apeiron.

Ist das Philosophie oder Wissenschaft? Eine solche Frage entstammt der heutigen Denkweise über die Grenzen zwischen den Disziplinen, doch diese Denker sahen da keinen Unterschied. Auch nicht Heraklit von Ephesos (um 535 bis 475 v. Chr.) oder Parmenides von Elea (um 515 bis 460 v. Chr.), die Autoren zweier Lehrgedichte, die beide den wenig fantasievollen Namen *Über die Natur* tragen. Beide untersuchen darin metaphysische Probleme, die im Reich der Biologie sichtbar werden. Heraklit dachte nicht nur (dramatischerweise), dass alles aus Feuer besteht, sondern interessierte sich auch für die inhärente Instabilität der Natur. In einem Fragment behauptet er:

LINKS

Porträt des Anaximander, 3. Jh., Italien

Dieses römische Mosaik (aus kleinen Stein- oder Fliesenstückchen zusammengesetztes Bild) zeigt den sitzenden Philosophen Anaximander, der eine Sonnenuhr in Händen hält und zum Himmel blickt.

Man kann nicht zweimal in denselben Fluss steigen. Wer in denselben Fluss steigt, dem fließt anderes und wieder anderes Wasser zu.

Auf einer Ebene ist das eindeutig falsch. Man kann sehr wohl heute in den Kongo steigen und morgen genau dasselbe tun. Auf einer anderen Ebene ist klar, dass das Wasser, aus dem der Kongo besteht, ständig weiterfließt; es ist etwas Dynamisches und stets im Wandel. Dasselbe, so Heraklit, gilt für die ganze Natur – selbst für den Menschen (und angesichts dessen, was die moderne Medizin uns über den Stoffwechselumsatz sagt, wären wir vielleicht sogar geneigt zuzustimmen). Vielleicht ist wirklich alles Feuer, wenn Feuer als Veränderung und Fließen verstanden wird?

Parmenides dagegen behauptete, Veränderung sei unmöglich. Das klingt radikal, aber die genauere Betrachtung seines Gedichts enthüllt eine erstaunlich überzeugende Argumentation. Stellen wir uns vor, wir bauen ein Haus. Gestern: kein Haus. Heute: Haus. Das bedeutet, *Haus* entstand aus *kein Haus*. Aber was ist *kein Haus*? Ein «kein Haus» ist nichts Gegenständliches. Aber nichts kann aus nichts Gegenständlichem erwachsen, und Häuser tauchen nicht aus dem Nichts auf. Für Parmenides war das Konzept der Veränderung nach dieser logischen Kette nicht stichhaltig:

… noch kann ich dir gestatten, [seinen Ursprung] aus dem Nichtseienden auszusprechen oder zu denken. Denn unaussprechbar und unausdenkbar ist es, wie es nicht vorhanden sein könnte.

Die Natur ist vorhanden, immer und unveränderlich.

RECHTS

Szene aus Platons *Symposion*, 1648, Italien

Diese Radierung des italienischen Grafikers Pietro Testa zeigt die berühmte Zusammenkunft, die in Platons *Symposion* beschrieben wird. Der nackte Alkibiades steht ganz links im Bild im Kontrapost. Die Inschrift an der Wand hinter Alkibiades lässt sich wie folgt übersetzen: «Wein drückt Bankette nieder/Weisheit nährt die Seele».

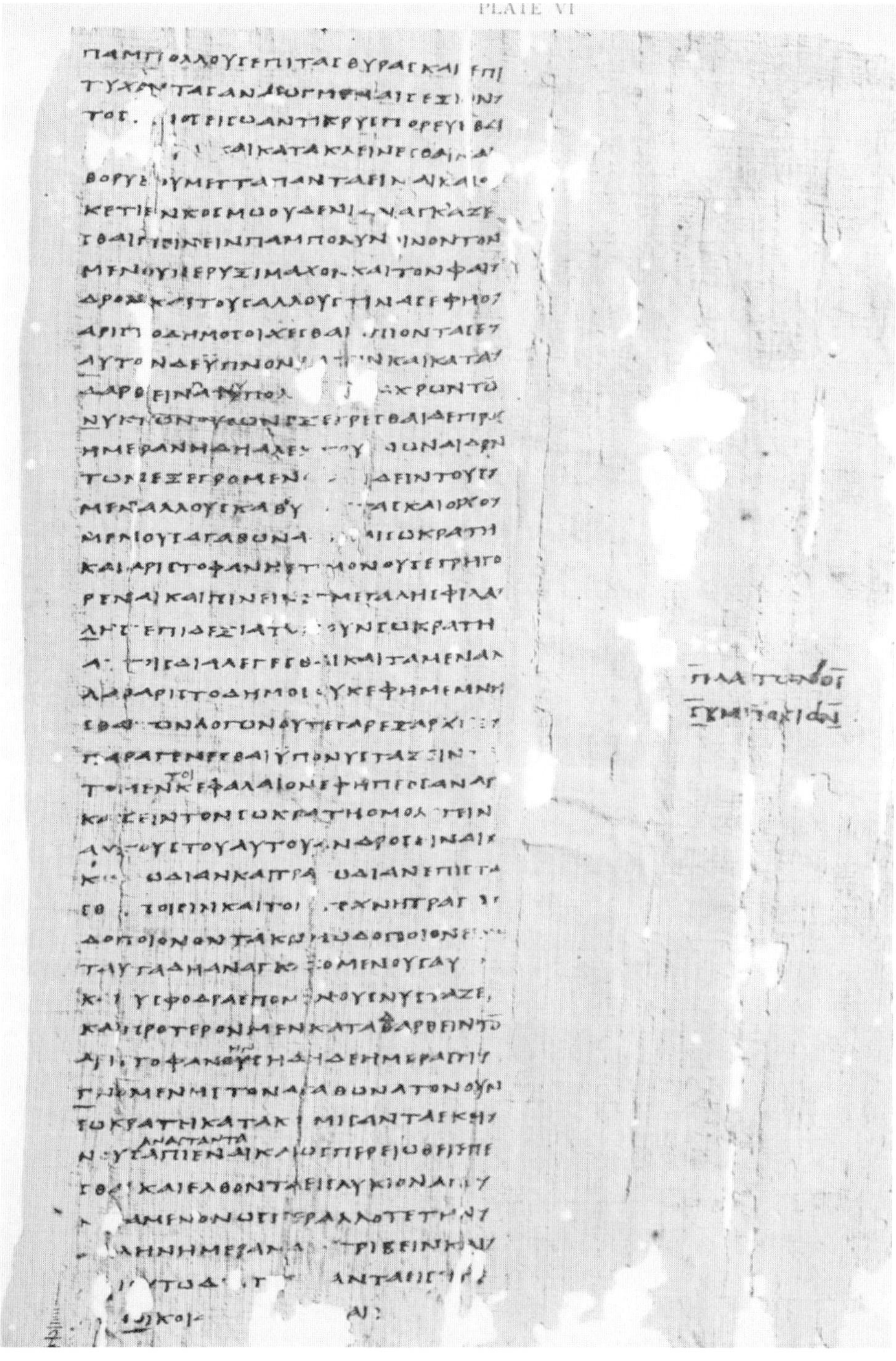

LINKS

Platon, Seite aus dem *Symposion,* um 200 v. Chr. bis 640 n. Chr., Ägypten

Diese hauchdünnen Fragmente gehören zu den frühesten Versionen von Platons Text und wurden zusammen mit Beiträgen von Sappho und Euklid in den Oxyrhynchus Papyri entdeckt.

10 Die Stufen der Liebe

Einer der produktivsten literarischen Strippenzieher dieser Zeit war der Dramatiker und Staatsdenker, den wir als Platon kennen (um 424 bis 348 v. Chr.). Er schrieb hauptsächlich Dialoge, in denen er die Gedanken von Freunden und Verbündeten festhielt – oder vielleicht auch verzerrte. War er ein gewissenhafter Archivar, ein Plagiator oder ein gerissener Bauchredner? Was auch immer davon zutrifft, der Denker aus dem Stadtstaat Athen wurde zur wohl größten Figur im westlichen Denken. Über Jahrhunderte wurde er für seine politischen, metaphysischen und ethischen Abhandlungen gepriesen und als großer Systemarchitekt betrachtet, der scharfsinnige Verbindungen zwischen diesen unterschiedlichen Bereichen herstellte.

UNTEN

Büste des Sokrates, 400 v. Chr., Griechenland

Trotz rassistischer Stereotype, die zunehmend das Weißsein mit Schönheit und Geschmack gleichsetzten, war diese Skulptur höchstwahrscheinlich bemalt. Anders als der Marmor haben die empfindlichen Farbpigmente dem Zahn der Zeit jedoch nicht standgehalten.

Platons *Symposion* (um 384 bis 369 v. Chr.) gehört zu seinen berühmtesten Dialogen. Es erzählt von einem wüsten Bankett, das der Dichter Agathon veranstaltet. Alle großen Namen der Athener Gesellschaft sind eingeladen, und während sie feiern, fordert Agathon seine Gäste auf, Lobreden auf Eros zu halten. Wie Sappho (die Platon zitiert) interessieren sich auch die Figuren im *Symposion* für die Liebe.

Wie häufig in Platons Dialogen lieferte die Figur seines Lehrers Sokrates einige der raffiniertesten Beiträge. Dazu – und auch das ist oft der Fall – bedient er sich der Gedanken anderer. In diesem Fall sind es die Gedanken seiner Lehrerin Diotima. Wir erfahren, dass Diotima sich weniger dafür interessierte, was Liebe ist, als vielmehr dafür, was wir lieben. Liebe, so sagt sie, kann die Menschen vom Anblick eines hübschen Gesichts zu echten Einsichten in das Wesen aller Dinge führen. Diotima zufolge (bzw. demzufolge, wie Sokrates sie Platon zufolge zitiert) wird Liebe durch Schönheit hervorgerufen und je mehr man sich mit schönen Dingen (Blumen, glänzenden Stoffen etc.) beschäftigt, desto sicherer erkennt man, was Schönheit eigentlich ist. Man beginnt, Schönheit in der Wissenschaft wahrzunehmen und in Institutionen und Gesetzen. Auf der obersten Stufe des Begreifens steht die Schönheit selbst:

… bis man endlich bei derjenigen Erkenntnis aufhört, welche nichts als das absolut Schöne zum Gegenstand hat, und nun […] die Urschönheit selbst erkennt.

Die höchste Stufe dieser Leiter ist allgemein und vielleicht ungerechterweise als «platonische» und nicht als «diotimanische» Liebe bekannt: eine Liebe, die über weltliche Dinge hinaus auf eine höhere Ebene zielt und die sich Platon als Reaktion auf die Schönheit vorstellt, wobei das Schöne ein Aspekt des Guten ist (alles Gute ist notwendigerweise auch schön).

Platons Texte sind erbaulich: Liebe führt uns zu absoluter Schönheit und Güte. Sie enthalten auch Ansichten, die wir heute wohl als gesellschaftlich progressiv bezeichnen würden. Man denke nur etwa an die queeren Elemente im *Symposion.* Homosexuelle Beziehungen stehen im Mittelpunkt, veranschaulicht durch die Liebe zwischen Sokrates und seinem schönen Schüler Alkibiades. Doch aus dem Blickwinkel des 21. Jahrhunderts steckt in diesen Texten auch eine Menge Sexismus und Frauenfeindlichkeit. Die oben beschriebenen Stufen der Liebe sprechen der intellektuellen Verbindung zwischen Männern einen größeren inhärenten Wert zu und stellen sie über die niedere körperliche Verbindung zum Zweck der Fortpflanzung, die zwischen Männern und Frauen besteht. Darüber hinaus ignoriert Platon die lesbische Liebe, wie sie von Sappho verkörpert wird, vollkommen. In seiner politischen Abhandlung *Politeia* werden Frauen durchgehend niederere Rollen zugeschrieben als Männern und sie werden als «deformiert und missgestaltet» beschrieben.

Dabei sind diese Belege für Sexismus keineswegs Ausrutscher. Platons Texte stellen Frauen systematisch als *von Natur aus* geringer als Männer dar – eine Einstellung, die auch Platons Schüler Aristoteles übernimmt und fortführt, und das in großem Maßstab.

Aristoteles (384 bis 322 v. Chr.) wurde in Stageira in Makedonien geboren, dem heutigen Norden Griechenlands. Nach seinem Studium an Platons Akademie arbeitete er als Lehrer und Berater für aufstrebende Politiker. Er hinterließ einen umfangreichen Werkkorpus, zu dem die *Physik*, die *Poetik*, die *Rhetorik*, die *Politik*, die *Metaphysik* und die *Nikomachische Ethik* gehören. Seine zahlreichen Interessengebiete erstreckten sich auch auf Biologie und Gesellschaft.

In *De Anima* und *Metaphysik* (so genannt, weil sie nach [*metá*] seiner *Physik* geschrieben wurde) stellt Aristoteles sein «hylemorphes» Verständnis vom Universum vor. Der Hylemorphismus geht davon aus, dass jedes einzelne Ding (diese Katze oder jener Hund) aus zwei metaphysischen Zutaten besteht: Materie *(hylē)* und Form *(morphē)*. Um auf eine etwas grobe Analogie zurückzugreifen: Eine Bronzestatue von Aristoteles besteht aus Materie (Bronze) und hat eine spezifische Form (die Form des Aristoteles). Dasselbe gilt für alle Dinge, ob natürlich oder künstlich. Die Form eines Objekts, so glaubte Aristoteles, verrät uns nicht nur sein Wesen (was für eine Art von Objekt es *ist*). Sie zeigt auch die Funktion des Objekts, also *wozu* es da ist.

In den «Funktionen» sah Aristoteles ein praktisches Hilfsmittel, um zu bestimmen, wie man ein gutes Leben führt. Wie Kǒng Zǐ befasste er sich ausführlich mit dem guten und tugendhaften Leben. In der *Nikomachischen Ethik* (benannt nach seinem mutmaßlichen Herausgeber und Aristoteles' Sohn, Nikomachos) konzentriert er sich auf Fragen nach dem «guten Leben». Für Aristoteles gehört es zum guten Leben, nach unseren Veranlagungen zu leben. Wie auch ein Hammer eine bestimmte Funktion hat und am besten dieser entsprechend eingesetzt werden kann, so Aristoteles' Überzeugung, blühen auch Menschen dann auf, wenn sie typisch Menschliches tun. Dazu gehören auch Denken und Reden und Argumentieren. Wir sind am besten, wenn wir unserem rationalen Wesen entsprechend leben.

Aristoteles gab sich unendliche Mühe bei seinen Versuchen, bestimmte gesellschaftliche Arrangements als natürlich zu präsentieren. In seiner *Politeia* beispielsweise behauptete er, bestimmte Menschen lebten besser in Sklaverei, weil sie angeblich weniger vernunftbegabt seien. Seine Versuche, seine Misogynie zu naturalisieren, führen ihn zu teilweise bizarren und offenkundig falschen Aussagen wie seine Behauptung in *Historia animalium*, Männer hätten mehr Zähne als Frauen. Wenn uns dieses Beispiel eines lehrt, dann ist es, uns vor dem «Natürlichen» in Acht zu nehmen.

UNTEN

Büste des Aristoteles, 320 v. Chr., Rom, Italien

Aristoteles wird häufig mit einem üppigen Bart als Zeichen für Reife dargestellt. Entsprechend der Aneignung der griechischen Kultur durch die Römer ist diese Büste eine römische Kopie eines griechischen Originals.

RECHTS

Aristoteles, Seite aus der *Nikomachischen Ethik*, 10. Jh., Italien

Diese Seite wurde in der Biblioteca Medicea Laurenziana in Florenz gefunden und stammt aus einem Exemplar von Aristoteles' *Nikomachischer Ethik*. Die Biblioteca, verkürzt auch nur «Laurenziana» genannt, sollte den Aufstieg ihrer Mäzene von Händlern zu Mitgliedern der literarischen und kirchlichen Gesellschaft unterstreichen. Der Besitz literarischer Werke wie der *Ethik* galt als Statussymbol.

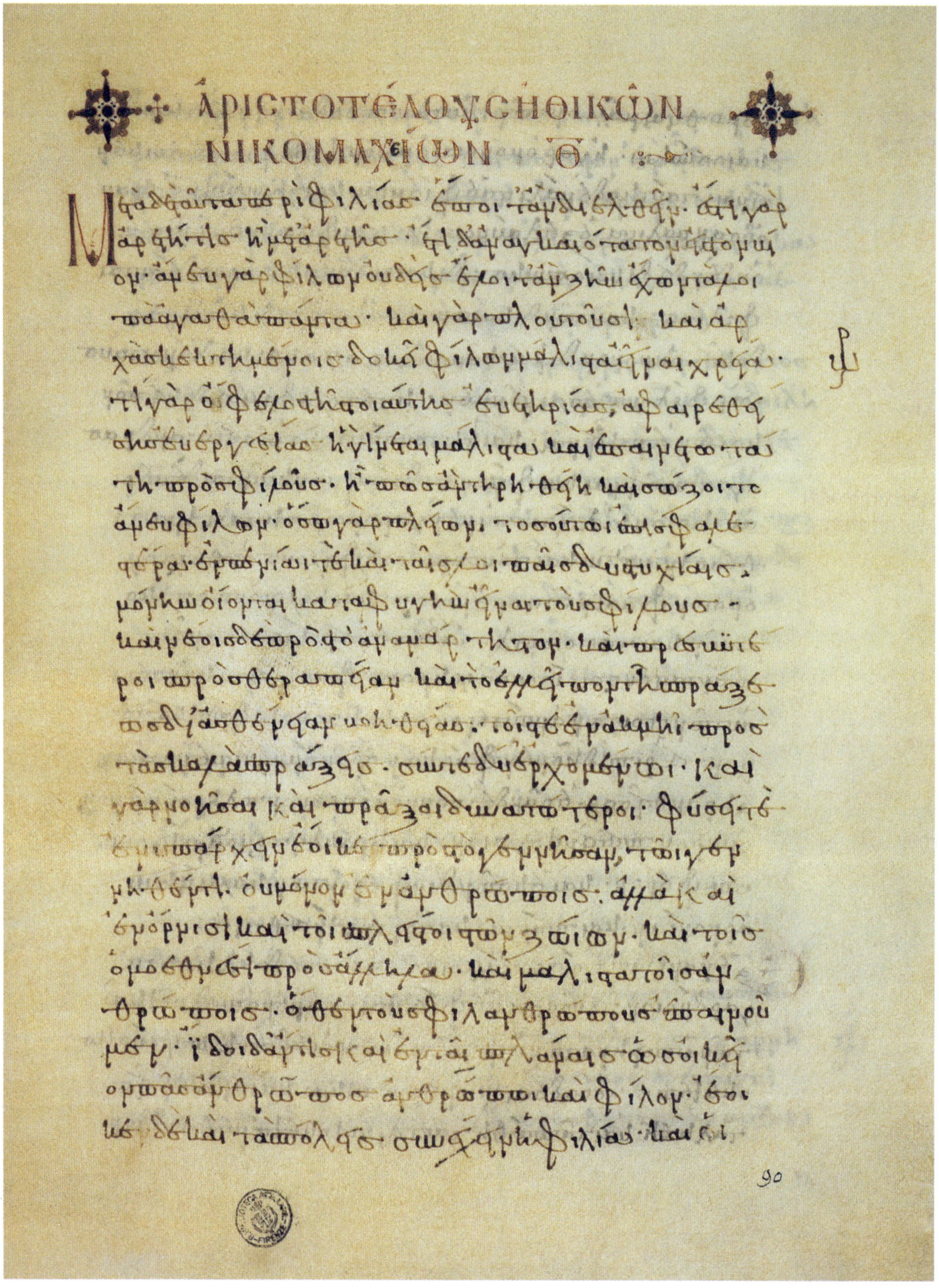

11 Große Namen

In der Geschichte der Philosophie wurde einigen Figuren wie Kǒng Zǐ, Platon und Aristoteles ein höherer Rang zugestanden als anderen. Die in diesem Kapitel vorgestellten Werke drängen uns zu der Frage (die jede gute philosophische Arbeit stellen sollte): Warum? Wenn so viele dieser Werke große Ideen enthalten, warum entscheiden wir uns dann dafür, einige höher zu bewerten und andere zu verschleiern? Warum gelten einige Gedichte als philosophisch, andere als wissenschaftlich und wieder andere «nur» als literarisch (wenn überhaupt)? Warum werden einige Denkerinnen und Denker zu großen Namen, während andere in der Masse verborgen bleiben?

Warum zum Beispiel nimmt Kǒng Zǐ eine so prominente Position in der chinesischen Tradition ein? Seine Konzepte sind unverfrorene Aufarbeitungen von vorherrschendem Gedankengut früherer Jahrhunderte. Ich übermittle, aber ich schaffe nichts «Neues», sagte er. Er hat nichts Eigenständiges zu bieten – und sein einziger großer Beitrag zur Literatur, die *Analekten*, wurde von anderen geschrieben. Bedeutet das, dass wir uns nicht um Originalität kümmern müssen? Warum hat Sokrates, der niemals etwas niederschrieb, den Rang eines prägenden Denkers seiner Zeit inne, vor dem es nur die «Vorsokratiker» gab?

Die vielleicht wichtigste Frage an dieser Stelle, in einem Buch über Bücher, ist diese: Warum konzentrieren wir uns so entschieden auf *Autoren*? Dieser Abschnitt macht ja schließlich deutlich, dass große Werke auf vielerlei Arten zustande kommen. Texte wie der *Veda* und die *Upanishaden* zeigen uns, dass kanonische Werke das Produkt mehrerer unterschiedlicher Denker sein können, die alle gemeinsam reden, denken, schreiben und zuhören. Als weiteres Beispiel dafür können wir das epische *Mahabharata* heranziehen, das die aus 700 Versen in Sanskrit bestehende *Bhagavad Gita* enthält. Angeblich wurde es von Vyasa (dem «Ordner») zusammengetragen, aber nicht geschrieben. Dasselbe gilt für die *Analekten* und das *Mozi* und die *Ode an Aphrodite*. Diese Bücher brechen den Mythos der großen Namen, die in intellektueller Abgeschiedenheit große Ideen niederschreiben. Sie rufen uns dazu auf, diese Ausrichtung auf einzelne Autoren zu untersuchen und deuten darauf hin, dass die Erhebung einiger Figuren über andere politische Motive hat. Überdeutlich wird das im nächsten Kapitel an den Beinamen, die wir Aristoteles' berühmtestem Schüler geben – einem Mann, den einige unter dem Namen Alexander der Große kennen, andere dagegen als Alexander der Verfluchte.

2

GRENZÜBER- SCHREITUNGEN

(300 V. CHR. BIS 200 N. CHR.)

1 Persische Exporte

Das 3. Jahrhundert v. Chr. war eine Zeit starken kulturellen Austausches und Widerstandes, in der sowohl physische als auch intellektuelle Grenzen von imperialistischen Mächten neu verhandelt wurden. Im Laufe der vorangegangenen Jahrhunderte hatte das Persische Reich weitläufige Netzwerke sorgfältig unterhaltener Handelsrouten – die berühmte «Seidenstraße» – etabliert, die die Ägäis mit dem persischen Landesinneren und China verbanden. Unter Dareios dem Großen (550 bis 486 v. Chr.) entwickelten sie ausgeklügelte Infrastrukturen, gestützt von komplexen Buchhaltungs- und Steuersystemen. Viele seiner Erfolge errang der Perserkönig nicht durch gnadenlose Unterwerfung (obwohl auch das vorkam), sondern durch kulturelle Sensibilität und Toleranz. Die von Dareios in Auftrag gegebene persische «Behistun-Inschrift» am Gipfel eines Berges legt davon Zeugnis ab: In Anerkennung der linguistischen Bedürfnisse der bunt gemischten Bevölkerung ist sie dreisprachig in Altpersisch, Elamisch und Akkadisch verfasst. Trotz der oft geäußerten gegenteiliger Annahmen ist die «Globalisierung» mitnichten ein modernes Phänomen.

UNTEN

Porträt des Zarathustra, 9. Jh., Deutschland

In dieser Miniatur sehen wir Zarathustra mit dem europäischen Blick des 9. Jahrhunderts. Als Herrscher auf einem Thron trägt Zarathustra einen roten Mantel und ein Zepter und bespricht sich mit zwei farbenprächtig gekleideten Menschen, die als Orakel benannt werden. Die Miniatur findet sich in einem Manuskript namens *De rerum naturis* («Von den Dingen der Natur») des fränkischen Benediktinermönches Rabanus Maurus (um 780 bis 856).

Neben dem Austausch materieller Güter ermöglichte das Perserreich auch einen massenhaften Austausch von Konzepten. Zu seinen größten Exporten gehörte der Zoroastrismus. Wie Vedismus und Ruismus widersetzt sich der Zoroastrismus den Versuchen heutiger Disziplinen, Religion von Philosophie zu trennen; in seinem Gründungstext, dem *Avesta*, geht es ebenso um Metaphysik wie um Ethik und spirituelle Anleitung. Die Schrift, eines der wenigen existierenden Beispiele für die avestische Sprache, soll eine Sammlung von Aussprüchen des Religionsstifters Zarathustra sein, für die Griechen «Zōroástrēs» (um 1500 bis 1200 v. Chr.). Die Leser werden mithilfe von Hymnen oder *gathas* an eine komplexe Kosmologie herangeführt, in der eine einzelne Gottheit, Ahura Mazda, zwei Zwillingsgeister erschafft: Einer steht für Wahrheit, Güte, Schöpfung und Existenz, der andere für Falschheit, Bosheit und Zerstörung. Das *Avesta* gehört zu den ersten und deutlichsten Formulierungen einer monotheistischen Weltsicht mit einem binären Gut-Böse-Modell. Im Gegensatz zu seinen polytheistischen Zeitgenossen bietet dieser Text ein ethisches Modell aus einem Guss, das sich an einem einzelnen Gott orientiert und einen elegant-einfachen Rahmen für die Entscheidungsfindung stellt. Im Vordergrund steht dabei das Handeln: Ob wir uns dem einen oder dem anderen Zwilling zuwenden, bleibt letztlich dem Einzelnen überlassen.

Es müssen verschiedene Versionen des *Avesta* entlang der Handelsrouten zirkuliert haben – doch seine Kernaussage über Ahura Mazda und die individuelle Entscheidung war klar und unmissverständlich. Der Einfluss des *Avesta* lässt sich im buddhistischen, jüdischen und christlichen Denken erkennen; Jahrhunderte später verfasst Friedrich Nietzsche sein *Also sprach Zarathustra* (1883) explizit als Hommage an diese höchst einflussreiche Figur. Der Schwerpunkt des Textes auf der persönlichen Entscheidung muss die Herrschaft von Dareios und Kyros dem Großen geprägt haben. Die Untertanen wurden zweifellos als eigenverantwortlich für ihre moralische Entwicklung angesehen; für die moralische Wahl war letztlich nicht der Staat zuständig. Das führte vermutlich auch zu freizügigeren gesellschaftlichen Einstellungen. Statt eine vom Staat sanktionierte Religion durchzusetzen, tolerierten die persischen Herrscher eine Vielfalt ethisch-religiöser Perspektiven.

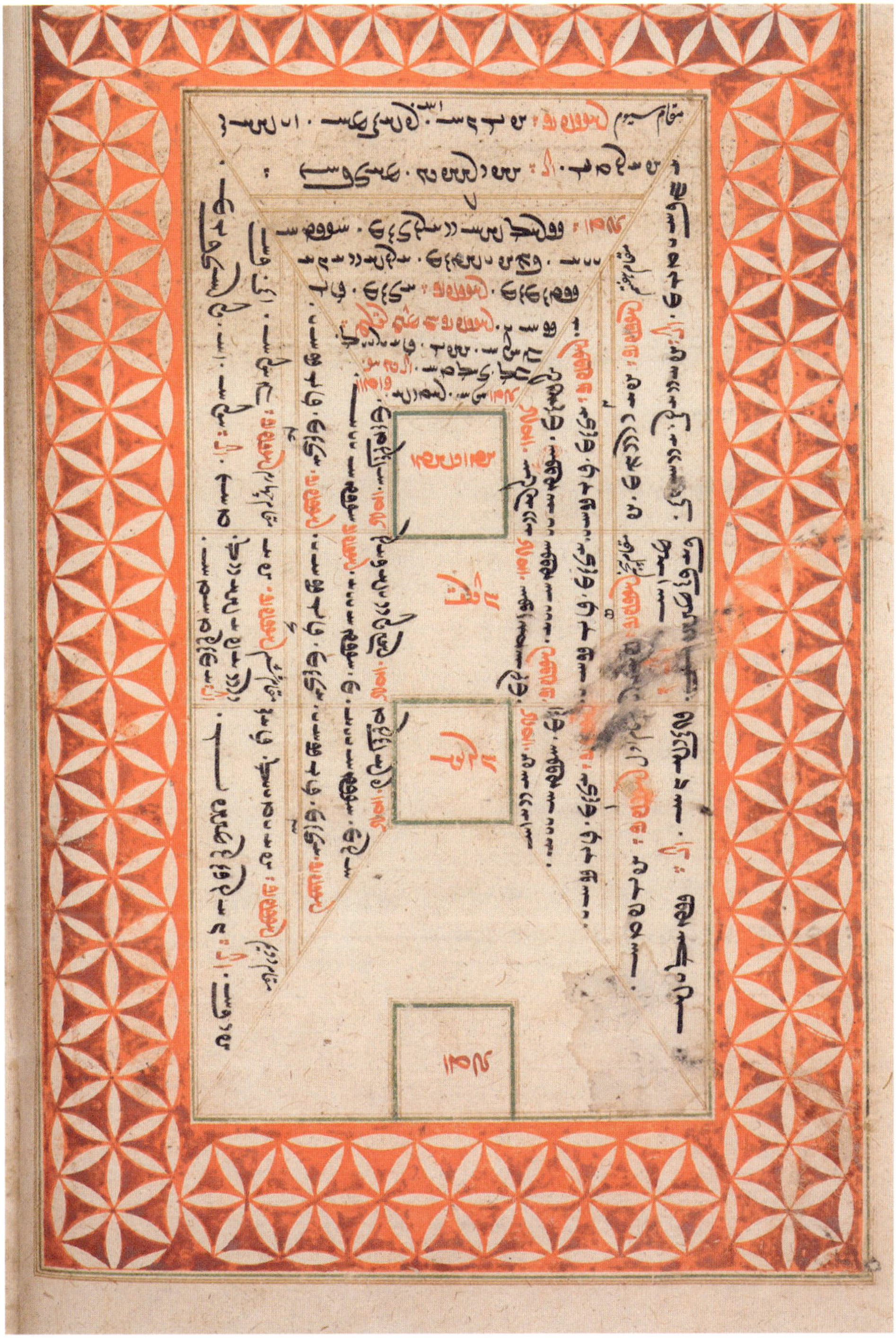

LINKS

Vendidad Sade, 1647, Iran

Diese reich verzierte Seite stammt aus einer Ausgabe des *Vendidad Sade* aus dem 17. Jahrhundert, einem liturgischen Text auf der Grundlage eines zoroastrischen Rechtstextes. Den Text in roter und schwarzer Tinte in der alt-iranischen Sprache Avestisch ist von einer üppigen geometrischen Bordüre in Rot umgeben und lässt sich aus verschiedenen Richtungen lesen (Avestisch wird von rechts nach links geschrieben).

RECHTS OBEN

Vendidad Sade, 1647, Iran

Mitten im Fließtext dieses zoroastrischen Manuskripts brachte der Kopist, ein gewisser Mihrban Anushirvan Bahram, ein Kolophon (Angaben zu Autorenschaft und Auflage) auf Persisch unter.

RECHTS UNTEN

Vendidad Sade, 1647, Iran

Zoroastrische Manuskripte sind gewöhnlich nicht illustriert, doch diese Ausgabe des *Vendidad Sade* enthält verschiedene farbige Bilder wie diese Abbildung von Bäumen in Rot und Grün.

2 Feldzüge

Während linguistische und kulturelle Grenzen immer durchlässiger wurden, florierte der philosophische Austausch. Einen bedeutenden Anschub erfuhr die Ideenwirtschaft mit der Ausdehnung des makedonischen Reiches unter der Herrschaft des Eroberers, den manche Alexander den Großen nennen und andere Alexander den Verfluchten.

Nachdem er sich 335 v. Chr. den Thron gesichert hatte, startete der junge Alexander von Makedonien (356 bis 323 v. Chr.) eines der ehrgeizigsten imperialistischen Projekte der Geschichte. Während es Nordeuropa, Gallien und andere Staaten im Westen ignorierte, drang das makedonische Reich immer weiter nach Osten vor, übernahm Babylonien, besiegte Dareios III. im persischen Landesinneren, das die Makedonier «Gaugámēla» nannten (das heutige irakische Kurdistan) und breitete sich bis zum Industal aus.

Jahrtausendelang hatten afrikanische Dynastien in relativer Stabilität in Ägypten regiert. Nach mehreren aufeinanderfolgenden Invasionen erst persischer und dann makedonischer Truppen begann das Wesen dieser alten afrikanischen Nation sich zu wandeln. Nach Alexanders Invasion wurde eine neue Dynastie, die der Ptolemäer, eingesetzt (benannt nach einem von Alexanders Soldaten, seinem Freund Ptolemäus); sie leitete eine anhaltende Periode kultureller Unternehmungen ein, mit besonderem Schwerpunkt auf Texten griechischer Denker. Die unbescheiden «Alexandria» getaufte Stadt wurde gegründet und die berühmte Bibliothek errichtet, in der zu ihrer Blütezeit Zehntausende, wenn nicht gar Hunderttausende Schriftrollen lagerten. Unter ihnen befanden sich auch die *Pythagoräische Elementarlehre der Musik* von Ptolemais von Kyrene (bl. 3. Jh. v. Chr.) und die *Harmonik* von Claudius Ptolemäus (um 100 bis 170 n. Chr.), was auf das fortgesetzte Interesse an den Überschneidungen von Mathematik und Musik sowie der Analyse von Tonalgorithmen hinweist.

Das war die heitere Seite des griechischen Denkens. Doch die ungehinderte Ausbreitung des makedonischen Staatsgebietes erforderte auch einen konzeptuellen und ethischen Unterbau. Fündig wurde man in den Texten von Alexanders ehemaligem Lehrer Aristoteles. Mit dessen Arbeiten und denen seiner Zeitgenossen legitimierte man die Invasionen und imperialistischen Okkupationen des «großen» makedonischen Königs.

Nehmen wir beispielsweise Aristoteles' Verfechtung des Mutes. Die *Nikomachische Ethik* widmet sich ausschließlich dieser einen Tugend, die als glorreiche Mitte zwischen Leichtsinn und Feigheit gepriesen wird. Wie alle aristotelischen Tugenden sollte der Mut durch Gewöhnung oder Übung kultiviert werden, und die einzige Möglichkeit, wahren Mut einzuüben, sagt uns Aristoteles, besteht im Krieg. Alexander nahm sich dieses Konzept so zu Herzen, dass er bis zu seinem (vielleicht vorhersehbar) vorzeitigen Tod im Alter von 34 Jahren zehn Jahre lang einen unerbittlichen Feldzug nach dem anderen führte.

Diese Form der Tugenderziehung geht Hand in Hand mit einer anderen aristotelischen Sichtweise, die er in seiner *Politik* artikuliert: dass einige Gemeinschaften (womit Aristoteles die Griechen meinte) von Natur aus dazu bestimmt seien, über andere zu herrschen.

OBEN

Porträt des Claudius Ptolemäus, Datierung unbekannt

Diese Bronzebüste von Claudius Ptolemäus (um 90 bis 168 n. Chr.) steht auf einem Steinsockel, die Augen bestehen aus Edelsteinintarsien. Ptolemäus hat einen melancholischen Gesichtsausdruck, der Mund geschlossen, der Blick in die Ferne gerichtet. Solche Büsten (im Besitz der britischen Royal Geographical Society) werden eingesetzt, um historische Narrative zu bekräftigen.

LINKS

Porträt des Alexander von Makedonien, 1. oder 2. Jh., Italien

Diese Marmorstatue zeigt den jungen Herrscher mit leicht geöffnetem Mund, als wolle er gerade zum Sprechen ansetzen, und ausdruckslosem Blick. Die Skulptur ist eine Kopie aus dem 1. oder 2. Jahrhundert eines früheren griechischen Werks in Bronze.

OBEN

Weltkarte des Ptolemäus, 15. Jh., Florenz, Italien

Dieses aufwendig mit blauem Pigment kolorierte Manuskript basiert auf einer Weltkarte aus Ptolemäus' *Geographia* (um 150 n. Chr.). Die Karte zeigt Flüsse und Ortsnamen in China, die Insel Sri Lanka sowie die Mittelmeerregion. Bedenkt man, dass es noch keine Satellitenbilder gab, ist sie bemerkenswert genau.

Die oben beschriebene Hierarchie – in der sich die Griechen für natürlicherweise anderen Nationen überlegen hielten, genau wie Männer den Frauen und freie Menschen versklavten Menschen – ist eine konzeptuelle Grundbedingung für diese Art von expansionistischem Vorhaben.

Natürlich standen Alexanders Taten nicht immer im Einklang mit den Lehren seines einstigen Mentors. An anderer Stelle in der *Politik* merkt Aristoteles an, dass die Mittelklasse in der Politik mehr Macht bekommen sollte, da sie den besten Platz einnehmen (nämlich in der Mitte), um politische Maßnahmen zu aller Gunsten zu entscheiden. Der despotische makedonische König hatte sich dieser Ansicht deutlich weniger verschrieben als Aristoteles' anderen Konzepten. Die zoroastrischen Autoren des *Ardā Wīrāz Nāmag*, des «Buches des rechtschaffenen Wīrāz», bescheinigten die erstaunliche Rücksichtslosigkeit seines Reiches; als Leidtragende seiner brutalen Feldzüge gaben sie ihm den Beinamen *gizistag eskandar* («verfluchter Alexander»).

3 Weiterführende Literatur

Es blieben kaum Originaldokumente aus dieser Zeit erhalten, schon gar nicht vollständig. Die meisten gingen verloren, wurden zerstört oder sind aufgrund verschiedener Wechselfälle (etwa das Niederreißen der Bibliothek von Alexandria durch Julius Caesar 48 v. Chr.) nur noch in Fragmenten erhalten. Heutige Autoren verlassen sich auf die sorgfältige Recherche von Philosophiehistorikern, die sich ihrerseits auf die Arbeit früherer Historiker verlassen, von denen viele im ersten Jahrtausend lebten. Die Geschichte, die nun kommt, basiert auf einer Reihe verschachtelter Texte in einer historiografischen *mise en abyme*, die schon beim Lesen ein leichtes Schwindelgefühl verursacht.

Plutarchs *Vitae parallelae* («Parallele Lebensbeschreibungen») und Diogenes Laertios' *Über Leben und Lehren berühmter Philosophen* entstanden im 1. bzw. 2. Jahrhundert n. Chr. Die Autoren stammen aus Griechenland und Anatolien. Die Parallelbiografien des Plutarch (um 45 bis 120 n. Chr.) sind eines der ersten Beispiele für die historische Biografie. Die historischen Darstellungen des griechischen Philosophen verknüpfen die Leben 48 griechischer und römischer Herrscher und Denker miteinander. Einen Großteil dessen, was wir etwa über Alexander wissen, erfahren wir bei Plutarch. Die *Vitae* sind dabei keine reine Zusammenstellung von Daten und Schlachtennamen. Wie seine Vorgänger interessierte sich auch Plutarch für den Charakter. Welche Tugenden zeigte Alexander? Wie kultivierte er sie?

In einem Schachzug, dem man einen gewissen Eigennutz nicht ganz absprechen kann, erklärt Plutarch, dass Alexanders Erfolge in seiner hohen Meinung über Philosophen begründet liegen. Zwangsläufig wird Aristoteles als Einflussgröße zitiert; wir erfahren, dass der König stets Werke seines Lehrers unter dem Kopfkissen hatte, gleich neben einem einsatzbereiten Dolch. Der König schätzte auch Homers *Ilias*, «ein Handbuch der Kriegskunst», sowie die Tragödien von Aischylos und Euripides. Ein weiterer Schüler von Sokrates, Xenophon von Athen, soll ihn ebenfalls inspiriert haben. Xenophons *Anabasis* («Der Marsch des Kyros ins Hochland», um 370 v. Chr.) ist ein Bericht über die militärischen Großtaten des Dichtersoldaten, der seine Expeditionen durch Persien in allen Einzelheiten beschreibt. Plutarch erzählt uns, dass Alexanders Konzentration auf diese und andere ethnografische Arbeiten ihm – so Plutarch – bei seinen kolonialistischen Unternehmungen zugutekam.

Die Parallelbiografien beschreiben auch Alexanders strategische Übernahmen örtlicher Gebräuche – dieselbe Toleranztaktik wie bei den Persern. So blutig seine Feldzüge waren, der Erfolg des makedonischen Königs basierte zum Teil auch auf seiner Sensibilität gegenüber regionalen Kulturen. Während er sein Territorium ausdehnte, kümmerte sich Alexander auch um die Bedürfnisse seiner neuen Untertanen – indem er sie beispielsweise vor den Steppenvölkern verteidigte – und achtete örtliche Traditionen. Plutarch erzählt, dass Alexander in Persien persische Kleidung trug und sich der Proskynese unterwarf (einer Hofsitte, bei der u. a. Würdenträgern die Hand geküsst wurde). So gelang es dem makedonischen König und seiner Armee, stabile Verbindungen zu regionalen Eliten aufzubauen, die ihrerseits davon überzeugt wurden, Ämter für das Reich auszuüben.

Ein Effekt dieser Strategie war eine umfassende Vermischung literarischer und religiöser Traditionen. Philosophiehistoriker weisen auf auffällige Parallelen zwischen den Kulturen hin, die durch Alexanders Imperium miteinander in Kontakt kamen: Altgriechische und altindische Philosophien zeigen beinahe identische Formen der Argumentation, die in bemerkenswert ähnlichen dialogischen Formen aufgebaut sind. Selbst die Liste der «Grundelemente» – Erde, Wind, Feuer und Wasser – ist dieselbe (im Gegensatz zu der der Zoroastrier und im alten China). Auch wenn jedoch

RECHTS

Szene aus Homers *Ilias*, 1. Jh. n. Chr., Pompeji, Italien

Dieses Mosaik in Rot- und Brauntönen stellt eine Episode aus Homers *Ilias* dar, in der Achilles sein Schwert zieht, um mit dem sitzenden König Agamemnon zu streiten, während ein zusehender Dritter einzugreifen versucht. Wegen ihrer Beständigkeit wurden Mosaike aus Stein oder Glas im alten Rom oft als Boden- oder Wanddekorationen eingesetzt.

LINKS

Szene aus Xenophons *Anabasis,* 1508 bis 1509, Frankreich

In diesem illuminierten Manuskript aus dem 16. Jahrhundert sehen wir Xenophon und die griechische Armee neben einem Haufen niedergemetzelter Soldaten posieren, im Hintergrund ihr Lager. Die Szene und der Text darunter mit einer kunstvoll «historisierten» Initiale werden von einer Bordüre mit üppigen Blattmotiven und merkwürdigen, wundersamen Tieren eingerahmt.

die Ähnlichkeiten unverkennbar sind, so ist die Reiserichtung bedeutend weniger klar. Die Makedonier exportierten eindeutig die griechische Theologie in ihre neuen Gebiete, wie sich anhand von Statuenresten und Münzgeld mit griechischen Göttern belegen lässt, aber welche Konzepte kamen auf den Handelsrouten zurück nach Athen?

4 Philosophische Radikale

UNTEN

Buddha-Figur, 3. Jh., Khyber Pakhtunkhwa, Pakistan

Diese aus Schiefer gehauene Skulptur eines Buddha steht auf einem Sockel mit zahlreichen kleineren eingeschnitzten Figuren. Der Buddha lächelt sanft und hebt wohlwollend die Arme etwas an; die Kleidung fällt in üppigen Falten um seinen Körper.

In der Geschichte des globalen Gedankenguts hatte kaum ein Werk einen solchen Einfluss wie der Pali-Kanon. Die Bücher des im 1. Jahrhundert v. Chr. erstellten Kanons bringen die Lehren des indischen Denkers Siddharta Gautama (um 563 bis 483 v. Chr.) zusammen, auch bekannt als «der Erwachte» oder «Buddha». Gautama wurde in Nordindien in die adlige Kaste der Kshatriya hineingeboren und gab seinen gesamten ererbten Wohlstand auf, um ein Leben in Askese zu führen. Die Lehren im Kanon sind klare Anklageschriften gegen die spirituellen und gesellschaftlichen Hierarchien der vedischen Kultur. Wie auch bei anderen, ähnlichen Bewegungen gibt es mehrere Deutungen von Gautamas Lehren, um die sich verschiedene Schulen sammelten. Die größten dieser Schulen sind der Theravada- und der Mahayana-Buddhismus.

In Pali (der indoarischen Sprache, in der der Kanon geschrieben ist) bedeutet Theravada «Schule der Älteren», und der Theravada-Buddhismus ist auch tatsächlich die ältere der beiden Traditionen. Den Theravada-Buddhisten zufolge wurde kurz nach Gautamas Tod ein Gelehrtenrat gebildet, um seine Weisheit zu bewahren. Seine Lehren wurden kodifiziert und mündlich weitergegeben, bevor sie im Pali-Kanon niedergeschrieben wurden. Die frühesten Beiträge waren die *Vinayapitaka* und die ersten vier Bände der *Suttapitaka.* Die Mahayana-Tradition kam etwas später auf, kurz vor dem Beginn unserer Zeitrechnung. Für die Mahayana-Buddhisten gehört das *Lotos-Sutra* zu den zentralen Texten.

So unterschiedlich diese Werke auch sind, enthalten doch alle dieselben zentralen Konzepte – *kamma, samsāra, dukkha, nibbāna* und *anattā* – die zusammen eine mächtige Alternative zum orthodoxen Vedismus der *Upanishaden* bilden. *Kamma* (oder sein Sanskrit-Äquivalent „Karma") ist ein universelles Ordnungsprinzip, eine ausgleichende Kraft, die gute Taten mit Glück und schlechte Taten mit Unglück verknüpft. Für Buddhisten ist *kamma* die Kraft, die das menschliche Schicksal und den spirituellen Aufstieg bestimmt. Und für Theravada- wie auch für Mahayana-Buddhisten, und ebenso für ihre vedischen Zeitgenossen, ist der spirituelle Aufstieg ein notwendiger Schritt, um dem *samsāra* zu entgehen, dem endlosen Zyklus der Wiedergeburt, auch *moksa* genannt. Ein Mensch existiert, so heißt es, nicht nur für die Dauer eines Lebens, sondern vieler. Buddhisten sehen den endlosen Kreislauf als schmerzvolle, unerfreuliche Form des Leidens (*dukkha*), von dem wir uns befreien wollen.

Im Pali-Kanon erfahren wir, dass ein Mensch durch gute Taten und ausführliche spirituelle Reflektion das karmische Gleichgewicht so beeinflussen kann, dass er spirituell durch verschiedene Seinsbereiche aufsteigt und sich so zu einem Zustand spiritueller Befreiung hin entwickeln kann, der *nibbāna* genannt wird. Ein zentraler Schritt auf dieser Reise, die in dem Entkommen aus dem *samsāra* gipfelt, ist die Erkenntnis der Wahrheit des *anattā*. Grob übersetzt bedeutet *anattā* «Unpersönlichkeit» oder «Nicht-Selbst» und ist eine der einflussreichsten Innovationen des Buddhismus. Nach dieser These besitzt entgegen allem Anschein niemand von uns einen festgelegten spirituellen Kern. Das Wesen, auf das sich das Personalpronomen «ich» bezieht, ist eine Illusion. *Anattā* bietet eine drastische und radikale Lösung für das Problem der Reinkarnation. Der endlose Kreislauf der Wiedergeburt wird gestoppt, weil die Seele ihre Nichtexistenz erkennt.

Einen Weg zu finden, die Doktrin des *anattā* zu verstehen und anzunehmen, gehört zu den zentralen Zielen des Buddhismus. Es manifestiert sich in Praktiken, die im Kanon beschrieben werden und die die Aufmerksamkeit von egozentrischen Gelüsten weglenken sollen. Dazu gehören Zölibat, Isolation, yogische Meditation und das Aufgeben materiellen Besitzes. Diese Praktiken sind spirituell eingebunden, aber auch politisch radikal. Das buddhistische Denken steht der sozialen Schichtung des Kastensystems mit seiner ungleichen – und eingebürgerten – Verteilung von Wohlstand und Privilegien absolut feindlich gegenüber. Das zentrale Dogma, beispielhaft verkörpert durch Gautamas Aufgabe seiner Kshatriya-Privilegien, besagt, dass Wohlstand ein handfestes Hindernis auf dem Weg zur Erleuchtung ist.

In derselben Periode finden wir eine ähnliche Antwort auf den Vedismus in den Lehren des Mahavira, kodifiziert in Sanskrittexten wie dem *Acharanga-Sutra*. Mahavira (um 540 bis 468 v. Chr.) wurde wie Gautama in die Aristokratie hineingeboren; auch er gab sein Leben in ererbtem Wohlstand auf, um sich der Selbstreflektion zu widmen. Das *Acharanga-Sutra* und verwandte Werke wie das *Sutrakritanga* und das *Sthanangasutra*, die um den Jahrtausendwechsel zusammengestellt wurden, bilden die Grundlage des Jainismus, eines weiteren spirituellen Systems mit weitreichendem Einfluss. Der Jainismus widerspricht ebenfalls vehement der vedischen Überzeugung, dass der spirituelle Fortschritt von der Ausübung von Kastenpflichten, Status und priesterlichen Ritualen abhängt. Wie der Buddhismus konzentriert er sich auf den Rückzug aus weltlichen Dingen. Durch Askese streben die Jains der Auflösung leidenschaftlicher Gefühle wie Wut, Stolz, Hinterlist und Gier an. Während Alexander die Reichweite seines Imperiums bis ins Industal ausweitete, wandten buddhistische und jainistische Denker sich von weltlichem Verlangen ab.

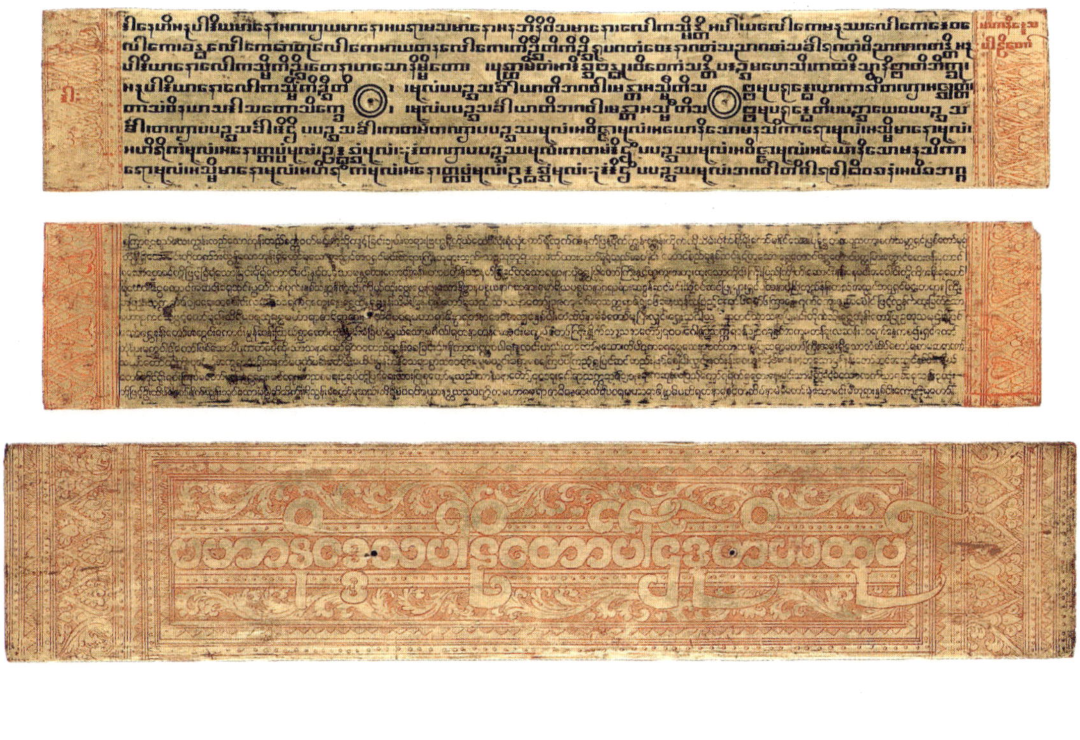

UNTEN

***Mahāniddesa,* Datierung unbekannt, Myanmar**

Auf diesen drei Fragmenten einer Version des buddhistischen Textes *Mahāniddesa* in Burmesisch und Pali sehen wir verschiedene Arten burmesischer Schrift, umgeben von einer roten Bordüre, sowie üppige rote Lackdekorationen. Die Seiten werden in der Wellcome Collection in London ausgestellt, dank der Kaufkraft des Pharmamagnaten Henry Wellcome im 19. Jahrhundert heute eines der weltweit größten Archive für alte Literatur.

RECHTS

U Khandi: Ausschnitte aus dem *Tipitaka,* 1913, Mandalay, Myanmar

Diese Steintafeln mit Passagen aus dem *Tipitaka* (auch Pali-Kanon) finden sich in der Sandamuni-Pagode in Myanmar. Die Pagode wurde 1874 von König Mindon Min in Auftrag gegeben. 1913 meißelte der buddhistische Philosoph U Khandi (1868–1949) *Suttapitaka, Vinayapitaka* und *Abhidhammapitaka*, die zusammen das *Tipitaka* bilden, mit zusätzlichen Erklärungen in rund 1772 Steintafeln.

GANZ RECHTS

Uttarādhyayana-Sutra, 16. Jh., Indien

Auf dieser Seite aus der *Uttarādhyayana-Sutra* findet sich in der Mitte ein größer geschriebener Text in Ardhamagadhi-Prakrit, umgeben von einem Kommentar in Sanskrit, jeweils in schwarzer und roter Tinte. Die prächtige Illustration zeigt den spirituellen Lehrer Mahavira, der im Sitzen inmitten dekorativer Architektur doziert, während zwei andere, kleinere Figuren zuhören. Tinte oder *masi* ist in Indien seit dem 3. Jahrhundert v. Chr. ein übliches Schreibmaterial.

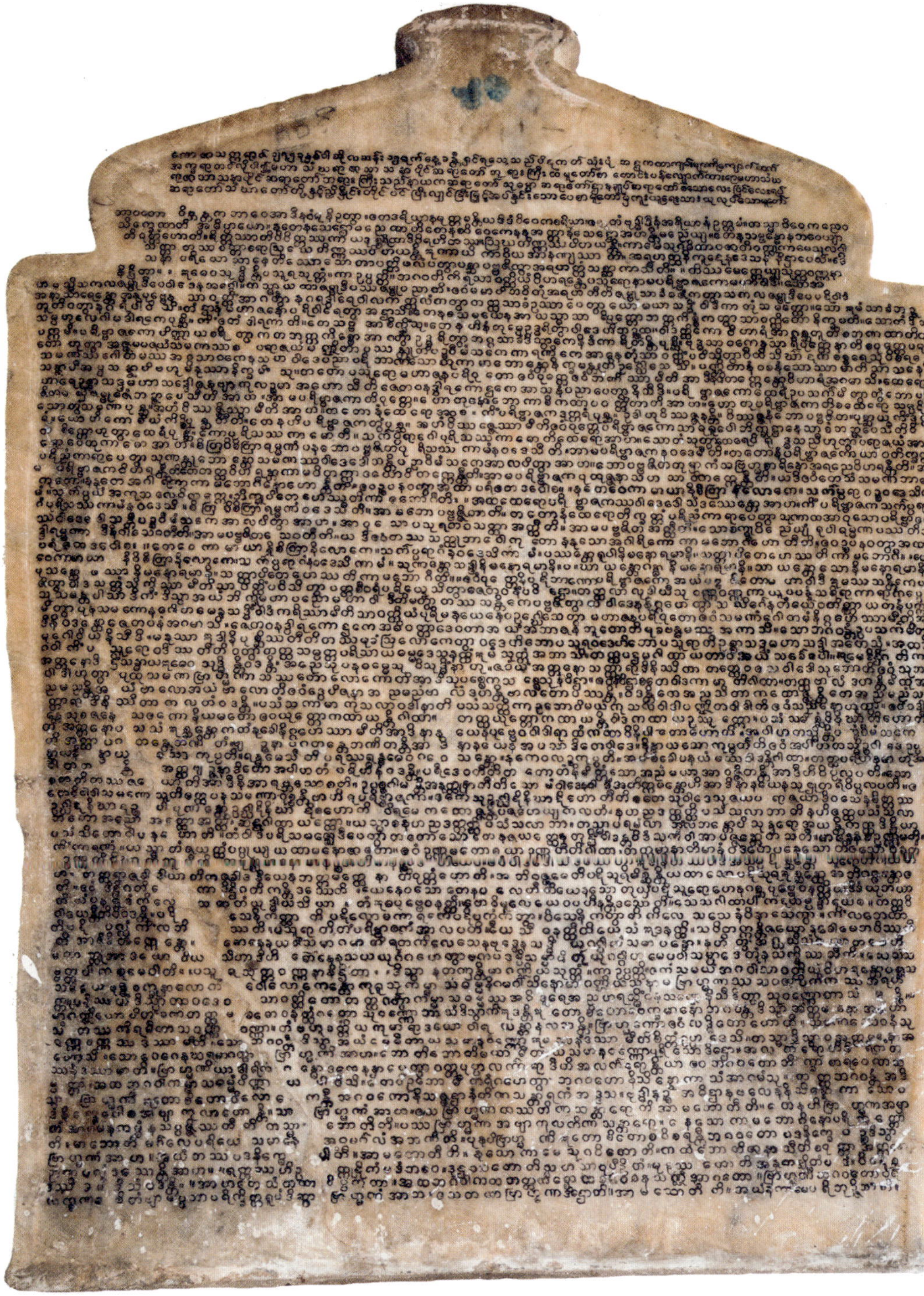

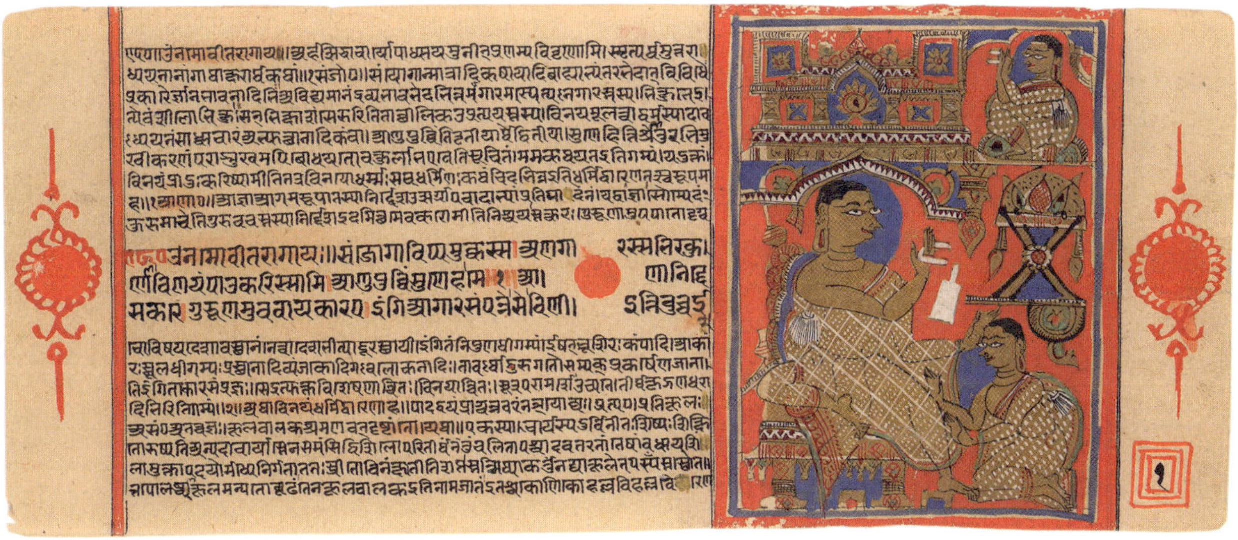

OBEN

Manuskripteinband, 12. Jh., Gujarat, Indien

Dieser Manuskripteinband eines jainistischen Textes in Wasserfarben auf Holz zeigt zwölf farbenprächtig gekleidete Figuren im Dreiviertelprofil mit Waffen, Schmuck und Nahrung vor einem roten Hintergrund. Mit den Manuskriptseiten wurde er durch einen Stift verbunden, der durch das Loch in der Mitte gesteckt wurde. Durch diese Art der Bindung konnte der Leser mehrere Seiten gleichzeitig betrachten.

5 Zurückhaltung des Urteils

Die asketischen Buddhisten und Jains sind mit an Sicherheit grenzender Wahrscheinlichkeit die *gumnosophistaí* («nackte Weise»), die Diogenes Laertios (um 180 bis 280 n. Chr.) in *Über Leben und Lehren berühmter Philosophen* beschreibt. Diese biografische Anthologie widmet den *gumnosophistaí* zwar keinen eigenen Eintrag, erwähnt sie aber in einem Abschnitt über Pyrrhon von Elis. Laertios zufolge begleitete der Peloponnesier Pyrrhon (um 360 bis 270 v. Chr.) Alexanders Armee ins Industal, wo er auf die spirituellen Denker traf. Pyrrhons Gedankenwelt, insbesondere sein Stil des «pyrrhonischen Skeptizismus», ist deutlich von dieser Begegnung geprägt.

Pyrrhons eigene Schriften sind zwar nicht erhalten geblieben, doch der *Grundriss der pyrrhonischen Skepsis* von Sextus Empiricus (um 160 bis 210 n. Chr.) gibt Einblick in seine Gedankenwelt. Wir erfahren darin, dass ein zentraler Bestandteil von Pyrrhons Ansichten sein Schwerpunkt auf der *ataraxía* ist, einem Zustand der Ungestörtheit oder Gelassenheit, der sich als Rückzug aus den Leidenschaften manifestiert. Für Pyrrhon wird dieser innere Frieden durch *epoché* erreicht, die Zurückhaltung des Urteils. Das ist der skeptische Teil des pyrrhonischen Skeptizismus: Man soll sich vor dogmatischen Urteilen in Acht nehmen und sich stattdessen entscheiden, «keine Meinung» zu haben. Auf diese Weise, sagt uns Pyrrhon (über Empiricus), können wir dem Trubel der Leidenschaften entfliehen und Frieden finden.

Angesichts der Einseitigkeit der verfügbaren Geschichtsschreibung lässt sich schwer sagen, wie viel Interaktion es zwischen Pyrrhon und den indischen Philosophen wirklich gab, aber Historiker wie Peter Adamson und Jonardon Ganeri sehen greifbare Verbindungen zwischen der frühen buddhistischen und jainistischen Gedankenwelt und diesem griechisch geprägten Skeptizismus. Betrachten wir beispielsweise die logische Form des *tetrálēmma*, nach der Aussagen als wahr, falsch, sowohl wahr als auch falsch oder weder wahr noch falsch beurteilt werden können. Diese logische Form war in der indischen Erkenntnislehre ein geläufiges Element und spielte eine zentrale Rolle

DIOGENES LAERTIUS.

THE
LIVES,
OPINIONS,
AND REMARKABLE
SAYINGS
Of the Moſt Famous
Ancient Philoſophers.

Written in GREEK, by
DIOGENES LAERTIUS.

Made *Engliſh* by Several Hands.

The Firſt Volume.

LONDON,
Printed for *Edward Brewſter*, at the *Crane*
in St. *Paul's* Church-Yard, 1688.

Diogenes Laertios: Titelseite von *Über Leben und Lehren berühmter Philosophen*, 1688, Edward Brewster; London, England

Die Radierung auf der linken Seite dieses gedruckten Buchs zeigt Diogenes Laertios mit bequemer Mütze und Bart, der den Leser aus dem ovalen Rahmen heraus direkt ansieht. Seine Stirn ist gerunzelt, seine Lippen umspielt ein leises Schmunzeln. Rechts («recto») sehen wir die Titelseite mit der Angabe, dass das Buch auf Griechisch verfasst, aber «von mehreren Helfern englisch gemacht» wurde – ein Hinweis auf das gemeinschaftliche Unterfangen der Übersetzung.

im Werk von Nagarjuna (um 150 bis 250 n. Chr.) (S. 79). Auch in den Argumenten für das pyrrhonische *epoché* nimmt sie eine Schlüsselstellung ein.

Bei genauerer Lektüre von Laertios' *Leben*, Empiricus' *Grundriss* und dem Pali-Kanon entsteht eine Geschichte überlappender intellektueller Tendenzen und Grenzüberschreitungen zwischen den Ideenreichen. Das passierte innerhalb von Kulturen ebenso wie zwischen ihnen: Der pyrrhonische Skeptizismus beeinflusste zweifellos die kynische Schule, die sich zu jener Zeit in Alexandria und Athen großer Beliebtheit erfreute. Zynismus wird heute mit Pessimismus und einer übermäßig negativen Weltsicht assoziiert, doch der Ursprungsbegriff *kynismos* hatte zu Beginn des ersten Jahrtausends eine andere Bedeutung. Die Kyniker, abgeleitet vom griechischen *kyōn* («Hund»), waren eine Gruppe Philosophen, die den Insignien der zivilisierten Welt abgeschworen hatten und stattdessen lieber «wie Hunde» auf der Straße lebten.

UNTEN

Porträt der Hipparchia von Maroneia, 1. Jh., Rom, Italien

Dieses Detail einer römischen Wandmalerei zeigt Hipparchia von Maroneia im Profil, die eine verschlossene Kiste auf dem Kopf trägt. Bei der hier gezeigten Freskomalerei wird auf frischen *(fresco)* Kalkputz gemalt, was die Beständigkeit der Pigmente erhöht.

Leider führte die Weltsicht der Kyniker auch zu einem Widerstreben gegen den Literaturbetrieb; daher gibt es nur sehr wenige frühe kynische Texte. Das meiste, was wir über diese Denker wissen, lesen wir in Laertios' *Leben* in den Abschnitten über Hipparchia, Krates und Diogenes von Sinope. Hipparchia von Maroneia (um 350 bis 280 v. Chr.), die einzige Frau mit einem Eintrag in den *Leben*, gehörte zu den glühendsten Anhängerinnen der kynischen Schule. Zusammen mit ihrem Mann Krates von Theben lebte Hipparchia ihre theoretischen Überzeugungen in den Straßen von Athen aus, widersetzte sich vehement den konventionellen Ansprüchen eines «guten Lebens» (Wohlstand, Geld, schickliches Benehmen) und lebte stattdessen so naturbelassen und autark wie möglich. Hipparchia besaß wenig, aß einfach und übte sich mithilfe der *áskēsis* im Ertragen von Entbehrung und Schmerz. Auf diese Weise wollte sie den Launen des Schicksals gegenüber gleichgültig werden und damit einen Zustand des Friedens und der ruhigen Gelassenheit erreichen.

Laertios erzählt uns auch von Diogenes von Sinope (um 412 bis 323 v. Chr.), der zur Zeit der makedonischen Eroberungszüge angeblich in einem leeren Weinfass in einer Durchgangsstraße in Athen lebte. In einer Geschichte kam Alexander einmal zu Diogenes und fragte ihn nach seinem Herzenswunsch. Als Antwort soll Diogenes gebrummt haben: «Mein Herzenswunsch ist, dass du mir aus der Sonne gehst.» Wie die Skeptiker und die indischen Philosophen strebten die Kyniker nach Befreiung von irdischen Sorgen, indem sie Gleichgültigkeit kultivierten und sich selbst Entbehrungen auferlegten.

Die kynischen und skeptischen Positionen stehen in starkem Kontrast zum Hedonismus, den wir im Werk der Arete von Kyrene (bl. 4. Jh. v. Chr. im heutigen Libyen) finden. Beziehungsweise würden sie das, wenn eines der vierzig Bücher, die sie geschrieben haben soll, erhalten geblieben wäre. So lässt sich der Kontrast nur durch den Eindruck herstellen, den wir von Arete haben, und zwar über die Arbeiten ihrer intellektuellen Nachfolger sowie der Schüler der von ihr gegründeten Schule. Für Arete drehte das Leben sich um den Genuss. Unser Leben, so glaubte sie, ist nichts als die Summe unserer Erfahrungen, also können wir nur dafür sorgen, dass wir möglichst viel Angenehmes und möglichst wenig Leid erfahren. Unter dem Einfluss der kyrenaischen Philosophie schrieb Epikur von Samos (341 bis

LINKS

Szene mit Alexander von Makedonien, 4. bis 1. Jh. v. Chr., Luxor, Ägypten

Diese Szene aus einem Relief an der Wand im Tempel des Amun-Re zeigt einen glatt rasierten Alexander von Makedonien im Profil, die Arme anbetend erhoben. Er steht dem bärtigen Pharao/Gott Amun-Min gegenüber, der einen prächtigen Kopfputz trägt und einen Stab hält. Die Szene ist von Piktogrammen umgeben, die für den heutigen Betrachter die historische Zufälligkeit der Unterscheidung zwischen Text und Bild unterstreichen.

UNTEN

Büste des Epikur von Samos, 1. bis 2. Jh. n. Chr., Italien

Diese Marmorbüste zeigt den Philosophen mit kurzem Haar, Vollbart und leicht gerunzelter Stirn. Auch diese Skulptur ist eine römische Kopie eines griechischen Originals und belegt damit erneut die Häufigkeit interkulturellen Austausches und interkultureller Aneignungen.

270 v. Chr.) in seinem *Brief an Menoikeus*: «Wir müssen uns also kümmern um das, was die Glückseligkeit schafft: wenn sie da ist, so besitzen wir alles, wenn sie aber nicht da ist, dann tun wir alles, um sie zu besitzen.» Selbst hier ist jedoch die von den Kynikern und Skeptikern so hochgeschätzte Ruhe und Gelassenheit nicht weit entfernt. Im Gegensatz zum heutigen Gebrauch des Begriffs propagiert der Hedonismus nicht ausschließlich die Ausschweifung. Wie Arete glaubten auch die Epikureer, dass sich Genuss am besten durch eine allgemeine Einstellung ruhiger Gleichgültigkeit maximieren lasse. Durch stille Reflektion lässt sich Enttäuschung am besten vermeiden.

Die Skeptiker entzogen sich auf erkenntnistheoretischer Grundlage (Zurückhaltung des Urteils) der Welt, während die Kyniker die Askese als eine Möglichkeit betrachteten, mit den Fallstricken des Lebens fertigzuwerden. In den gewaltigen intellektuellen Wandbehängen jener Zeit waren diese Traditionen jedoch teilweise unentwirrbar miteinander verwoben und trugen zu einem unverwechselbaren Denkmuster bei, das wie Buddhismus und Jainismus den Akzent auf Entsagung und Selbstdisziplin legt. Vollkommen im Einklang mit diesem Ansatz steht die Einstellung hinter der faszinierenden Schrift *Über die Besonnenheit der Frau*, geschrieben von Phintys von Sparta um das 3. Jahrhundert v. Chr. In den erhalten gebliebenen Fragmenten dieses Werkes spricht sich Phintys für Ordnung und Mäßigung aus; sie rät den Menschen zu Frömmigkeit, Zurückhaltung, Schicklichkeit und Reinlichkeit. Wie die Kyniker und Skeptiker lehnt auch Phintys Luxus ab. Insbesondere hält sie Seide in Form von «durchscheinenden oder bestickten Kleidern» für der Tugend nicht zuträglich:

> **Die besonnene Frau soll ihre Erscheinung nicht mit importiertem und fremdem Zierrat, sondern mit der natürlichen Schönheit des Körpers schmücken.**

RECHTS

Sima Tan und Sima Qian: Seite aus *Aus den Aufzeichnungen des Chronisten*, 1171, Cai Mengbi; Jianyang, Provinz Fujian, China

In dieser Manuskriptausgabe der *Aufzeichnungen des Chronisten* von Sima Tan und Sima Qian aus dem 12. Jahrhundert sehen wir unterschiedlich große Schriftarten als Hervorhebungen sowie Siegelabdrücke in roter Tinte.

UNTEN

Porträt von Sima Qian, Datierung unbekannt

Mit den Armen in den Robenärmeln blickt der Chronist ruhig auf einen Punkt außerhalb des Bildes. Wie in vielen Gesellschaften vermittelten Mützen und Kopfbedeckungen auch in der Han-Dynastie verschiedene Bedeutungen in Hinblick auf Status und Beruf. Sima Qian trägt offenbar einen um den Haarknoten geschlungenen *jin*, eine übliche Kopfbedeckung für Gelehrte.

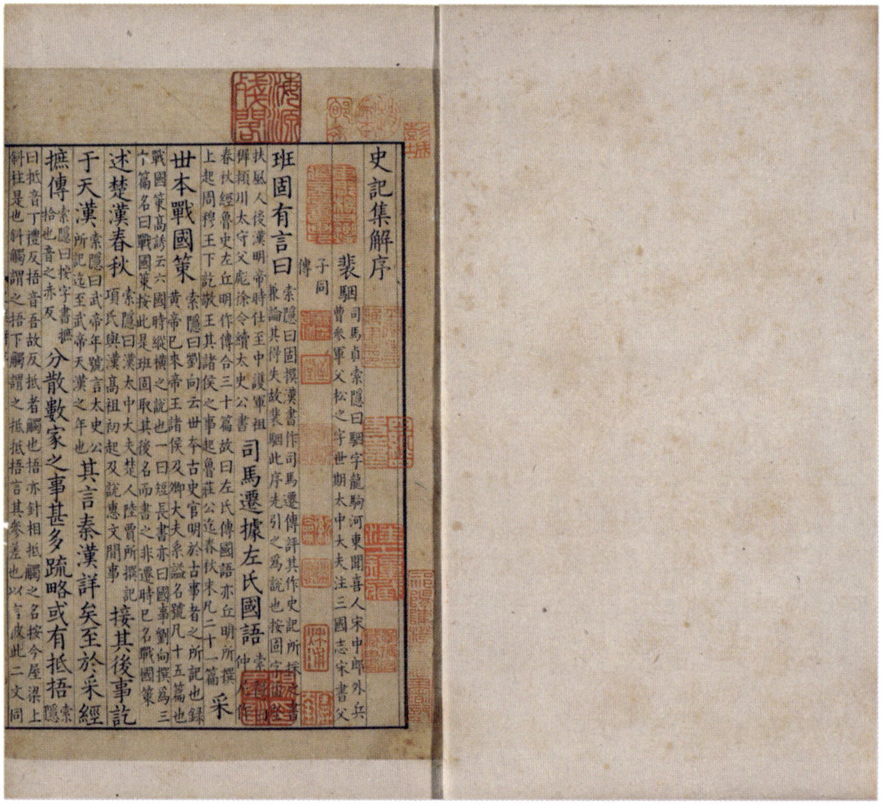

Dieses Zitat ist aus mehreren Gründen interessant. Obwohl einfach und pragmatisch, gründet sich Phintys' Rat auf eine ästhetische Ethik, die Einfachheit über Ausschweifung stellt; wie die Kyniker entsagt sie Äußerlichkeiten wie Schmuck und Zierrat. Gleichzeitig ist es eines der frühesten Beispiele für philosophisches Interesse an und philosophische Bedeutung von Stoffen und Kleidung (der Faden wurde später von Hrotsvit von Gandersheim wieder aufgenommen). Zusätzlich enthüllt Phintys' Bemerkung auch eine kaum verhohlene Fremdenfeindlichkeit im Bezug auf «importierten und fremden Zierrat» und die Sorge wegen fremdländischer Produkte. In diesem Fall ist mit «fremdem Zierrat» höchstwahrscheinlich Seide gemeint, das aus China exportierte Material, das den persischen Handelsrouten ihren Namen gab.

6 Einer für alle und alle für einen

221 v. Chr. leitete Qin Shihuangdi eines der effektivsten Einheitsprojekte der Geschichte. Mittels einer Kombination aus militärischen und ideologischen Strategien machte er aus Chinas grundverschiedenen „streitenden Reichen" eines der tonangebenden Imperien jener Zeit. Während Qins Herrschaft selbst von kurzer Dauer war, brachte die darauffolgende Han-Dynastie Jahrhunderte des Friedens, der Stabilität

und des Wohlstands. Zu einem nicht geringen Teil waren daran auch die ideologischen Vorbereitungen der „Hundert Schulen“ (S. 70) beteiligt. Obwohl sich ihre Ansätze unterschieden, legte jedes System den Schwerpunkt auf politische Einheit.

Während legalistische Texte wie *Schriften des Fürsten von Shang* von Shang Yang (390 bis 338 v. Chr.) und *Han Feizi* von Han Fei (um 280 bis 233 v. Chr.) eine starke, taktische Führung fordern, um die Einigkeit zu fördern, und die *Analekten* und das *Daodejing* sich auf Charakterentwicklung und Tugend konzentrieren, verfolgt das *Zuozhuan* eine etwas subtilere Strategie. In dem Zuo Qiuming (556 bis 451 v. Chr.) zugeschriebenen Werk wird insbesondere das hochwichtige Konzept des *huáxià*, der «zivilisierten Welt», vorgestellt, das eine Region von den Ländereien und Menschen jenseits ihrer Grenzen unterscheidet.

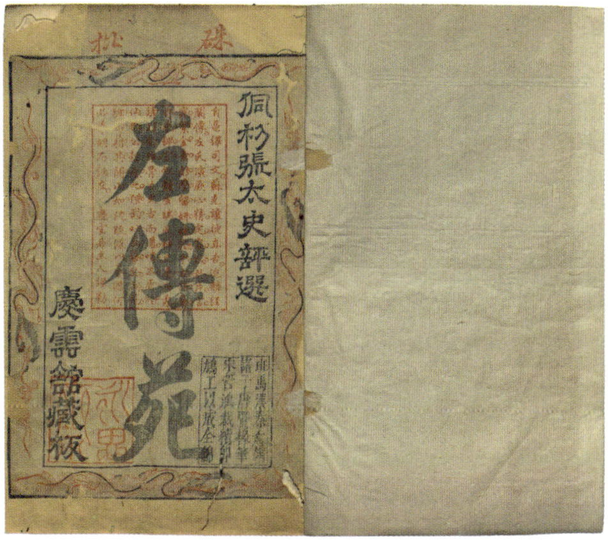

OBEN

Zuo Qiuming: Seiten aus dem *Zuozhuan*, um 1620 bis 1644, Qing Yun Guan, China

Diese Seitenfragmente einer Ausgabe des *Zuozhuan* aus dem 17. Jahrhundert enthalten auf mehreren Ebenen Schriftzeichen unterschiedlicher Größe in Rot und Schwarz, eingerahmt von einer Bordüre mit organisch wirkenden Dekorationen.

In einem weiteren wichtigen Werk, den *Aufzeichnungen des Chronisten*, wird das Konzept der Geschichte selbst dazu eingesetzt, gesellschaftlichen Zusammenhalt zu erzeugen. Die umfangreichen *Aufzeichnungen* auf Bambusstreifen, begonnen von Sima Tan und vervollständigt von seinem Nachkommen Sima Qian (um 145 bis 86 v. Chr.), sollen über 40 Kilogramm gewogen haben. Sie beschreiben Ereignisse in mehreren Reichen des alten China und ordnen dabei die verschiedenen Schulen zu einem einzigen zusammenhängenden Narrativ – einer Staatsgeschichte.

Das *Han Shu* ist ein weiterer wichtiger Vertreter dieses Genres. Seine Hauptautorin, Ban Zhao (um 45 bis 116 n. Chr.), beschreibt darin eine vereinte Geschichte der Westlichen Han-Dynastie. Wie Plutarch und Diogenes Laertios führt auch Ban Zhao Beispiele für «herausragende Leben» an und legt damit ein ruistisches Interesse an Geschichte, Abstammung und Charakter offen.

Die Entwicklung eines einheitlichen imperialen Narrativs, das auch in den *Lienü Zhuan* («Überlieferungen von Frauen») von Liu Xiang (77 bis 76 v. Chr.) auftaucht, wurde von der Politik von Ban Zhaos Mäzenin und Schülerin, der Kaiserin Deng Sui (81 bis 121 n. Chr.), vorangetrieben. Wie ihre Lehrerin war sie eine glühende Anhängerin der Geschichtsschreibung; sie spielte eine zentrale Rolle bei der Standardisierung der „Fünf Klassiker“ (die fünf kanonischen Texte *Yijing, Frühlings- und Herbstannalen, Buch der Urkunden, Buch der Lieder* und *Buch der Riten*). Dem Plan der Herrscherin, die Geschichtsbildung zu fördern, half zu einem nicht geringen Teil auch ihre offizielle Einführung einer wesentlichen technologischen Innovation des Hofbeamten Cai Lun: Papier. Industrielle Papiermühlen haben den Prozess zwar verfeinert, aber die Prinzipien der Papierherstellung haben sich seit der Han-Dynastie kaum verändert. Papiermacher sammelten Lumpen und andere Pflanzenfasern und stampften sie in Wasser zu einem Brei. Dieser wurde dann auf Matten verteilt und für den Gebrauch getrocknet. Der Wechsel von Seide, Papyrus und Bambus zu einer billigeren Alternative verschaffte diesen Texten eine größere Reichweite und so standen sie mehr Menschen zur Verfügung als je zuvor.

Nach dem politischen Chaos der streitenden Reiche begann die Region, eine zusammenhängende Staatsidentität zu schmieden. Es überrascht daher nicht, dass kulturelle Grenzen mit Blick auf die Einheit streng kontrolliert wurden. Übergriffe und Einflüsse aus dem Ausland wurden mit Misstrauen beäugt, ob es sich dabei um Plünderungen durch Reitervölker aus den Steppen, materielle Güter von den Handelsrouten oder neue, potenziell subversive Ideen handelte. Unter Letzteren finden wir einen bekannten kulturellen Export aus Indien: die Philosophie des Siddhartha Gautama.

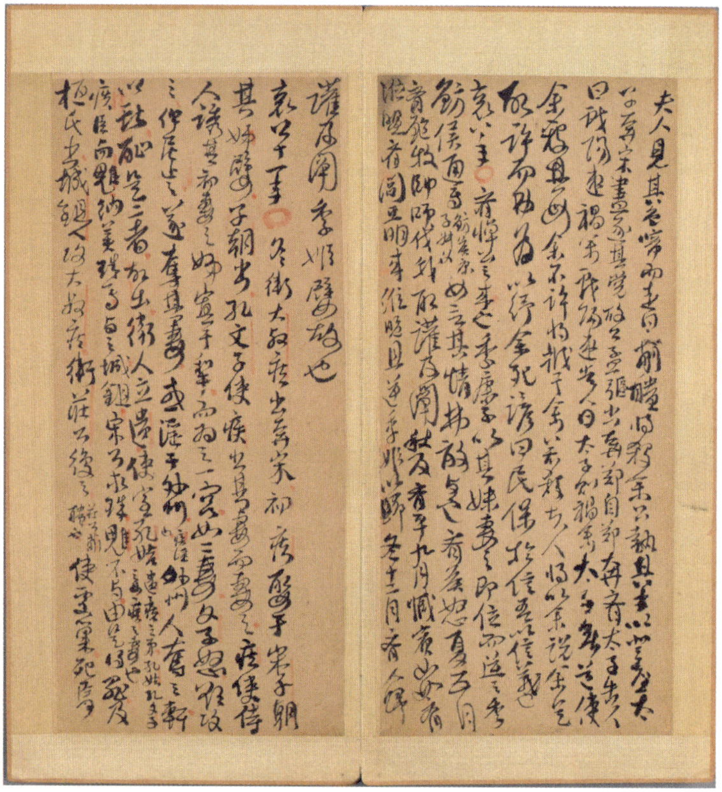

OBEN RECHTS UND GANZ RECHTS

Zuo Qiuming: Seiten aus dem *Zuozhuan*, 17. Jh., Fu Shan, China

Diese in einem Album gerahmten Seiten aus dem *Zuozhuan* sind ein schönes Beispiel für chinesische Kalligrafie. Die Kunstform unterstreicht Art und Weise, Geschwindigkeit und Flüssigkeit der geschriebenen und eingerahmten Schriftzeichen.

UNTEN RECHTS UND GANZ RECHTS

Papierherstellung, 1600, China

Diese fünf Holzschnitte zeigen die wichtigsten Schritte bei der Papierherstellung, wie sie von Cai Lun im frühen 2. Jahrhundert n. Chr. beschrieben werden. Von links nach rechts sehen wir das Schneiden und Anfeuchten von Bambussprossen, das Kochen des Bambus, das Verteilen der Papiermasse, das Pressen des Papiers und das Trocknen der Papierblätter an einer Wand.

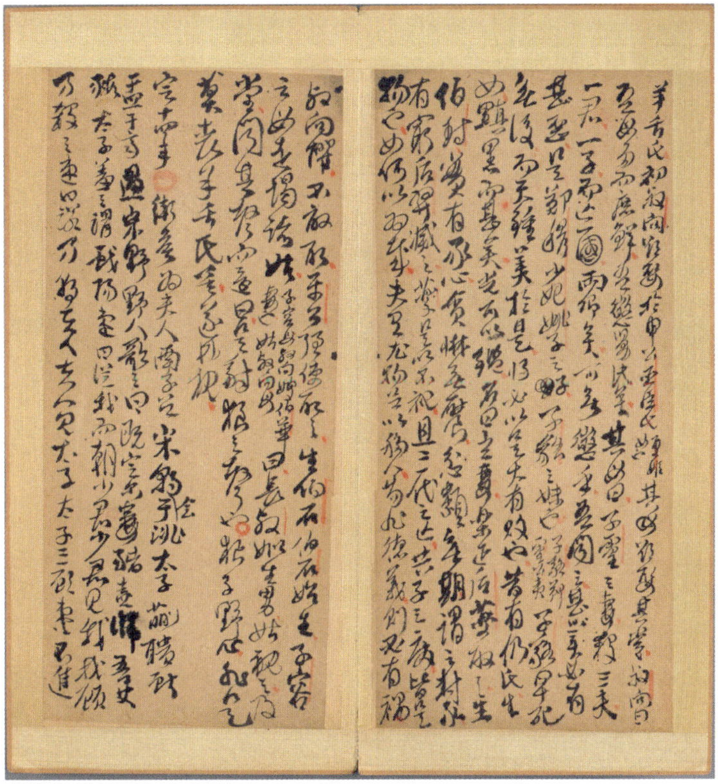

蕩料入簾

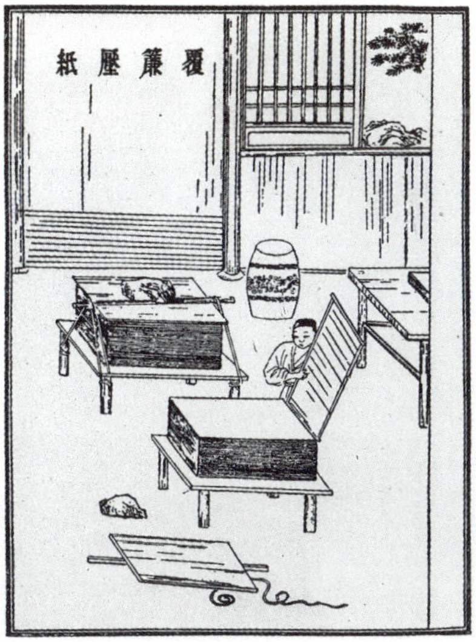
覆簾壓紙

透火焙乾

7 Handelsembargos

Wann genau der Buddhismus nach China kam, ist nicht bekannt, aber bis zum 1. Jahrhundert n. Chr. waren Gautamas Lehren von Wandermönchen in die arbeitende Bevölkerung getragen worden. Gemäß den Empfehlungen im Pali-Kanon hatten die Mönche ihre Besitztümer aufgegeben und ihre Familien verlassen, um ihre Botschaft von Askese und *anattā* entlang der gewundenen Seidenstraßen zu verbreiten. Sie stießen dort auf Begreifen – aber auch auf Widerstand.

Der Buddhismus erregte in der chinesischen Gesellschaft besonders deswegen Misstrauen, weil er für das Zölibat und die Loslösung von der Familie eintrat. Beides widersprach der zentralen Überzeugung vieler chinesischer Denkschulen, dass harmonische Familien die wesentlichen Bausteine einer wahrhaft geeinten Gesellschaft sind. Tatsächlich ist das Konzept der Familie eng mit den Konzepten von Einheit und Nation verflochten. In ruistischen Texten wie dem *Mengzi* von Mengzi (um 371 bis 289 v. Chr.) und dem *Großen Lernen*, das von Zengzi (505 bis 435 v. Chr.) verbreitet wurde, ist das Thema allgegenwärtig. Diese und ähnliche Werke präsentieren die Familie mit ihren sorgfältig kodifizierten Rollensystemen als Arena, in der Tugenden und tugendhaftes Verhalten gepflegt und verfeinert werden, einschließlich derer, die ein guter Herrscher braucht. Einen ähnlichen Fokus finden wir in dem Text *Xunzi* des Philosophen Xunzi (um 300 bis 230 v. Chr.), der um 20 v. Chr. aus 322 Bambusbündeln zusammengestellt wurde. In diesem Text heißt es, dass ein Herrscher für seine Untertanen so sorgen soll wie ein Vater für seine Kinder.

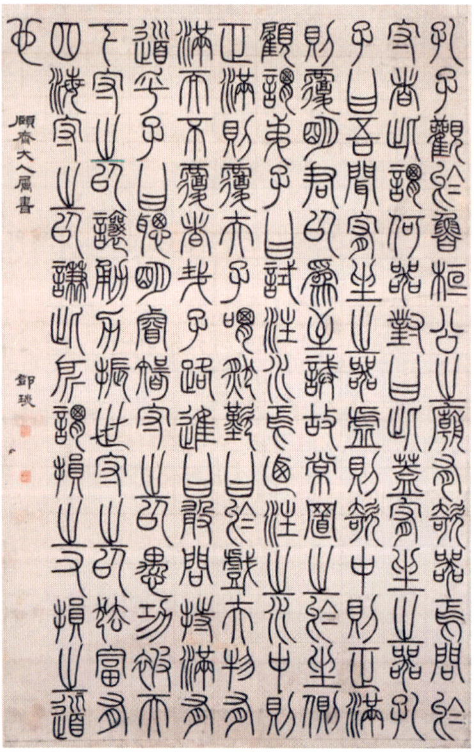

LINKS

Deng Shiru, vor 1796, China

Die Siegelschrift, die hier beim Niederschreiben des *Xunzi* zum Einsatz kam, ist ein alter Schreibstil für die Hanzi (Han-Schrift). Die heute noch verwendeten Schriftzeichen sind sogenannte «Logogramme», die jeweils für ein Wort oder ein Morphem stehen.

RECHTS

Porträt der Mutter des Mengzi, 15. oder 16. Jh., China

Das Bild in Tusche und Farben auf hängender Seide zeigt Mengzi, eine alte Frau und eine Hausgehilfin beim Umzug. Es stammt von dem Künstler und Dichter Wu Shi'en.

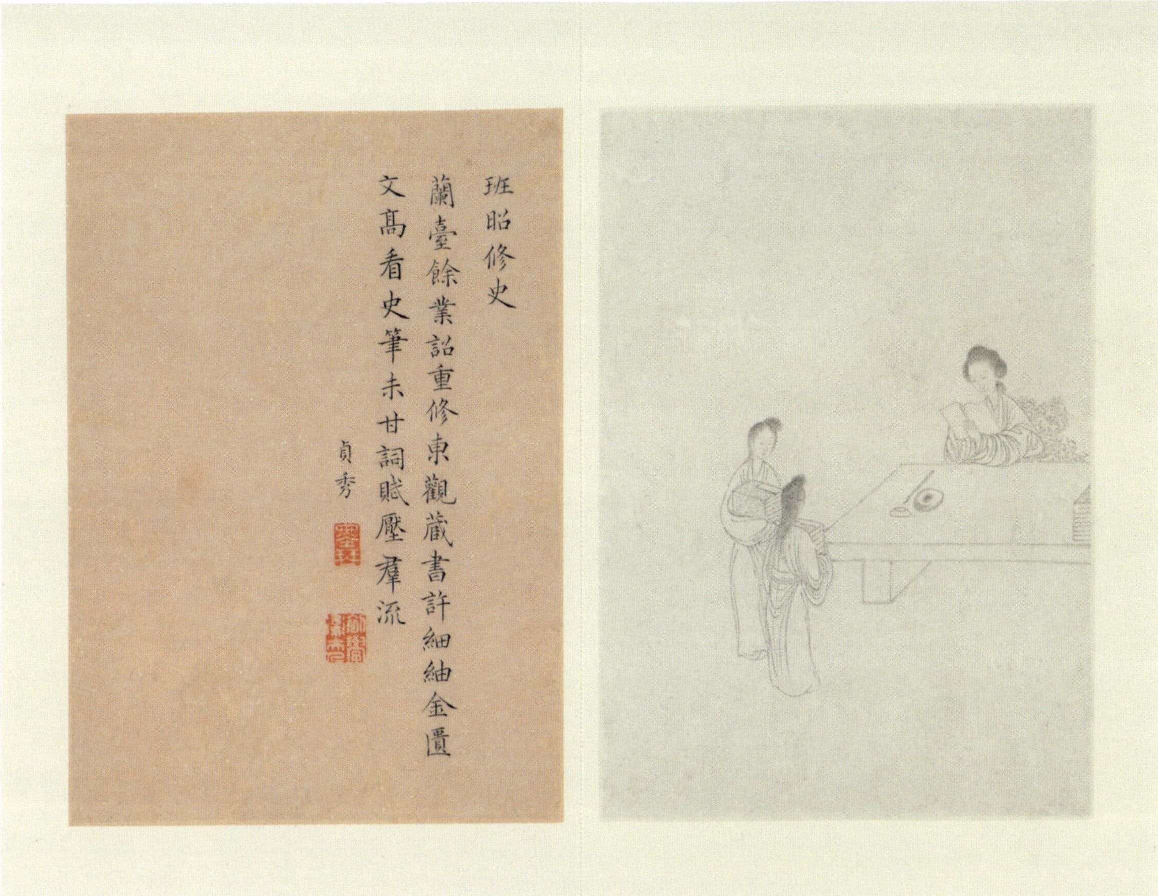

In diesem Zusammenhang ist auch ein weiterer Text von Ban Zhao relevant. Ihre *Gebote für Frauen* – ein Werk der moralischen Unterweisung – hatte einen großen Einfluss auf die Adelsfamilien jener Zeit und in nachfolgenden Dynastien. Die Anweisungen sind speziell darauf ausgerichtet, harmonische Beziehungen in der Familie zu fördern: Ban missbilligt Prahlerei und Klatsch und empfiehlt frühes Aufstehen. Sie hat eine strikte Vorstellung von der Familienhierarchie und schreibt, man müsse seiner Schwiegermutter gehorchen, «selbst wenn sie etwas Falsches sagt». Ban Zhao war zudem der Auffassung, dass gesellschaftlicher Zusammenhalt durch Lernen und Gelehrsamkeit gefördert wird. Zu diesem Zweck verteidigte sie vehement das Recht der Frau auf Bildung, vor allem in Geschichte. Sie lobt ihre Eltern dafür, ihr Bildung ermöglicht zu haben, und kritisiert diejenigen, die nicht dasselbe für ihre Töchter tun.

Die Familie war also sowohl das Symbol als auch der Ort der gesellschaftlichen Vereinigung. Vor diesem konzeptuellen Hintergrund wurde der Buddhismus als destabilisierender Einfluss angesehen. Im einfachen Volk nahm seine Beliebtheit zu, doch erst mit dem Aufkommen des Chan-Buddhismus im 6. Jahrhundert (S. 85) machten es konzeptuelle Verschiebungen möglich, dass Gautamas Lehren in China in die akademische Lehrmeinung integriert wurden.

OBEN

Porträt der Ban Zhao, Seiten aus *Berühmte Frauen*, 1799, China

Dieses Gedicht des Kalligrafen Cao Zhenxiu und die minimalistische Illustration von Gai Qi fangen ein, wie die Philosophin Ban Zhao Geschichte schreibt. Die beiden mit Tusche gestalteten Blätter gehören zu einem Zyklus aus 16 illustrierten Gedichten über berühmte Frauen.

OBEN

Porträt des Zenon von Kition, Datierung unbekannt

Auf diesem medaillonförmigen Porträt steht Zenon im Halbschatten, vermeidet den Blickkontakt mit dem Betrachter und sieht stattdessen auf einen Punkt außerhalb des Bildes. Die Pose erinnert an die auf Münzen und Papiergeld und unterstreicht Rang und Bedeutung des Philosophen.

8 Alle Wege führen nach …

Während ruistische Denker sich darauf konzentrierten, ihre Grenzen zu schützen, und Indien den Buddhismus nach nah und fern exportierte, wuchs im westlichen Mittelmeerraum allmählich eine neue globale Handelsmacht heran. Durch starke militärische Präsenz und landwirtschaftliche Erfolge wurde die Römische Republik zu einem machtvollen Akteur. Bis zum zweiten Jahrhundert hatte der italische Stadtstaat die afrikanisch-griechischen Poleis Karthago und Syrakus als vorherrschende Macht in der Region abgelöst. Er breitete sich bis nach Ägypten aus – wo er Alexandria einnahm und die Bibliothek in Schutt und Asche legte – und in Richtung Norden bis nach Spanien, ins Gebiet des heutigen Benelux und sogar auf die sumpfige Insel Britannien.

In dieser Anfangszeit verfügte das Regime über eine beachtliche militärische Stärke, hatte aber kein besonders ausgeprägtes Verständnis von einem römischen *huáxià*. Aus diesem Grund scheinen sich die Römer in ihrer Transformation zum Imperium aktiv die Kulturen und Konzepte ihrer neuen Untertanen und Verbündeten angeeignet zu haben. Von der griechischen Kultur waren die Römer derart entzückt, dass ein florierendes Verlagsgewerbe entstand, um die hellenische Gedankenwelt zu übersetzen und zusammenzufassen. Die berühmtesten dieser Werke sind die des römischen Politikers und Staatsdenkers Marcus Tullius Cicero (106 bis 43 v. Chr.). Seine rechtswissenschaftlichen Reden (zum Beispiel *Über den Staat*) und Übersetzungen (etwa von Platons *Timaios*) trugen in starkem Maß zur aufkeimenden griechisch-römischen Philosophietradition bei.

Cicero ist auch für seinen Stoizismus bekannt – ein Denksystem, das seinen Namen der *stoá poikílē* verdankt, der bemalten Vorhalle, in der sich die Stoiker versammelten. Es war eng mit dem Kynismus verknüpft und einer seiner Gründer, Zenon von Kition (um 335 bis 263 v. Chr.), war ein Schüler von Hipparchia und Krates. Wie die Kyniker stellten auch die Stoiker Weisheit und Tugend über den Genuss, aber ihr Ansatz, der sich in Zenons Arbeiten findet und von Cicero nach Rom gebracht wurde, war deutlich weniger enthaltsam. Sie sprachen sich zwar für die Abschaffung von Tempeln und traditionellen Bildungssystemen aus, hatten aber wenig Interesse daran, barfuß zu gehen und sozialen Normen zu entkommen. Zu den römischen Mitgliedern der Stoiker gehörten bald Figuren aus allen gesellschaftlichen Bereichen.

Epiktet, der Autor des *Enchiridion*, wurde um 60 n. Chr. in Phrygien (in der heutigen Türkei) in die Sklaverei geboren. Später erlangte er die Freiheit, wurde Minister unter Kaiser Nero und lebte zunächst in Rom, dann in Nikopolis im heutigen Westgriechenland. Mark Aurel (121 bis 180 n. Chr.) dagegen war ein römischer Kaiser. Seine Schriften, bekannt unter dem Namen *Selbstbetrachtungen*, bestanden aus privaten Notizen, die er auf seinen Feldzügen niederschrieb. Es geht darin um gute Führung und Strategien für ein tugendhaftes Leben. Sowohl in den *Selbstbetrachtungen* als auch im *Enchiridion* finden wir dieselben Themen: Genuss hat keinen Wert und das Einüben von *apátheia* kann immun gegen Unglück machen. Das Konzept der *apátheia*, das in Epiktets Werk immer wieder auftaucht, ist mit dem deutschen Begriff der Apathie verknüpft, es fehlen dabei jedoch die negativen Konnotationen. Sie ist das Freisein von Leidenschaft und ein Bestandteil des Glücks. Wie die Kyniker und die Buddhisten suchten die Stoiker Frieden durch Distanziertheit und Gelassenheit. Und wie der Kynismus und der Buddhismus ist auch der Stoizismus nicht nur ein Wissensfundus, sondern ein Lebensstil. Wie *nibbāna* und *ataraxía* ließ auch *apátheia* sich irgendwann durch spirituelle Übungen erreichen.

LINKS

Auswahl aus Ciceros Reden, 1480 bis 1490

Diese kunstvoll verzierte Miniatur zeigt die einleitenden Worte von Marcus Tullius Ciceros Reden. Der lateinische Text in Rot und Blau wird von einer detaillierten Darstellung einer Menschenmenge begleitet, die einer Rede lauscht, und von einer Bordüre mit Putten in verschiedenen Posen (als Demonstration der Geschicklichkeit und Fantasie des Künstlers), organischen Elementen und fiktiver Architektur umrahmt.

RECHTS

Porträt des Mark Aurel, 1560, Antonio Lareri; Rom, Italien

Dieser Stich von Nicolas Beatrizet zeigt Mark Aurel in einer Pferdekutsche vor einem Triumphzug, angekündigt durch Fanfaren und mit bewundernden Blicken bedacht. Mit den Scheinreliefs *(quadratura)* tugendhafter Figuren auf Aurels Kutsche stellt Beatrizet hier seine künstlerischen Fähigkeiten zur Schau.

9 Die Reichen und die Armen

In den 500 Jahren, die dieses Kapitel abdeckt, wurden Werke aller Art verfasst, aber die Tendenz zur Askese zeigte sich bei vielen. Dieser intellektuelle Trend erstreckte sich dabei nicht nur auf den theoretischen oder spirituellen Bereich, sondern auch auf die Politik.

In mancherlei Hinsicht hat eine asketische Grundhaltung etwas Ermächtigendes für die Enteigneten. So positionierte sich auch der Buddhismus im Verhältnis zu den brahmanischen Hierarchien. Die Reichtümer des Lebens sollen nicht am Materiellen gemessen werden, sondern am spirituellen Aufstieg. Darüber hinaus sagt der skeptische Ansatz, der mit dieser Sichtweise in Zusammenhang steht, dass Lernen und Bildung – eine typische Domäne der Wohlhabenden – nicht wirklich zu eindeutigeren Formen des Wissens führen. Der Skeptizismus ist gewissermaßen ein Gleichmacher: Er stellt die reiche, gebildete Elite auf dieselbe Stufe wie die Entrechteten. Ein Landarbeiter weiß genauso viel wie die Aristokraten, die im Lykeion studieren.

Die philosophische Gedankenwelt lässt sich jedoch politisch beeinflussen. Wie wir an der Verbreitung des Stoizismus in den oberen Schichten der griechischen und römischen Gesellschaft erkennen, galten die Forderungen nach Bescheidenheit und Selbstbeschränkung nicht als inkompatibel mit einem Leben in Saus und Braus. Tatsächlich waren solche Philosophien nützlich, um den Status quo mit all seinen krassen und beunruhigenden materiellen Ungleichheiten zu verteidigen. Sie eröffneten der Elite die Möglichkeit, die Entbehrungen der Menschen aus niedrigeren sozioökonomischen Gruppen zu rationalisieren, ja sogar zu preisen. Selbstbeschränkung war damit gleichzeitig ein Privileg der Wohlhabenden und eine Realität der Armen. Wie im Folgenden noch deutlich werden wird, sind nur wenige Konzepte – selbst radikale – immun gegen die Aneignung durch die herrschende Gruppe.

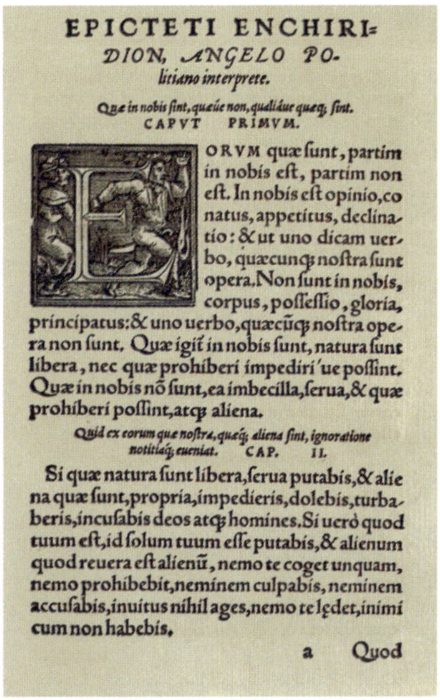

EPICTETI ENCHIRIDION, ANGELO POLITIANO INTERPRETE.

Quæ in nobis sint, quæue non, qualiáue queq; sint.
CAPVT PRIMVM.

EORVM quæ sunt, partim in nobis est, partim non est. In nobis est opinio, conatus, appetitus, declinatio: & ut uno dicam uerbo, quæcunq; nostra sunt opera. Non sunt in nobis, corpus, possessio, gloria, principatus: & uno uerbo, quæcūq; nostra opera non sunt. Quæ igit in nobis sunt, natura sunt libera, nec quæ prohiberi impediri'ue possint. Quæ in nobis nō sunt, ea imbecilla, serua, & quæ prohiberi possint, atq; aliena.

Quid ex eorum quæ nostra, queq; aliena sint, ignoratione notitiaq; eueniat. CAP. II.

Si quæ natura sunt libera, serua putabis, & aliena quæ sunt, propria, impedieris, dolebis, turbaberis, incusabis deos atq; homines. Si uerò quod tuum est, id solum tuum esse putabis, & alienum quod reuera est alienū, nemo te coget unquam, nemo prohibebit, neminem culpabis, neminem accusabis, inuitus nihil ages, nemo te lędet, inimicum non habebis.

a Quod

LINKS

Porträt des Epiktet, 1715, Edward Ivie; Oxford, England

In diesem Stich sitzt ein muskulöser, barfüßiger Epiktet mit dem Federkiel in der Hand an einem Schreibtisch und blickt abgelenkt in die umgebenden Schatten. Die zwischen Ellbogen und Oberschenkel geklemmte Krücke kennzeichnet eine interessante frühe Darstellung von Behinderung in der Philosophie.

RECHTS

Epiktet, Seite aus dem *Handbuch*, 1554, Johannes Oporinus; Basel, Schweiz

Auf der ersten Seite von Angelo Polizianos lateinischer Übersetzung von Epiktets *Handbuch* prangt die kunstvoll verzierte Initiale E mit einer Jagdszene.

3

ASSIMILIERUNG
(200–600)

1 Alte Schule

Ideen sind wunderbar widerstandsfähig. Sie gehen mit wenig oder ganz ohne Mühe von einem Menschen zum anderen – und wenn eine Idee sich erst einmal im Kopf festgesetzt hat, ist es schwer, wenn nicht gar unmöglich, sie wieder loszuwerden. Einige Ideen stellen jedoch größere Herausforderungen dar als andere, weil sie einen bestimmten Lebensstil oder eine Regierungsform bedrohen. Zu Beginn des ersten Jahrtausends setzten politische Entitäten wie das Römische Reich stark auf Methoden, die Verbreitung von in ihren Augen gefährlichen Ideen einzuschränken, etwa die in den radikalen Lehren Jesu. Einen prominenten Platz unter diesen Methoden nahm die Institutionalisierung des Lernens und die Schaffung von Lehrplänen ein.

Vor dieser Ära hatte es eine Vielzahl unterschiedlich formeller und informeller Bildungssysteme gegeben. Ideen wurden von Wanderlehrern wie den Gelehrten der Hundert Schulen verbreitet und von Privatlehrern und -lehrerinnen wie Ban Zhao. Das kynische und das stoische Kollektiv fanden sich auf den Straßen von Athen und Rom zusammen, während die intellektuellen Eliten sich in den Höfen versammelten, die in den *Upanishaden* beschrieben werden, sowie in den Villen der syrischen Denkerin und Kaisergattin Julia Domna (160–217). Vor dem 1. Jahrtausend waren feste Lernzentren wie die Akademie von Taxila auf achämenidischem Boden oder Platons Akademie in Athen eine Seltenheit. Als jedoch Rom immer größer wurde, die Nördliche Wei-Dynastie in China Fuß fasste und das Gupta-Reich sich in Indien ausbreitete, schossen solche akademischen Institutionen plötzlich wie Pilze aus dem Boden.

Im Mittelmeerraum läutete Mark Aurel (121–180) mit der Einrichtung von vier Lehrstühlen für Philosophie an der Schule von Athen einen Trend zur imperialen Einmischung in die staatli-

RECHTS

Szene mit Hypatia von Alexandrien, 19. Jh., England

Dieses Gemälde in Wasserfarben und brauner Tinte von Robert Trewick Bone zeigt Hypatia auf den Stufen eines dorischen Tempels, die Hand erhoben zum Zeichen dafür, dass sie eine Rede hält, und umgeben von einer aufmerksam lauschenden Menschenmenge – die Idealform einer akademischen Zusammenkunft.

che Bildung ein. Heutzutage ist es schwer vorstellbar, dass ein Herrscher (oder Präsident) sich um die Besetzung akademischer Stellen kümmert, doch Mark Aurel war sich des politischen Nutzens deutlich bewusst. Die Lehrstühle entsprachen bestimmten philosophischen Schulen: Aristotelismus, Platonismus, Epikureismus und, angesichts seines eigenen intellektuellen Hintergrunds recht vorhersehbar, Stoizismus. Alle vier kamen so in den Genuss einer gewissen institutionellen Legitimität. Der Ausschluss der ungebärdigen Kyniker war ein Schachzug zum Zweck der Delegitimierung – und er war offenbar erfolgreich, wenn man bedenkt, wie wenige kynische Texte es aus dieser Zeit noch gibt.

Im Laufe der folgenden Jahrhunderte entstanden Akademien im gesamten Römischen Reich. Zuvor hatten die Römer sich darauf konzentriert, ihr Staatsgebiet zu erweitern, doch als sie erkannten, dass sie zahlreiche Grenzen verteidigen mussten und nicht genug Personal hatten, um sie zu sichern, zogen sie sich zurück und konsolidierten ihre Macht. Das Reich gründete kulturelle Einrichtungen ähnlich denen, die sie bei anderen schätzten. In Rom erschuf der ägyptische Denker Plotin (um 205–270) eine Akademie, an der er seine eigene Version von Platons Gedankengut lehrte und weiterentwickelte. Im Gegenzug gründete eine weitere Anhängerin Platons, Hypatia von Alexandria (um 370–415), im 5. Jahrhundert in Ägypten ein Institut, das als Museion bekannt wurde.

Gleichzeitig mit der Gründung dieser Institutionen tauchen unterschiedliche griechische und lateinische Lehrpläne auf, ähnlich den Kanons im vedischen und buddhistischen Denken. Die vier von Mark Aurel geschaffenen Lehrstühle stehen für spezifische Traditionen, die als beachtenswert galten. Hypatias Museion und Plotins Akademie lenkten Aufmerksamkeit auf Platons Werke und die seiner intellektuellen Nachfolger. Ganz ähnlich wie die heutigen Lehrpläne erschufen diese Systeme ein intellektuelles Milieu, in dem die Schüler die gleichen Bezugspunkte hatten. Sie fungierten auch als Lizenzierungsmechanismus, indem sie einige Konzepte anerkannten und andere delegitimierten. Die Schüler wurden also hin zu bestimmten Autoren gelenkt und implizit davon abgehalten, möglicherweise kontroverse Texte zu lesen.

Die Erstellung eines Lehrplans – zusammen mit dem Entscheidungsprozess, welche Werke «wichtig» sind und welche nicht – kann ein zutiefst politischer Prozess sein. Das ist übrigens auch einer der Gründe, warum es so schwierig und kontrovers sein kann, ein Buch über «wichtige» Philosophiebücher zu schreiben.

2 Literarische Form

Neben der Institutionalisierung des Lernens entstehen auch neue Bezugs- und Schreibsysteme, oft in didaktischer Absicht. In dieser Periode kamen innovative literarische Formen und Tabulaturen auf, die ausdrücklich dazu gedacht waren, Konzepte auf nachvollziehbare Weise zu präsentieren.

Ein Beispiel dafür ist die Standardisierung der Sprache in der indischen Literatur. Weil das Sanskrit dem Prakrit vorgezogen wurde, mussten nicht länger mehrere Übersetzungen angefertigt werden. Gleichzeitig ebnete das Aufkommen der Formen *sūtra* und bhāṣya den Weg für den konzeptuellen Systemaufbau, der einen großen Teil der indischen Philosophie charakterisiert. Teil dieser Unterscheidung ist eine literarische Trennung zwischen einer *sūtra* (Sutra) – einem kurzen, oft aphoristischen Ausspruch – und einem bhāṣya (Bhashya), einem erklärenden Kommentar. Die Kombination der beiden führt zu einem tantra (Tantra), das sich grob mit «Gewebe» übersetzen lässt. Sutras und Bhashyas, so die Vorstellung, sollten wie Fäden zu einem zusammenhängenden, kohärenten Wissenskorpus verwoben werden, bei dem jeder Teil mit einem anderen verbunden ist.

Angesichts der imperialistischen Ausdehnung kam man bei der Erstellung von Lehrplänen auch mit der Thematik der Übersetzungsprobleme in Berührung. Wie wir am Werk von Cicero schon gesehen haben, setzten die Römer auf die Umwandlung von Griechisch zu Latein. In Nordchina, wo buddhistisches Gedankengut sich steigender Beliebtheit erfreute, gaben literarische Formen wie das *géyì* den Gelehrten Werkzeuge für die Exegese an die Hand. Die *géyì*-Form, besonders im 3. und 4. Jahrhundert anzutreffen, war eine Methode des «Konzeptabgleichs», bei der buddhistische Konzepte bekannten daoistischen oder ruistischen gegenübergestellt wurden. Der buddhistische Begriff *dharma* beispielsweise wurde typischerweise als *dào* wiedergegeben, während dem nirvāṇa das Konzept des wú wéi zur Seite gestellt wurde. Chinesische Übersetzer legten Tabellen an, in denen diese «fremden» Konzepte mit bekannten Begriffen verknüpft wurden, und förderten so Zugänglichkeit und Dialog.

Übersetzen ist ein mühseliger Prozess: Damals wie heute standen Übersetzer und Finanziers oft vor der schwierigen Entscheidung, welche Werke erhalten bleiben sollten. Damals wie heute bezogen sich Lehrpläne meist auf die Werke, die den Schülern zur Verfügung standen; was nicht für die Übersetzung ausgewählt wurde, fiel aus dem Unterrichtsprogramm. Andere Arbeiten verschwanden in der Folge von Innovationen bei der Aufzeichnungstechnik. Schon im 2. Jahrhundert n. Chr. hatte

RECHTS

Saddharmapuṇḍarīkasūtra, Datierung unbekannt, Süd-Turkestan

Die Schrift auf diesem Fragment stammt aus dem Saddharmapuṇḍarīkasūtra (Lotos-Sutra). Das Skript in der schwarzen Tinte, die in dieser Region häufig verwendet wurde, ist in Sanskrit verfasst, die Schrift ist eine frühe Form der altindischen Brahmi-Schrift.

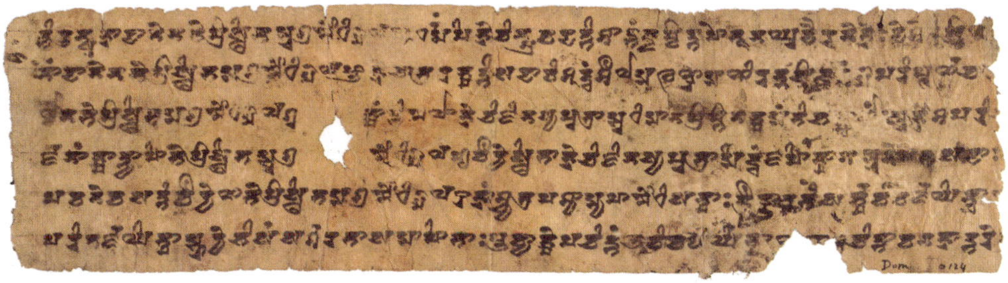

RECHTS UNTEN

Lotos-Sutra, Datierung unbekannt, China

Schriftrollen wie diese mit Texten aus dem Lotos-Sutra sind transportabel und leicht zu lagern. Im Gegensatz zum Kodex stellen sie aber Gelehrte vor ein Problem, wenn sie verschiedene Abschnitte gleichzeitig lesen möchten: Es ist unmöglich, die Finger zur gleichen Zeit auf unterschiedliche Seiten zu legen.

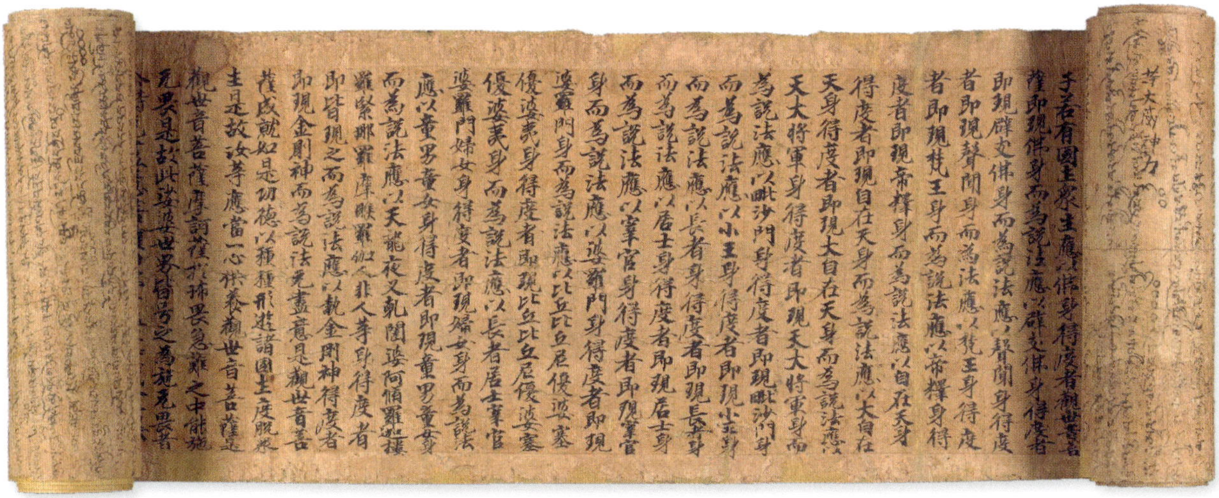

Ban Zhao die Abschrift von Werken in der Han-Hofbibliothek der ursprünglichen Bambusstreifen auf Papier überwacht. Griechisch-römische Gelehrte der Spätantike folgten ihrem Beispiel. War Sapphos *Ode an Aphrodite* noch auf Papyrus verfasst, unhandlich im Gebrauch und schwierig zu transportieren, erschienen griechische und lateinische Texte immer häufiger in Form eines Kodex: auf Papierblättern, die gefaltet, zusammengenäht und zwischen zwei Einbände gelegt wurden.

Diese Verschiebung führte zu weiteren Justierungen am «Kanon». Für jede abblätternde Papyrusrolle in den Bibliotheken Athens musste die Entscheidung gefällt werden, ob sie es wert war, aufbewahrt zu werden. Wie auch nicht alle Vinyl-Schallplatten ins CD-Format konvertiert und nicht alle CDs in die Cloud hochgeladen wurden, überlebten nicht alle Papyrustexte diese Aktualisierungsprozesse. Oft hing es davon ab, was der jeweilige Archivar für wichtig hielt. In der mediterranen Tradition gibt es eine Reihe stoischer und epikureischer Texte und fast die Hälfte der erhaltenen Werke aus dieser Zeit sind Kommentare zu Platon und Aristoteles. Dies ist eine Folge der philosophischen und politischen Neigungen der Archivare. Erinnern wir uns an die Lehrstühle, die Mark Aurel in den 170er-Jahren einrichtete: Viele dieser Archivare und Bibliothekare waren Stoiker, Epikureer, Aristoteliker und, wenn sie Plotin und Hypatia folgten, Platoniker.

Die Schaffung neuer Institutionen in Kombination mit neuen Schreibtechnologien führte zu einem verstärkten Fokus auf einige Werke und dem Ausschluss anderer. Mithilfe solcher Systeme konnten politische Entitäten ihre eigenen Ideen verteidigen und diejenigen, die ihre Autorität bedrohten, an den Rand drängen oder umdeuten.

3 Ein Bild sagt mehr als tausend Worte

Angesichts der Schwierigkeiten mit Übersetzungen und Fluktuationen der literarischen Stile legten einige Autoren immer größeren Wert auf die Bebilderung. Eines der atemberaubendsten Bücher jener Zeit ist das *Ardahang*. Das auch als «Bilderbuch» bekannte Werk stammt von dem babylonischen Denker Mani (um 216–274), der im Partherreich (später Sassanidenreich) in Persien lebte.

In seiner Blütezeit umfasste das Sassanidenreich den heutigen Iran, Irak, Ostarabien, die Levante, den Kaukasus, Ägypten und die Türkei sowie einen großen Teil Zentralasiens und Pakistans. Wie in den vorangegangenen Jahrhunderten war der Zoroastrismus die vorherrschende Ideologie. Das zoroastrische Glaubenssystem war jedoch tolerant und ließ zu, dass auch andere Glaubensrichtungen und Ideologien florierten. Zu diesen gehörte auch der Manichäismus, der im *Ardahang* zu finden ist. Der in syrischer Sprache (einem aramäischen Dialekt) geschriebene Text wird von einer Reihe illuminierter Bilder ergänzt. Beide Elemente sind unverzichtbarer Bestandteil des Werkes. Durch die Kombination entfaltet Mani seine multidimensionale Weltsicht in einem unwiderstehlichen und leicht zugänglichen Format.

Auf der Grundlage der scharfen Dichotomie im Zoroastrismus beschreibt die Arbeit, wie im Reich der Sterblichen zwei gegensätzliche Grundprinzipien – Gut und Böse – in ewigem Kampf miteinander verflochten sind. Während Zarathustra den Gegensatz jedoch in der Welt verortete, sieht Mani den Kampf in uns selbst. Das *Ardahang* sagt, dass unsere Seele von guter, sogar göttlicher, ewiger Natur ist. Unser Körper dagegen, ein materielles Wesen, ist böse und unedel. Mani zufolge ist die Vermischung von Körper und Seele der Grund für das Leid der Sterblichen.

Das *Ardahang* bietet auch eine Lösung für diesen unglücklichen Zustand. Mani beschreibt einen zweistufigen Prozess: Zuerst müssen wir die Wahrheit über unseren Zustand erkennen und uns von

OBEN

Auswahl aus dem *Ardahang*, 10. bis 12. Jh., Turpan, Xinjiang, China

Dieses in uigurischer Sprache beschriebene Pergament taucht in einer illustrierten Miniaturausgabe von Manis *Ardahang* («Bilderbuch») auf. Das Gemälde zeigt manichäische Priester an ihren Schreibtischen inmitten Früchte tragender Bäume. Das Fragment wurde bei einer deutschen Archäologieexpedition in Idikut Shahri gefunden.

RECHTS

Manichäisches Diagramm des Universums, 1280, Südchina

Dieser auf Seide gemalte prächtige Längsschnitt zeigt die manichäische spirituelle Topografie. Ganz oben sehen wir das Paradies mit einem mehrschichtigen Himmel, dann das Erdenreich und darunter die höllische Unterwelt. Diese Topografie wird auch von vielen großen Weltreligionen nachgebildet.

dem verderbten Körper distanzieren. Zweitens sollte diese Wahrheit sich in unserem Wirken und unserem Leben widerspiegeln. Wir müssen asketisch leben, beispielhaft erläutert an den Praktiken des Fastens und der Keuschheit, die unsere Aufmerksamkeit von unserer ekelhaften Stofflichkeit ablenkt.

Die Überlappungen mit dem Zoroastrismus und der buddhistischen Askese sind hier gewollt. Über seinen künstlerischen Elan hinaus verstand Mani die Anziehungskraft synkretistischer Systeme, die bekannte Elemente anderer Traditionen mit einbeziehen. Der Manichäismus soll konzeptuell flexibel sein und so vielen Menschen gefallen wie möglich. Seine Illustrationen tragen ebenfalls dazu bei; die Beschaffung der Pigmente muss zwar kostspielig gewesen sein, doch die klaren, geometrisch zarten Illustrationen machten das Werk für Menschen verschiedenster kultureller und sprachlicher Hintergründe sowohl anziehend als auch zugänglich. Eine Übersetzung war nicht erforderlich. Wie wir bei den illuminierten Manuskripten des mittelalterlichen Christentums noch sehen werden, sollte diese Kombination aus Bild und Text in den folgenden Jahrhunderten und Jahrtausenden zu einer häufig eingesetzten Form werden (nicht zuletzt auch in dem Buch, das Sie gerade in den Händen halten).

OBEN

Szene mit Mani, 8. Jh., Turpan, Xinjiang, China

Dieses dreifarbige Fragment eines Wandgemäldes zeigt Mani mit dünnem Bart und sanftem Lächeln vor einer Gruppe auserwählter Jünger, die kleiner dargestellt werden, um ihren geringeren Status zu unterstreichen.

4 Assimiliation

Eine ähnliche Art dogmatischer Offenheit finden wir in den *Enneaden* (um 270) des Plotin, einer Reihe von Texten, die von dem Schüler des Verfassers, Porphyrios (um 232–303), zusammengestellt und herausgegeben wurden. Die 54 Abhandlungen sind in Neunergruppen – auf Griechisch *enneás* – eingeteilt und wurden wahrscheinlich als Antworten für Plotins Schüler verfasst. Sie führen von ethischen Themen hin zur Naturphilosophie, weiter zur Psychologie und Glaubenslehre und schließen mit einer Analyse von Kausalität und einem «Urprinzip», das Plotin «das Eine» nennt. Das karge metaphysische Bild gründet sich auf ein Modell aus Platons *Timaios*. Statt kosmische Bewegungen verschiedenen Ursachen zuzuordnen, etwa den Interaktionen von Elementen, argumentiert Plotin, dass alles eine Folge eines einzelnen, einheitlichen, selbstursächlichen Prinzips ist. Alle Erklärungen irdischer Phänomene können letztendlich mit Bezug auf das Eine gegeben werden – eine These, die in jener Zeit großen Anklang fand, in der gerade monotheistische Religionen, vor allem das Christentum, auf dem Vormarsch waren.

In vorangegangenen Jahrhunderten hatte im Römischen Reich der Polytheismus vorgeherrscht. Die monotheistischen Christen waren verfolgt, gefoltert, gekreuzigt und regelmäßig zur blutrünstigen Unterhaltung in Gladiatorenarenen geworfen worden. Trotzdem (oder vielleicht deswegen) fanden Christus' Lehren Anklang in der arbeitenden Bevölkerung. Im 3. Jahrhundert gewannen sie allmählich auch in Plotins Kreisen in den oberen Schichten der römischen Gesellschaft an Boden. Es war ein allmählicher Prozess, doch mit der Herrschaft des christlichen Herrschers Konstantin (272–337) wurde die Religion offiziell sanktioniert und mauserte sich nach und nach zu einer einenden Kraft im Reich. Ihren Aufstieg verdankte sie zu einem nicht geringen Teil der konzeptuellen Offenheit, wie sie in den *Enneaden* zu finden ist, die eine Brücke zwischen dem Platonismus

UNTEN LINKS

Skulptur von Konstantin I., 325 bis 370 n. Chr., Rom

Das marmorne Abbild des römischen Kaisers Konstantin starrt den Betrachter teilnahmslos an, in seiner steinernen Unsterblichkeit unbeschwert von irdischen Leidenschaften.

UNTEN RECHTS

Fragment eines Marmorgrabs, spätes 4. Jh., Rom

Mehrere Figuren sind in den bogenförmigen Alkoven in diesem Marmorrelief zu sehen, das an der Seite eines römisches Grabes gefunden wurde. Eine der Figuren, vom Zahn der Zeit oder durch Vandalismus verunstaltet, steht ohne Gesicht mit erhobenem Arm da wie bei einer Rede; möglicherweise soll sie Jesus darstellen, der das Gesetz verkündet.

und der christlichen Theologie schlug. Diese Brücke sollte Augustinus von Hippo (354–430) in seinen späteren Schriften noch häufig überqueren.

Augustinus' Werk entstand im Gefolge früherer christlicher Denker und Denkerinnen wie Perpetua (um 182–203) und Felicitas (gest. 203), die sich weigerten, sich zur platonischen Lehrmeinung zu bekennen oder ihren christlichen Überzeugungen zu entsagen. Die *Passio Sanctarum Perpetuae et Felicitatis* («Die Passion der heiligen Perpetua und der heiligen Felicitas»), ein posthum veröffentlichter Text, der von Perpetua in Form eines Tagebuchs verfasst wurde, dokumentiert, welchen Preis sie dafür zahlen mussten: Einkerkerung, obwohl Felicitas hochschwanger war, und Tod in der Gladiatorenarena. Angesichts dieser Verfolgung begannen christliche Denker, die radikaleren Elemente ihres Glaubens umzuformulieren und sie in vertrauten platonischen oder stoischen Begriffen abzufassen. In seinem Werk *Gegen Praxeas* etwa bedient sich der berberische Autor Quintus Septimius Florens Tertullianus (um 155–240) der stoischen Substanztheorie, um das Konzept einer göttlichen «Dreifaltigkeit» zu erklären, indem er zeigt, wie eine Substanz drei verschiedene Wesensarten in sich vereinen kann. Auf ähnliche Weise baut *De Principiis* des Alexandriers Origenes (um 185–254) auf den platonischen Begriffen der präexistenten Seele und der Seelenwanderung auf. Zudem wird hier das stoische Konzept der *apokatástasis*, der «Wiederherstellung aller Dinge» neu präsentiert als die Idee, die später als «messianisches Zeitalter» bekannt werden sollte.

Augustinus muss zweifellos auch vom *Dialog über die Seele und die Auferstehung* von Makrina der Jüngeren (um 330 bis 379) beeinflusst gewesen sein, der von ihrem Bruder Gregor von Nyssa (335 bis 395) niedergeschrieben wurde. Der kurze Text gibt Makrinas Gedanken auf dem Sterbebett wieder, wo sie den platonischen Begriff der unsterblichen Seele umdeutet. Die Seele, sagt sie, ist eine vollständige, unteilbare Einheit – sie kann nicht zerstört werden, denn was keine Teile hat, das kann nicht zerteilt werden oder vergehen. Ihre elegante Argumentation wird besonders anschaulich durch den Gebrauch textiler Metaphern: unsere «leibliche Kleidung» mag sich im Tod auflösen, wird jedoch schließlich am Jüngsten Tag feiner und zarter «neu gewebt» werden.

Vor diesem intellektuellen Hintergrund schrieb der numidische Denker Augustinus seine *Confessiones* («Bekenntnisse»). Das Werk berichtet von seinen Jugendsünden in Numidien (dem Gebiet des heutigen Algeriens, Tunesiens und Libyens), einschließlich seiner Zeit als Manichäer und seiner sexuellen Eskapaden, und geht dann zu abstrakteren Überlegungen über. Im Gefolge von Tertullianus, Origenes und Makrina stehen seine Gedanken zum «freien Willen» innerhalb eines eindeutig

OBEN

1535, Sucevița, Rumänien

Dieses Fragment eines bunten Freskos, gefunden an den Mauern des Klosters Sucevița in Rumänien, zeigt Porphyrios mit Krone und rotem Mantel, der ein Dokument hochhält und gen Himmel schaut. Vermutlich gehört dieses Detail zur sogenannten «Wurzel Jesse», einer genealogischen Illustration der Abstammung Jesu.

LINKS

Marsilio Ficino. Seite aus einem Kommentar zu Plotin, 16. Jh., Florenz, Italien

Auf dieser wunderbar komplexen illuminierten Manuskriptseite ist der lateinische Text von einer lebhaften Bordüre aus Blättern und Putten umrahmt. Bei den Adligen in den Rondellen könnte es sich um Finanziers des Werkes handeln. Oben auf der Seite sehen wir das Wappen der Familie Medici.

platonischen Denkrahmens. Augustinus postuliert ein Urprinzip, das als treibende Kraft fungiert. Diese treibende Kraft – Gott – ist ewig und erschafft in einem Geist der Liebe und des guten Willens. Augustinus zufolge bedeutet Gottes ewige Natur, dass sein Schöpfungsakt nicht in der Zeit stattfindet. Gott beschließt und weiß daher *vor* der Gestaltung der Welt, wer seinen Weg in den Himmel finden wird und wer nicht. Augustinus' platonische Überarbeitungen münden daher in der These der Vorherbestimmung. Diese These steht im Konflikt mit der Vorstellung des freien Willens und erzeugt eine Spannung in Augustinus' Werk, die den Theologen seit seiner Entstehung Rätsel aufgibt: Wie kann menschliches Handeln eine Bedeutung haben, wenn unser spirituelles Schicksal vorherbestimmt ist?

Die *Confessiones* sind nach modernem Verständnis ein eklektischer Text; sie vermischen Doktrin, Metaphysik, spirituelle Anleitung und Autobiografie. Das letzte Element diente einem besonderen Zweck: Vor den formalisierten Zitierpraktiken (Fußnoten, Endnoten und Bibliografien) ermöglichten autobiografische Nebenbemerkungen den Autoren, fremde Einflüsse auf ihr Werk kenntlich zu machen. Es ist kein Zufall, dass Augustinus' Buch die Ansichten der Monika von Tagaste (um 332–387) darstellt. Monika, Augustus' Mutter, war eine glühende Anhängerin des Christentums und trat für die Tugenden der Mäßigung und Askese ein. Dabei ging sie so weit, dass sie ihren Kindern den Zugang zum Wasser verwehrte, um sie Selbstbeherrschung zu lehren. Zweifellos spielte sie eine zentrale Rolle bei Augustinus' Konvertierung zum Christentum.

UNTEN LINKS

Augustinus von Hippo, Confessiones, 11. Jh., Frankreich

In der oberen Szene dieses Frontispizes einer Ausgabe der Confessiones aus dem 11. Jahrhundert kniet Augustinus zu Füßen von Christus auf dem Thron, während im unteren Teil ein Schreiber, bezeichnet mit «Alardus», dem fränkischen Bischof Vedast (gest. 540) demütig eine Schriftrolle hinhält.

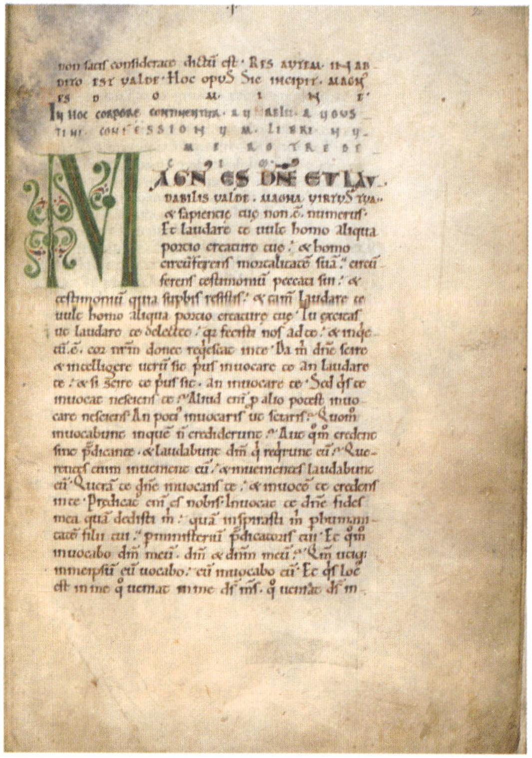

UNTEN RECHTS

Augustinus von Hippo, Confessiones, 11. Jh., England

Eine der frühesten in England hergestellten Versionen von Augustinus' Confessiones.

5 Systemtheorie

Während das Christentum die afrikanische und mediterrane Literatur durchdrang, breitete sich der Buddhismus weiterhin im gesamten Industal aus. Zu Beginn unserer Zeitrechnung waren Gautamas Ideen bereits weit verbreitet, doch mit der offiziellen Unterstützung des Kuschana-Reiches wurden sie noch besser angenommen. Die Kuschan-Herrscher wie Kanischka (127–150) nutzten die buddhistischen Konzepte aktiv, um gesellschaftliche Hierarchien zu rechtfertigen. Um ihre Autorität zu zementieren, beanspruchten die Kuschan eine direkte Verbindung zum Göttlichen und stellten sich explizit als «Retter» und «spirituelle Anführer» dar. Hier taucht also wieder das göttliche Recht der Könige auf und damit kommt es zu einer entscheidenden Verschiebung im buddhistischen Gedankengut. Die einst ausschließlich introspektiven Formen des Buddhismus machten einem System spiritueller Ausbildung Platz, das Rat, Hilfe und damit den Einfluss Dritter (der Kuschan-Herrscher) erforderte. Gleichzeitig begannen die Kuschan, den Bau von Tempeln zu finanzieren. Wohlhabende Klöster schossen überall in der Region wie Pilze aus dem Boden und buddhistische Texte wurden in riesigen Bibliotheken gesammelt und von Gruppen speziell damit beauftragter Mönche vervielfältigt.

OBEN

Porträt des Kanischka, um 130 n. Chr., Gandhara, Pakistan

Da Münzen ein weites Verbreitungsgebiet hatten, war das Prägen des eigenen Porträts eine wirksame Methode, die Untertanen daran zu erinnern, wer die Macht hatte. Hier sehen wir eine Goldmünze mit dem Bild des Kuschan-Herrschers Kanischka I. mit einer Inschrift in der antiken Kharoshthi-Schrift an den Rändern.

LINKS

Buddha-Figur, 2. oder 3. Jh., Gandhara, Pakistan

Dieser sitzende Buddha aus grauem Phyllit stammt aus der Kuschan-Dynastie. Der Buddha sitzt mit im Schoß gefalteten Händen im «Lotossitz» und wirkt ernst und ruhig. Er befindet sich heute im Davis Museum im Wellesley College, ist aber wie viele dieser Artefakte «nicht öffentlich zugänglich».

Bis zu dieser Periode hatte sich die formelle Bildung im Großen und Ganzen im Rahmen von Privatlehrern oder höfischen Diskussionen, Wanderlehrern oder einem als «Gurukula» bekannten System abgespielt – eine Art Internat, oft durch öffentliche Spenden unterhalten, in dem die Schüler lebten und unter einem Guru lernten. Es gab einige etablierte Bildungseinrichtungen und Lernorte, aber das Imperium Kuschana investierte noch stärker in die Bildung, indem es in Nordost-Indien im Jahr 427 die buddhistische Universität Nalanda gründete. Zum Lehrplan gehörten dort auch astronomische, politische und mathematische Arbeiten. In den Gebäuden gab es großzügige Schlafsäle für die Studenten und eine neunstöckige Bibliothek, die bis zum 13. Jahrhundert auf die eine oder andere Weise geöffnet blieb. Solche Zentren bildeten die Forschungsabteilung des Imperiums, in der Texte verfasst und vervielfältigt wurden, die Guptas Autorität begründeten, indem sie Konzepte von Herrschaft und Göttlichkeit miteinander verwoben.

Gleichzeitig wurde der Buddhismus selbst immer standardisierter. In jenem «Zeitalter des Sutra» (wie Jonardon Ganeri es nennt) verfasste Nagarjuna (um 150–250) seine *Grundlegenden Verse über den mittleren Weg*. In diesem Werk verteidigt Nagarjuna die Vorstellung, dass alle existierenden Dinge «leer» sind, und erklärt, sie haben keine intrinsische Natur und keine Essenz. Damit geht er über die übliche buddhistische Sichtweise des *abhidharma* hinaus, dass es so etwas wie ein Ich nicht gebe (obwohl *dharmas* oder Phänomene eine Form von Realität besitzen). Stattdessen vertritt Nagarjuna eine sogenannte Doktrin der «absoluten Leere»: *Allen* Phänomenen fehlt das wahre und stabile Wesen.

Nagarjuna gilt als Gründer der Mādhyamaka-Schule der Mahayana-Philosophie – ein System, das einige Jahrhunderte später zwei Brüder beeinflussen sollte: Vasubandhu und Asanga (bl. 4. bis 5. Jahrhundert), die im Königreich Gandhara in der Region Peschawar im Nordwesten des heutigen Pakistan aktiv waren. Das System wirft einige verwirrende Fragen auf. Selbst wenn es keine unabhängige Realität gibt, so fragt Vasubandhu, muss dann nicht unser wahrnehmendes Bewusstsein real sein – und daher nicht «leer»? Diese Frage bildete eine zentrale Säule der Yogācarā-Schule, die den Buddhismus in den nachfolgenden Jahrhunderten dominierte.

Die Etymologie von *abhidharma* liegt etwas im Dunkeln: *abhi* lässt sich als «höher» oder «über» wiedergeben und *dharma* als «Lehre» oder «Prinzipien». Wie auch immer man es übersetzt, sind diese Texte (der Abhidhamma) Formen des Metakommentars, der den lehrhaften Gehalt der buddhistischen Sutras untersucht. Durch diesen umfassenden Prozess der Systematisierung entwickelte sich der Buddhismus von einer mündlichen Tradition hin zu einer, die sich auf eine Auswahl an Schlüsseltexten (im Pali-Kanon) konzentrierte, und weiter zu einem umfassenden und breitgefächerten Gelehrtensystem. Die Werke wurden von Mönchen aus dem Sanskrit ins Chinesische, Tibetanische, Mongolische und Uigurische übersetzt und anschließend nach Westen in den Mittelmeerraum und nach Norden über Asien bis nach China gebracht.

6 Nischen finden

Damit es mit den Entwicklungen im Buddhismus Schritt halten konnte, setzte im vedischen Denken eine Modernisierung ein. Im 3. Jahrhundert begann man während der Ausdehnung des brahmanischen Gupta-Reiches mit der Kodifizierung der Lehren und baute bestimmte buddhistische Merkmale ein. Zwar blieben sie weiterhin in den Veden und *Upanishaden* verwurzelt, doch die Samkhya- und die Yoga-Schule verbanden ihre eigenen vedischen Systeme zunehmend mit buddhistischen, um von dieser zunehmend populären Bewegung nicht abgehängt zu werden.

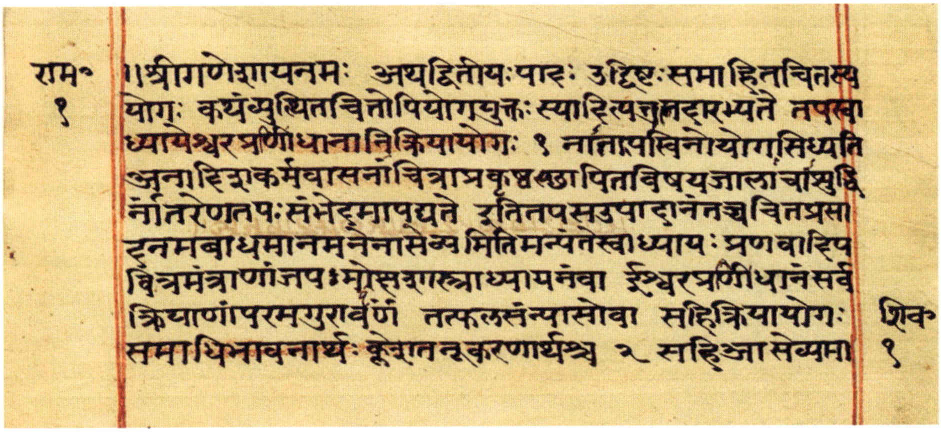

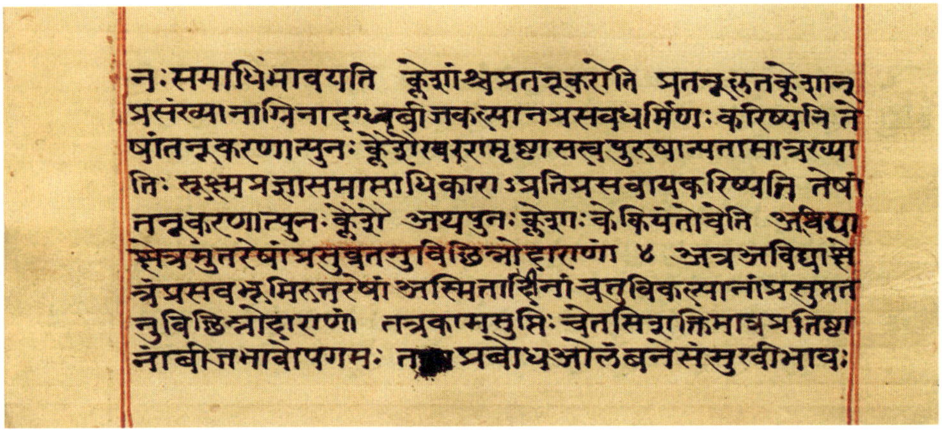

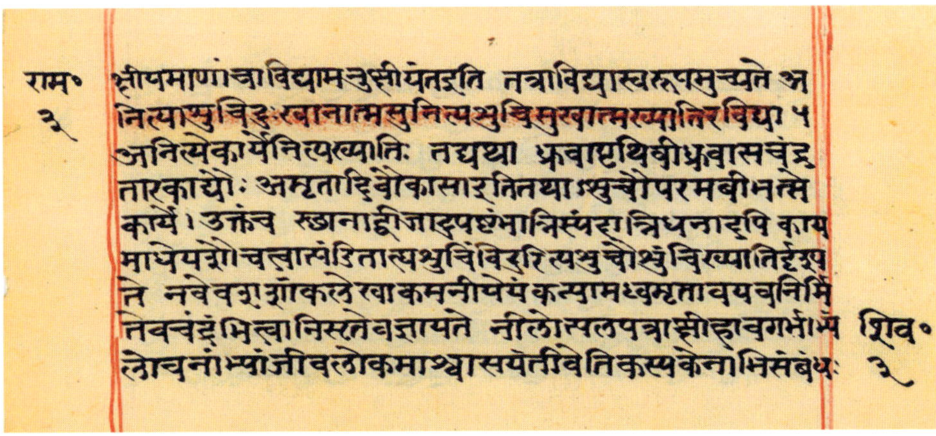

LINKS

Patanjali: Seiten aus dem Yogasūtra, 18. Jh.

Diese Seiten aus einer Ausgabe des Yogasūtra aus dem 18. Jahrhundert, mit Bhashyas (Kommentaren) in Sanskrit von Patanjali, sind mit schwarzer Tinte beschrieben, haben Notizen an den Rändern und einige Abschnitte sind mit orangefarbenem Safranpulver hervorgehoben. Sie werden derzeit in der University of Pennsylvania aufbewahrt.

RECHTS

Jainistische Wandmalereien in der Armamalai-Höhle, 8. Jh., Malayampattu, Tamil Nadu, Indien

Diese Bilder, in der berühmten Armamalai-Höhle vor den Elementen geschützt, wurden auf Stein gemalt und zeigen Szenen aus Kerngeschichten des Jainismus. Ihr Stil ähnelt dem der Malereien in der Sittannavasal-Höhle in Tamil Nadu, die wie die Armamalai-Höhle über Jahrhunderte als jainistischer Tempel genutzt wurde.

In Patanjalis *Yogasūtra* etwa finden wir die Aussage, seine Anhänger könnten dem Zyklus des *samsāra* durch die Eliminierung des Verlangens entkommen. Der aphoristische Text wurde zwischen dem 2. und dem 4. Jahrhundert zusammengetragen und gehört zu den zentralen Werken der Yoga-Schule; mit seiner Beschreibung der asketischen Pfade zur spirituellen Befreiung entfernt er sich vom brahmanischen Gedankengut und nähert sich der buddhistischen Selbstverleugnung an. Weitab von den zugeeigneten Formen des Yoga in den heutigen westlichen Wellnessoasen umfasst diese Disziplin eine gründliche mentale Innenschau und Körperbeherrschung (bis zu dem Punkt, so lernen wir in den Sutras des *Vibhuti Pada*, an dem supranormale Fähigkeiten erlangt werden können). Dabei handelte es sich um einen bewussten Schritt von Patanjali, Askese und Rückzug des Buddhismus von weltlichen Angelegenheiten in das vedische Gedankengut mit einzubeziehen.

Etwa um dieselbe Zeit verfasste Isvarakrsna (bl. 5. Jahrhundert) die *Samkhyakarika*, einen der Gründungstexte der Samkhya-Schule. Der Text kodifiziert vedisches Gedankengut in einer Reihe von nummerierten Listen, in denen die zentralen Konzepte und Prinzipien aufgeführt werden. In dieser charakteristisch organisierten Form bringt die Samkhyakarika dem Leser den Dualismus zwischen Purusa und Prakriti nahe, eine ähnliche Dichotomie wie im Manichäismus. Purusa ist dabei das reine Bewusstsein, das allen Bewusstseinsstadien zugrunde liegt, während Prakriti eher der Natur oder dem Urstoff entspricht. Indem wir diese Unterscheidung begreifen, so die Samkhyakarika, können wir schlechte Gelüste (die in der Materie wurzeln) auslöschen und spirituelle Befreiung erlangen – wieder ein Konzept mit deutlichen buddhistischen Anklängen.

Im Jainismus finden wir ähnliche Versuche der Systematisierung. Als maßgebend wird sowohl in der Digambara- als auch in der Shvetambara-Tradition das *Tattvarthasūtra* von Āchārya Umāsvāmi (bl. um 2. bis 5. Jahrhundert) angesehen. In diesem Text beschreibt Umāsvāmi eine integrierte jainistische Philosophie, die eine Metaphysik aus Seelen, asketischen Praktiken und praktischer Ethik umfasst. Ein zentraler Bestandteil ist Umāsvāmis Formulierung der «drei Juwelen» des Jainismus: wie die rechten Ansichten, das rechte Wissen und das rechte Verhalten den Weg zur Befreiung der Seele ebnen. Wir sehen hier also nicht eine Verschiebung im Inhalt der jainistischen Gedankenwelt, sondern eher in der Form, ergänzt durch die Erstellung einer Heuristik, um die Botschaft zu verdeutlichen und das Interesse der Leser zu wecken.

UNTEN

Dīpankara Buddha, 489 bis 95 n. Chr., Datong, China

Diese in Sandstein gehauene Statue mit Pigmentspuren stellt einen Buddha namens Dīpankara dar, der vor Siddharta Gautama lebte. Die Figur mit dem stillen Lächeln und einem gesenkten Arm ist von kleineren Figuren umgeben, die ihrer Kleidung nach Xianbei darstellen könnten, ein Volk, das während der Nördlichen Wei-Dynastie in Nordostchina lebte.

7 Familienangelegenheiten

Trotz der Systematisierung vedischen und jainistischen Gedankenguts hatte der Buddhismus eine unübertroffene Reichweite. Im 1. Jahrtausend breitete er sich bis in die Provinzen an den Handelsrouten durch den Pamir aus. Zuerst wurde er von einer kleinen Zahl sogdischer Händler praktiziert. Im 3. und 4. Jahrhundert jedoch war China (erneut) durch innerstaatliche Konflikte geteilt. Der Ruismus zog sich in die Han-Territorien zurück und hinterließ in den nördlichen Provinzen ein ideologisches Vakuum.

Die Herrscher des Nordens, bekannt als Tabgatsch, Tuoba oder «nördliche Wei» (386–534), wollten sich unbedingt von ihren politischen Rivalen abgrenzen. Der Buddhismus als alternative Ideologie bot eindeutige politische Vorteile: Er war nicht chinesischen Ursprungs, also waren seine Lehrer im Großen und Ganzen «Ausländer». Die Tabgatsch förderten die Verbreitung des Buddhismus, um ihre eigene Legitimität zu untermauern; sie positionierten sich als Figuren im göttlichen Zyklus. Durch die

Errichtung von Klöstern, Schreinen und Buddhastatuen stellten sie ihre militärischen Triumphe als kosmische Siege dar. Wieder einmal wurde die Volksbewegung von einer politischen Macht vereinnahmt, um territoriale Ausdehnung zu begründen.

Während der Buddhismus sich zunehmender Beliebtheit erfreute, entstanden immer mehr chinesische buddhistische Texte. Viele von ihnen waren in der weiter oben beschriebenen *géyì*-Form der Exegese organisiert, in der Konzepte des Buddhismus bekannteren Begriffen aus dem Ruismus und Daoismus gegenübergestellt wurden. Im 4. Jahrhundert jedoch fiel das *géyì* in Ungnade. Man hielt es für die Ursache von Fehlinterpretationen ursprünglicher Konzepte und einer unfairen Beurteilung buddhistischer philosophischer Innovationskraft: Wenn sich buddhistische Ideen in bereits bestehendes daoistisches Gedankengut übersetzen ließen, konnten sie wohl kaum originell sein.

Etwa um diese Zeit fanden buddhistische Konzepte in einer Reihe apologetischer Werke Niederschlag, die den Buddhismus gegenüber dem chinesischen Publikum verteidigen sollte. Werke wie Mouzis *Zerstreuung der Zweifel* aus dem späten 2. Jahrhundert versuchen nicht, die buddhistische Gedankenwelt auf den Ruismus herunterzubrechen. Stattdessen versuchen sie zu zeigen, wie sie mit einheimischen Sichtweisen zusammenfallen, und die Grundsätze der Doktrin zu erklären, die ruistische oder daoistische Leser als konflikthaft wahrnehmen könnten. In *Zerstreuung der Zweifel* beschäftigt sich Mouzi mit der «Fremdheit» des buddhistischen Gedankenguts, der Praktik des Kopfrasierens, seinem Verständnis von Tod und Wiedergeburt und dem Zölibat. Wie wir gesehen haben, galt das Zölibat in der ruistischen Gedankenwelt als wesensfremd und schädlich für den chinesischen Lebensstil. Mouzi versucht jedoch zu zeigen, wie es mit der chinesischen Tradition im Einklang steht. Seine rhetorische Taktik ähnelt dabei der christlicher Denker, die sich auf Platon berufen. Gerade so, wie sich die nördlichen Wei das ideologische Momentum des Buddhismus zunutze machten, passten buddhistische Denker wie Mouzi ihre Konzepte so an, dass sie einem möglichst breiten Publikum zusagten.

8 Found in translation

Die chinesische buddhistische Literatur erlebte 401 noch einmal einen Wendepunkt, als der buddhistische Mönch Kumārajīva (344–413) in Chang'an eintraf. Historikern zufolge gründete Kumārajīva mit der Unterstützung eines königlichen Förderers eine umfangreiche Forschungsgruppe, die sich der Übersetzung und Kommentierung der zentralen Texte der Mahayana-Tradition widmete. Darin erkennen wir eine Verschiebung von der Apologetik hin zu der Art von vielschichtigen Kommentaren, wie sie in Indien entstanden. Seine Kommentare zum Diamant-Sutra, Lotos-Sutra und Amitabha-Sutra sind – genau wie die der Hypatia oder der Asklepigenia von Athen (430–485) – mehr als nur «zusätzliche» Texte; sie bilden den literarischen und konzeptuellen Rahmen, in dem andere Werke bestehen und literarische Traditionen florieren können.

Kumārajīvas Werk ebnete den Weg für die Aufnahme von Vasubandhus Texten in Werken wie Xuanzangs (602–664) Abhandlung über die Schaffung des Nurbewusstseins. Die Abhandlung umfasst zehn Bände und umreißt die Essenz der Yogācarā-Doktrin für chinesische Leser: Alles ist leer, weil es nur ein Produkt des Geistes ist, und Objekte besitzen keine Realität außer durch den Geist.

Natürlich taten die chinesischen Gelehrten mehr, als nur indische Texte zu transkribieren und zu übersetzen. Das kulturelle Klima erforderte Änderungen der Doktrin, um sie dem einheimischen Publikum zugänglicher zu machen. So begannen im 3. und 4. Jahrhundert die ersten unverkennbar chinesischen Schulen des buddhistischen Gedankenguts zu entstehen. Die wichtigste von ihnen war der Chan-Buddhismus (eine verkürzte Form von chánnà, einer phonetischen Übersetzung des Sanskrit-Begriffs dhyāna, was sich grob mit «Meditation» übersetzen lässt). Im Westen ist die Schule besser unter ihrem japanischen Namen Zen-Buddhismus bekannt.

Eine der frühesten Quellen der Chan-buddhistischen Philosophie ist die *Abhandlung über die zwei Zugänge und vier Praktiken* (aus offensichtlichen Gründen auch als Lange Schriftrolle bekannt).

GANZ LINKS

Stele mit Buddha und Mäzenen, 528 n. Chr., China

Diese Kalksteinskulptur zeigt einen Buddha, flankiert von Bodhisattvas, Mönchen und Tieren. Unter den weiteren Figuren finden sich wichtige Förderer, die die Skulptur in Auftrag gaben. Die zentralen Szenen sind von äußerst detaillierten organischen und architektonischen Motiven sowie einem erzählenden Text eingefasst.

UNTEN

***Lotos-Sutra*, zwischen 960 und 1279, China**

Ganz links auf dieser Schriftrolle sehen wir eine Szene aus dem *Lotos-Sutra*, in der eine Figur vor einem sitzenden Buddha in einem üppigen Garten kniet. Der Text rechts daneben mit roten Stempeln und in roten Rahmen variiert zwischen Standardgröße und großen Kalligrafien, die der Hervorhebung und der ästhetischen Wirkung dienen.

UNTEN UND FOLGENDE SEITEN

***Lotos-Sutra*, zwischen 960 und 1279, China**

Der Gelehrte Kumārajīva, der im 5. Jahrhundert aktiv war, wurde als chinesischer Übersetzer dieser Version des Lotos-Sutra identifiziert. Neben dem Text findet sich eine zarte Illustration in maßgleichem Layout, das den Leser in eine «Gottesperspektive» versetzt.

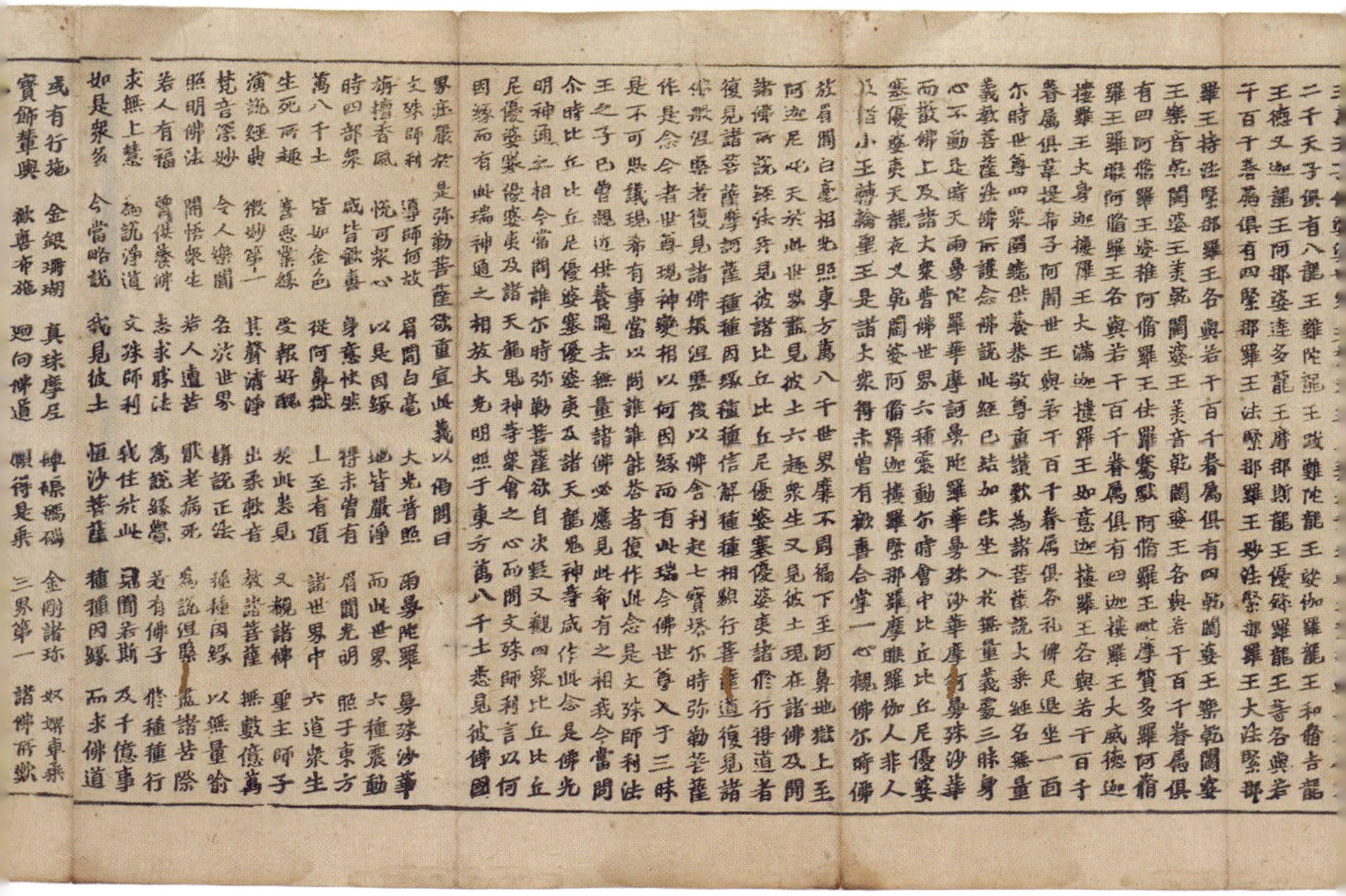

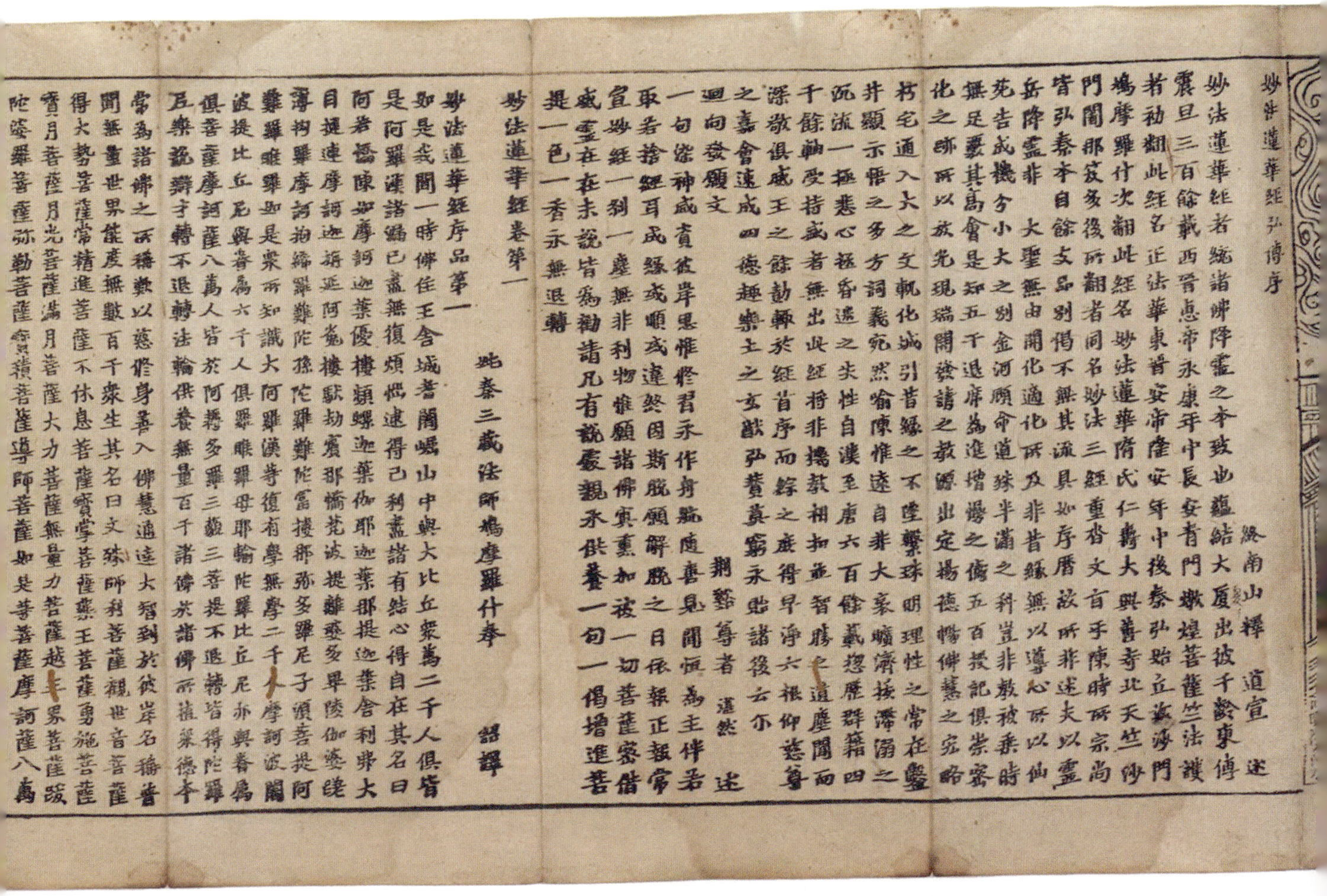
妙法蓮華經弘傳序

終南山釋道宣述

妙法蓮華經者統諸佛降靈之本致也蘊結大夏出彼千齡東傳
震旦三百餘載西晉惠帝永康年中長安青門燉煌菩薩竺法護
者初翻此經名正法華東晉安帝隆安年中後秦弘始丘茲沙門
鳩摩羅什次翻此經名妙法蓮華隋氏仁壽大興善寺北天竺沙門
闍那崛多後所翻者同名妙法三經重沓文旨互陳時所宗尚
皆弘秦本自餘支品別偈不無其流具如序曆故所非述夫以靈
岳降靈非 大聖無由開化適化所及非昔緣無以導心所以仙
苑告成機分小大之別金河顧命道殊半滿之科豈非教被乘時
攝足霑其高會是知五千退席為進增慢之儔五百授記俱崇密
化之跡所以放光現瑞開發請之教源出定揚德儔佛慧之宗略
朽宅通入大之文軌化城引昔緣之不墜繫珠明理性之常在鑿
井顯示悟之多方詞義宛然喻陳惟遠自非大哀曠濟拔滯溺之
沉流一極悲心拯昏遠之失性自漢至唐六百餘載總歷群籍四
千餘軸受持盛者無出此經將非機教相扣並智勝之遺塵閣而
深敬俱威王之餘勤輙於經首序而錄之庶得早淨六根仰慈尊
之嘉會遠成四德趣樂土之玄猷弘贊莫窮永貽諸後云尓

迴向發願文　荊谿尊者湛然述

一句染神咸資彼岸思惟修習永作舟航隨喜見聞恆為主伴若
取若捨經耳成緣或順或違終因斯脫願解脫之日依報正報常
宣妙經一剎一塵無非利物唯願諸佛冥熏加被一切菩薩密借
威靈在在未說皆為勸請凡有說處親承供養一句一偈增進菩
提一色一香永無退轉

妙法蓮華經卷第一

姚秦三藏法師鳩摩羅什奉　詔譯

妙法蓮華經序品第一

如是我聞一時佛住王舍城耆闍崛山中與大比丘眾萬二千人俱皆
是阿羅漢諸漏已盡無復煩惱逮得己利盡諸有結心得自在其名曰
阿若憍陳如摩訶迦葉優樓頻螺迦葉伽耶迦葉那提迦葉舍利弗大
目揵連摩訶迦旃延阿㝹樓馱劫賓那憍梵波提離婆多畢陵伽婆蹉
薄拘羅摩訶拘絺羅難陀孫陀羅難陀富樓那彌多羅尼子須菩提阿
難羅睺羅如是眾所知識大阿羅漢等復有學無學二千人摩訶波闍
波提比丘尼與眷屬六千人俱羅睺羅母耶輸陀羅比丘尼亦與眷屬
俱菩薩摩訶薩八萬人皆於阿耨多羅三藐三菩提不退轉皆得陀羅
尼樂說辯才轉不退轉法輪供養無量百千諸佛於諸佛所殖眾德本
常為諸佛之所稱歎以慈修身善入佛慧通達大智到於彼岸名稱普
聞無量世界能度無數百千眾生其名曰文殊師利菩薩觀世音菩薩
得大勢菩薩常精進菩薩不休息菩薩寶掌菩薩藥王菩薩勇施菩薩
寶月菩薩月光菩薩滿月菩薩大力菩薩無量力菩薩越三界菩薩跋
陀婆羅菩薩彌勒菩薩寶積菩薩導師菩薩如是等菩薩摩訶薩八萬

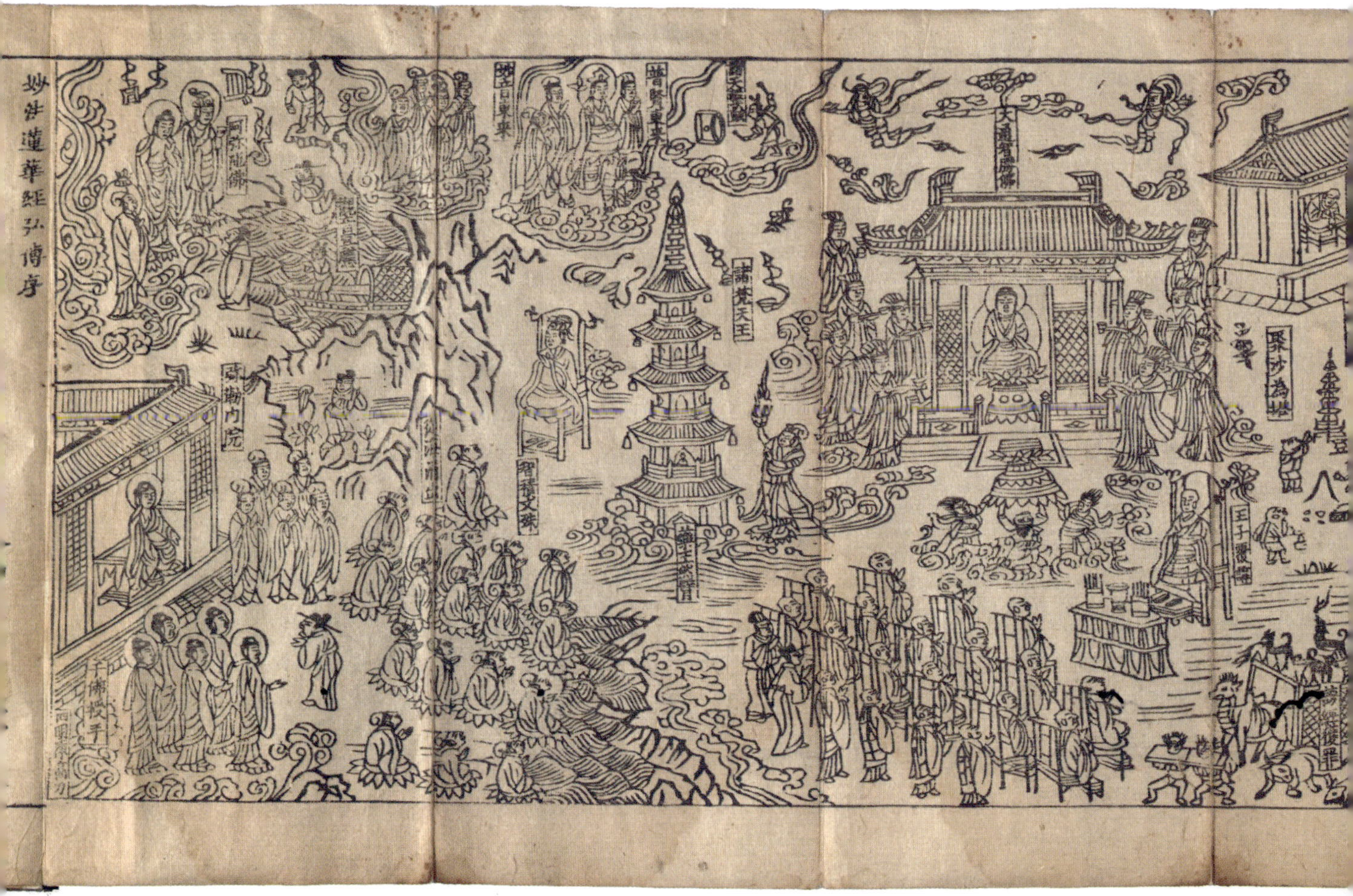
妙法蓮華經弘傳序
諸梵天王
聚沙為塔

三車出宅
三草二木

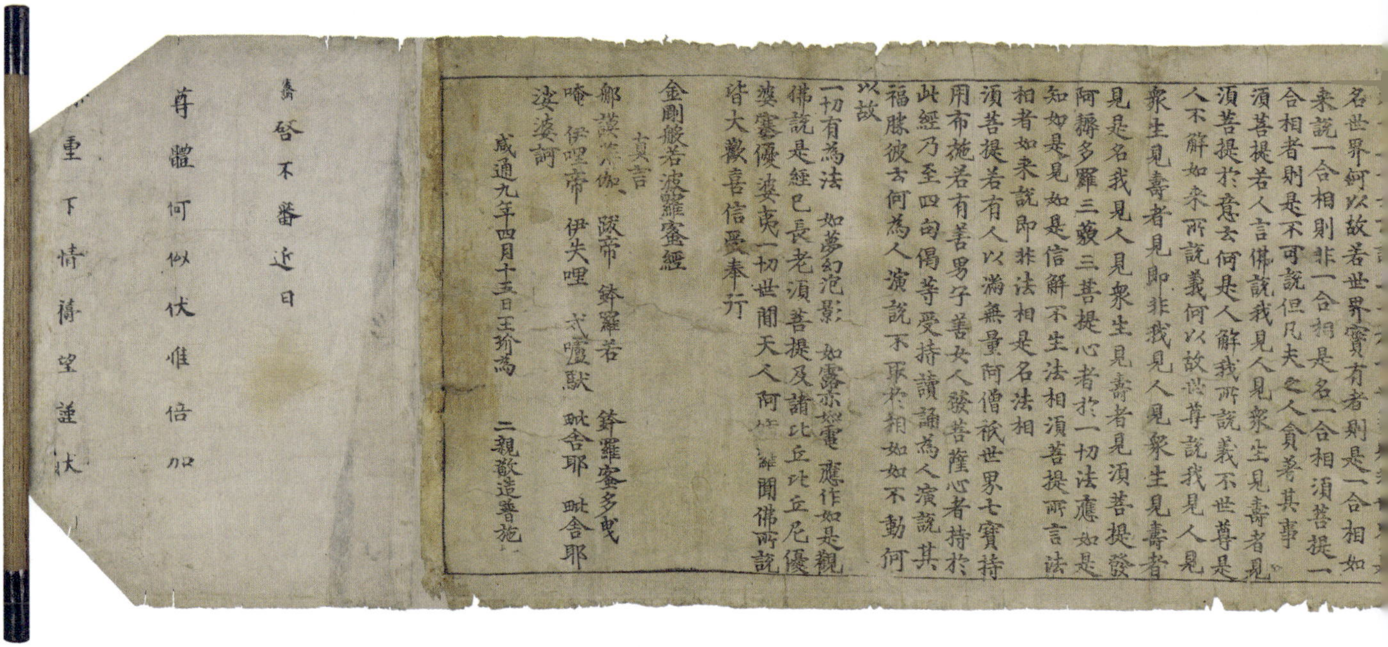

名世界何以故若世界實有者則是一合相如
來說一合相則非一合相是名一合相須菩提一
合相者則是不可說但凡夫之人貪著其事
須菩提若人言佛說我見人見衆生見壽者見
須菩提於意云何是人解我所說義不世尊是
人不解如來所說義何以故世尊說我見人見
衆生見壽者見即非我見人見衆生見壽者
見是名我見人見衆生見壽者見須菩提發
阿耨多羅三藐三菩提心者於一切法應如是
知如是見如是信解不生法相須菩提所言法
相者如來說即非法相是名法相
須菩提若有人以滿無量阿僧祇世界七寶持
用布施若有善男子善女人發菩薩心者持於
此經乃至四句偈等受持讀誦為人演說其
福勝彼云何為人演說不取於相如如不動何
以故
一切有為法　如夢幻泡影　如露亦如電　應作如是觀
佛說是經已長老須菩提及諸比丘比丘尼優
婆塞優婆夷一切世間天人阿修羅聞佛所說
皆大歡喜信受奉行
金剛般若波羅蜜經
眞言
那謨婆伽跋帝　鉢囉若　鉢囉蜜多曳
唵　伊唎底　伊失唎　輸盧馱　毗舍耶　毗舍耶
莎婆訶
咸通九年四月十五日王玠為　二親敬造普施

奉啓不審近日
尊體何似伏惟倍加
珍重下情祷望謹狀

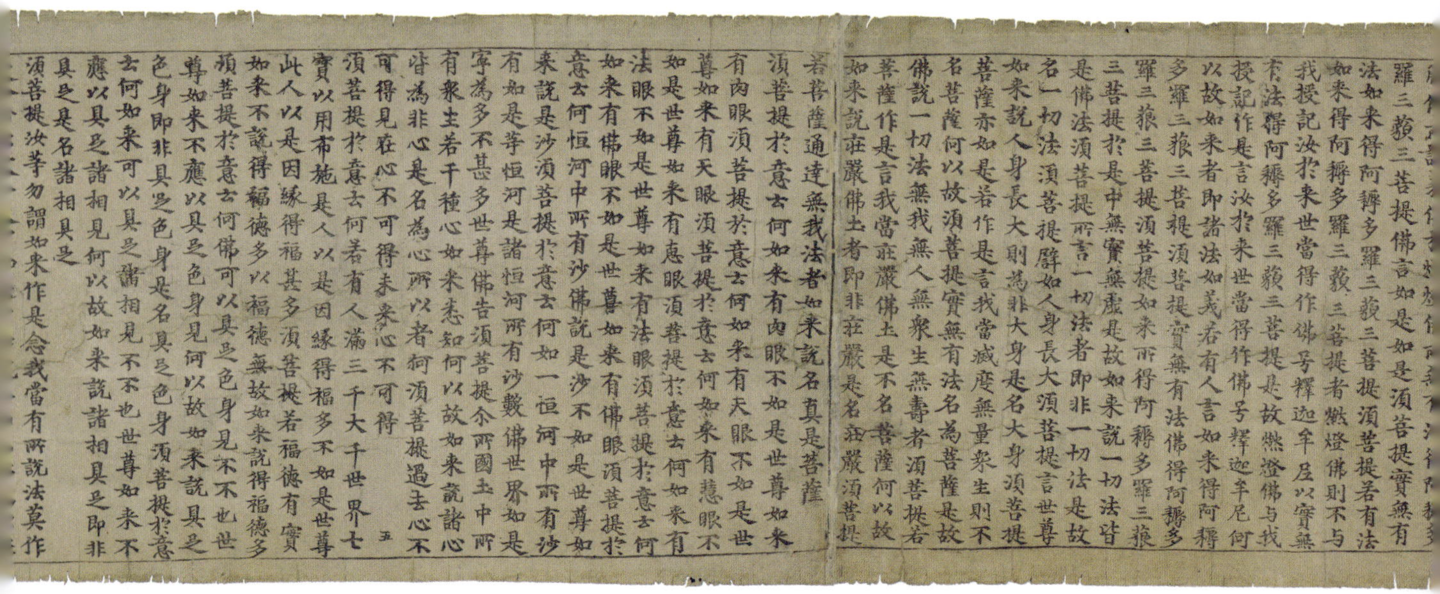

羅三藐三菩提佛言如是如是須菩提實無有
法如來得阿耨多羅三藐三菩提須菩提若有法
如來得阿耨多羅三藐三菩提者然燈佛則不與
我授記汝於來世當得作佛號釋迦牟尼以實無
有法得阿耨多羅三藐三菩提是故然燈佛與我
授記作是言汝於來世當得作佛號釋迦牟尼何
以故如來者即諸法如義若有人言如來得阿耨
多羅三藐三菩提須菩提實無有法佛得阿耨多
羅三藐三菩提須菩提如來所得阿耨多羅三藐
三菩提於是中無實無虛是故如來說一切法皆
是佛法須菩提所言一切法者即非一切法是故
名一切法須菩提譬如人身長大須菩提言世尊
如來說人身長大則為非大身是名大身須菩提
菩薩亦如是若作是言我當滅度無量衆生則不
名菩薩何以故須菩提實無有法名為菩薩是故
佛說一切法無我無人無衆生無壽者須菩提若
菩薩作是言我當莊嚴佛土是不名菩薩何以故
如來說莊嚴佛土者即非莊嚴是名莊嚴須菩提
若菩薩通達無我法者如來說名真是菩薩
須菩提於意云何如來有肉眼不如是世尊如來
有肉眼須菩提於意云何如來有天眼不如是世
尊如來有天眼須菩提於意云何如來有慧眼不
如是世尊如來有慧眼須菩提於意云何如來有
法眼不如是世尊如來有法眼須菩提於意云何
如來有佛眼不如是世尊如來有佛眼須菩提於
意云何恒河中所有沙佛說是沙不如是世尊如
來說是沙須菩提於意云何如一恒河中所有沙
有如是等恒河是諸恒河所有沙數佛世界如是
寧為多不甚多世尊佛告須菩提爾所國土中所
有衆生若干種心如來悉知何以故如來說諸心
皆為非心是名為心所以者何須菩提過去心不
可得見在心不可得未來心不可得
五
須菩提於意云何若有人滿三千大千世界七
寶以用布施是人以是因緣得福多不如是世尊
此人以是因緣得福甚多須菩提若福德有實
如來不說得福德多以福德無故如來說得福德多
須菩提於意云何佛可以具足色身見不不也世
尊如來不應以具足色身見何以故如來說具足
色身即非具足色身是名具足色身須菩提於意
云何如來可以具足諸相見不不也世尊如來不
應以具足諸相見何以故如來說諸相具足即非
具足是名諸相具足
須菩提汝勿謂如來作是念我當有所說法莫作

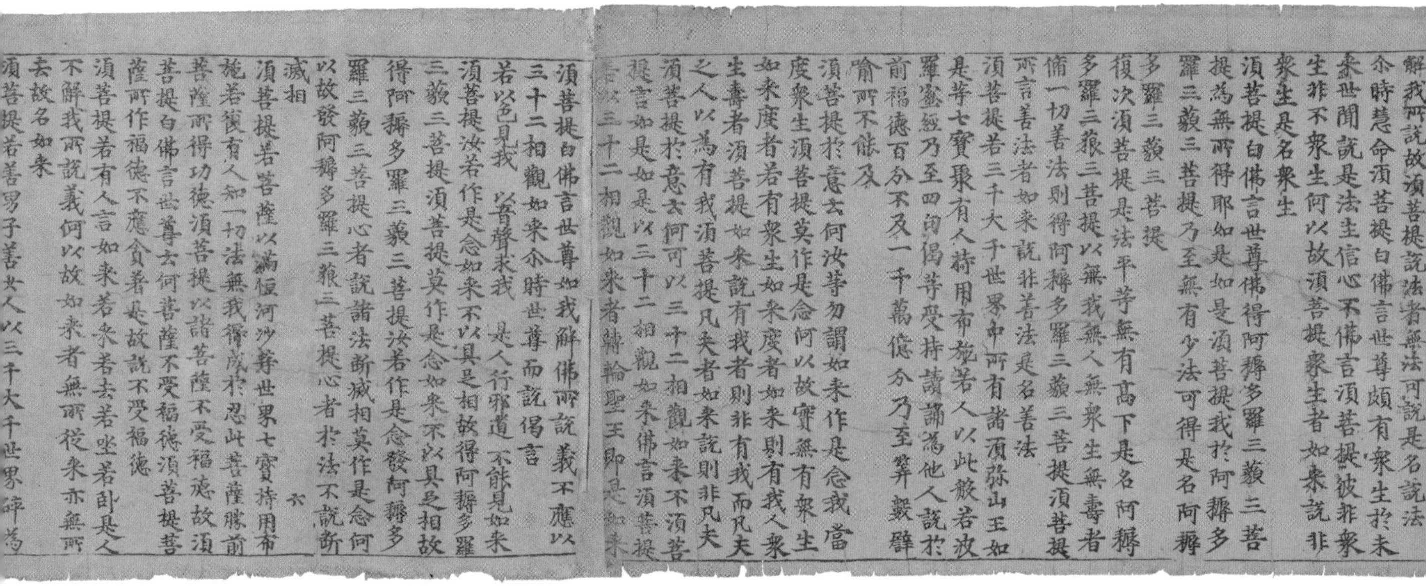

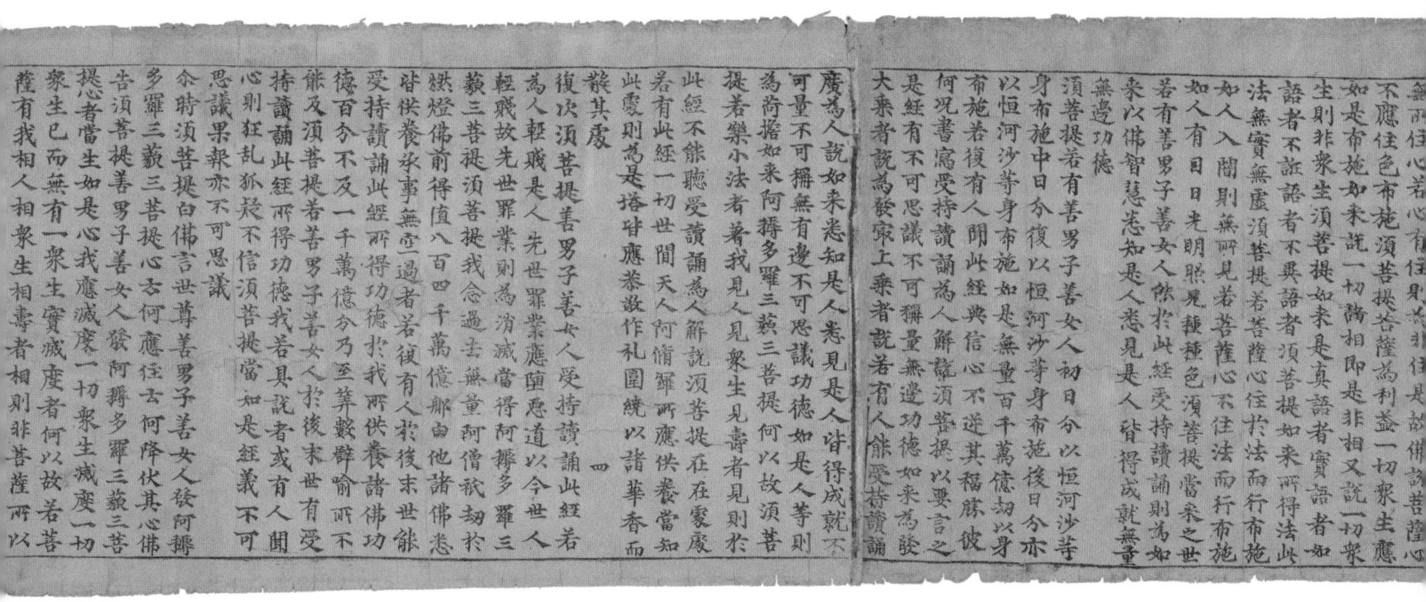

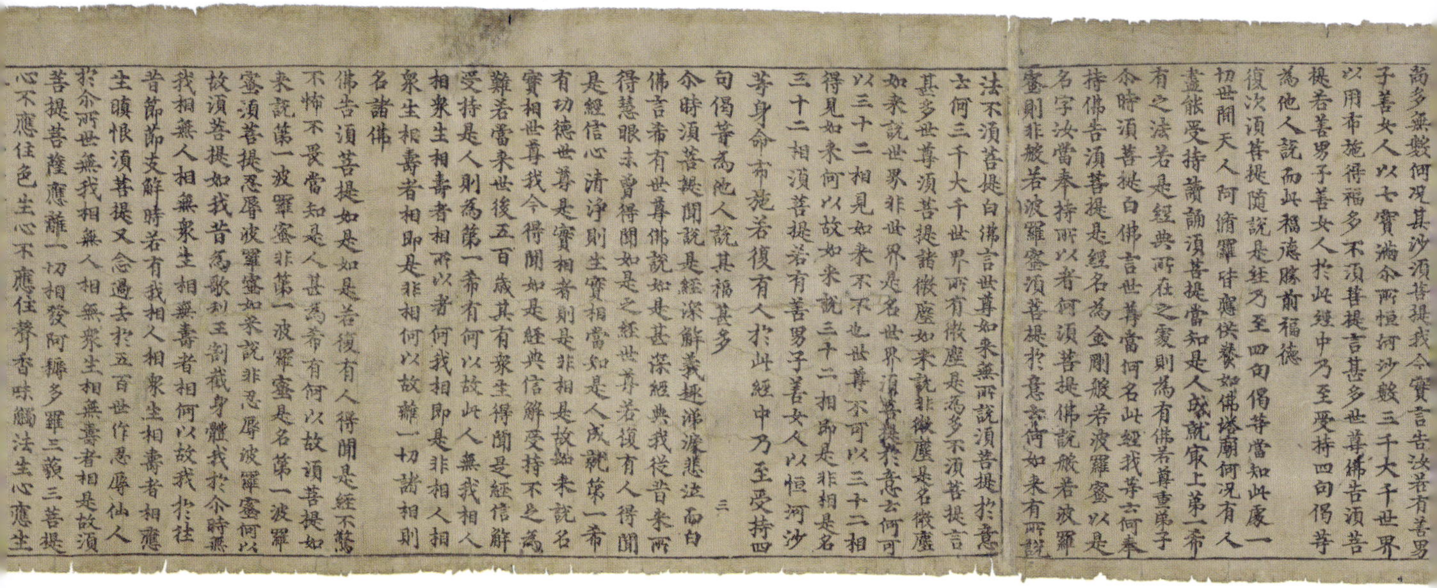

爲多無數何況其沙須菩提我今實言告汝若有善男
子善女人以七寶滿尒所恒河沙數三千大千世界
以用布施得福多不須菩提言甚多世尊佛告須菩
提若善男子善女人於此經中乃至受持四句偈等
爲他人說而此福德勝前福德
復次須菩提隨說是經乃至四句偈等當知此處一
切世間天人阿脩羅皆應供養如佛塔廟何況有人
盡能受持讀誦須菩提當知是人成就最上第一希
有之法若是經典所在之處則爲有佛若尊重弟子
尒時須菩提白佛言世尊當何名此經我等云何奉
持佛告須菩提是經名爲金剛般若波羅蜜以是
名字汝當奉持所以者何須菩提佛說般若波羅
蜜則非般若波羅蜜須菩提於意云何如來有所說
法不須菩提白佛言世尊如來無所說須菩提於意
云何三千大千世界所有微塵是爲多不須菩提言
甚多世尊須菩提諸微塵如來說非微塵是名微塵
如來說世界非世界是名世界須菩提於意云何可
以三十二相見如來不不也世尊不可以三十二相
得見如來何以故如來說三十二相即是非相是名
三十二相須菩提若有善男子善女人以恒河沙
等身命布施若復有人於此經中乃至受持四
句偈等爲他人說其福甚多
尒時須菩提聞說是經深解義趣涕淚悲泣而白　三
佛言希有世尊佛說如是甚深經典我從昔來所
得慧眼未曾得聞如是之經世尊若復有人得聞
是經信心清淨則生實相當知是人成就第一希
有功德世尊是實相者則是非相是故如來說名
實相世尊我今得聞如是經典信解受持不足爲
難若當來世後五百歲其有衆生得聞是經信解
受持是人則爲第一希有何以故此人無我相人
相衆生相壽者相所以者何我相即是非相人相
衆生相壽者相即是非相何以故離一切諸相則
名諸佛
佛告須菩提如是如是若復有人得聞是經不驚
不怖不畏當知是人甚爲希有何以故須菩提如
來說第一波羅蜜非第一波羅蜜是名第一波羅
蜜須菩提忍辱波羅蜜如來說非忍辱波羅蜜何以
故須菩提如我昔爲歌利王割截身體我於尒時無
我相無人相無衆生相無壽者相何以故我於往
昔節節支解時若有我相人相衆生相壽者相應
生瞋恨須菩提又念過去於五百世作忍辱仙人
於尒所世無我相無人相無衆生相無壽者相是故須
菩提菩薩應離一切相發阿耨多羅三藐三菩提
心不應住色生心不應住聲香味觸法生心應生

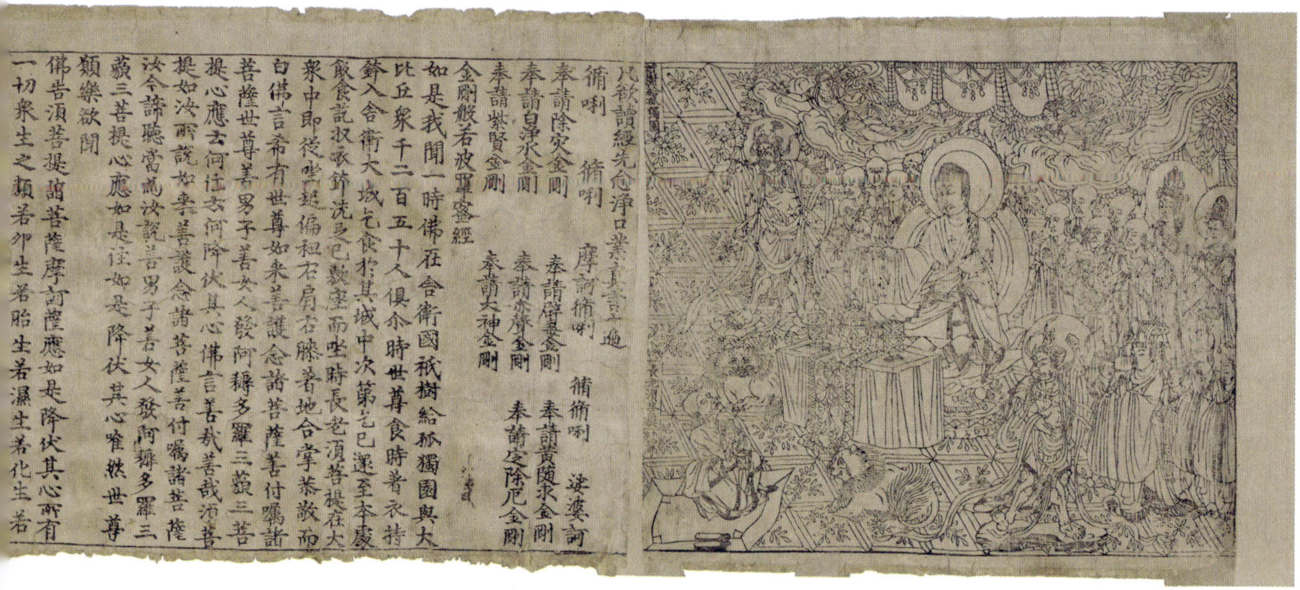

凡欲讀經先念淨口業真言一遍
脩唎脩唎　摩訶脩唎　脩脩唎　娑婆訶
奉請除災金剛　奉請辟毒金剛　奉請黃隨求金剛
奉請白淨水金剛　奉請赤聲金剛　奉請定除災金剛
奉請紫賢金剛　奉請大神金剛
金剛般若波羅蜜經
如是我聞一時佛在舍衛國祇樹給孤獨園與大
比丘衆千二百五十人俱尒時世尊食時著衣持
鉢入舍衛大城乞食於其城中次第乞已還至本處
飯食訖收衣鉢洗足已敷座而坐時長老須菩提在大
衆中即從座起偏袒右肩右膝著地合掌恭敬而
白佛言希有世尊如來善護念諸菩薩善付囑諸
菩薩世尊善男子善女人發阿耨多羅三藐三菩
提心應云何住云何降伏其心佛言善哉善哉須菩
提如汝所說如來善護念諸菩薩善付囑諸菩薩
汝今諦聽當爲汝說善男子善女人發阿耨多羅三
藐三菩提心應如是住如是降伏其心唯然世尊
願樂欲聞
佛告須菩提諸菩薩摩訶薩應如是降伏其心所有
一切衆生之類若卵生若胎生若濕生若化生若

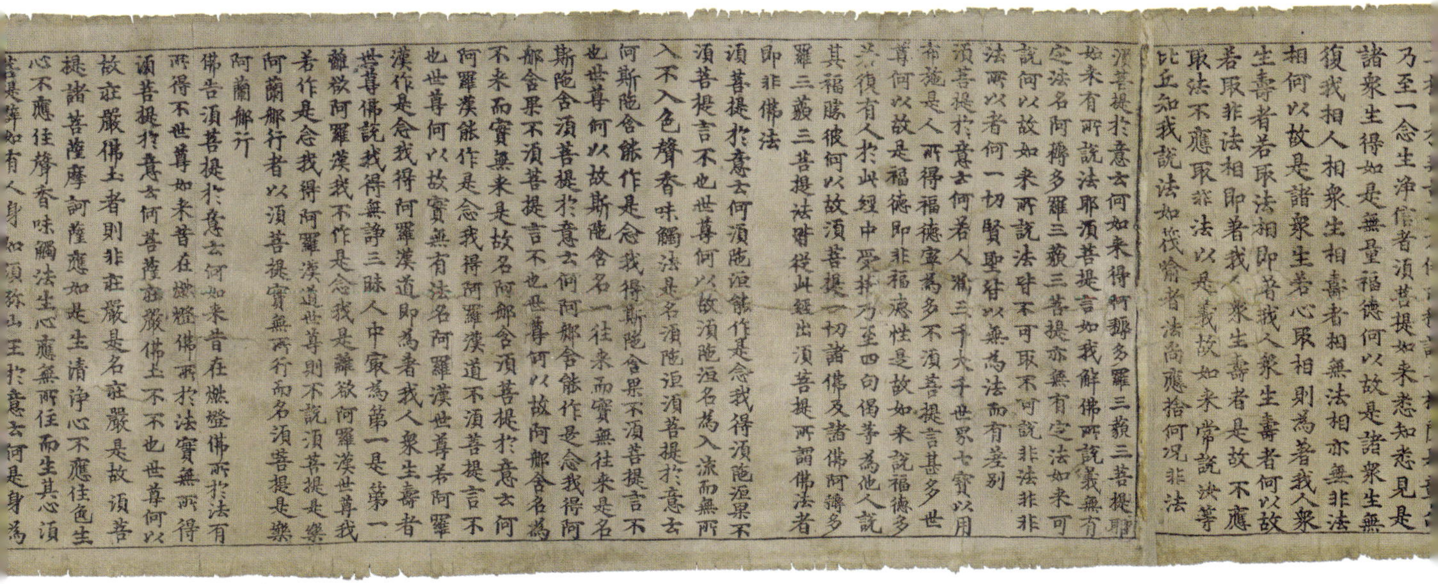

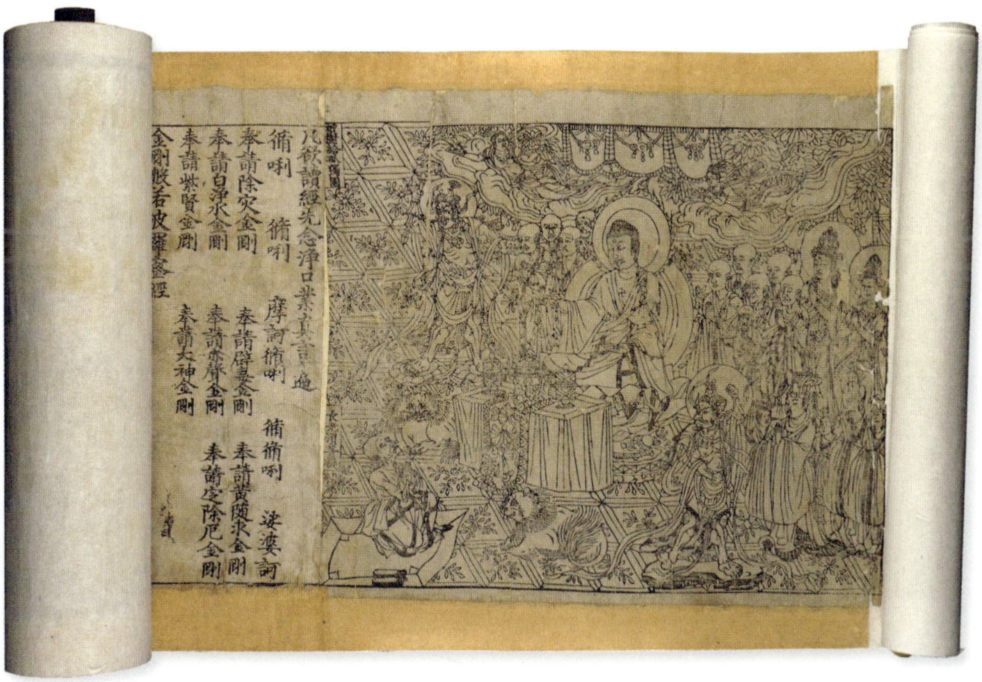

OBEN UND VORIGE ZWEI SEITEN

868 n. Chr., Gansu, China

Diese buddhistische Schriftrolle aus dem 9. Jahrhundert mit dem Diamant-Sutra gilt als frühestes vollständig erhaltenes Druckwerk. Sie enthält sowohl sauber gerahmte Holzblocktexte als auch detailreiche Illustrationen von Szenen um eine zentrale Buddhafigur.

LINKS

868 n. Chr., Gansu, China

Diese Ausgabe des *Diamant-Sutra* ist einer der sogenannten «Schätze» der British Library. Nachdem sie 1900 von einem chinesischen Mönch namens Wang Yuanlu entdeckt worden war, nahm der britische Archäologe Aurel Stein sie 1907 aus China mit.

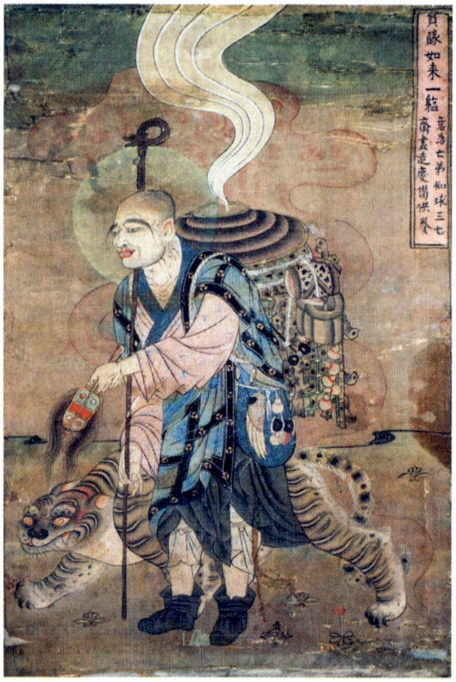

OBEN

Szene mit Xuanzang, 9. Jh., Gansu, China

Der buddhistische Philosoph und Reisende Xuanzang wird auf diesem Bild unterwegs auf der Seidenstraße dargestellt. Bei sich trägt er Schriftrollen, mit denen er die buddhistische Lehre weitergeben kann. Er wird von einem Tiger begleitet und wedelt mit einem «Fliegenwedel» (Fliegenklatsche) durch die Luft.

RECHTS OBEN

Porträt des Anicius Manlius Severinus Boëthius, um 1130, Canterbury, England

Dieses Detail aus einer Ausgabe von Boëthius' Buch *De musica* zeigt den sitzenden Autor – der Musik für eine Methode der Kommunikation mit dem Göttlichen hielt – beim Spielen eines Instruments.

Der Text wird häufig einem Mönch namens Bodhidharma aus dem 5. oder 6. Jahrhundert zugeschrieben, auch wenn moderne Gelehrte darüber streiten, ob der Weise nicht ein literarisches Konstrukt ist. Bodhidharma vertritt eine antiakademische Haltung und warnt davor, sich allzu tief in Bücher zu versenken. Stattdessen werde die Befreiung entweder durch das direkte Erfassen buddhistischer Prinzipien (die «Zugänge» aus dem Titel) oder durch Übung erreicht. Und Bodhidharmas Übung ist äußerst psychologisch geprägt: Man müsse sich darin üben, Leid anzunehmen, um Begierden zu vermeiden und das eigene Denken der natürlichen Ordnung anzupassen.

Dieser Ansatz taucht noch konkreter im Werk des Daosheng (um 360–434) auf, vor allem in seinen Kommentaren zum *Lotos-Sutra* und zum *Nirvana-Sutra*. In diesen Texten verschmilzt Daosheng Aspekte der buddhistischen und daoistischen Gedankenwelt; er erkennt beispielsweise das Nichtsein an, tritt aber gleichzeitig für eine fortgesetzte Auseinandersetzung mit der Welt ein (und damit gegen den Rückzug, wie er von mahayanischen Mönchen vertreten wird). Sein charakteristischster Beitrag ist seine Diskussion der Sprache. Über Jahrhunderte beschäftigten sich daoistische Denker damit, wie wenig geeignet die Sprache ist, die Unbeschreiblichkeit der Weisheit einzufangen. Daosheng bedient sich der Bildersprache, wie man sie im daoistischen *Zhuangzi* findet, und vergleicht Worte mit Fischfallen, die weggeworfen werden, sobald der Fisch gefangen ist. Er wendet diese Idee innerhalb des buddhistischen Systems auf eine Weise an, die vollständig mit dem Konzept des unausgewogenen Ichs übereinstimmt. Wie in späteren Kapiteln noch zu sehen sein wird, sollte diese philosophische Strömung noch weiter nach Osten bis nach Japan vordringen und schließlich in der Asuka-Zeit (538–710) zum Frühbuddhismus und in der Kamakura-Zeit (1185–1333) dann zum Zen-Buddhismus werden.

9 Neue Weltordnung

Akademische Einrichtungen sind keine apolitischen Konstrukte. Die oben beschriebene Institutionalisierung ist Teil eines imperialistischen Vorhabens. Akademien und ihre Lehrpläne legitimieren bereits bestehende gesellschaftliche Ordnungen – und wie wir in diesem konzeptionellen Gerangel sehen, gehört dazu auch, intellektuelle Hürden entweder zu delegitimieren oder zu absorbieren. Radikale Ideen können in etablierte Gefüge transplantiert werden. So, wie der Buddhismus vom Imperium Kuschana und den nördlichen Wei dazu genutzt wurde, ihre Dominanz festzuklopfen, so nutzten die römischen Kaiser die Popularität der Lehren Jesu, um ihr Imperium zu einen.

Es ist für ein Imperium jedoch kostspielig, sowohl konzeptuelle als auch geografische Grenzen zu verteidigen. Im 5. und 6. Jahrhundert waren sowohl das Römische als auch das Sassanidenreich damit überlastet. Die christliche Einigung reichte nicht aus, um den Niedergang des Römischen Reiches zu verhindern. 407 zog es sich aus Britannien zurück – der erste Schritt eines Zusammenschrumpfens von Territorien, dessen Höhepunkt die «Plünderung Roms» im Jahr 410 bildete (den schockierten Augustinus veranlasste dieses Ereignis dazu, sein Werk *De civitate Dei* zu schreiben, in dem er darlegte, dass das Christentum nicht für den Untergang der Stadt verantwortlich sei).

Diese plötzliche Auflösung von Roms weltumspannender Macht ging teilweise auf die wachsende politische Stärke der Nomadenvölker in den Steppen zurück, darunter die Hunnen (unter Attila) und die Goten. Invasionen im Norden zwangen die Römer schließlich zu einem unsicheren Waffenstillstand mit den Sassaniden.

Der Zusammenbruch des Römischen Reiches führte zu einer Verschiebung in der literarischen Produktion. *Der Trost der Philosophie* von Anicius Manlius Severinus Boëthius (um 480–524) ist ein Sinnbild für das gesellschaftliche und spirituelle Unbehagen, das sich in der römischen Welt breitmachte. Der adlige Boëthius war eine bekannte Figur des öffentlichen Lebens und der Bildung gewesen. Seine Pläne, Aristoteles und Platon ins Lateinische zu übersetzen, platzten mit seiner Verhaftung 524 in Pavia durch den ostgotischen Kaiser Theoderich, der im Jahr 493 König von Italien geworden war. Nachdem er in einer Rede Theoderichs Kritiker verteidigt hatte, wurde Boëthius eingesperrt und zum Tode verurteilt.

Der *Trost* ist als Dialog zwischen dem eingekerkerten Boëthius und einer personifizierten Philosophie geschrieben, die ihn in seiner Zelle besucht und tröstliche Worte zu ihm spricht. In Verkörperung der Stoiker sagt die Philosophie zu Boëthius, dass es wenig Sinn ergebe, seine Lage zu bejammern; das Rad des Schicksals drehe sich und es nütze nichts, sich darüber zu beklagen, wo es anhält. Dann stellt sie Überlegungen in Form einer Theodizee an und erklärt, auch wenn es so *scheine*, als würde es bösen Menschen gut gehen, sei das im großen Ganzen keineswegs so. Sie rät ihm, Trost aus dem Gedeihen seiner Familie zu ziehen und aus der Vorstellung, dass Leid eine Prüfung der Rechtschaffenen sei.

Der Text endet damit, dass Boëthius in Erinnerung an Augustinus fragt, ob zukünftige Ereignisse notwendig sind. Es scheint, als müssten sie das sein, da Gott sie kennt. Diese Überzeugung widerspricht jedoch der Vorstellung, dass Menschen frei in ihrem Handeln sind – diesen «freien Willen» möchte Boëthius bewahren. Er sagt, dass Gott auf einzigartige Weise wissend ist, dass er nämlich zukünftige Ereignisse nicht als Ereignisse kennt, da das göttliche Wesen sich niemals ändert und alle Dinge als eine einzige simultane Vorstellung wahrnimmt. Unsere erkenntnistheoretische Orientierung ist eine ganz andere und unsere Freiheit gründet sich auf unsere Position als weltliche Wesen.

Boëthius' Argument drückt verzweifelte Hoffnung angesichts einer unvermeidlichen Zukunft aus. Seine Sorge um die eigene bevorstehende Hinrichtung und die Trostworte der Philosophie müssen großen Anklang bei seinen Lesern gefunden haben, die gerade den Niedergang ihres Reiches und die Invasion der «barbarischen Horden» erlebten. Wenn die Zivilisation sich in ihre Bestandteile auflöst, kann eine staatlich geförderte Ideologie immer noch einem Zweck dienen, auch wenn sie nur palliativ wirkt.

Dieser gesellschaftliche Aufruhr sollte sich in den kommenden Jahrhunderten noch beschleunigen. Sowohl das Römische als auch das Sassanidenreich wurden zunehmend von inneren und äußeren Spannungen zerfressen. Weiter im Osten läutete derweil ein Zustrom neuer radikaler Ideen die sogenannte «Blütezeit des Islam» ein.

UNTEN

Emanuele Tesauro, *Die Plünderung Roms,* 1664, Turin, Italien

Dieser Stich, der in einem größeren Werk mit dem Titel «Das Königreich Italien unter den Barbaren» erscheint, zeigt, wie die Menschen im Italien des 17. Jahrhundert sich frühere Zeiten vorstellten.

RECHTS OBEN UND UNTEN

Seite aus *Der Trost der Philosophie*, 14. Jh., Frankreich

Diese Seiten aus Boëthius' *Trost*, zunächst im Karthäuserkloster zu Mainz aufbewahrt, sind bündig ausgerichtet, sporadisch in Spalten geteilt und weisen Randnotizen und historisierte Großbuchstaben auf.

GANZ RECHTS

Anicius Manlius Severinus Boëthius: Seite aus *Der Trost der Philosophie*, 15. Jh., England

Geoffrey Chaucer, Autor der *Canterbury Tales*, arbeitete auch als Übersetzer. Unter den Texten, die er ins Englische übertrug, befand sich auch Boëthius' *Trost*. In dem Werk in gotischer Schrift finden sich eine prächtige Initiale in Blau und Rot sowie Blattmotive.

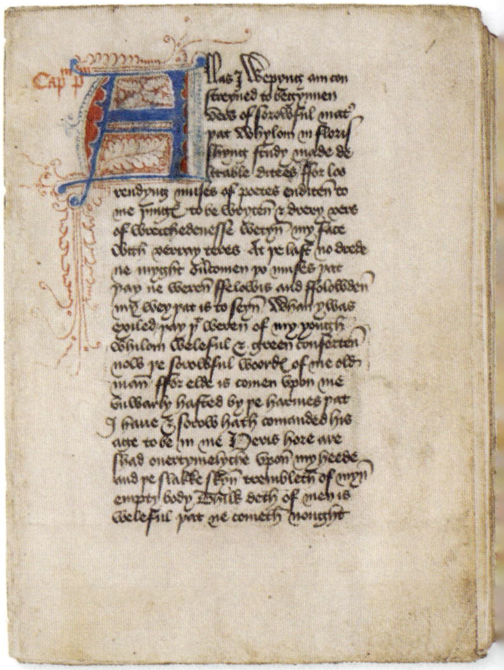

LINKS

Anicius Manlius Severinus Boëthius: Titelseite aus *Der Trost der Philosophie*, 1477, Frankreich

Diese Miniaturen, vermutlich vom Künstler Jean Colombe, tauchen in einer lateinisch-französischen Ausgabe des *Trostes* auf. Der Künstler spielt mit Perspektiven und Rahmen, um verschiedene Episoden einzubauen, ohne die Seite zu überfrachten. Oben rechts blättert Boëthius in einem Buch, während er ein Gemälde mit einer Sterbebettszene betrachtet. Im unteren Teil halten Putten mit roten und blauen Schwingen den Titelseitentext.

4

WAHRHEITS-REGIMES
(600–1000)

1 Islamische Expansion

Eines der einflussreichsten Bücher dieser Ära ist der Koran. Das auf Arabisch verfasste und in Kapitel oder *sūra* (Suren) unterteilte Werk ist der zentrale Text des Islam und enthält Offenbarungen, die dem muslimischen Glauben zufolge dem Propheten Mohammed zu Beginn des 7. Jahrhunderts erteilt wurden. In einer Zeit verbreiteter gesellschaftlicher Unruhen auf der Arabischen Halbinsel, nicht zum geringsten Teil durch den Zusammenbruch des Römischen und des Sassaniden-Reiches verursacht, vermittelt der Koran eine klare Botschaft, die sowohl spirituelle als auch gesellschaftliche Erlösung verspricht. Er predigt eine Doktrin der Einigkeit, mit deren Hilfe Mohammed und seine Anhänger damals die Stämme Südarabiens zu einem einzigen Block zusammenziehen konnten, der sich in die benachbarten Staaten ausbreitete. Bald beheimatete die Region eines der ausgedehntesten und kulturell reichsten Imperien, die die Welt je gesehen hatte.

Ein Teil ihres Erfolges gründete sich auf das Konzept der *umma*, was so viel heißt wie «Gemeinschaft». Der Koran legt den Schwerpunkt auf tolerante Einstellungen ähnlich denen, die dem makedonischen und dem persischen Reich so gute Dienste erwiesen hatten. Die Muslime erklärten sich solidarisch mit den monotheistischen Christen und Juden und schufen eine zusammenhängende gesellschaftliche Identität, die bewusst über linguistische und staatliche Grenzen hinwegreichte, um ihre Anhänger miteinander zu verbinden. Auch beschäftigte sich der Islam nicht ausschließlich mit spirituellen Themen; eine Wirtschaftspolitik, die Muslimen größere Teile neuer Territorien zusicherte als ihren nicht-muslimischen Landsleuten, machte die religiöse Zugehörigkeit reizvoll, was zu einer Positionierung der islamischen Reiche als neue und respektable globale Mächte führte. Ihre Erfolge halfen, die Unentschlossenen von der Wahrheit der Botschaft Mohammeds zu überzeugen. Im Koran steht: «Allah belohne die Wahrhaftigen für ihre Wahrhaftigkeit und bestrafe die Heuchler, wenn Er will.» Militärische Macht – und militärischer Erfolg – wurden als Beweis für die göttliche Gunst verstanden.

UNTEN

Koran, Mitte 7. Jh., Medina, Saudi-Arabien

Die Teile in früharabischer Hijazi-Schrift auf diesem Stück Pergament stammen aus dem Koran. Das Manuskript ist ein sogenanntes Palimpsest: Neue Passagen wurden über ältere, zum großen Teil ausradierte geschrieben.

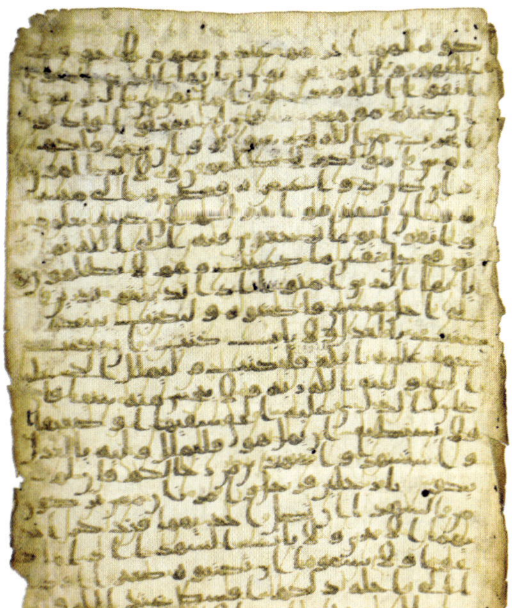

Am Ende des 6. Jahrhunderts hatten die persisch-römischen Kriege zu einem starken Zusammenschrumpfen des Römischen und Byzantinischen Reiches geführt. Die Kombination aus Wirtschaftskrise, Pest und fortwährenden Invasionen der Franken, Goten und Hunnen an den nördlichen Grenzen trug wenig dazu bei, die Situation zu beruhigen. Bald begannen die einst dominanten Mächte dahinzuschwinden und hinterließen ein Vakuum, in das die islamischen Reiche expandieren konnten. Durch umsichtige Diplomatie und raffinierte Militärtaktiken breiteten sich die islamischen Kräfte aus, ohne die lokalen Infrastrukturen zu stören. Ihre neuen Städte waren sorgfältig durchgeplant mit Straßen, Abflusssystemen und sogar einem Postwesen. So konnten die Bewohner leicht besteuert werden. Die immer größeren Einkünfte aus diesem monetisierten Reich führten in die «Ära der rechtgeleiteten Kalifen» (632–661) und die Dynastie der Umayyaden (661–750). In dieser Zeit dehnte sich der islamische Einfluss über den Kaukasus bis nach Zentral- und Südasien, Nordafrika und Südspanien aus. Diese Expansion läutete eine spektakuläre kulturelle und intellektuelle Blütezeit ein.

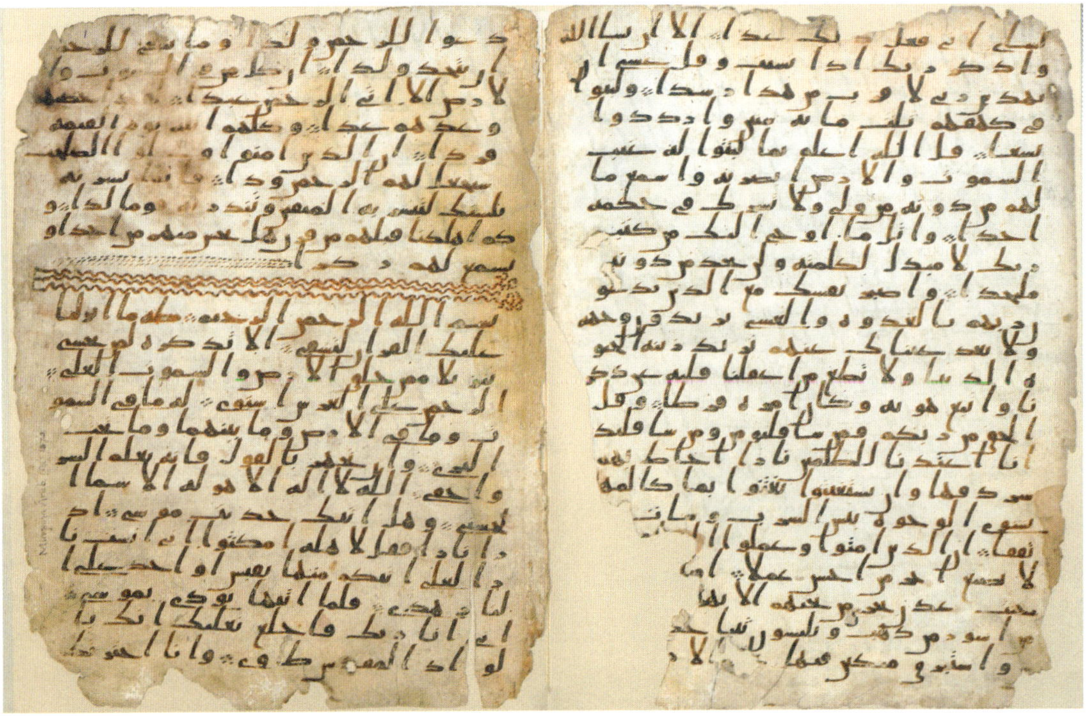

OBEN

Koran, zwischen 568 und 645 n. Chr.

Diese beiden Seiten in Hijazi-Schrift mit schwungvollen Dekorationen enthalten Teile der Suren 18 bis 20 aus dem Koran. Das Pergament befindet sich derzeit in der University of Birmingham in Großbritannien, wo es nach der Radiokarbonmethode datiert wurde.

RECHTS

Koran, 9. bis 10. Jh., zentralislamische Länder

Der Korantext in schwarzer Tinte mit roten Diakritika ist in einer frühen, eckigen kufischen Schrift verfasst, die für dekorative Kalligrafien zum Einsatz kam. Der Titel der dritten Sure findet sich im goldenen Rahmen, der «Kartusche», ganz unten.

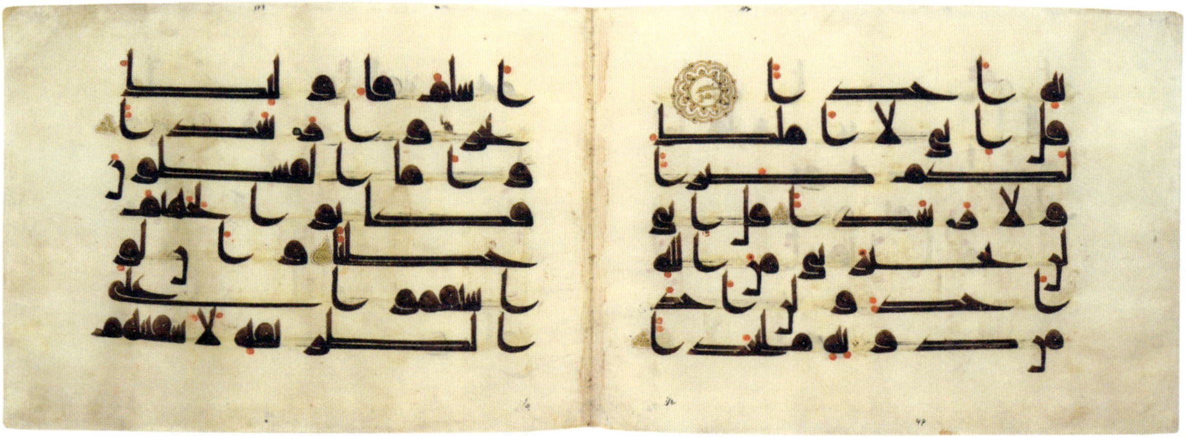

OBEN

Koran, spätes 9. bis 10. Jh., Nordafrika oder zentralislamische Länder

Auf diesem «Bifolium» findet sich ein Teil des Korans in kufischer Schrift, verfasst in schwarzer Tinte mit roten Diakritika. (Ein Bifolium sind zwei verbundene Blätter.) Ein dekoratives Medaillon oben auf der rechten Seite soll die Authentizität unterstreichen.

RECHTS

Koran, spätes 9. bis Mitte 10. Jh., Tunesien

Dieses Blatt aus einer Koranausgabe aus Nordafrika zeigt eindeutig Wohlstand an; das Pergament wurde mit Indigo gefärbt, die prächtige Schrift besteht aus opulentem Gold.

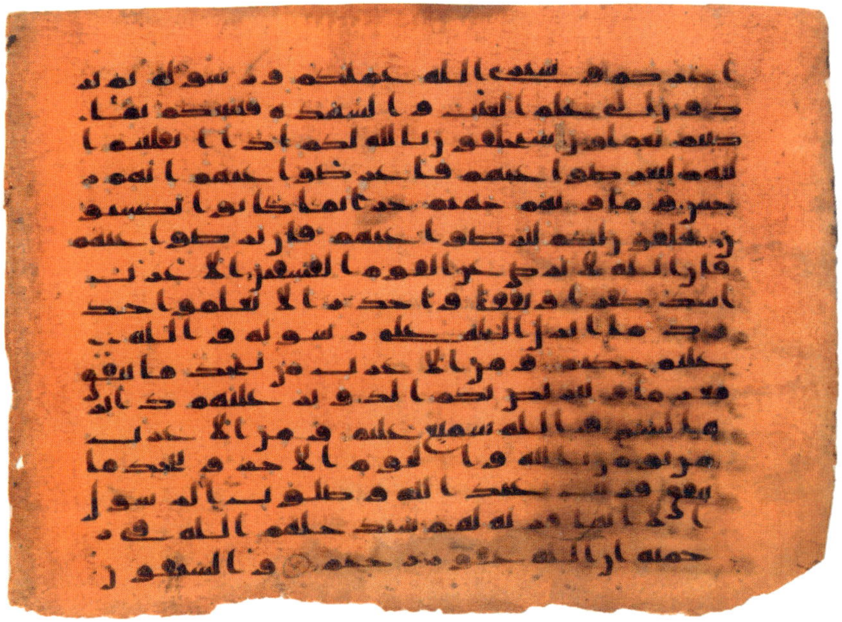

LINKS

Koran, 9. Jh., zentralislamische Länder

Das rot gefärbte Pergament muss die Kosten für den Text kräftig in die Höhe getrieben haben und ist damit ein Hinweis sowohl auf die Großzügigkeit des Förderers als auch auf den Wert der Botschaft, den er übermittelt.

UNTEN

Koran, 9. Jh.

Hier sehen wir ein Blatt aus einem Koran in goldener kufischer Schrift, eingerahmt von einer Bordüre in roter und dunkler Tinte mit Blattmotiven und geometrischen Mustern. Auf der rechten Seite stehen die Eröffnungssätze der Sure 53. Die Kalligrafiekunst war besonders in islamischen Texten markant, da religiöse Abbildungen darin verboten waren.

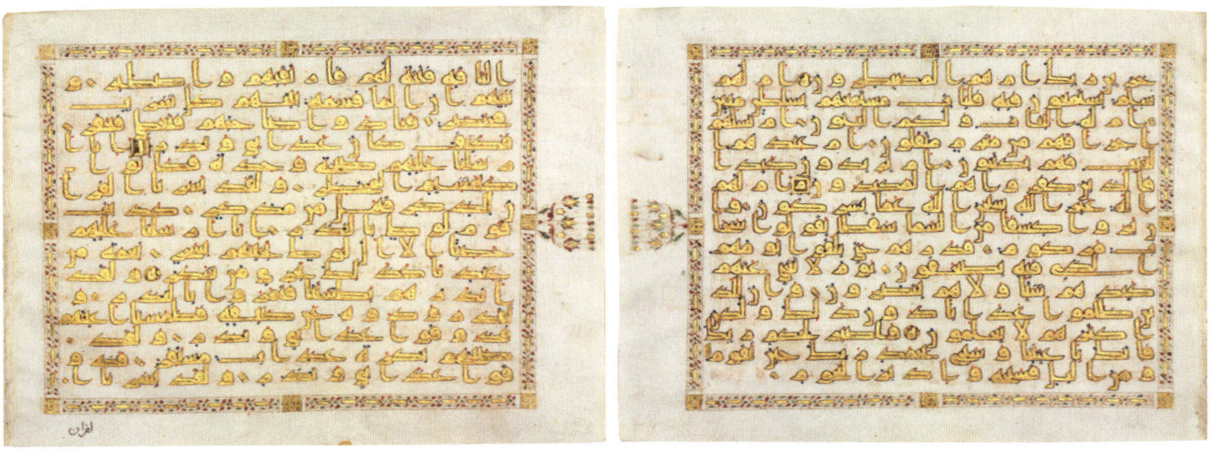

2 Wissenschaft der Worte

Wo es Geld und eine stabile Regierung gibt, wird auch in Künste und Bildung investiert. «Kultur» ist dabei jedoch nicht einfach ein unbewegliches Nebenprodukt, sondern vielmehr eine Möglichkeit für politische Institutionen, Macht zu konsolidieren. Hier werden die Wahrheitsregime konstruiert: normative Haltungen, wie die Wahrheit ausgedrückt werden soll, was Wahrheit ist und wer die Autorität besitzt, sie zu verkünden. Die islamischen Reiche konzentrierten ihre Ressourcen auf Debatten, die sich auf die Konzepte im Koran gründeten und sie verteidigten. Viele der philosophischen Texte aus dem 7. und 8. Jahrhundert legten den Schwerpunkt auf die Exegese und untersuchten breit gefächerte metaphysische und ethische Problemstellungen im Koran. Leider gingen eine ganze Reihe dieser frühen Werke entweder verloren oder blieben nur als Fragmente erhalten.

Mehr weiß man über die intellektuellen Bewegungen, die mit dem Abbasiden-Kalifat (750–1258) zusammenfielen, insbesondere über die Tradition des *kalām* (von *'ilm al-Kalām*, die «Wissenschaft der Worte»). Kalām-Gelehrte bemühten sich, die Doktrinen des Islam zu verdeutlichen und zu erklären. Sie konzentrierten sich auf offenkundige Widersprüche zwischen Aussagen im Koran, dem offenbarten Wort Allahs, und dem *Hadith*, den gesammelten Aussprüchen und Handlungen des Propheten Mohammed. Zwar enthielten beide Quellen Formen «offenbarter» Wahrheit, doch die Kalām-Gelehrten strebten an, diese Wahrheiten durch Vernunft und Logik zu stützen.

Die prominenteste Bewegung innerhalb des Kalām ist die Muʿtazila-Schule, gegründet im frühen 8. Jahrhundert von Wāsil ibn ʿAtāʾ (um 700–748). Obwohl auch viele der frühen Muʿtazila-Texte verloren gingen oder unvollständig sind, wissen wir, dass sie besonders viel Wert auf die menschliche Vernunft legten. Die Offenbarung verschafft Einsicht in die göttliche Natur, bestimmt aber nicht allein, was wir wissen können. Diese Texte besagten, dass die natürliche Vernunft, richtig angewandt, gut geeignet ist, Wahrheit von Falschheit zu unterscheiden.

Hier entsteht eine wichtige Unterscheidung in der Geschichte des islamischen Gedankenguts: eine Spannung zwischen der Wahrheit, die in der heiligen Schrift offenbart wird, und der Wahrheit, die sich durch Vernunft offenbart. Diese Spannung findet sich auch in den Theodizeen der Muʿtazila-Schule. Zum Glauben der Theisten gehört die Überzeugung, dass Gott, Allah, allwissend und allmächtig ist. Doch die Vernunft sagt uns, dass diese Überzeugung nicht zu dem Bösen passt, das wir in der Welt beobachten. Worin also sollen wir unser Vertrauen setzen? Im Babylonischen Kohelet behauptet der Freund, dass Menschen die Feinheiten des göttlichen Plans einfach nicht begreifen können (S. 18), und stellt damit den Glauben über die Vernunft. Die Muʿtazila-Gelehrten dagegen argumentieren, dass die Präsenz des Bösen zeigt, dass der Mensch einen freien Willen hat und damit die Möglichkeit, schlechte Entscheidungen zu treffen. Daher, so sagen sie, besteht hier keine Unstimmigkeit. Allah kann all diese Eigenschaften besitzen und dennoch kann es das Böse geben. Die Offenbarung wird hier durch rationale Erwägungen untermauert.

3 Haus der Weisheit

Im Laufe der Ausdehnungen und Neuverhandlungen des Abbasiden-Kalifats sowie der Umayyaden- und der Idrisiden-Dynastie verschob sich das kommerzielle und intellektuelle Zentrum des Islam von Damaskus nach Bagdad. Dort soll Kalif al-Mansūr (reg. 754–775) die Palastbibliothek angelegt haben, die unter dem Namen Bayt al-Hikma, «Haus der Weisheit», bekannt wurde.

LINKS

Szene mit dem abbasidischen Kalifen al-Ma'mūn, um 1593, Indien

Diese Seite aus der *Geschichte des Jahrtausends*, in Auftrag gegeben von dem Mogul-Herrscher Akbar, enthält überschriebenen Text und zeigt in Wasserfarbentechnik Untertanen, die dem abbasidischen Kalifen al-Ma'mūn die Treue schwören. Aufgrund seiner Gestaltung ist das Bild nicht mit einem Blick zur Gänze zu erfassen, sondern führt den Blick des Betrachters an der Menschenschlange entlang um die Seite herum. Der Text ist mithilfe von «Kashidas» (verlängerten Schriftzeichen) ausgerichtet.

Das Haus der Weisheit ist nicht nur wegen seiner kolossalen Sammlung von Büchern und originärer Forschungsunterlagen bekannt, sondern auch wegen seines Übersetzungsprogramms. Die «Übersetzungsbewegung», die fremdsprachige Werke ins Reichsarabische brachte, stellt eines der größten Kulturaustauschprojekte jener Zeit dar. Die Bibliothek gab die persischen Texte neu heraus, die auf Eroberungsfeldzügen in sassanidischen Territorien gesammelt worden waren, ebenso mathematische und astronomische Werke auf Sanskrit. Es gab ein beständiges Interesse an griechischen Büchern aus Byzanz, Nordafrika und dem ehemaligen Römischen Reich. Unter den Veröffentlichungen der Bibliothek finden sich beinahe das gesamte aristotelische Korpus, unzählige Kommentare zu Aristoteles, eine große Vielzahl griechischer Mathematiker (ab Euklid und Archimedes), Astronomen (ab Ptolemäus) und Mediziner (ab Galen). Weniger Interesse bestand an explizit ethischen oder politischen Abhandlungen; zu diesen Themen schienen die Bibliothekare und ihre Förderer Texte aus ihrem eigenen soziokulturellen Kontext zu bevorzugen. Platons *Politeia* gehörte jedoch zu ihrem Katalog, genauso wie Zusammenfassungen einige seiner anderen Dialoge.

Die Zuordnung historischer Werke ist nicht immer einfach und die Gelehrten des *Bayt al-Hikma* waren zwar kenntnisreich, aber nicht unfehlbar. Lange Zeit kursierten die Bücher IV bis VI von Plotins *Enneaden* unter dem Titel *Die Theologie des Aristoteles*. Eine weitere Übersetzung, die Aristoteles zugeordnet wurde, war Proklos' einflussreiches Werk *Grundlagen der Theologie*, das auf Arabisch als *Buch des reinen Gottes* und auf Latein als *Liber de causis* («Buch der Ursachen») im Umlauf war. Nur der Aufmerksamkeit eines Lesers namens Thomas von Aquin ist es zu verdanken, dass dieser Fehler später korrigiert wurde.

UNTEN

Yahya ibn Mahmud al-Wasiti, um 1340, Basra, Irak

Diese Illustration in Gouache auf Papier zeigt Gelehrte in einer Bibliothek, ganz verzückt von den Worten des talentierten Redners Abū Zayd. Sie befindet sich in einer Ausgabe der *Treffen* von Abū Muḥammad al-Qāsim ibn Alī ibn Muḥammad ibn ʿUthmān al-Harīrī und wird derzeit in der Bibliothèque Nationale de France aufbewahrt.

Beim Lesen und Übersetzen lässt man sich auf andere linguistische Gruppen ein und löst Verständnisbarrieren auf. Der Vorgang des Übersetzens ermöglicht es, die Welt aus mehreren Perspektiven zu sehen; es bereichert die Wissenschaft, wenn sie aus einer breiteren Vielfalt an Quellen schöpfen kann. Das Buch etwa, das Sie gerade lesen, ist durch die linguistischen Fähigkeiten seiner Autor*innen beschränkt. Es gibt zum Beispiel weniger Arbeiten über die äthiopische Philosophie, als uns lieb gewesen wäre, und zwar teilweise deshalb, weil es so wenige übersetzte Texte aus der Region gibt. Dass bei den Gelehrten des *Bayt al-Hikma* Übersetzungen so hoch angesehen waren, belegt eine Offenheit für fremde Konzepte, die ganz im Einklang mit den kommunitaristischen und toleranten Ansichten im Koran steht.

4 Ewige Rätsel

Das ultimative Buch für Bibliophile des 10. Jahrhunderts ist das *Kitāb al-Fihrist* («Index», 987). Das vom Bagdader Kopisten und Buchhändler Abū al-Faraj Muḥammad ibn Isḥāq al-Nadīm verfasste Werk gibt uns einen Überblick über alle dem Autor bekannten Texte, die zu jener Zeit auf Arabisch zur Verfügung standen. Es benennt rund 10.000 Werke in einer Vielzahl von Genres aus einer ganzen Reihe von Regionen und religiösen Perspektiven: Manichäistische Werke sind ebenso enthalten wie Doktrinen der Buddhisten, Hindus und Chinesen. Ibn al-Nadīms Index dokumentiert auch originär arabische Werke, darunter die des Gelehrten Abū Yūsuf Ya'qūb ibn Isḥāq al-Ṣabbāḥ al-Kindī aus dem 9. Jahrhundert.

Al-Kindī (um 801–873), dessen aktive Zeit in die Anfänge des Abbasiden-Kalifats fiel, wurde in Basra geboren und studierte in Bagdad, wo er mit herausragenden Figuren des abbasidischen Hofes verkehrte. Sein berühmtestes Werk ist wahrscheinlich *Über die Erste Philosophie*, in dem er die «Erstursache», nämlich Allah, im Rahmen einer breiteren Untersuchung des Wesens der Realität betrachtet. Zudem lässt er sich darin auf das in der makedonischen, römischen und afrikanischen Philosophie verbreitete Konzept ein, dass die Welt (also das Universum und alles darin) ewig ist.

Die Ewigkeit ist ein Rätsel für diejenigen Monotheisten, die an die Erschaffung der Welt glauben. Wie kann die Welt sich in der Zeit sowohl rückwärts als auch vorwärts unendlich weit erstrecken, wenn sie von einem einzigen Schöpfergott geschaffen wurde? Al-Kindī empfand einen erheblichen Respekt gegenüber Aristoteles und akzeptierte die Grundlagen seiner Metaphysik der Ursächlichkeit. Wenn es jedoch darum ging, ob die Welt ewig ist, lehnte er die aristotelische Position ab. Stattdessen erklärte er, dass die Welt ex nihilo erschaffen wurde, aus dem Nichts. Al-Kindīs Argumentation basiert auf seinem Verständnis des Unendlichen. Er behauptet, genau wie Aristoteles, dass es eine Unendlichkeit, die in ihrer Gänze überall gleichzeitig vorhanden ist, nicht geben kann. Daher müssen alle Körper, auch das Universum, endlich sein. Wenden wir dieselbe Argumentation auf die zeitliche Unendlichkeit an, erkennen wir, dass das Universum nicht schon immer existiert haben kann, sondern zu einem bestimmten Zeitpunkt erschaffen worden sein muss.

UNTEN

Abū al-Faraj Muḥammad ibn Isḥāq al-Nadīm, 987–1000, Bagdad, Irak

Auf dieser Doppelseite aus einer Manuskriptausgabe von Ibn al-Nadīms *Kitāb al-Fihrist* sehen wir eine Titelseite mit golden eingerahmtem Text links und eine Seite mit einem Textkörper in kleinerer, gerundeter Naschi-Schrift. Da sie gut lesbar ist und sich schnell schreiben lässt, wird diese Schrift noch heute am häufigsten in Koranausgaben eingesetzt.

5 Medizinisches Wissen

Das *Kitāb al-Fihrist* listet über 200 Abhandlungen von al-Kindī auf. In einigen geht es um metaphysische und theologische Themen, andere konzentrieren sich auf pragmatischere Bereiche, darunter auch geometrische Optik und Physiologie. Einen ähnlich umfangreichen Ansatz sehen wir im Werk von Abūbakr Muḥammad ibn Zakariyyā al-Rāzī (um 854–925). Geboren in Rey nahe Teheran, wurde al-Rāzī nach seinem Studium in Bagdad wegen seiner Fähigkeiten als Arzt geschätzt. Er unterschied als Erster zwischen Pocken und Masern und verfasste dazu eine weit verbreitete Abhandlung. Zu seinen anderen beachtenswerten Arbeiten gehören das enzyklopädische *Kitāb al-Ḥāwī*, in dem das zeitgenössische arabische, syrische, indische und griechische medizinische Wissen systematisch dargestellt wird, und eine Abhandlung, die unter dem Namen *Das Buch von der geistigen Medizin* bekannt wurde.

Al-Rāzī erklärt die «geistige Medizin» mit Blick auf die platonische Denkweise (und auf Sokrates, den er «unseren Imam» und «den göttlichen Einsiedler» nennt). Das *Buch von der geistigen Medizin* erklärt, dass die körperliche Gesundheit von einem Gleichgewicht der Körpersäfte abhängt; ein gesundes Leben ist eines, in dem nichts im «Übermaß» vorhanden ist. Der Schlüssel, um das zu erreichen, ist das typisch menschliche Merkmal der Vernunft. Wie die Platoniker unterscheidet al-Rāzī zwischen den «höheren» rationalen Fähigkeiten und den «niederen» Begierden und argumentiert, dass die Vernunft «herrschen» und Begierden wie Gier und Wut unterdrücken sollte, die zum Übermaß neigen.

RECHTS

Porträt des Abū Bakr Muḥammad ibn Zakariyyā al-Rāzī, 1964, Iran

Auf der Grundlage von Werken des Malers Ḥusayn Bihzād zeigt dieser geometrisch präzise und zart gemusterte Farbdruck Abū Bakr Muḥammad ibn Zakariyyā al-Rāzī bei der Untersuchung eines Kindes in seiner Praxis. Um die beiden herum stehen medizinische Geräte, Bücherstapel und Behälter mit medizinischen Tinkturen, die auf die verschiedenen Interessenbereiche des Philosophen hindeuten.

Das Buch von der geistigen Medizin ist einer der ersten Ratgeber für die therapeutische Praxis. Neben der Theorie nennt es auch Abhilfemaßnahmen gegen übermäßige Ängstlichkeit. Mit seinem Plädoyer für die Vorzüge der Mäßigung läuft der Text auch den asketischen Ratschlägen früherer Jahrhunderte zuwider. Statt die Selbstverleugnung zu verfechten, empfiehlt er alles in Maßen. Dieses Thema greift al-Rāzī in einem späteren Werk, in *Das Buch vom Werdegang der Philosophie*, wieder auf; hier verurteilt er die Praktiken der Selbstisolierung, die bestimmte Muslime (sowie Hindus, Manichäer und Christen) anstreben. Solche Einstellungen, sagt er, sind ein Übermaß in Richtung unterer Grenzen und in jedem Bereich ein ungesundes Extrem, auch im abstrakten philosophischen Denken. Wir sollten weder zu eifrig studieren noch uns zu sehr schonen.

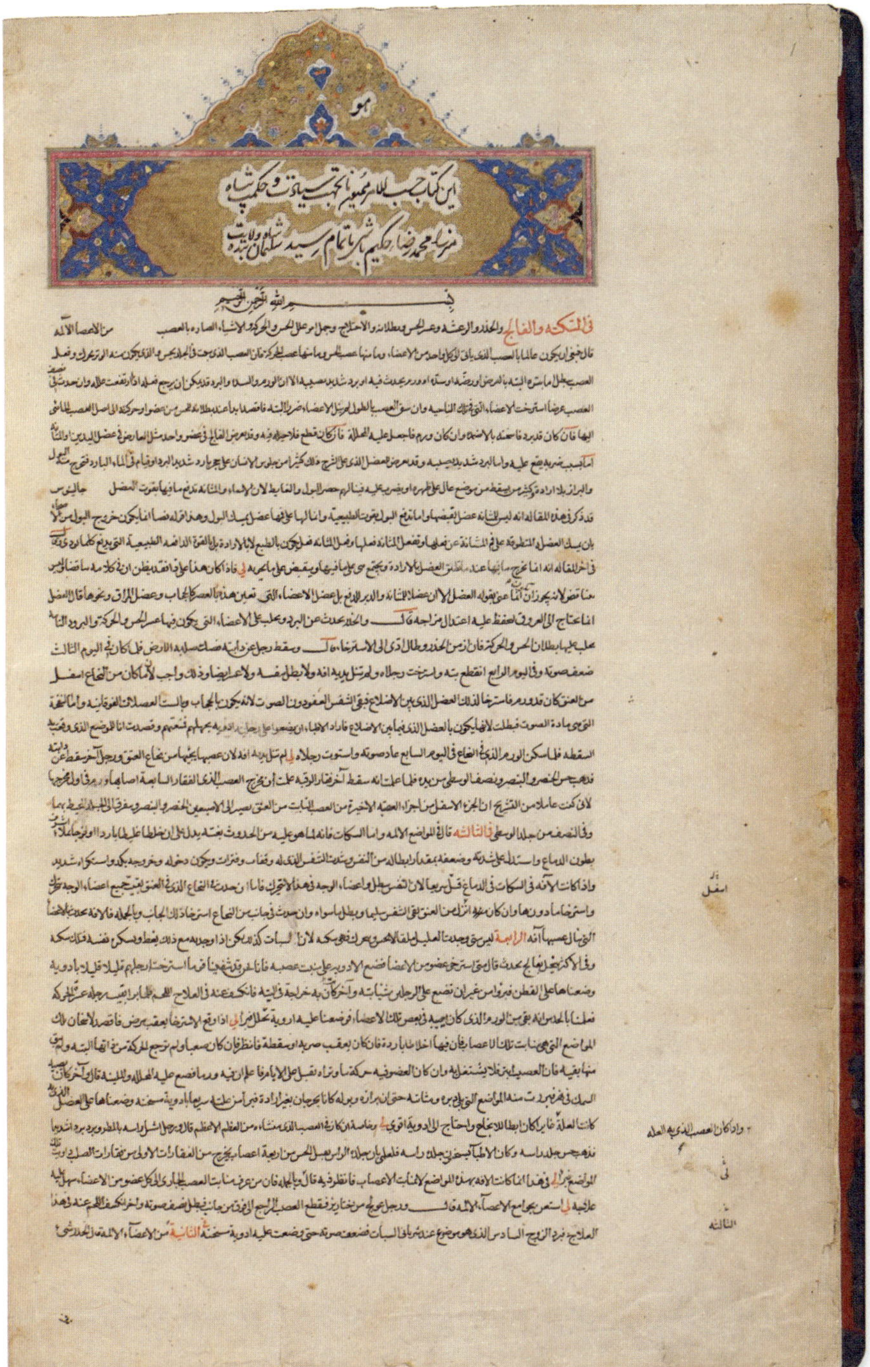

LINKS

Abū Bakr Muḥammad ibn Zakariyyā al-Rāzī, um 1674, Iran

Oben auf dieser Seite aus dem *Kitāb al-Ḥāwī*, geschrieben in arabischer Naschi-Schrift, prangt ein zarter dekorativer Titel in Gold, Rosa und Blau. Auf der Seite in schwarzer und roter Tinte auf satiniertem Papier finden sich Randnotizen und ein breiter Bundsteg auf der rechten Seite.

Was zwischen diesen beiden Grenzen liegt, ist erlaubt und würde dem Praktizierenden des Titels eines Philosophen nicht berauben, sondern [ihm] erlauben, diesen Titel zu behalten.

Es ist einfacher, Ratschläge zu erteilen, als sie selbst zu befolgen; al-Rāzī hatte selbst Schwierigkeiten damit, ein Gleichgewicht zu erreichen. Im *Buch vom Werdegang der Philosophie* bemerkt er am Rand:

Ich verbrachte fünfzehn Jahre mit dem Schreiben an einem Buch (...), ich arbeitete Tag und Nacht, bis meine Augen schwächer wurden und ich mir einen Muskel in der Hand zerrte. (...)

6 Gruppendenken

Wie al-Rāzī studierte auch Abū Naṣr Muḥammad ibn Muḥammad al-Fārābī (um 872–950) in Bagdad. Er reiste aber auch viel, verbrachte Zeit in Alexandria, Damaskus und Aleppo und war als Autor äußerst produktiv. Der von seinen Zeitgenossen «Zweiter Lehrer» genannte Gelehrte (Aristoteles war der erste) verfasste Schriften über Logik, Recht, Alchemie, Musik und experimentelle Physik. Am bekanntesten sind seine *Prinzipien der Ansichten der Bewohner der vortrefflichen Stadt*, auch unter dem Titel *Der Musterstaat* bekannt.

Der Musterstaat gehört zu den wenigen soziopolitisch-philosophischen Schriften, die zu jener Zeit auf Arabisch entstanden. Sorgfältig strukturiert legt al-Fārābī das Kausalitätsprinzip dar, untersucht Theorien über das Wesen von Engeln und Himmelskörpern und geht dann zu Seele und Körper über. Besondere Aufmerksamkeit widmet er den kognitiven Prozessen. Al-Fārābī vertritt eine gemäßigte Position mit der Ansicht, dass Menschen aus sich heraus mit der Vernunft nur bis zu einem bestimmten Punkt kommen. Allumfassendes Verständnis erfordert ein zusätzliches Prinzip, das al-Fārābī den «aktiven Intellekt» nennt und das den Unterschied zwischen der Fähigkeit, Dinge zu begreifen, und dem tatsächlichen Begreifen ausmacht.

Das sind die konzeptionellen Grundlagen für den «Musterstaat». Menschen können ihr volles Potenzial allein nicht entfalten. Kooperation ist erforderlich; eine Kooperation auf Stadtebene könnte schon ausreichen, aber weltweite Kooperation ist noch besser. Die Wahrheit entsteht daher in der Gruppe. Dieses Konzept ist weniger kommunitaristisch, als es zunächst den Anschein haben mag; wie in einem gesunden Körper, in dem alle Gliedmaßen zum Wohle des Ganzen zusammenarbeiten, so al-Fārābī, muss der Musterstaat vom vornehmsten Teil geleitet werden, dem Herzen – oder, in Analogie dazu, von einem politischen Herrscher.

Hier sehen wir den Philosophenkönig aus Platons *Politeia* in die arabische Welt versetzt. Für al-Fārābī ist der Herrscher der Brennpunkt der kollaborativen intellektuellen Bemühungen des Staates. Er ist ein Prisma, eine Figur, die die richtigen Vorkehrungen trifft, um ihre intellektuellen Kapazitäten weiterzuentwickeln, um Offenbarungen von Allah zu empfangen. Im richtigen Kontext (also in einem funktionierenden Staat) wird der Herrscher zum «visionären Propheten, der vor dem warnt, was bevorsteht, und von besonderen Dingen erzählt, die gegenwärtig existieren». Durch diese göttliche Verbindung ist der Herrscher-Prophet gut aufgestellt, um die Bürger zu wahrem Glück zu führen. Was zunächst wie eine inklusive Darstellung der kollektiven Vernunft erscheint, entpuppt sich als eine weitere Doktrin des «göttlichen Rechts der Könige».

Während die Verbindung zu Allah das Ergebnis kollektiver Anstrengungen ist, hat al-Fārābīs Herrscher Zugang zu Wahrheiten, die andere nicht verstehen können. *Der Musterstaat* drückt die Ansicht aus, dass solche Wahrheiten der breiten Öffentlichkeit am besten über die symbolischen, metaphorischen Methoden zugänglich gemacht werden, die in religiösen Schriften üblich sind. Implizit wird mit diesem Ratschlag auch die Vorstellung vermittelt, dass die religiöse Offenbarung gestisch erfolgt – und dass *falsafa*, die Philosophie, der Logik und klaren Argumentation verpflichtet, ein überlegener Mechanismus ist, um die Wahrheit zu begreifen.

7 Offenbarung

Zwar war al-Fārābī mit Sicherheit nicht der Einzige, der der Vernunft den Vorzug gab, doch viele Autoren setzten mehr Vertrauen in Glauben und Offenbarung, darunter auch Abū Mūsā Dschābir ibn Ḥayyān (um 721 bis 815). Ibn Ḥayyāns *Buch der Steine* bedient sich intellektuell bei den esoterischen pythagoräischen Traditionen. «Esoterisch» wird hier in seiner fachsprachlichen Bedeutung verwendet: zur Benennung eines Systems, das mystische Methoden für das Weissagen der Wahrheit präsentiert. Die Arbeit ist ein Beispiel für eine Strömung innerhalb der Ismailiten-Tradition, deren Gläubige mit «heiliger Geometrie», Prophezeiungszyklen, den Mysterien der Gnosis und verschiedenen Ebenen spiritueller Hermeneutik arbeiteten. *Das Buch der Steine* war wie *Die Wissenschaft der Prophezeiung* von Abū Bakr Muḥammad ibn Zakariyyā al-Rāzī (811–891) für ein ausgewähltes Publikum gedacht, das in der Lage war, über andere Methoden als die gewöhnliche Vernunft das Wesen und die Wahrheit der Realität zu begreifen.

Das *Buch der Glaubenslehren und Überzeugungen* von Saadia ben Joseph Gaon (882–942) widmet sich speziell der wachsenden Kluft zwischen Glaube und Vernunft. Der in Ägypten gebürtige Gaon verbrachte den größten Teil seines Erwerbslebens in Bagdad. Als Oberrabbiner der Akademie von Sura produzierte er arabische Übersetzungen und Kommentare zu biblischen Texten sowie Abhandlungen über Grammatik, Wörterbücher und theologische Traktate. Das auf Judäo-Arabisch (Arabisch in hebräischer Schrift) verfasste *Buch der Glaubenslehren und Überzeugungen* (933) erklärt dem Leser,

> **warum [Menschen] sich auf ihrer Suche nach der Wahrheit in Fehler verstricken und wie diese Fehler entfernt werden können, damit sie die Ziele ihrer Untersuchungen vollständig erreichen.**

UNTEN

Porträt des Abū Mūsā Dschābir ibn Ḥayyān, spätes 15. Jh., Padua, Italien

Dieses getönte Porträt, in der oberen rechten Ecke offenbar angebrannt, zeigt den Philosophen und Chemiker Abū Mūsā Dschābir ibn Ḥayyān (in diesem *Lateinischen Sammelband der Alchemie* als «Geber» bezeichnet). Er steht auf einem fiktiven Steinsockel, die Gesten seiner Hände symbolisieren eine Rede.

OBEN

Saadia ben Joseph Gaon, ***Buch der Glaubenslehren und Überzeugungen*****, 12. Jh.**

Der Text auf diesem Pergamentmanuskript ist eine phonetische Wiedergabe des Arabischen mit dem hebräischen Alphabet. Er trägt Randnotizen und ist sowohl mit Leerräumen als auch mit verlängerten Schriftzeichen bündig ausgerichtet.

Für Gaon gehörte dazu notwendigerweise die Beachtung sowohl der Vernunft als auch der Offenbarung.

Das *Buch der Glaubenslehren* verteidigt die Gültigkeit von Prophezeiungen und göttlich offenbarten Wahrheiten. Es greift den Brahmanismus und die christliche und islamische Ablehnung der Offenbarungen des Judentums an. Für Gaon steht die rationale Ermittlung in vollem Einklang mit der religiösen Erkenntnislehre und er stellt die Offenbarung als eine von mehreren legitimen Quellen der Wahrheit hin (neben Sinneswahrnehmung, Argumentation und logischer Schlussfolgerung). In einem Versuch, sowohl al-Fārābī als auch Ibn Ḥayyān zu besänftigen, argumentiert Gaon, dass die Offenbarung sowohl wahr als auch rational erklärbar sein kann. Damit trifft er eine Unterscheidung zwischen «Gesetzen der Vernunft» und «Gesetzen der Offenbarung» und argumentiert, dass *beide* eine gemeinsame Grundlage für Wissen und Leben sein können.

8 Selbstvervollkommnung

Während das islamische Reich immer reicher und stärker wurde, erlebte die Tang-Dynastie (um 618–906) vergleichbare territoriale und intellektuelle Entwicklungen. Sie dehnte ihre Grenzen bis über das heutige Korea und Japan aus, was mit einer zunehmenden Reichweite des buddhistischen und ruistischen Gedankenguts zusammenfiel.

Zum Ruismus gehört, wie bereits gesehen, eine besondere Form der Geschichtsanalyse: Die Probleme der Gegenwart lassen sich lösen, indem man die Einstellungen der Vergangenheit beachtet. In ruistischen Schriften liegt der methodologische Schwerpunkt auf der anzestralen Autorität: das «Gesetz der Tradition». Diesen Denkern zufolge sollten wir unser Vertrauen nicht in die Lehren der Mönche stecken, sondern in die Handlungen früherer Generationen, wie sie in ihren Traditionen und Gebräuchen zum Ausdruck kommen. Der einzelne Mensch versteht vielleicht nicht genau, warum die Durchführung eines spezifischen Rituals von Bedeutung ist, aber diese uralten Institutionen sind (den Ruisten zufolge) beträchtlich zuverlässiger als die beschränkte menschliche Vernunft.

Diese Einstellung finden wir auch in den *Analekten für Frauen* der kaiserlichen Beamtin und ruistischen Gelehrten Song Ruoshen (768–820). Ihre Betrachtungen zu Selbstkultivierung und gesellschaftlichen Beziehungen lassen an Ban Zhaos *Gebote für Frauen* (S. 59) denken. Das Werk beschreibt, wie man sich einen guten Ruf erarbeitet, wie man sich «den Schwiegereltern unterordnet» und Gäste empfängt («... mit leichten Schritten und die Hände in die Ärmel zurückgezogen ...»). Es hält die Leserin außerdem dazu an, ihre intellektuellen Fähigkeiten durch fleißiges Arbeiten (und frühes Aufstehen) weiterzuentwickeln und ist ein gutes Beispiel für den ruistischen Ansatz der Selbstvervollkommnung, in dem Tugenden und Vernunftpotenzial durch das Einhalten von Sitten und Gebräuchen, durch Rituale und gute Manieren kultiviert werden.

Der Ruismus gehört zu den Kulturgütern, die die Tang-Dynastie und die nachfolgenden Fünf Dynastien in neue Staatsgebiete und an die östlichen Nachbarn exportierten. Zu sehen ist das etwa an der *17-Artikel-Verfassung* (um 604) von Shōtoku Taishi (Kronprinz Shōtoku, 574–622). Die *Verfassung* wurde vor dem Hintergrund eines historischen Korpus an einheimischen Konzepten und Praktiken geschrieben, dem «Shintō». Wie wir aus dem *Kojiki* (*Aufzeichnung alter Begebenheiten*, 712) und dem *Nihon Shoki* (*Chronik Japans*, 720) wissen, dreht sich die shintoistische Gedankenwelt um die Annahme, dass es in der Natur eine Vielzahl von *kami* (Mächten oder Geistern) gibt. *Kami* können Landschaftselemente, Naturkräfte oder sogar Menschen sein. Shintoisten glauben, dass der Mensch in Übereinstimmung mit dem Willen der *kami* leben und ihnen durch rituelle Praktiken und individuelle Läuterung Respekt erweisen sollte. Dieses System steht eindeutig mit Aspekten ruistischen und buddhistischen Gedankenguts im Einklang. In der *17-Artikel-Verfassung* werden diese Systeme zu einer komplexen Darstellung einer guten Staatsführung verschmolzen.

Als eine der ersten schriftlichen Verfassungen der Geschichte beschreibt Shōtokus Abhandlung das ideale Verhalten von Regierungsbeamten: Sie sollen unparteiisch und unbestechlich sein und ihre Verdienste (nicht etwa ein vererbbarer Status) sollen die Grundlage für Beifall und Tadel sein. Shōtoku schreibt, mit dem Pflegen harmonischer Beziehungen zwischen Höhergestellten sorge man dafür, dass die Wahrheit sich entfaltet; die Gesellschaft werde «gut geführt», wenn jeder seine Rolle kenne. Wie bei Kǒng Zǐ und Song Ruoshen ist die Ausübung gesellschaftlicher Rollen von zentraler Bedeutung und hat unvermeidliche Folgen für die Verteilung der Macht. Indem er sich einer Taktik früherer Jahrhunderte bedient, betont Shōtoku die Unterordnung von «Vasallen» unter einen einzigen, göttlichen Monarchen in dem Versuch, ein geeintes japanisches Reich zu schaffen.

UNTEN

Figur, 8. Jh., China

Diese bemalte Keramik zeigt einen Angehörigen des Hofes aus der Tang-Dynastie. Mit kunstvoll aufgetürmter Frisur steht die Figur ruhig da, die Hände in die Ärmel geschoben, der Gesichtsausdruck still und heiter. Frisuren symbolisierten wie Kleidung und Kopfbedeckungen oft den sozialen Status. So trugen junge Frauen in der Tang-Dynastie ihre Haare möglicherweise offen, um zu zeigen, dass sie unverheiratet sind.

RECHTS UND GANZ RECHTS

Szenen mit Shōtoku Taishi, 14. Jh., Japan

Diese Rollbilder in Tusche und Blattgold stammen aus einem Satz mit 62 biografischen Szenen aus dem Leben des Shōtoku Taishi und begleitenden Inschriften. Solche Rollbilder zierten Tempel und Schreine und waren damit auch Gläubigen zugänglich, die des Lesens nicht mächtig waren.

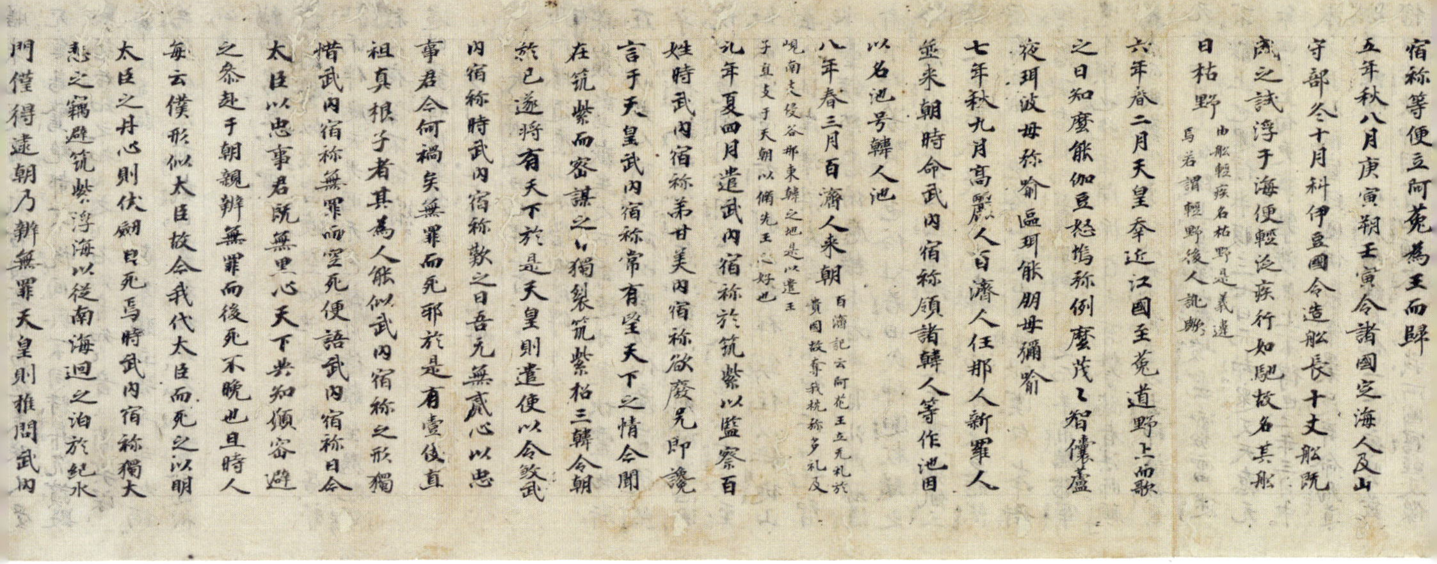

9 Verkörperte Wahrheiten

Neben ruistischem Gedankengut bezieht die *Verfassung* auch Elemente des Buddhismus ein, mit dem Shōtoku durch seinen Lehrer Bekanntschaft gemacht haben muss, den koreanischen buddhistischen Gelehrten Gwalleuk. Der Text vertritt die «Drei Schätze» des Buddhismus – Buddha, die buddhistische Lehre und den Mönchsorden – und diese Unterstützung trug zweifellos zur umfassenden Annahme des Buddhismus in Japan bei.

Der japanische Buddhismus vertritt ein Wahrheitskonzept, das mit der Körpererfahrung zusammenhängt, wie sich im Werk des Kūkai (774–835) nachlesen lässt. Der umstrittene Denker stammte aus einer Adelsfamilie und schrieb über Sozialfürsorge und Pädagogik, dichtete und schuf kalligrafische Kunstwerke. Zunehmend von der ruistischen Erziehung seiner Jugend desillusioniert, zog Kūkai sich in die Einsamkeit der Berge zurück, wo er befreit von der Reglementierung spiritueller Praktiken seine erste Abhandlung schrieb, das *Sangō shiki* («Hinweise auf die Ziele der drei Lehren»). Indem er die Wahrheitsfindungsmethoden von Ruismus, Daoismus und Buddhismus miteinander vergleicht, beschreibt Kūkai eine esoterische meditative Praktik namens *kokūzō-gumonji*, bei der ein Mantra oder *shingon* tausend- und abertausendmal rezitiert wird. Laut *Sangō shiki* wird Erleuchtung nicht durch theoretische Spekulationen erlangt, sondern durch körperliche Übungen und direkte Erfahrung. Im *Benkenmitsu-nikkyōron* (um 814) baute Kūkai dieses Konzept weiter aus.

Das Sanskrit-Wort *mantra*, zusammen mit seiner japanischen Entsprechung

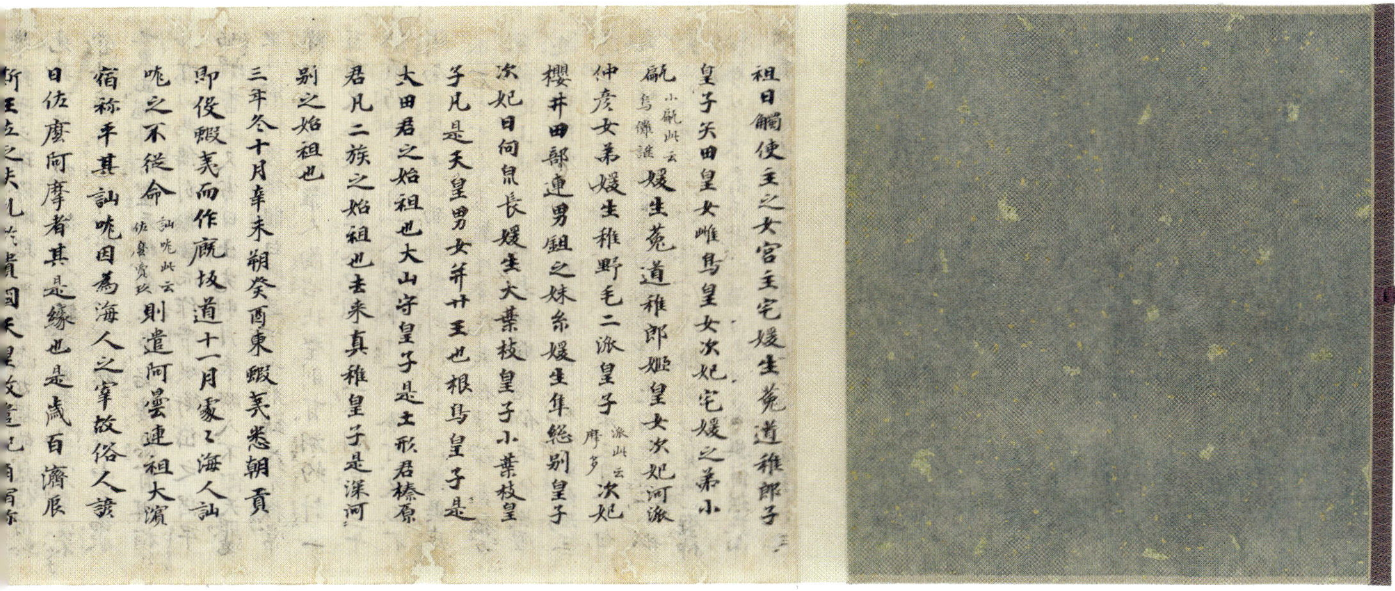

shingon, steht für eine «geheime Lehre», die sich in gewöhnlichen Worten nicht ausdrücken lässt. Der «Shingon-Buddhismus», den Kūkai gründete, zeichnet sich durch seinen Schwerpunkt auf Ritualen aus, die solche Wörter nutzen, um Körper und Geist zu einer unmittelbaren «Erfahrung des Höchsten» zu führen. Das *Benkenmitsu-nikkyōron* beschreibt öffentliche oder «exoterische» Formen des Buddhismus, die es vom *mikkyō* («geheimen» oder «esoterischen» Buddhismus) unterscheidet. Für Kūkai fehlt dem exoterischen Buddhismus eine praktische Methode der Wahrheitserfahrung; stattdessen betont er das Studium und Verständnis der Doktrinen in den kanonischen Sutras. Der Shingon-Buddhismus dagegen vertritt eine körperzentrierte Methode, durch die sich verborgene Wahrheiten physisch erfahren lassen. Durch meditative Praxis und nicht durch das Studium der Schriften bot das *Benkenmitsu-nikkyōron* die Möglichkeit, die Wahrheit zu erfahren, statt sie nur begrifflich zu fassen.

OBEN

Toneri Shinnō und Ō no Yasumaro: Abschnitt aus der *Chronik Japans*, 9. Jh., Japan

Die Schrift auf dieser Querrolle besteht aus eleganten klassischen chinesischen Zeichen, einige Schriftzeichen sind kleiner geschrieben. Das gefärbte Papier ganz rechts diente als Schutzabdeckung für den aufgerollten Text.

LINKS

Porträt des Kūkai, 14. Jh., Japan

Dieses opulente Seiden-Rollbild in zarten Farben mit Goldakzenten zeigt den Philosophen Kūkai ohne Schuhe bequem auf einem großen Stuhl sitzend.

10 Auflösung von Kategorien

Während Japan erstarkte und das islamische Reich sich nach Europa und Nordafrika ausbreitete, kam es im Industal zu einer anhaltenden Abfolge von Landraub und Tauschgeschäften zwischen dynastischen Kräften wie den Pushyabhuti, den Chalukya und den Gurjara-Pratihara. In seiner Blütezeit reichte das Reich der Gurjara-Pratihara von der Grenze von Sindh im Westen von Bengal bis zum Himalaya und dem Narmada im Süden. Ihre Dynastie wurde im 8. und 9. Jahrhundert schließlich von der Rashtrakuta- und der Pala-Dynastie verdrängt, gleichzeitig gewann im Süden Indiens im fruchtbaren Tal des Flusses Kaveri das Chola-Reich an Boden. Dort, so heißt es, soll Jayarashi Bhatta (bl. um 850) gelebt und sein faszinierendes Tattvopaplavasimha verfasst haben.

UNTEN

Liegender Buddha, zwischen 618 und 907, Dunhuang, Gansu, China

Die Mogao-Grotten, auch bekannt als die Westlichen Tausend-Buddha-Höhlen, sind ein ausgedehntes System antiker kultureller und religiöser Stätten, die im chinesischen Dunhuang entdeckt wurden. Die ehemaligen buddhistischen Kultstätten enthalten einige der besterhaltenen Skulpturen und Wandmalereien aus dem vorletzten Jahrtausend sowie Dokumente, die 1900 in der sogenannten «Höhlenbibliothek» gefunden wurden. Hier sehen wir eine der größten Skulpturen in den Höhlen, einen bunt bemalten liegenden Buddha, umgeben von zahlreichen kleineren Figuren. Die Wände bedecken zart gemalte Szenen.

Die älteste existierende Ausgabe des Tattvopaplavasimha – meist übersetzt mit «Der Löwe der Auflösung aller Kategorien» – ist auf einem Palmblattmanuskript geschrieben, das 1926 in einer Bibliothek in der nepalesischen Stadt Lalitpur, ehemals Patan, gefunden wurde. Sie enthält eine ausgefeilte Erkenntnistheorie, in der die logischen Grenzen des Wissens durch sorgfältige linguistische Analyse untersucht werden. Ein zentraler Grundsatz des Tattvopaplavasimha lautet, dass es begrifflich unmöglich ist, wahres Wissen zu erlangen, da jedes derartige Vorhaben Wissen darüber voraussetzt, was «Wissen» überhaupt ist, und über die Gültigkeit der Mechanismen, durch die es sich verifizieren lässt. Im Zentrum von Jayarashis Argumenten steht das Konzept des pramana: «eine Methode des Wissens». Er behauptet, dass kein pramana, ob Sinneswahrnehmung oder rationale Erwägung, anders überprüft werden kann als über den Bezug zu anderen pramana (was unendlich regressiv wäre) oder über den Bezug auf sich selbst (was ein Zirkelschluss wäre). Es ist daher unmöglich, Wissen zu erlangen.

Dieser radikale Skeptizismus ist eine klare politische Kampfansage gegenüber den Gesetzen von Vernunft, Offenbarung, Esoterik und Tradition. Der Schwerpunkt der Muʿtazila auf die Vernunft war dem Namen nach egalitär (soweit die Vernunft eine Fähigkeit aller Menschen ist). In der Praxis jedoch richtete sich das Konzept an eine gebildete Elite. Regimes, die der Offenbarung den Vorzug gaben, sprachen Gottheiten und ihren irdischen Vertretern (religiösen Führern) Autorität zu, während der Ruismus die Wahrheitsfindung als Funktion von Traditionen und Institutionen ansah, die Herrscher über die «Vasallen» stellte. Esoterische Philosophen wiederum boten «Geheimlehren» an, die speziell für den Ausschluss anderer konzipiert waren. Der Löwe jedoch kritisiert explizit die politischen Hierarchien hinter solchen Systemen. Der Text erkennt die Methoden, mit denen politische Entitäten die Wahrheit beanspruchen, und stellt sie infrage.

11 Pflichtlektüre

Hinter dem «Löwen der Auflösung aller Kategorien» steht das *Bodhicaryāvatāra*. Wir wissen frustrierend wenig über den Verfasser dieses Textes, den Philosophen und Poeten Shantideva, aber das Gedicht zeugt von einer starken Verbindung zur skeptischen Madhyamaka-Tradition des Nagarjuna.

Das in Kapitel und Verse unterteilte *Bodhicaryāvatāra* enthält eine non-fundamentalistische Botschaft, die Jayarashis späteren Arbeiten ähnelt. Im Zentrum steht das Konzept des *svabhāva*. Übersetzt bedeutet dieser Sanskrit-Begriff soviel wie «intrinsisches Wesen» oder «Wesenskern» oder auch «Substanz» und die zentrale Behauptung des *Bodhicaryāvatāra* lautet, dass nichts, keine einzige existierende Entität, so etwas besitzt. Es gibt ganz einfach keine Wesenskerne.

Shantidevas Argumente kreisen um einen Satz von Dilemmata, darunter ein Rätsel zur körperlichen Existenz. Es wird behauptet, der Körper sei ein physisches Objekt mit einer spezifischen Form – und doch verändert er sich zwischen Kindheit und Alter dramatisch in Form und Aussehen, ihm fehlt also eindeutig eine spezifische Form. Doch wenn der Körper eine solche Form nicht hat und als reine Abstraktion begriffen wird, wie können wir dann mit ihm interagieren? Shantideva zufolge ist es unmöglich, sowohl ein theoretisches Postulat für die philosophische Analyse als auch eine Beschreibung des Objekts zu liefern, mit dem wir täglich zu tun haben. Diese Unmöglichkeit bringt ihn dazu, die Vorstellung zurückzuweisen, dass einzelne Dinge einen Wesenskern haben können – eine skeptische Position ganz im Einklang mit dem Konzept des in Kapitel 2 vorgestellten *anattā*.

Shantidevas philosophische Perspektive mag destabilisierend erscheinen. Es gibt keine Wesenskerne und die Welt um uns herum ist ein veränderliches Miasma unverständlicher Kräfte. Doch dem Autor des *Bodhicaryāvatāra* ging es nicht darum, die Wissenssysteme zu torpedieren, die unseren Alltag organisieren. Wie auch Jayarashi wollte er damit vielmehr scholastische Bestrebungen kritisieren. Dazu trifft Shantideva eine Unterscheidung zwischen der «konventionellen» und der «ultimativen» Wahrheit. Erstere, schreibt er, trägt unsere alltäglichen Aktivitäten und steht außerhalb aller Kritik; Letztere ist ein Konstrukt fehlgeleiteter Intellektueller, die die Autorität über Einsichten in das Wesen der Realität beanspruchen.

12 Theoretische Verwerfungen

Jayarashi und Shantideva reagierten auf die natürlichen Kategorien und Kernpunkte, die im vedischen Gedankengut kodifiziert sind. Ähnliche Probleme hätten sie mit der aristotelischen Biologie gehabt, die damals in den germanischen Regionen und Britannien konstruiert wurden. Nach dem Zusammenbruch des Römischen und des Sassaniden-Reiches war das kulturelle Schaffen in diesen westlichen Provinzen so stark zurückgegangen, dass viele mit eurozentrischem Fokus die Zeit heute noch als «finsteres Mittelalter» oder «dunkle Jahrhunderte» bezeichnen. Das Bild, das üblicherweise gezeichnet wird, zeigt hauptsächlich streitende Lehensgüter und eine pestgeplagte Bevölkerung. Natürlich gab es auch das, doch der Norden war damals alles andere als kulturelles Ödland. Die germanischen Franken hatten im Laufe des siebten Jahrhunderts an Einfluss gewonnen und das Franken- oder Karolingerreich erreichte unter Karl dem Großen (748–814) seine Blütezeit. Wie viele seiner Vorgänger zweckentfremdete Karl die institutionelle Religion – die westliche Kirche also –, um ein gewisses Maß an Einigkeit in sein Staatsgebiet zu bringen, und im Dezember 800 wurde er vom Papst zum *Romanorum Imperator*, zum «römisch-deutschen Kaiser»,

OBEN RECHTS

Szene mit Karl dem Großen, Die Großen Chroniken Frankreichs, 1455–1460, Frankreich

Die Künstler jener Zeit stellten gern mehrere Episoden in einem Bild dar. Im Vordergrund dieser Miniatur von Jean Fouquet sehen wir, wie Karl der Große mit einigen gut gekleideten Gefährten den Bau des Aachener Palasts inspiziert. Im Hintergrund erkennen wir gleichzeitig, wie das Kind des Königs, Pepin, unter Zwang in ein Kloster gebracht wird. Der fertige Palast steht in weiter Entfernung.

UNTEN RECHTS

Abbildung des Evangelisten Johannes, 8. Jh., Irland

Diese Seite aus dem illustrierten Evangeliar von St. Gallen zeigt einen teilnahmslosen Johannes inmitten komplizierter Knotenmuster, wie sie überall in der keltischen Kunst eingesetzt werden.

gekrönt. Obwohl das Christentum geschwächt war, sicherten solche Allianzen ihm einen festen Stand in der Region.

Formen des christlichen Platonismus etablierten sich sogar an weit entfernten Orten wie Britannien und seinen Nachbarinseln. Im Irland des 9. Jahrhunderts, damals *Scotia Maior* genannt, entstand eines der bemerkenswertesten Werke des christlichen Denkens aus der Feder eines Mannes, der bei seinen Zeitgenossen als «der Ire» bekannt war: Johannes Scottus Eriugena (800–877).

Periphyseon (*Über Naturen*, um 867) ist ein erweiterter Dialog zwischen einem Lehrer und einem Schüler. Seine fünf Bücher beschäftigen sich mit der Debatte um die göttliche Vorsehung (Prädestination) und postulieren auf der Grundlage der platonistischen Kausalmodelle ein einziges «unbeweglich selbstidentisches Eines», das alle Dinge hervorbringt. Im Gegensatz zu Jayarashi war Eriugena auch der festen Überzeugung, dass natürliche Gegenstände Wesenskerne besitzen. Er bezeichnete seinen Text als «Physiologia»: eine Studie der Natur und ihrer Bereiche. Besonders interessiert ihn die menschliche Natur oder der menschliche Wesenskern. In Fortsetzung einer Fragelinie, die auf die Arbeiten von Makrina und Gregor von Nyssa zurückgeht, erörtert Eriugena die Erschaffung der menschlichen Natur, den Sündenfall und etwaige Grenzen zwischen den Geschlechtern. In einem eher vernachlässigten Abschnitt argumentiert der Autor, dass die menschliche Natur ungeteilt, unteilbar und damit geschlechtslos sei. Unterschiede zwischen den Geschlechtern, behauptet er, falls und soweit es sie überhaupt gäbe, sind das Ergebnis des Sündenfalls und nicht wesentlich.

Periphyseon mit seiner durchdachten Untersuchung des metaphysischen Charakters von Gott und Gottes Schöpfungen liegt die Annahme zugrunde, dass eine Kombination aus spiritueller Exegese und sorgfältiger Argumentation uns dabei helfen kann, die wahren «natürlichen Grenzen» zu bestimmen. Es präsentiert eine Form christlicher Weisheit, die sich mit den Werken einer anderen christlichen Denkerin überschneiden, die in der Provinz Gandersheim aktiv war.

OBEN

Porträt des Johannes Scottus Eriugena, 1493, Anton Koberger; Nürnberg, Deutschland

Das Original-Holzschnittporträt des Johannes Scottus Eriugena von Michael Wolgemut und Wilhelm Pleydenwurff erschien erstmals in der *Schedelschen Weltchronik*, auch *Nürnberger Chronik* genannt, zusammen mit weiteren Bildern von Heiligen, Königinnen und Gelehrten. Eriugena ist von Blättern umgeben und trägt einen lockigen Bart und eine bescheidene Mütze. Seine Handhaltung mit den ausgestreckten Zeigefingern deutet an, dass er gerade spricht oder eine Erklärung abgibt.

13 Christliche Weisheit

Im 8. und 9. Jahrhundert rangelte eine Fülle nördlicher Mächte neben den Franken um Staatsgebiete. Die «Wikinger», eine skandinavische Volksgruppe, waren in Richtung Osten aufgebrochen und ließen sich in der Kiewer Rus (einer Region, die das heutige Belarus, Ukraine und Teile Russlands umfasst) sowie im Chasaren-Khaganat nördlich des Schwarzen Meeres, in Britannien und in Island nieder. Wie andere Imperien finanzierten sie ihre Expansion teilweise durch Menschenhandel – der seinen heutigen Namen angeblich den slawischen Völkern verdankt, die sie gefangen nahmen, den «Sklaven». Die inhumane Praxis wurde mithilfe derselben Naturalisierung des gesellschaftlichen Status legitimiert, die wir schon bei Aristoteles finden: Gesellschaftliche Kategorien wurden direkt mit natürlichen Kategorien gleichgesetzt. Daher finden wir im nordischen Gedicht *Lied von Rig* die pointierte Trennung zwischen «Adel, freien Menschen und Sklaven». Sklaverei und Besteuerung brachten ein Wirtschaftswachstum, von dem nicht nur die Skandinavier profitierten. Die germanischen Sachsen hatten ebenfalls Bedeutung erlangt und im 10. Jahrhundert leitete ihr König Otto I. neue Reichtümer in die christlichen Einrichtungen des Nordens. Unter ihnen war auch das berühmte Kloster in Gandersheim, wo wir auf die Dichterin Hrotsvit (um 935–1000) treffen.

OBEN

Edda, Mitte 14. Jh., Island

Auf diesen Seiten eines isländischen Manuskripts, das unter dem Namen «Codex Wormianus» bekannt ist, sehen wir Text aus der *Snorra-Edda* («Prosa-Edda») mit Beschreibungen der nordischen Mythologie. Im Codex finden sich auch Passagen aus dem Lied von Rig. Er ist in kleiner, sauberer gotischer Schrift mit einer farbenprächtig verzierten Initiale verfasst. Seinen Namen verdankt der Codex dem Runologen Ole Worm, der ihn 1628 «beschaffte».

Die älteste erhaltene Sammlung der Werke Hrotsvits ist der *Codex.* Er wurde in den 980er-Jahren von vier oder fünf Schriftkundigen verfasst, die Hrotsvits Notizen unter ihrer Anleitung niederschrieben. Das Manuskript enthält alle ihre Werke bis auf eines: zehn Verserzählungen, sechs Theaterstücke, ein apokalyptisches Gedicht und Gebete mit verschiedenen Vorwörtern und Widmungen.

Einer der originellsten von Hrotsvits Beiträgen bezieht sich auf das Konzept christlicher Weisheit und ihre Analyse der Philosophie als Disziplin. In ihrem «Brief an einige gelehrte Gönner», der zu Beginn des Manuskripts erscheint, nimmt sie eine bescheidene Position in Bezug auf die Ambitionen und Normen dessen ein, was sie unter Philosophie versteht. Mit diesem bewusst selbstreferentiellen Schachzug belegt Hrostvit ihr Verständnis für die Literatur (zum Beispiel Boëthius' *Trost*) und lässt gleichzeitig einen ironischen Sinn für Humor aufblitzen. Im Wechsel zwischen verschiedenen literarischen Formen betont sie, dass wir Menschen ohne göttlichen Beistand so gut wie gar nichts wissen:

> **Ich verneine nicht, dass ich durch die Gnade des Schöpfers in der Lage bin, gewisse Konzepte bezüglich der Künste zu begreifen,**
> **weil ich fähig bin zu lernen,**
> **aber ich weiß auch, dass ich kraft meiner eigenen Fähigkeiten nichts weiß.**
> **(…)**
> **Ich habe versucht, wo immer ich konnte,**
> **kleine Stücke aus der Philosophie Mantel zu reißen**

und sie in diese meine unbedeutende Arbeit einzuweben,
damit der Unwert meines eigenen Unwissens
durch die Verwebung mit dem Glanz dieses noblen Materials geadelt werde (…)

Ihr Stück *Sapientia* baut dieses Thema noch weiter aus und verstärkt gleichzeitig eine eindeutig christliche Auffassung der Wahrheit. Die titelgebende Sapientia ist der Avatar der christlichen Weisheit, eine Mutter, die sowohl Vernunft als auch spirituelle Hingabe verkörpert. Sie ist ein Beispiel für integrierendes Wissen, wobei sich die rationalen Gaben Gottes nur innerhalb eines christlichen Rahmens verwirklichen lassen. Für Hrotsvit und viele ihrer intellektuellen Nachfolger stammen Wahrheit und Wissen nicht ausschließlich aus unseren kognitiven Fähigkeiten; sie müssen von einem christlichen Gott gewährt werden. Zwar besitzen Menschen die Fähigkeit zu analysieren und zu reflektieren, doch die Autorität zu deklarieren, was wahr ist und was nicht, bleibt letztlich bei Gott und seinen Vertretern auf Erden (einschließlich natürlich Hrotsvits Förderern).

Während das islamische Reich auf der Arabischen Halbinsel florierte und die Chola-Dynastie in Indien Fuß fasste, kommt es zu territorialen Expansionen und Rückzügen in den Königreichen des Wissens und der Wahrheit. Im Laufe dieser 400 Jahre etablierten und verfeinerten Denkerinnen und Denker auf der ganzen Welt das, was der französische Theoretiker Michel Foucault im 20. Jahrhundert «Wahrheitsregimes» nannte, indem sie Gebiete nicht nur im physikalischen Raum, sondern auch auf den Karten des Geistes absteckten.

OBEN LINKS

Hrotsvit von Gandersheim: Titelseite der Lieder der Hrotsvit, 11. Jh., Deutschland

Dieser dekorative Text in roter Tinte auf Pergament findet sich in der einzigen erhaltenen Ausgabe des Gesamtwerks von Hrotsvit von Gandersheim.

OBEN RECHTS

Szene mit Hrotsvit von Gandersheim, 1501, *Sodalitas Celtica;* Nürnberg, Deutschland

In diesem detaillierten Holzschnitt von Albrecht Dürer kniet Hrotsvit in einfacher Kleidung nieder, um ihr Werk dem verschwenderisch gekleideten deutsch-römischen Kaiser und seiner Nichte, der Äbtissin Gerberga II., zu überreichen.

5

AUSGEGLICHENE ZUSTÄNDE

(1000–1450)

1 Glaube und Vernunft

Für Denker früherer Epochen waren Glaubensdoktrinen eng mit Fragen über die Struktur von Realität und dem Wesen von Wissen verknüpft. Die moderne Unterscheidung zwischen «Theologie» und «Philosophie» wäre ihnen gar beinahe unsinnig erschienen. In Kapitel 4 haben wir jedoch gesehen, wie sich die Geister zu scheiden begannen, als Gelehrte verschiedene Methoden der Wahrheitsfindung erforschten. Einige ergründeten durch Offenbarung enthüllte Wahrheiten und glaubten, dass mystische Erfahrungen oder Schriften Informationen über die Struktur des Kosmos übermitteln könnten. Solche Quellen galten als auf eine gewisse Art resistent gegenüber menschlicher Vernunft. Andere konstruierten ihre Systeme um die Wahrheiten herum, die durch rationale Auseinandersetzung ans Licht kamen. Sie behaupteten, dass die Gesetze der Logik die Richtigkeit oder Unrichtigkeit von Aussagen zeigen können, und dass empirische Beobachtung es den «Naturphilosophen» ermöglichen würde, Studien oder «Wissenschaften» der Welt zu entwickeln. In dem Zeitraum, um den es in diesem Kapitel geht, sehen wir die Beziehung zwischen Theologie und Philosophie klarer definiert und angespannter werden. Denker verteidigten lautstark und oft abgrenzend ihre Methode und damit implizit auch die Autorität der politischen Entität, die sie unterstützte. Andere versuchten, Brücken zu bauen, konzeptionelle Koalitionen zu schmieden und zu zeigen, dass die Trennung zwischen Glaube und Vernunft keine Kluft sein muss.

Unter den berühmtesten Brückenbauern war Abū ʿAlī al-Ḥusayn ibn ʿAbdillāh ibn al-Ḥasan ibn ʿAlī ibn Sīnā (980–1037), oft mit seinem latinisierten Namen «Avicenna» genannt. Der in Buchara im heutigen Usbekistan geborene Ibn Sina war eine überragende Figur in der Geschichte

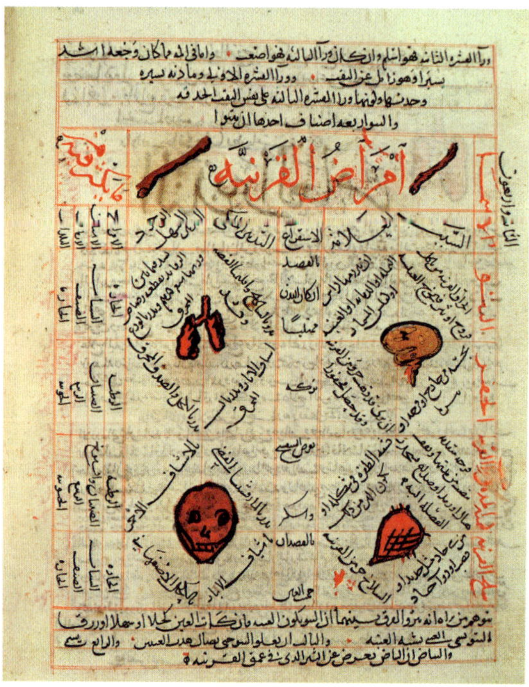

RECHTS

Ibn Sina, Seite aus dem *Kanon der Medizin*, 14. Jh., Syrien

Diese Reproduktion von Ibn Sinas *Kanon* ist auf Pergament geschrieben, also Tierhaut (typischerweise Kalbshaut), die gebleicht und auf einem Rahmen gedehnt wurde. Sie weist eine Reihe auffälliger visueller Elemente auf, etwa die Illustration eines Schädels und die diagrammartige Anordnung des Textes. Sie wird im Nationalmuseum Damaskus (Syrien) aufbewahrt.

der Philosophie – sowohl seiner eigenen Meinung nach als auch der aller anderen. Schon im zarten Kindesalter, schreibt er, lernte er den gesamten Koran auswendig und meisterte alle medizinischen Wissenschaften. Ob er nun arrogant war oder nicht, er schrieb auf jeden Fall epochemachende Texte. Sein *Kanon der Medizin* (1025) beispielsweise sollte bis weit ins 15. Jahrhundert ein Standardlehrwerk der Medizin bleiben.

Das *Buch der Genesung* (1027) gehört zu Ibn Sinas bekanntesten Werken. Den Titel wählte er, weil er damit «die Seele von ihrer Unwissenheit genesen lassen» wollte. Das Buch ist in vier Teile unterteilt, die den traditionellen Elementen des islamischen akademischen Lehrplans entsprechen: Logik, Naturwissenschaften, mathematische Wissenschaften (einschließlich Astronomie und Musik) und Metaphysik. Das Buch ist stark vom aristotelischen Gedankengut beeinflusst und Ibn Sinas innovative Unterscheidung zwischen Essenz und Existenz gründet sich auf Aristoteles' Modalität.

«Modalität» bezieht sich hier auf die verschiedenen «Modi» der Existenz. Manche Dinge existieren notwendigerweise, sie müssen also existieren. Andere existieren kontingent, was bedeutet, dass sie eventuell nicht existiert haben. Wieder andere Dinge existieren nicht und können nicht existiert haben – sie sind unmöglich. Ibn Sina erklärt Modalität über den Bezug zur Essenz, wobei die Essenz von etwas seine charakteristische Natur ist. Die Behauptung etwa, dass es einem Menschen möglich ist, Philosoph zu sein, bedeutet, dass das Philosophieren kompatibel mit der menschlichen Essenz ist. Auch die Existenz ist kompatibel mit der menschlichen Essenz. Menschen sind jedoch kontingente Wesen, weil ihre Essenz mit der Existenz und der Nichtexistenz kompatibel ist (man könnte nicht existiert haben).

LINKS

Ibn Sina, Seiten aus dem *Buch der Genesung*, Datierung unbekannt

Heute werden wir dazu angehalten, nichts in Bücher zu kritzeln. In früheren Jahrhunderten jedoch waren Ränder mehr als nur ein ästhetisches Merkmal: Sie boten dem Leser Raum für Notizen und Interpretationen des zentralen Textes. Dies ist ein gutes Beispiel für die Einbindung der Leserschaft.

RECHTS

Ibn ʿArabī, Seiten aus *Ringsteine der göttlichen Weisheit*, 1395, Marokko

Diese Doppelseite enthält arabischen Text in Naschī, einer kleinen, runden Schrift der islamischen Kalligrafie. Wegen ihrer guten Lesbarkeit wurde sie häufig zum Kopieren von Büchern und für Verwaltungsdokumente verwendet. Auch hier sehen wir wieder umfangreiche Randnotizen verschiedener Eigentümer des Buches.

In diesem Kontext lassen sich Menschen beispielsweise von runden Vierecken unterscheiden. Definitionsgemäß können Vierecke einfach nicht rund sein, also ist die Existenz inkompatibel mit der Essenz eines runden Vierecks. *Das Buch der Genesung* setzt diese modalen Behauptungen zur Untermauerung eines kosmologischen Arguments für die Existenz von Gott ein. Ibn Sina merkt an, dass eine Kette kontingenter Dinge nicht unbegrenzt zurückreichen kann. «(…) Kontingente Dinge [wie Menschen] enden in einer Ursache, die notwendigerweise existiert.» Das «notwendig Existierende» – das Wesen, dessen Essenz inkompatibel mit der Nichtexistenz ist – ist natürlich Allah.

Da es sich darauf einließ, die Vernunft eine religiöse Doktrin untermauern zu lassen, wurde *Das Buch der Genesung* durchaus nicht überall positiv aufgenommen. Unter Ibn Sinas schärfsten Kritikern war Abū Ḥāmid Muḥammad ibn Muḥammad al-Ṭūsī al-Ghazālī (1058–1111) in Bagdad. In kaum einem Werk findet die antiphilosophische und antiaristotelische Stimmung jener Zeit derart deutlich Ausdruck wie in seiner Schrift *Die Inkohärenz der Philosophen*.

Al-Ghazālīs Kritik richtet sich gegen die spekulative Metaphysik Ibn Sinas und al-Fārābīs (S. 110) sowie ihre Befürwortung aristotelischer Kausalmodelle. *Das Buch der Genesung* beschreibt Ketten materieller Kausalitäten, in denen ein Ding ein weiteres verursacht (und dieses ein anderes, dann ein weiteres und so fort). Al-Ghazālī glaubte, dass diese mechanische Kausalität den göttlichen Einfluss außer Gefecht setzt; es sei, behauptete er, ein Dogma des Islam, dass Allah an der Erschaffung jeden Ereignisses beteiligt sei. Es mag wie Ursache und Wirkung erscheinen, wenn ein Stück Baumwolle Feuer fängt, nachdem es eine Flamme berührt hat, doch für al-Ghazālī ist die Verbrennung der Baumwolle letztendlich durch Allahs Einfluss verursacht und nicht durch das Feuer. *Die Inkohärenz der Philosophen* besagt, dass gegenteilige Behauptungen nichts weniger als Ketzerei sind.

Al-Ghazālīs Arbeit wird zu einer mystischen Tradition des sufistischen Gedankenguts gezählt. Der Sufismus entstand bereits in der Frühgeschichte des Islam, nahm jedoch kurz vor dem neuen Jahrtausend an Beliebtheit zu, teils in Reaktion auf den übermäßigen Wohlstand unter den Umayyaden-Kalifen. Er legte den Schwerpunkt auf Askese, Andacht und ernste Reflektion. Neben der *Inkohärenz der Philosophen* gehörten zu den sufistischen Texten des 12. und 13. Jahrhunderts *Die Philosophie der Erleuchtung* (1186) von Abū al-Futūḥ Shihāb al-Dīn Yaḥyā ibn Ḥabash ibn Amīrak al-Suhrawardī und *Ringsteine der göttlichen Weisheit* (1229) von Abū ʿAbd Allāh Muḥammad ibn ʿAlī ibn Muḥammad ibn ʿArabī al-Ḥātimī aṭ-Ṭāʾī. In Letzterem bezieht Ibn ʿArabī (1165–1240) explizit Prophezeiung und Offenbarung in seine Methodologie mit ein. In Ersterem stellt Suhrawardī (1154–1191) eine Glaubenslehre vor, die sich um Wissen durch Vorstellungskraft oder «Erleuchtung» statt durch konventionelle Analyseprozesse dreht. Beiden Werken lag eher eine offenbarende als eine rationalistische Methodik zugrunde.

2 Inkohärenz

Ḥayy ibn Yaqẓān (wörtlich «der Lebendige, Sohn des Wachenden») von Abū Bakr Muḥammad ibn ʿAbd al-Malik ibn Muḥammad ibn Ṭufayl al-Qaysī (um 1105 bis 1185) ist eine der vielen Antworten auf *Die Inkohärenz der Philosophen.* Der philosophische Roman erzählt von einem Menschen, der nur in Gesellschaft einer Antilope (die folgerichtig dann verspeist wird) auf einer Insel lebt. Er beschreibt, wie der Protagonist Ḥayy (der Lebendige) die höchsten Wahrheiten der Naturwissenschaften, Philosophie und Religion entdeckt. Auf der Hälfte des Buches trifft er einen Weisen namens Asāl, der Ḥayy von religiösen Schriften erzählt. Ḥayy schlussfolgert, dass solche metaphorischen Mittel hilfreich für die breite Masse sein können, indem sie komplexe Informationen zugänglich machen, aber in der Suche nach Wahrheit keine wesentliche Bedeutung haben.

> **(…) er und sein Freund Asāl wussten, dass solche folgsamen, aber unvollkommenen Menschen keine andere Möglichkeit der Erlösung hatten und dass es, sollten sie darüber in das Reich der Spekulation erhoben werden, ihre Lage verschlimmern würde, und sie könnten nicht die Stufe des Gesegneten erreichen, sondern würden schwanken und kopfüber niederstürzen und ein schlimmes Ende finden.**

Ibn Ṭufayls Beschreibung eines einsamen Lebens ist eindeutig von *Die Richtschnur des Einsamen* beeinflusst, einem Werk seines almoravidischen Lehrers Abū Bakr Muḥammad ibn Yaḥyā ibn al-Ṣāʾigh al-Tūjībī ibn Bāddscha (um 1085–1138). In *Die Richtschnur des Einsamen* argumentiert Ibn Bāddscha, dass ein Einsiedlerleben dabei hilft, sich vor gesellschaftlicher Korruption zu schützen. Seiner Meinung nach kann ein erfüllendes spirituelles Leben durch das Streben nach Wissenschaft und Wahrheit erlangt werden; das «Unkraut», wie er die unwissenden Stadtbewohner nennt, sollte vom Pfad zum Wissen entfernt werden. Wie Ibn Ṭufayl erkennt er die Nützlichkeit religiöser Metaphern an, um komplizierte Konzepte der breiten Masse verständlich zu machen.

Den besten Titel unter den Antworten auf *Die Inkohärenz der Philosophen* hat *Die Inkohärenz der Inkohärenz.* Abū al-Walīd Muḥammad ibn ʾAḥmad ibn Ruschd – latinisiert «Averroes» (1126–1198) – aus Cordoba argumentiert in diesem dialoghaften Werk, dass sich die Vernunft mit dem muslimischen Glauben verträgt. Der Angelpunkt, um den sich diese Diskussionen drehen, ist

OBEN RECHTS

Ibn Bāddscha, Seiten aus *Die Richtschnur des Einsamen*, 11. Jh., Spanien

Dieser Text aus dem 11. Jahrhundert des Saragossaner Philosophen Ibn Bāddscha (auch bekannt als Avempace) ist eine Abhandlung darüber, wie seine Leserschaft «spirituelle Gesundheit» erlangen und erhalten kann. Die einzige erhaltene Ausgabe des arabischen Textes wird in der Bodleian Library der Oxford University aufbewahrt.

UNTEN LINKS

Seiten aus der *Abhandlung über die Inkohärenz der Philosophen*, 15. Jh., Türkei

Ibn Ruschd war nicht der einzige Philosoph, der sich mit al-Ghazālīs Text beschäftigte. Diese Abhandlung des osmanischen Theologen Mustafa ibn Yusuf al-Bursawi (auch bekannt als Khwa-jah'zadah) ist eine von zwei Gegenschriften gegen *Die Inkohärenz der Philosophen*, in Auftrag gegeben von Sultan Mehmed II.

die Frage nach der Erschaffung der Welt und das bekannte Thema der Ewigkeit. In *Die Inkohärenz der Philosophen* kritisiert al-Ghazālī Ibn Sina für die Behauptung, die Welt sei ewig und ewig in Bewegung, und dass sie notwendigerweise so sei. Mit Bezug auf den Koran und die Asch'aritische Lehre (die Lehre des Abū al-Hasan al-Asch'arī, um 874–936, und seiner Anhänger) erklärt al-Ghazālī diese Sichtweise als Ketzerei mit dem Hinweis, dass sie (wieder einmal) Allah aus dem Spiel lässt. Für al-Ghazālī ist Allah der gottesmächtige, höchste Akteur; die Erschaffung (und potenzielle Zerstörung) der Welt liegt voll und ganz im Bereich des göttlichen Willens. Andere Behauptungen seien Schmähungen gegen Allahs Macht.

Ein großer Teil der *Inkohärenz der Inkohärenz* ist der Darlegung von Fehlern in al-Ghazālīs Text gewidmet. Ibn Ruschd zufolge beruht die Kritik seines Vorläufers auf einer fehlerhaften Betrachtung von Kausalität. Für Sterbliche besteht der Prozess des Erschaffens zuerst aus der Entscheidung, etwas zu erschaffen, und dann der eigentlichen Tat. Angesichts Allahs Allmächtigkeit und Zeitlosigkeit ist dieses Kausalmodell unlogisch; es gibt keine zeitliche Lücke zwischen Entscheidung und Aktion. Nach Ibn Ruschd sind al-Ghazālīs Behauptungen über die göttliche Schöpfung inkohärent.

Es ist verlockend, diese Diskussionen als hitzige Schlagabtausche über interessante, aber letztlich folgenlose Glaubensdoktrinen zu sehen. Solche metaphysischen Rangeleien haben jedoch Auswirkungen in der realen Welt. Nirgendwo wird das deutlicher als in den Rechtstheorien jener Zeit. Ibn Ruschd war wie viele seiner Zeitgenossen ausgebildeter Anwalt; er wurde in eine Familie mit einer langen und respektablen Geschichte im Staats- und Rechtsdienst hineingeboren und genoss eine breit gefächerte Ausbildung in der Rechtslehre. Während Rechtsanwälte heute die Theologie als weit entfernt von der Gerichtstätigkeit betrachten dürften, stand das Göttliche für Ibn Ruschd im Zentrum rechtlicher Verfahren. *Die Inkohärenz der Inkohärenz* ist ein Buch über die Gesetzgebung und die Grundlage rechtlicher Autorität. Woher kommen Gesetze? Auf welche Autorität – Offenbarung oder Vernunft – sollten wir unser Rechtssystem bauen?

Ein weiteres verblüffendes Beispiel für den Schnittpunkt von Glaube und Gesetz ist der äthiopische Text *Fetha Negest (Gesetz der Könige)*, der um 1240 zusammengestellt wurde. Das *Fetha Negest* wurde von dem koptischen Christen Abul Fada'il Ibn al-'Assal aus einer früheren arabischen Textsammlung ins Altäthiopische übertragen und untersucht Fragen zu Schuld, Bestrafung und die angenommene moralische Grundlage für Sklaverei im Rahmen des christlichen Gedankenguts. Es wird betont, dass Grenzen der persönlichen Freiheit unter bestimmten Umständen (etwa im Krieg) zulässig sind. Es wird aber auch klargestellt, dass Nichtchristen niemals Christen versklaven dürfen. Damals wie heute werden also bestimmte Rechte auf der Grundlage religiöser und ethnischer Aspekte zugestanden. Die Gesetze der Menschen entstammen scheinbar göttlichen Gesetzen.

UNTEN

De Monte Imperiali, *Liber de Herbis*, 14. Jh., Spanien

Hier sehen wir einen erdachten Austausch zwischen Ibn Ruschd und Porphyrios von Tyros. Die Illustration ist typisch für die Zeit in ihrer Einbeziehung von Text, der die Darstellung des dialogischen Austauschs verstärkt – nicht unähnlich den Sprechblasen heutiger Comics und Cartoons.

3 Kulturelle Zentren

Viele dieser Konversationen wurden in den letzten Tagen des Abbasiden-Kalifats geführt. Nach der Belagerung von Bagdad (wo viele dieser Bücher hergestellt wurden) durch die Seldschuken 1157 verteilten sich die Teilnehmer allmählich an andere Orte. Ibn Ruschd beispielsweise arbeitete fortan wie verschiedene andere in Córdoba in Andalusien (heutiges Südspanien), einer der neuen kulturellen Hauptstädte der muslimischen Welt.

Unter der Kontrolle des Umayyad-Kalifats beherbergte Córdoba dynamische intellektuelle Gruppen wie den philosophischen Kreis, den Wallāda bint al-Mustakfī (um 1001–1091) leitete. Al-Mustakfī brachte Denker zusammen, um Fragen rechtlicher, ethischer, metaphysischer und weltlicher Natur zu diskutieren, und veröffentlichte auch eigene Arbeiten. An eine Tradition anknüpfend, die bis zu Sappho zurückreichte, konzentrierte sich al-Mustakfī dabei auf das Thema Liebe. Zwar sind nur wenige ihrer Arbeiten erhalten geblieben, doch die überlieferten Versschnipsel fangen eine erstaunliche Spannung zwischen starkem Individualismus (ausgedrückt in der ersten Person in kraftvollen Aussagen wie «Bei Allah, ich bin zu Edlem geeignet / Und ich geh‘ meinen Weg voller Stolz!») und der kontrollierenden Wirkung von Emotionen ein:

Das Schicksal hat eilig gebracht, was ich immer fürchtete,
Die Nächte vergehen und ich sehe kein Ende meiner Trennung
Und die Geduld befreit mich nicht von den Fesseln der Leidenschaft …

UNTEN

Porträt des al-Rāzī, Datierung unbekannt

Diese Kohleskizze des Arztes und Philosophen von der Hand eines unbekannten Künstlers wird in der Wellcome Collection in London aufbewahrt und zeigt den Philosophen tief in Gedanken versunken.

Dank der Toleranz der Umayyaden gegenüber anderen Glaubensrichtungen blühte auch die jüdische Philosophie in Andalusien auf. Nördlich und südlich von Córdoba, in Toledo und Malaga, beschäftigten sich die jüdischen Denker Judah Halevi (um 1075–1141) und Solomon ben Jehuma ibn Gabirol (um 1022–1058 oder 1070) mit denselben Themen, die schon al-Ghazālī und Ibn Ruschd vor Rätsel gestellt hatten. In Halevis auf Arabisch und in Dialogform verfasstem Werk *Das Buch von Argument und Beweis zur Verteidigung des verachteten Glaubens* (1140) bittet ein nichtjüdischer Fragesteller einen Rabbi um Anleitung zum Judentum. Wie al-Ghazālī argumentiert Halevi, dass die Wahrheit sich am besten durch religiöse Praxis und Studium erreichen lässt; philosophische Spekulation ist bestenfalls sinnlos und schlimmstenfalls schädlich für die Betreibenden. Hier reagiert er auf Ibn Gabirols *Die Lebensquelle* (geschrieben um 1050), die einen ähnlichen Dialog zwischen Lehrer und Schüler enthält, sich aber darauf konzentriert, die Vorzüge der (platonischen) metaphysischen Spekulation zu untersuchen.

Solche Bücher waren beliebt und weit verbreitet; sie tauchten auch in verschiedenen Übersetzungen auf. Während das Haus der Weisheit in Bagdad (S. 104) verfiel, war die Bibliothek der Kathedrale der zentraliberischen Stadt Toledo gewachsen. Stadtchroniken zeigen, dass ab den 1150er-Jahren Gelehrte aus Tunis, Italien, Deutschland und sogar Schottland in das pulsierende kulturelle Zentrum strömten. Mit Unterstützung der Kirche hatten dort Gruppen von Übersetzern und Schreibern damit begonnen, Arbeiten aus dem Arabischen ins Lateinische zu übertragen sowie in Landessprachen wie das Kastilische. Exemplare übersetzter Werke fanden den Weg in die großen Städte in den Königreichen des Kontinents, den wir heute «Europa» nennen. Zuvor unzugängliche Bücher – von Ibn Sina, al-Ghazālī und Ibn Gabirol ebenso wie von Aristoteles, Ptolemäus, Galen und spätere platonische Texte – tauchten allmählich in den Bibliotheken und den Lehrplänen der neu gegründeten Universitäten auf.

LINKS

Aristoteles, Seite aus der *Physik*, 13. Jh., Italien

Gerhard von Cremonas lateinisches Manuskript enthält seine Übersetzungen aristotelischer Werke zur Naturphilosophie, darunter *Physik* und *Über den Himmel* sowie Nikolaos von Damaskus' *Über Pflanzen*. Detailreichtum und Dynamik der Seite sind verblüffend; der Haupttext geht in illustrierende Abbildungen über, umgeben von gewissenhaften Kommentaren an den Rändern.

4 Rambam

UNTEN

Maimonides, illuminierte Seite aus dem *Führer der Unschlüssigen*, 14. Jh., Katalonien

Diese hebräische Version von Maimonides' *Führer* enthält auffällige Illuminationen aus teuren Pigmenten. Das zentrale Bild zeigt den Gelehrten im Dialog (aufgezeichnet im Textkasten) und verschiedene Vögel (Moorhuhn, Gockel, Fasan und Pfau) in der gemusterten Bordüre. Im Gegensatz zum Lateinischen wird Hebräisch von rechts nach links gelesen.

Die gegenseitige Befruchtung muslimischen und jüdischen Gedankenguts wurde in den 1150er-Jahren mit der Entstehung des Almohaden-Kalifats gehemmt. Bis dahin war Córdoba weitgehend tolerant im Hinblick auf die religiöse Diversität gewesen. Die Lage änderte sich, als 1147 das berberische Almoraviden-Reich an die Almohaden fiel. Diese schafften die *dhimma* ab, den staatlichen Schutz für bestimmte Randgruppen, darunter auch die Juden. Diese Gruppen mussten sich nun zwischen Assimilation und Exil entscheiden. Es war eine unsichere Zeit für die jüdischen Gemeinden – und in diese Zeit hinein wurde Moses ben Maimon (1135–1204) geboren.

Der jüdische Denker, der meist bei seinem latinisierten Namen «Maimonides» genannt wird und unter dem liebevollen Spitznamen «Rambam» bekannt ist (ein Akronym aus den Initialen seines vollständigen Titels Rabbi Moses Ben Maimon), war ein sephardischer Jude, geboren in Córdoba und ins Exil gezwungen. Sein Werk ist ein Versuch, jüdisches Gedankengut zu verteidigen und zu stärken, um sein Überleben in einem feindlichen intellektuellen Klima zu sichern. In seiner *Mischne Tora* zielte Maimonides darauf ab, rabbinisches Recht sowohl zu extrapolieren als auch klarzustellen sowie die Regierungsgesetze der jüdischen Gemeinde zu stärken und sie gleichzeitig einem breiten Publikum zugänglich zu machen. Zu diesem Zweck stellt die *Mischne Tora* die Konzepte in den Gründertexten der jüdischen Rechtstheorie zusammen: die ersten fünf Bücher der *Tora*, ihre Kommentare (die *Mischna*) und Kommentare zu den Kommentaren (den *Talmud*). Sie liefert damit klare Richtlinien für die Gläubigen sowie eine Analyse allgemeiner Prinzipien.

Mit seinen rationalen Argumenten zur Unterstützung und Erklärung der Anweisungen in der heiligen Schrift schwamm Maimonides in denselben konzeptionellen Gewässern wie Ibn Sina und Ibn Ruschd. Al-Ghazālī hätte seine Methode kritisch gesehen und wäre sicherlich nicht einverstanden gewesen mit seinen Versuchen, die aristotelische Tugendethik mit der Rechtstheorie zu versöhnen. Indem er sich gegen Denker wie al-Ghazālī und Halevi stellte, wollte Maimonides den Konflikt zwischen dem jüdischen Gesetz und der Entwicklung der Tugend, zwischen spiritueller Hingabe und aristotelischer Tugend auflösen.

Diesen Ansatz arbeitete er im *Führer der Unschlüssigen* (1190) noch weiter aus. Das auf Judäo-Arabisch verfasste und seinem Schüler Joseph gewidmete Buch ist ein Leitfaden für diejenigen, die angesichts der Widersprüche zwischen den offenbarten Wahrheiten der Religion und den durch rationale Überlegungen erkannten verwirrt sind. Maimonides zufolge können wir Wahrheiten über das Wesen Gottes durch schrittweise logische Analyse erfahren. Der *Führer* präsentiert ein rationalistisches Verständnis des höchsten Wesens: Gott ist einfach, perfekt und

OBEN

Maimonides,
***Einführung in die Mischne Tora*, 15. Jh., Portugal**

Diese illuminierte Version der *Mischne Tora* ist unverhohlen prunkvoll. Die üppigen, komplexen Bordüren mit ihren Schlaglichtern aus Blattgold sollen sowohl die Wertschätzung des Eigentümers für das Lernen zum Ausdruck bringen als auch seinen Wohlstand.

UNTEN

Maimonides, Entwurf des Gesetzbuches des Maimonides, um 1180, Ägypten

Diese Doppelseite, angeblich in Maimonides' Handschrift, wurde in der Geniza (Lagerraum) der Ben-Ezra-Synagoge im ägyptischen Al Fustat entdeckt und wird heute zusammen mit vielen anderen Manuskripten als Teil der sogenannten «Cairo Genizah»-Sammlung in der Bodleian Library aufbewahrt.

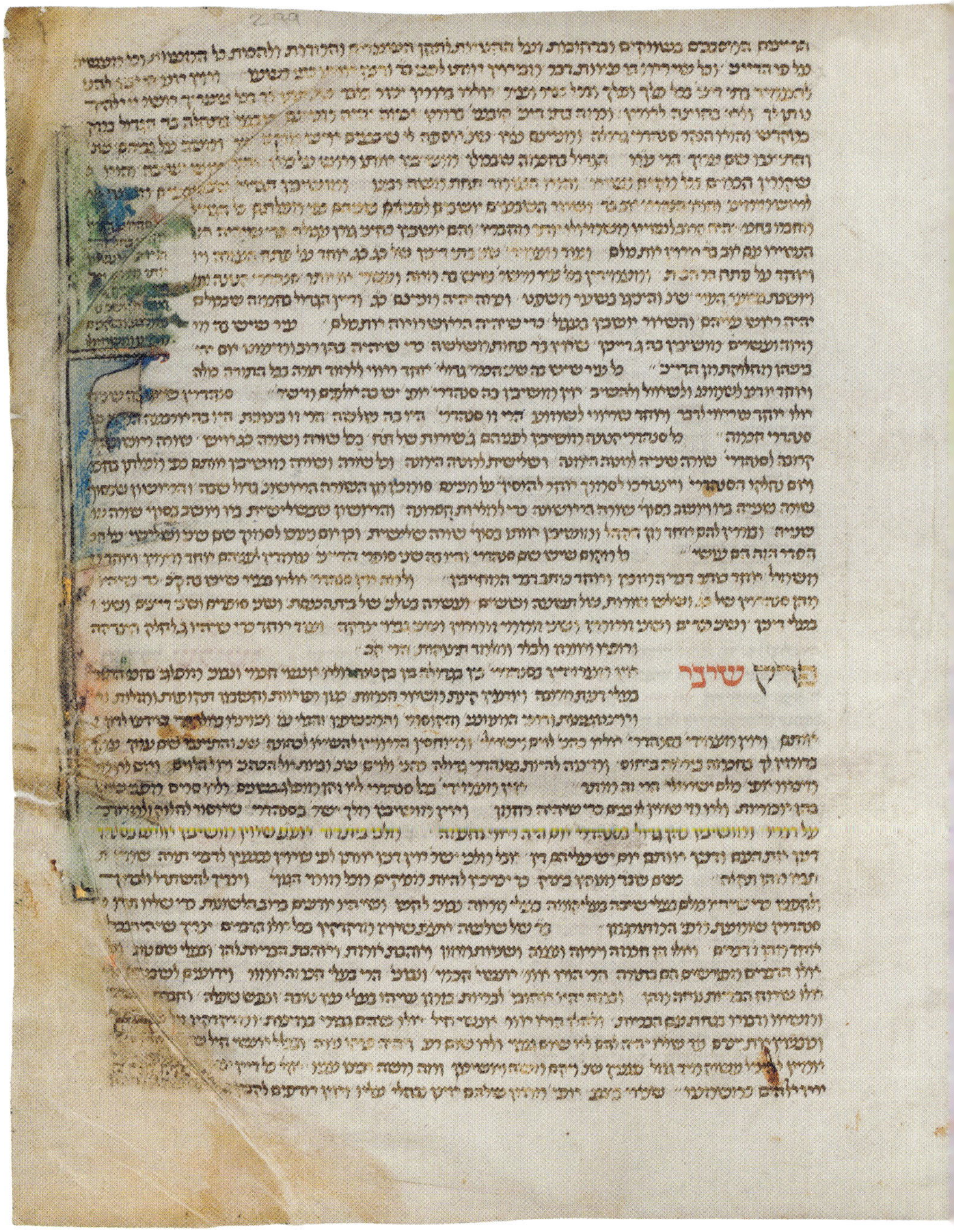

LINKS

Maimonides, Doppelseite aus der *Mischne Tora*, 1457, Italien

Diese äußerst kunstvolle und mit großer Sorgfalt gedruckte Version der *Mischne Tora* wird einem italienischen Buchdrucker zugeschrieben, der «Meister des Barbo Missal» genannt wird. Diese Illustration eines rituellen Opfers wurde in Tempura und Blattgold auf Pergament gearbeitet. Tempura ist eine Maltechnik, bei der Pigmente in einer wasserlöslichen Emulsion wie Eigelb gebunden sind.

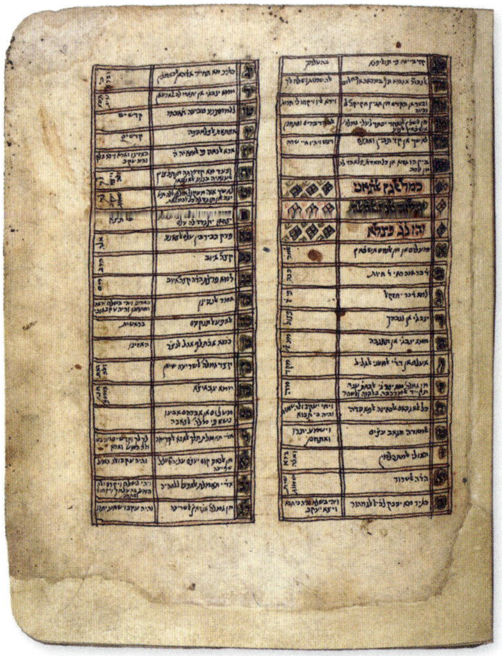

OBEN RECHTS

Maimonides, Seiten aus dem *Führer der Unschlüssigen*, 15. Jh., Jemen

Kein Zentimeter Platz wird in dieser jemenitischen Version des *Führers* vergeudet. Man kann sich gut vorstellen, wie die Leser das Buch studierten, die Kommentare lasen, eigene hinzufügten und damit zu einer einzigartigen, detaillierten Randdiskussion beitrugen. Als es noch keine Zeitungen und Zeitschriften gab, war dies oft der Ort für Rezensionen.

UNTEN LINKS

Maimonides, Seite aus dem *Führer der Unschlüssigen*, 1423, Jemen

Diese jemenitische Ausgabe des *Führers* hat ein Register biblischer Passagen mit geometrischen Dekorationen und sorgfältig eingefärbter Beschriftung. Wie bei vielen dieser Texte weisen die Seiten Wasserschäden auf und sind unglaublich fragil.

UNTEN RECHTS

Maimonides, Seite aus dem *Führer der Unschlüssigen*, um 1202, Frankreich

Diese Seite stammt aus Samuel Ibn Tibbons Ausgabe des *Führers*, die ein systematisch geordnetes Glossar aufweist. Ibn Tibbon ist auch dafür bekannt, die ersten hebräischen Versionen von Aristoteles und Ibn Ruschd produziert zu haben. Dieser Text wird in der British Library in London aufbewahrt.

ungegenständlich. Das steht im Kontrast zu biblischen Beschreibungen einer anthropomorphisierten Gottheit, die auf einem Thron sitzt und männlich gelesen wird. Wie Ibn Tufayl schreibt Maimonides, dass die Dissonanz entsteht, weil wir versuchen, etwas wörtlich zu lesen, das aus didaktischen Gründen symbolisch gemeint war. Erneut wird religiösen Texten hier die Funktion zugeschrieben, Wissen zu demokratisieren, wobei sie für die allgemeine Bevölkerung unverständlich werden.

5 Nomadisches Wissen

Als Gelehrter im Exil musste Maimonides auf ein Zuhause und die Vorzüge institutioneller Unterstützung und Stabilität verzichten. Seine Werke jedoch sammelten sich bald in den geschützten Räumen von Universitätsbibliotheken, auch wenn sie einem gewissen Maß an Zensur unterworfen waren. Dort lagen sie wie viele ähnliche Texte jener Zeit, die ebenso prachtvoll wie kostspielig hergestellt wurden, angekettet in den Regalen und wurden von gewissenhaften Archivaren gepflegt. Ohne diese Erhaltungsbemühungen nähmen Historien, wie Sie sie gerade lesen, einen ganz anderen Verlauf.

An dieser Stelle sollte die intuitive Voreingenommenheit des Historikers gegenüber nomadischen Völkern nicht unerwähnt bleiben. Das Vorurteil ist kein Produkt von Böswilligkeit, sondern eine unselige Funktion der Methodik dieser Forschungsdisziplin. Historiker müssen Themen untersuchen und ihre Arbeit wird durch Artefakte aus der entsprechenden Zeit ermöglicht. Nomadische Völker hinterlassen weniger Spuren in Form von Artefakten als sesshafte; wenn eine Gemeinschaft ständig in Bewegung ist, wird sie weniger in feste Aufbewahrungsorte kulturellen Wissens investieren und mehr in mündliche Techniken (zum Beispiel Reimschemata und einprägsame Versmaße), mit deren Hilfe ihre Mitglieder Informationen immer bei sich haben können. Wir sollten aus dem Fehlen von Belegen nicht schließen, dass umherziehende Gruppen keine ausgeklügelten Denksysteme besaßen. Das Wesen dieser Systeme steht nach wie vor im Mittelpunkt der Spekulationen vonseiten der Philosophen wie der intellektuellen Historiker.

Ein solches Volk waren die Mongolen. Im späten 12. Jahrhundert stieg diese nomadische Gruppe zur Vormacht in der Steppe auf. Unter Dschingis Khan (um 1162–1227) und seinen Nachkommen beherrschte das Mongolenreich ein Gebiet, das sich vom Kaukasus und Russland bis Nordindien und einen großen Teil Zentralasiens erstreckte. Die Mongolen kombinierten effiziente Verwaltung und strategische Allianzen mit Ausbrüchen heftiger und sehr öffentlicher Gewalt (wie man sie schon unter Alexander gesehen hatte), um ihre Untertanen zu unterwerfen. Wie ihre imperialen Vorgänger orientierten sich die Mongolen dabei nicht nach Westen, sondern nach Osten und blickten begehrlich auf den Wohlstand des islamischen Reiches und der chinesischen Dynastien.

Es waren die Mongolen, die dem Abbasiden-Kalifat 1258 schließlich den Todesstoß versetzten, als sie Bagdad einnahmen und seinen umfangreichen Bibliothekenkomplex dem Erdboden gleichmachten. Kurz darauf besiegten sie die Mamluken-Dynastie in Ägypten, bevor sie sich nach China wandten. Nachdem sie dort Land im nördlichen Uigurengebiet erobert hatten, stürzten sie die herrschenden Jin und gründeten die Yuan-Dynastie. Ihre assimilistische Politik, in Kombination mit ihrer nomadischen Lebensweise, erschwert die Unterscheidung spezifischer mongolischer Denkschulen, doch ihre Aktivitäten werfen tiefgreifende und weitreichende Fragen über die Möglichkeit historischer Praxis an sich auf. Ist die Art und Weise, wie wir Geschichtsforschung betreiben, systemisch kompromittiert? Ohne allzu tief in die Selbstkritik abtauchen zu wollen, können wir vermuten, dass die Antwort vermutlich Ja lautet.

OBEN

Rashīd al-Dīn Faḍlullāh Hamadānī, *Die Belagerung Bagdads*, um 1430–34, Iran

Diese Doppelseite des Künstlers Sayf al-Vahedi, gefunden in der Bibliothèque Nationale de France, zeigt die Stadt Bagdad unter der Belagerung des mongolischen Anführers Hülegü. Im Vordergrund erkennen wir die Kavallerie und Kriegsmaschinen wie etwa Trebuchets.

6 Intellektuelles Erbe

Vor der Ankunft der Mongolen hatten die zentralen Provinzen Chinas unter der Herrschaft der Song-Dynastie gestanden. Verbesserungen in der Landwirtschaft und eine wachsende Bevölkerung hatten die Wirtschaft angekurbelt, was wiederum zu Fortschritten in Militärtechnologien geführt hatte (einschließlich der Herstellung einer neuartigen chemischen Verbindung: Schießpulver). In diesen Jahren kam es zu einer weit verbreiteten Urbanisierung und in deren Folge zu einer Blütezeit des intellektuellen, gesellschaftlichen und künstlerischen Lebens. Gleichzeitig beschleunigte die Erfindung von Druckerpressen mit beweglichen Lettern die Herstellung und Verbreitung von Büchern drastisch und ermöglichte eine noch stärkere Systematisierung des Wissens.

Diese Ära in der chinesischen Philosophie ist hauptsächlich von der Konsolidierung des Ruismus gekennzeichnet. Es erschien eine Fülle von Texten mit dem Ziel, die metaphysischen und ethischen Fundamente des ruistischen Gedankenguts zu kodifizieren. In *Rechtes Auflichten* (1076) postuliert Zhang Zai (1020–1077), dass *qì*, begriffen als (formloser) Atem, die Grundsubstanz ist, aus der alles andere gebildet wird. Damit weist der Text explizit buddhistische Ansichten zur absoluten Leere (S. 79) zurück. Inzwischen entwickelten die Geschwister Cheng Hao (1032–1085) und

Cheng Yi (1033–1107) die Ansicht – zu finden in ihren *Erhaltenen Werken*, die erst im 17. Jahrhundert gedruckt wurden –, dass *qì* der Grund ist, warum Seiendes entsteht, und *lǐ* (universelle Ordnung) das zentrale Ordnungsprinzip der Realität. Solche Darstellungen wurden in den *Aufzeichnungen des Nachdenkens über Naheliegendes* (1175) von Zhu Xi (1130–1200) zusammengefasst, um die staatlich unterstützte Philosophie zu stärken. Die metaphysischen Debatten innerhalb des Ruismus (statt über akademische Gräben hinweg) wurden sogar noch ausführlicher.

Zhu leistete auch einen Beitrag zur Standardisierung des ruistischen Lehrplans, indem er die «Fünf Klassiker» (die Gründungstexte des ruistischen Gedankenguts) um «Vier Bücher» erweiterte: Die *Analekten*, das *Mengzi*, *Das Große Lernen* und *Mitte und Maß* (bei den letzten beiden handelt es sich um Abschnitte aus dem *Buch der Riten*, die als unabhängige Veröffentlichungen im Umlauf waren). In der Ming-Dynastie standen die «Vier Bücher» und «Fünf Klassiker» im Mittelpunkt staatlicher Wettbewerbe (der Verfahren, nach denen Bewerber für den Staatsdienst ausgewählt wurden.)

1271 ernannte sich Kublai Khan, ein Nachfahre von Dschingis Khan, zum Kaiser von China und gründete damit die Yuan-Dynastie. Die Yuan-Mongolen blieben bis zur Mitte des 14. Jahrhunderts an der Macht, als Zentralasien von aufeinanderfolgenden Pestwellen überrollt wurde und die Ming-Dynastie die Herrschaft übernahm. Die Ming sollten weitere drei Jahrhunderte herrschen und leiteten eine Periode ein, die sich durch breit angelegte Investitionen in Infrastruktur und Verteidigung (unter anderem durch den Wiederaufbau der Chinesischen Mauer), Bevölkerungswachstum und zunehmenden Wohlstand auszeichnete – eine Folge ausgebauter Handelsrouten zu den nach Seide gierenden Völkern im Westen.

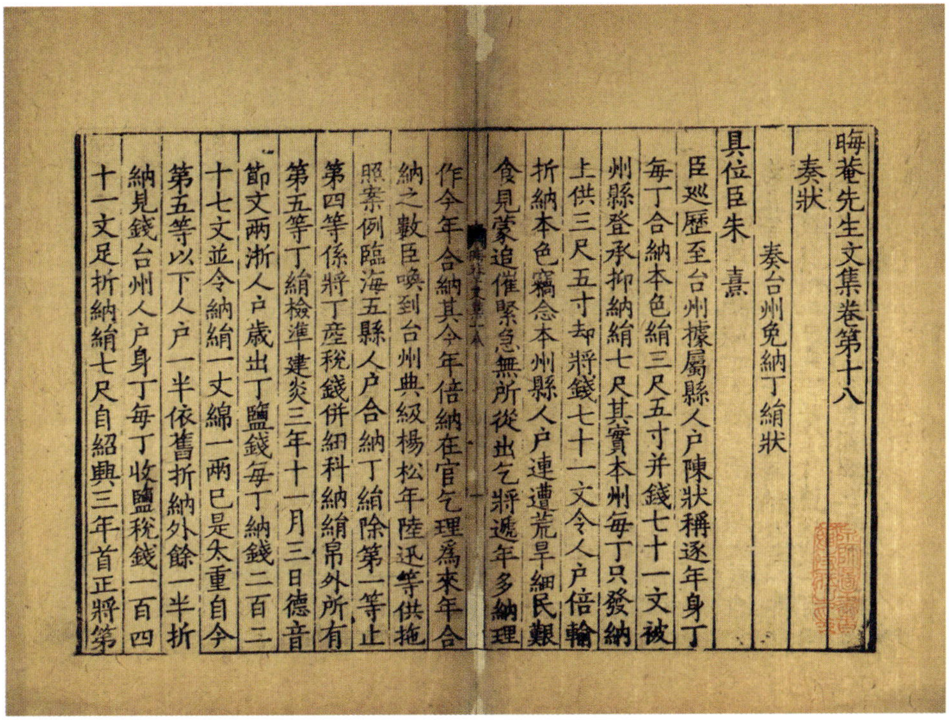
晦菴先生文集卷第十八
奏狀
奏台州免納丁絹狀
具位臣朱 熹
臣巡歷至台州據屬縣人户陳狀稱逐年身丁
每丁合納本色絹三尺五寸并錢七十一文被
州縣登承抑納絹七尺其實本州每丁只發納
上供三尺五寸却將錢七十一文令人户倍輸
折納本色竊念本州縣人户連遭荒旱細民艱
食見蒙追催緊急無所從出乞將遞年多納理
作今年合納其今年倍納在官乞理爲來年合
納之數臣喚到台州典級楊松年陸丞等供據
照案例臨海五縣人户合納丁絹除第一等止
第四等係將丁産稅錢併紐科納絹帛外所有
第五等丁絹檢準建炎三年十一月三日德音
節文兩浙人户歲出丁鹽錢每丁納錢二百二
十七文並令納絹一丈綿一兩已是太重自今
第五等以下人户一半依舊折納外餘一半折
納見錢台州人户身丁每丁收鹽稅錢一百四
十一文足折納絹七尺自紹興三年首正將第

LINKS

Zhu Xi, Seiten aus *Gesammelte Schriften*, Datierung unbekannt

Diese Doppelseite aus der «Literatursammlung» von Zhu Xi weist ein interessantes Gestaltungsmerkmal auf: ein senkrecht liniertes Raster, das die Textpassagen enthält. Ein Teil des Textes scheint im Bundsteg verloren gegangen zu sein.

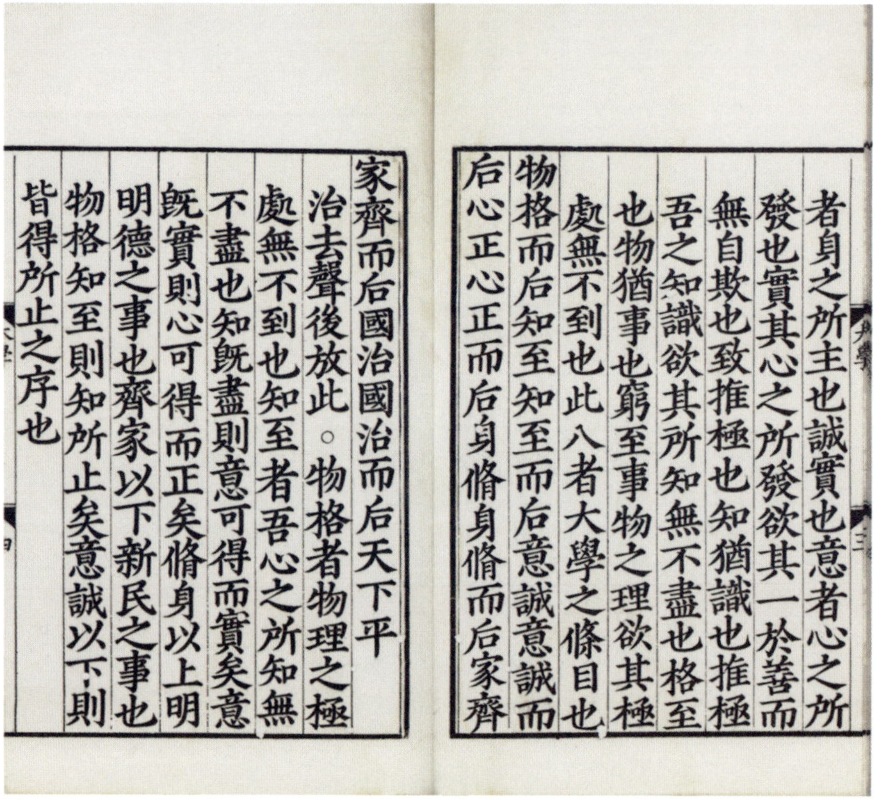

者身之所主也誠實也意者心之所
發也實其心之所發欲其一於善而
無自欺也致推極也知猶識也推極
吾之知識欲其所知無不盡也格至
也物猶事也窮至事物之理欲其極
處無不到也此八者大學之條目也
物格而后知至知至而后意誠意誠而
后心正心正而后身脩身脩而后家齊

家齊而后國治國治而后天下平
治去聲後放此○物格者物理之極
處無不到也知至者吾心之所知無
不盡也知既盡則意可得而實矣意
既實則心可得而正矣脩身以上明
明德之事也齊家以下新民之事也
物格知至則知所止矣意誠以下則
皆得所止之序也

RECHTS

Zhu Xi, Seite aus den *Vier Büchern*, zwischen 1644 und 1912, China

Zu dieser Ausgabe der *Vier Bücher* gehört eine «Sammlung von Kommentaren» oder «Erwiderungen», eine übliche Praxis, um die Leser an den jüngsten philosophischen Diskussionen teilhaben zu lassen. Dieses Exemplar stammt wahrscheinlich aus der Qing-Dynastie.

Die theoretischen Strömungen blieben indessen konstant. Neben Arbeiten im Bereich der Metaphysik entwickelte sich in der Ming-Periode die ruistische Tugendethik weiter, etwa in Texten wie *Anweisungen für die inneren Gemächer*. Das Werk, geschrieben von der Kaiserin Xu (1362–1407), auch bekannt als Kaiserin Renxiaowen, ist ein Leitfaden für Selbstkultivierung und moralisches Wachstum speziell für Frauen. Für Kaiserin Xu, genau wie für ihre ruistischen Vorfahren, war tugendhaftes Verhalten eng an die Kultivierung des Ichs gebunden:

> **Damit ein Mensch Weisheit erlangt, gibt es nichts Wichtigeres, als die eigene moralische Natur zu nähren, damit er sich selbst kultivieren kann.**

Tugend basiert auf der Selbstkultivierung. Moralität, erklärt Xu, «ist nicht etwas, das von außen kommt, sondern ist tief in uns selbst verwurzelt». Aus diesem Grund müssen die Menschen aufmerksam gegenüber ihrem Verhalten in ihrer Umgebung bleiben und das Ich vor äußeren Einflüssen schützen:

> **(…) wer etwas Böses sieht, verwirrt seinen Geist. Wer Unzüchtiges hört, wird im Inneren verwirrt. Wer überhebliche Worte äußert, wird in seinem Herzen arrogant. Das alles schadet dem Selbst.**

OBEN

Qiu Ying,
***Literarische Zusammenkunft*, 16. Jh., China**

Dieses Gemälde von Qiu Ying, entdeckt in der Bibliothèque des Arts Décoratifs in Paris, zeigt berühmte Dichter des 11. Jahrhunderts auf Besuch beim Schwiegersohn des chinesischen Kaisers in seiner Villa. Man inspiziert eine Schriftrolle, während ein Musikinstrument gespielt wird.

LINKS

Porträt des Kaisers Yongle, zwischen 1368 und 1644, China

Kaiser Yongle, dessen Name gelegentlich zu Yonglo latinisiert wird und der als Zhu Di zur Welt kam, war der dritte Kaiser der Ming-Dynastie und herrschte von 1402–1424. Hier ist er auf seinem Thron in seiner zeremoniellen Amtsrobe zu sehen.

OBEN

Porträt der Kaiserin Xu, zwischen 1368 und 1644, China

Kaiserin Xu, die dritte Kaiserin der Ming-Dynastie, war bekannt für ihr eindrucksvolles literarisches Werk und ihre aktive Beteiligung an der Hofpolitik. Hier ist sie mit einem üppig verzierten höfischen Kopfschmuck zu sehen.

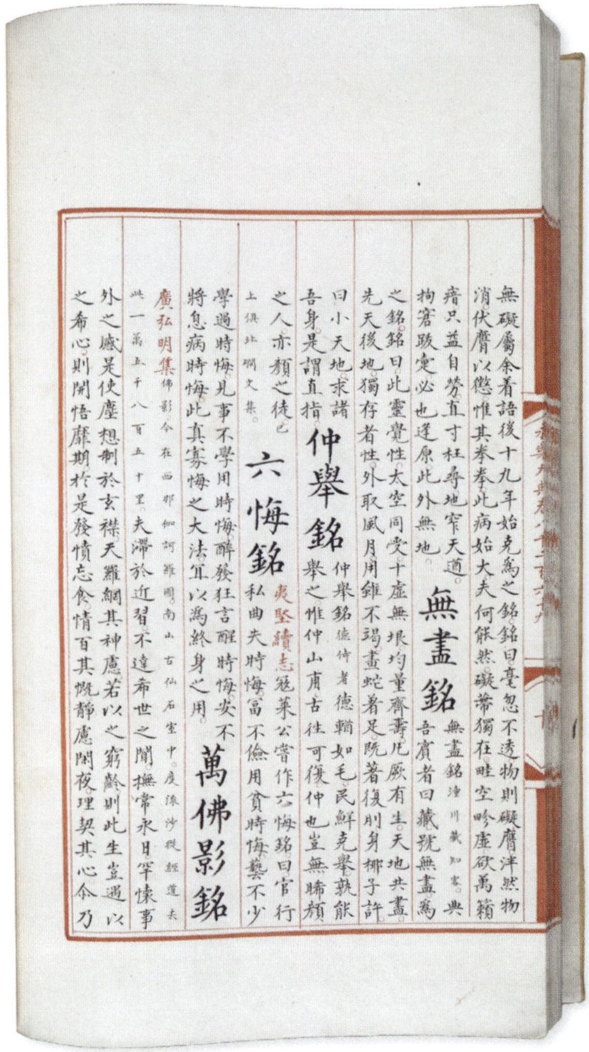

OBEN

***Die Yongle-Enzyklopädie*, um 1562–7, China**

Die *Enzyklopädie* (im Original *Yongle Dadian*), ursprünglich 1403 von Kaiser Yongle in Auftrag gegeben, wurde 1408 fertiggestellt und enthält mehr als 20.000 Manuskriptrollen, von denen heute nur noch 400 erhalten sind. Sechs Jahrhunderte lang war es die größte allgemeine Enzyklopädie überhaupt – bis zur Ankunft von Wikipedia. Im Gegensatz zu vergleichbaren Texten ist sie nicht nach Themen geordnet, sondern nach dem Wörterbuch-«Rhythmussystem», das einer alphabetischen Ordnung näherkommt. Dieses Exemplar wird in der British Library aufbewahrt.

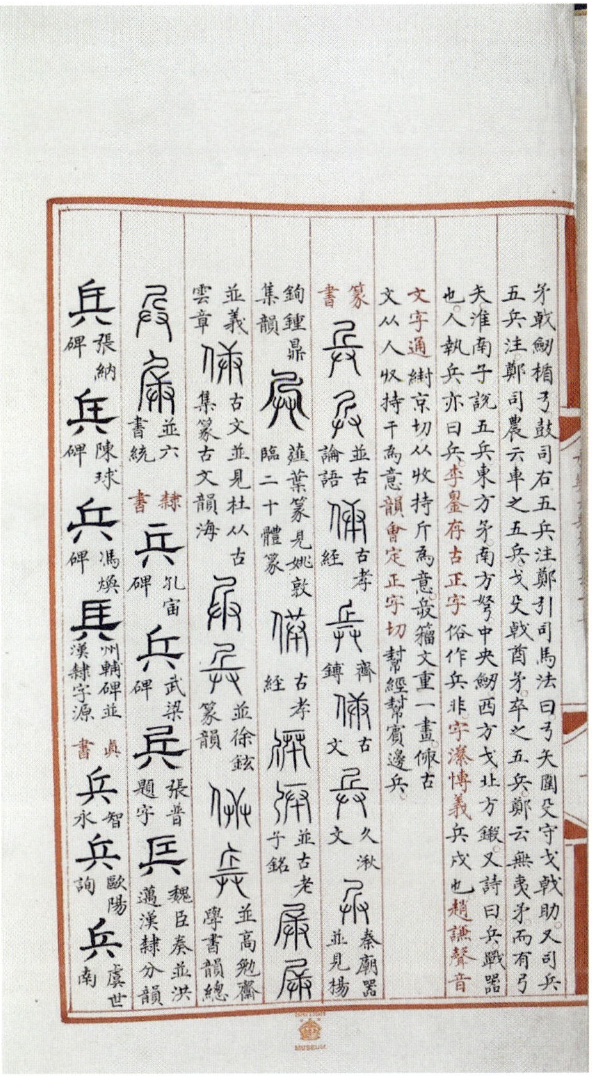

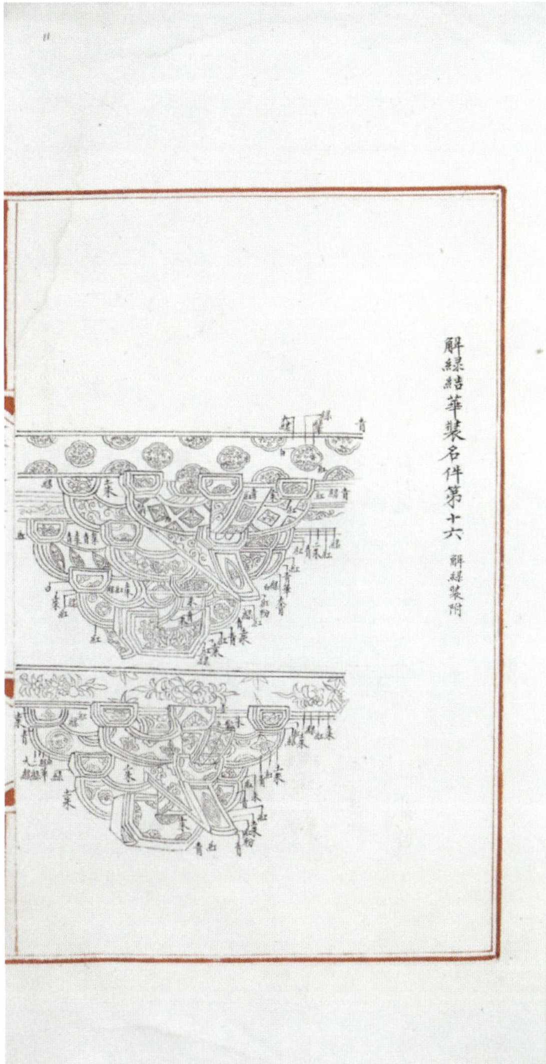
解綠結華裝名件第十六
解綠裝附

Im Gegensatz zur Debatte um menschliche Vernunft und göttliche Offenbarung gründen die ruistischen *Anweisungen* Autorität auf Tradition. Das Einhalten etablierter Rollen und der Praktiken der eigenen Vorfahren – statt gottgegebener Anweisungen oder rationaler Argumente – war für Kaiserin Xu die sicherste Anleitung für ein gutes Leben. Die Ming-Herrscher bemühten sich um die Verbreitung dieser Ideen, indem sie sie in beeindruckenden Enzyklopädien katalogisierten, etwa der *Yongle-Enzyklopädie*, die von Xus Ehemann, dem Kaiser Zhu Di (1360–1424) in Auftrag gegeben wurde.

7 Verschiedene Schriften

UNTEN

Porträt der Sei Shōnagon, Japan

In dieser Darstellung wird Sei Shōnagon, die Dichterin und Autorin des *Kopfkissenbuchs*, vom Künstler Kikukawa Eizan als «schöner Mensch» *(bijin)* gezeigt, ein Subgenre des Holzschnittdrucks, das besonders bei der Mittelklasse des frühen 19. Jahrhunderts beliebt war. Hier geht es eher um das Aussehen als um das literarische Werk.

Weiter im Osten hatte relativer Wohlstand Japan dazu gebracht, sich mehr Unabhängigkeit vom kontinentalen China zu verschaffen. Der Inselstaat begann, sich nach innen zu wenden, und die Offenheit der frühen Heian-Zeit, die daoistische, ruistische und andere chinesische Systeme mit offenen Armen empfangen hatte, war bald Geschichte. Die Japaner setzten immer häufiger Missionen auf den Kontinent aus und führten starke Beschränkungen für chinesische Importe (sowohl materieller als auch intellektueller Natur) ein. Eine ähnliche Verschiebung sehen wir auch in der Literatur dieser Zeit: Immer mehr Texte wurden neben den traditionellen *kanji* auch in der Landesschrift, dem *hiragana* (eine Art «Volksschrift») verfasst und hatten einen deutlich japanischen Schwerpunkt. Zu den Werken in dieser Form gehören das *Kopfkissenbuch* (um 1002) und *Die Geschichte vom Prinzen Genji* (*Genji Monogatari*, um 1010).

Im größtenteils in Hiragana geschriebenen *Kopfkissenbuch* finden sich Essays, freie Betrachtungen und Gedichte von Sei Shōnagon (um 966–1025), die am kaiserlichen Hof als Hofdame der Kaisergattin Fujiwara no Teishi diente. Sei, ein Mitglied der mächtigen Familie Fujiwara, philosophiert über Themen, die ihr bei ihren alltäglichen höfischen Pflichten begegnen, von moralischem Verhalten bis zu den Vorzügen des Briefeschreibens und «Dingen, die nervös machen». Das *Kopfkissenbuch* enthält auch interessante Anklänge an die Debatten über Vernunft und Religion. Sei besteht auf der Bedeutung, Wissen für sich selbst zu erlangen, und steht der Wirksamkeit von Gebeten und offenbarter Religion eher skeptisch gegenüber: «Man muss einen Gott bemitleiden, der angeblich ‹jedes einzelne Gebet erhört›», bemerkt sie.

Seis größter Beitrag liegt vielleicht in der literarischen Form. Das *Kopfkissenbuch* war nicht zur Veröffentlichung bestimmt, sondern stellt eher den Versuch der Autorin dar, ihre weitschweifigen Gedanken in Tagebuchform zu ordnen. Nach seiner Verbreitung gewann das Format an Beliebtheit und begründete eine neue Gattung in der japanischen philosophischen Literatur, *zuihitsu* (Miszellenliteratur). In dieser literarischen Form legt ein Autor assoziative, persönliche Essays und Beobachtungen in Reaktion auf seine Umgebung vor.

Die Form der *Geschichte vom Prinzen Genji* ist ebenfalls bemerkenswert. Über die Autorin des Buches wissen wir wenig außer ihrem Künstlernamen «Murasaki Shikibu» und ihrem Status einer Hofdame am Heian-Hof. Der Schreibstil des *Genji* ist jedoch unverwechselbar. Es ist eine fiktive, romanhafte Erzählung, die das Leben des hochgestellten Höflings und «strahlenden Prinzen» Hikaru Genji und seiner Nachkommen beschreibt und dabei auf zwischenmenschliche Beziehungen und Moralvorstellungen eingeht. Im Gegensatz zum Ruismus zeigt die Geschichte des Prinzen, dass «es keine notwendige Beziehung zwischen der öffentlichen Ordnung und dem persönlichen Charakter eines Herrschers gibt». Die Erzählung ist zudem von buddhistischem Gedankengut durchdrungen, das vom strahlenden Prinzen selbst vermittelt wird.

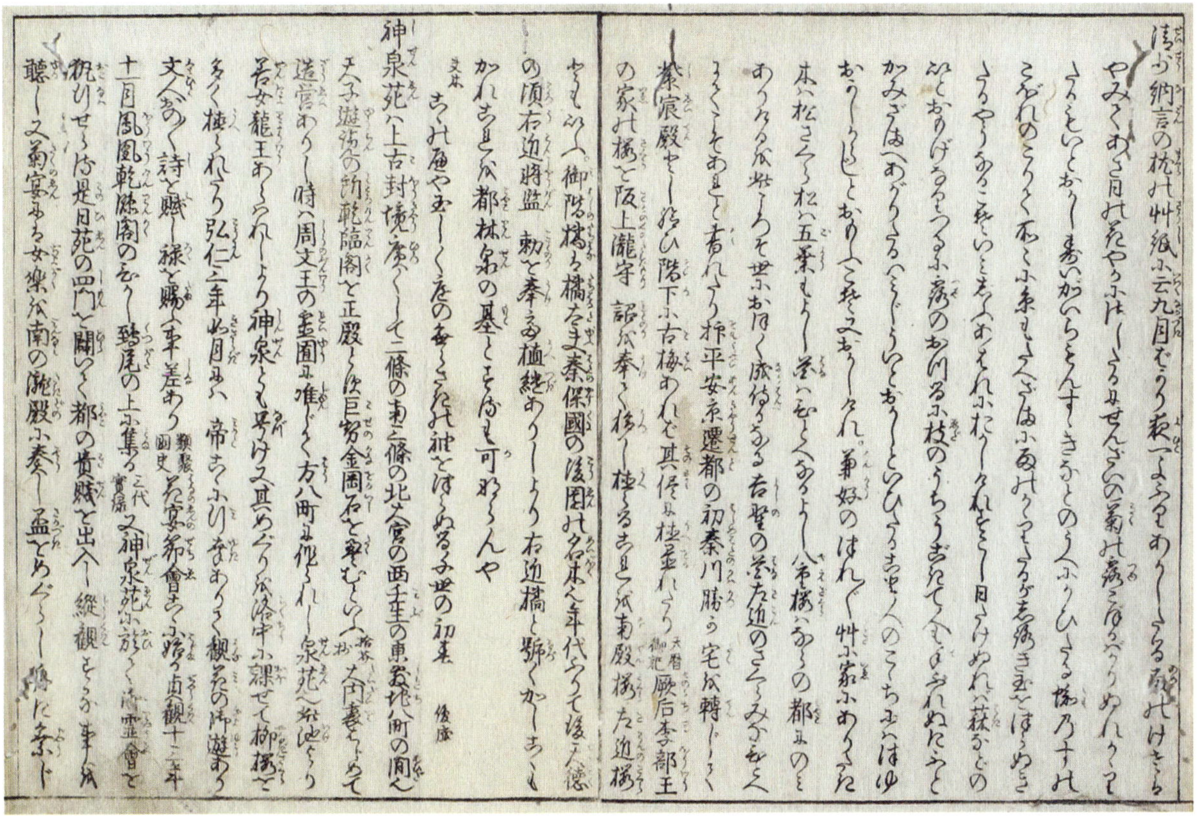

OBEN

Sei Shōnagon, Seiten aus dem *Kopfkissenbuch*, Datierung unbekannt, Japan

Diese Version des *Kopfkissenbuchs (Makura no Sōshi)* ist handgeschrieben und enthält Notizen zwischen den senkrechten Zeilen; wahrscheinlich war es nicht zur Veröffentlichung bestimmt. Das Buch ist grob in drei Teile geteilt: Der erste konzentriert sich auf Hofgeschichten, der zweite enthält Überlegungen der Autorin und der dritte besteht aus verschiedenen Listen, etwa von «abscheulichen Dingen» oder «Dingen voller Schönheit»

Allmählich setzte sich diese isolationistische Haltung sowohl in der philosophischen Literatur als auch in der japanischen Außenpolitik durch.

Auch das buddhistische Denken in Japan veränderte sich. Ab dem 12. Jahrhundert und besonders nach dem Sturz des kaiserlichen Hofes durch das *shōgun*-Militär 1185 florierten neben Kūkais Shingon-Schulen und der von Saichō (767–822) gegründeten Tendai-Schule noch weitere, neue Schulen. Mehrere von ihnen standen in Verbindung mit dem Reines-Land-Buddhismus, einem Zweig des Mahayana-Buddhismus, der die reine, unbestechliche Existenz in dieser Welt für unmöglich hält. Reines-Land-Buddhisten – deren zentrale Texte, die «drei Reines-Land-Sutras», nämlich die *Sukhāvatīvyūha-Sūtras* und die *Amitāyurdhyāna-Sūtra* umfassen – sagen, dass die Gläubigen sich darauf konzentrieren müssen, das unbestechliche Reich oder «reine Land» des Amitabha-Buddha in einer anderen Existenz zu erreichen.

Ein bekannter Zweig des Reines-Land-Buddhismus wurde von dem Mönch Hōnen (1133–1212) gegründet. Seine *Sammlung von Textpassagen über die im Ur-Gelübde ausgewählte Buddha-Vergegenwärtigung* (1198) enthält ausführliche Zitate dieser zentralen Sutras sowie seine eigene Erklärung ihrer Kernlehren. Hōnen legte einen starken Akzent auf das *nembutsu*, das Rezitieren des Namens Buddhas, das es den Gläubigen ermöglichte, im reinen Land wiedergeboren zu werden.

RECHTS

***54 Szenen aus den Genji Monogatari*, 17. Jh., Japan**

Diese sechs Wandschirme aus der Edo-Zeit zeigen Szenen aus der berühmten *Geschichte vom Prinzen Genji* aus dem 11. Jahrhundert in Tusche und Blattgold auf Papier. Der Künstler verwendete einen maßgleichen Aufbau, um verschiedene Episoden aus der *Geschichte* darzustellen, und vermittelt dabei den Eindruck von Dreidimensionalität, ohne den Detailreichtum einzubüßen. Zusätzlich nutzt er die Technik des *fukinuki yatai* («fortgeblasenes Dach»), um dem Betrachter einen verlockenden Blick in die Gebäude zu ermöglichen (überwiegend hochherrschaftliche Villen).

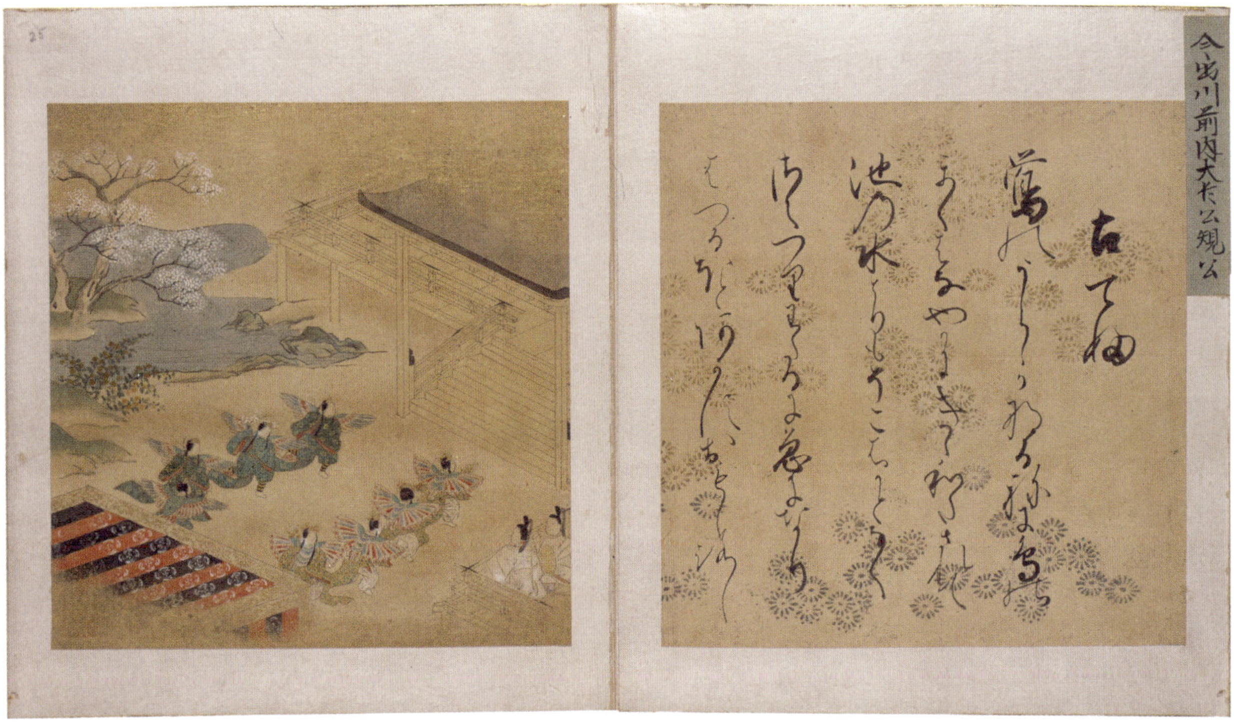

OBEN

Murasaki Shikibu,
***Die Geschichte vom Prinzen Genji*, 17. Jh., Japan**

In dieser illustrierten Version der *Genji Monogatari*, aufbewahrt in der British Library, wird jedes Kapitel von einem Gedicht von Mitgliedern des japanischen Hofadels begleitet. Die Seiten werden in ein «Album» eingefügt, ein leeres Buch (vom lateinischen *albus*, «weiß»).

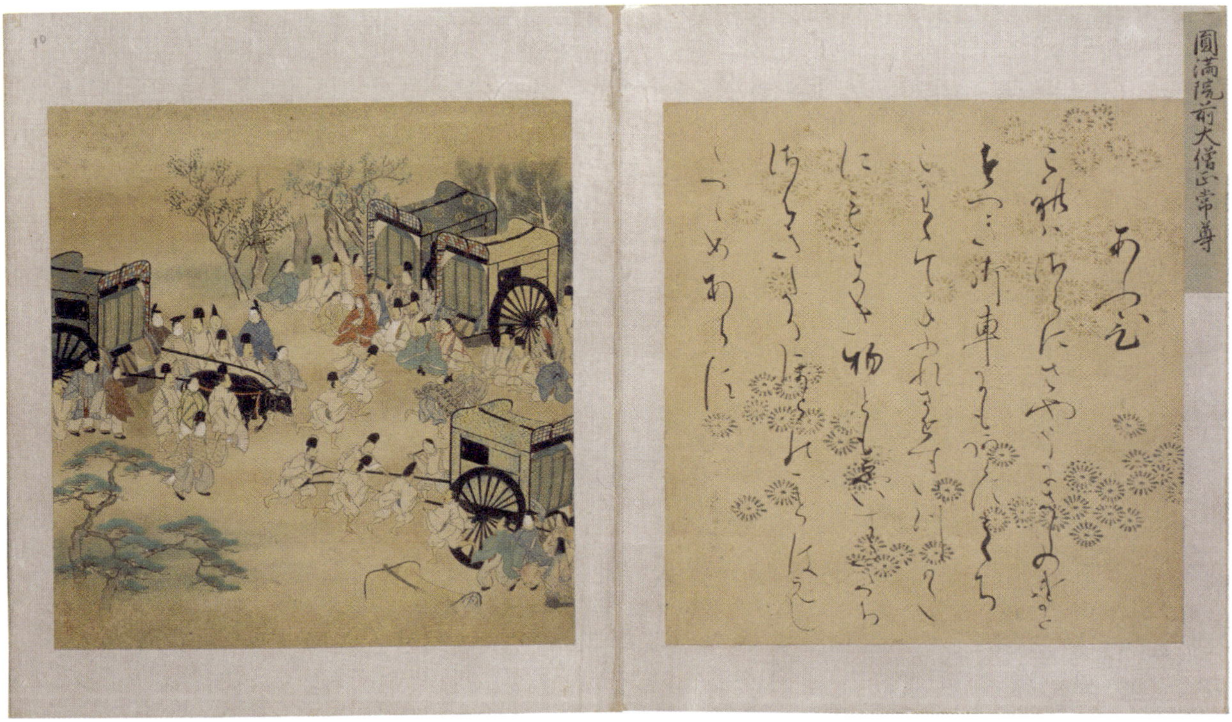
圓満院前大僧正常尊

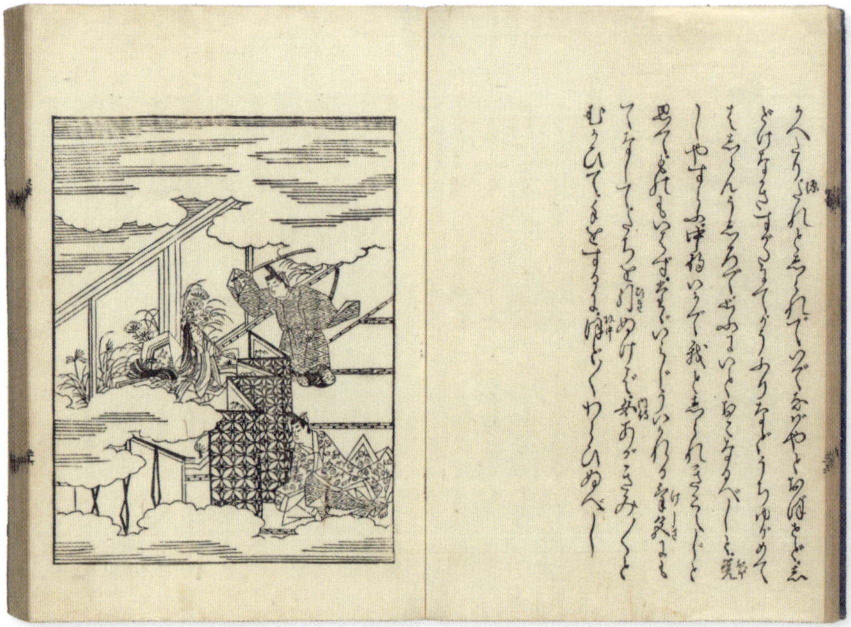

RECHTS

Murasaki Shikibu, *Die Geschichte vom Prinzen Genji*, 17. Jh., Japan

Diese Ausgabe der *Monogatari* wurde Mitte des 17. Jahrhunderts von Yamamoto Shunshō hergestellt. Davor hatte es in Manuskriptform vorwiegend in der gesellschaftlichen Elite zirkuliert. Erst mit Beginn der Edo-Zeit wurde es der breiten Öffentlichkeit zugänglich, als man mit dem Druck von Auszügen und handbuchartigen Synopsen begann, erst mit beweglichen Lettern, dann in preiswerteren Holzblockdruckausgaben. Shunshōs Ausgabe mit den herrlichen wolkenähnlichen Bordüren gehörte zu den ersten massenproduzierten Ausgaben mit Holzschnittillustrationen.

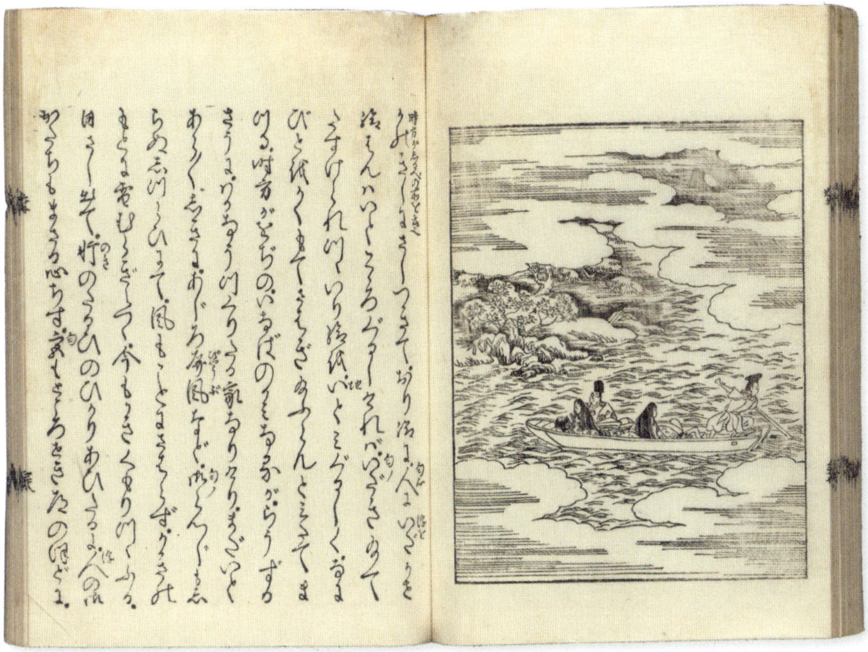

OBEN

Porträt des Mönches Hōnen, um 1310–20, Japan

Diese Abbildung des Begründers der Reines-Land-Schule in kontemplativer Pose erschien in einer illustrierten Hōnen-Biografie und befindet sich derzeit im Metropolitan Museum of Art.

Dieser Ansatz und der Ansatz der Reines-Land-Schule im Allgemeinen war durchdrungen von ähnlichen Gedanken wie in den Texten al-Ghazālīs (S. 128). Die Intellektualisierung führte dabei letztendlich nur zu einer Form von Paralyse durch Analyse. Die Reines-Land-Buddhisten verfolgen einen nichtrationalen, praxisbasierten Pfad zur spirituellen Erfüllung.

Im *Schatz des wahren Dharma* (*Shōbōgenzō*, abgeschlossen um 1253) präsentiert Dōgen Zenji (1200–1253) eine ähnliche Sōtō-Zen-Perspektive auf Themen von Tugenden und Sprache bis zur klösterlichen Praxis. Wie auch in seiner früheren Arbeit *Empfehlungen des Zazen für alle* (1227) sind die Anweisungen im *Shōbōgenzō* entschieden praktisch. Im Zentrum steht das Prinzip des *zazen*, der Sitzmeditation, in der Dōgen den Schlüssel zur wahren Zen-Philosophie sah. Nach einigen Anweisungen zur richtigen Kleidung und dem richtigen Ort für die Sitzmatte schreibt er:

> **Sitze mit der Unbeweglichkeit eines Berges und lass das, woran du denkst, gegründet sein darauf, an nichts Bestimmtes zu denken. Wie kann das, woran jemand denkt, darauf gegründet sein, absichtlich nicht an etwas zu denken? Einfach dadurch, dass du dich in deiner Meditation nicht fragst: «Woran denke ich?»**

Im Gegensatz zu al-Ghazālī verlangt Dōgen nicht unmittelbar nach der göttlichen Offenbarung. Jedoch ist in seinem Werk eine antiintellektuelle Haltung erkennbar, die sich in gelegentlichen bissigen Bemerkungen niederschlägt: «Die Sitzmeditation ist eine Praktik und nichts, das sich intellektuell studieren ließe.»

8 Vorstellungen von Gott

Und wie stehen die christlichen Denker dieser Zeit zu Vernunft und Offenbarung? Christliche Länder hatten einen sozioökonomischen Abschwung erlitten und in dieser Ära ging es mit Byzanz noch weiter bergab. Konstantinopel blieb im 11. Jahrhundert relativ stabil, doch im 12. Jahrhundert fiel die Stadt an die türkischen Seldschuken. Europäische Christen veranstalteten mehrere Aufstände (oder «Kreuzzüge») in ihrem Bestreben nach Dominanz in der Levante, doch sie erwiesen sich als wirkungslos. Im 15. Jahrhundert brach Byzanz unter den Nachfolgern der Seldschuken, dem Osmanischen Reich, endgültig ein.

Der lateinischen Westkirche erging es besser. Sie hatte sich 1054 offiziell von der griechischsprachigen Ostkirche abgespalten und im 11. Jahrhundert wuchs die Bevölkerung in ihrem Einflussgebiet. Dies führte erst zu Ansiedlungen und dann zu Umsiedlungen in den Ländern des Nordens und Westens. Die französischen Nachfahren der seefahrenden Skandinavier, inzwischen Normannen genannt, verbündeten sich mit dem Papst und setzten ihre Eroberungszüge nach Britannien fort. Hier fiel ihnen 1066 in der Schlacht von Hastings das sächsische Königreich in die Hände. Auf den Ruinen der Römer begannen die Normannen mit kulturellen und ökonomischen Investitionen in ihrem neuen Staatsgebiet.

Unter den Gelehrten, die sich dort ansiedelten, war auch ein Benediktinermönch namens Anselm (1033–1109). Nach seinem Umzug nach Canterbury, dem spirituellen Epizentrum Britanniens, wurde Anselm bald Erzbischof und schrieb das *Proslogion* (um 1077). In diesem Text taucht ein christlicher Gelehrter in dieselben Debatten ein, die schon seine muslimischen, jüdischen und buddhistischen Kollegen beschäftigt hatten. Wie schon Ibn Sina (S. 126 ff.) argumentiert Anselm, dass die Vernunft eine wichtige Einsicht in spirituelle Wahrheiten liefert. Zu diesem Zweck bringt er sein «ontologisches Argument» (so genannt, weil es Dinge im Zusammenhang mit *on* untersucht, griechisch für «Seiendes») für Gottes Existenz vor.

Das Argument basiert auf der metaphysischen Behauptung, dass ein existierendes Ding grundsätzlich größer ist als ein nicht existierendes Ding. Denken wir an Eiscreme. An einem heißen Tag ist ein Eis, das existiert, das wir essen können, deutlich besser als nur die *Vorstellung* eines Eises. Für Anselm ist Gott definitionsgemäß «das Größte, was man sich vorstellen kann". Nichts ist größer – es ist sogar unmöglich, sich etwas vorzustellen, das größer wäre. Und da, wie Anselm behauptet, die Existenz in der Realität größer ist als die Existenz im Geist, *muss* ein Wesen, zu dem «nichts Größeres vorstellbar ist», in der Realität existieren. Anselm argumentiert, dass sein *Proslogion* mittels logischer Argumentation damit die Existenz Gottes beweise.

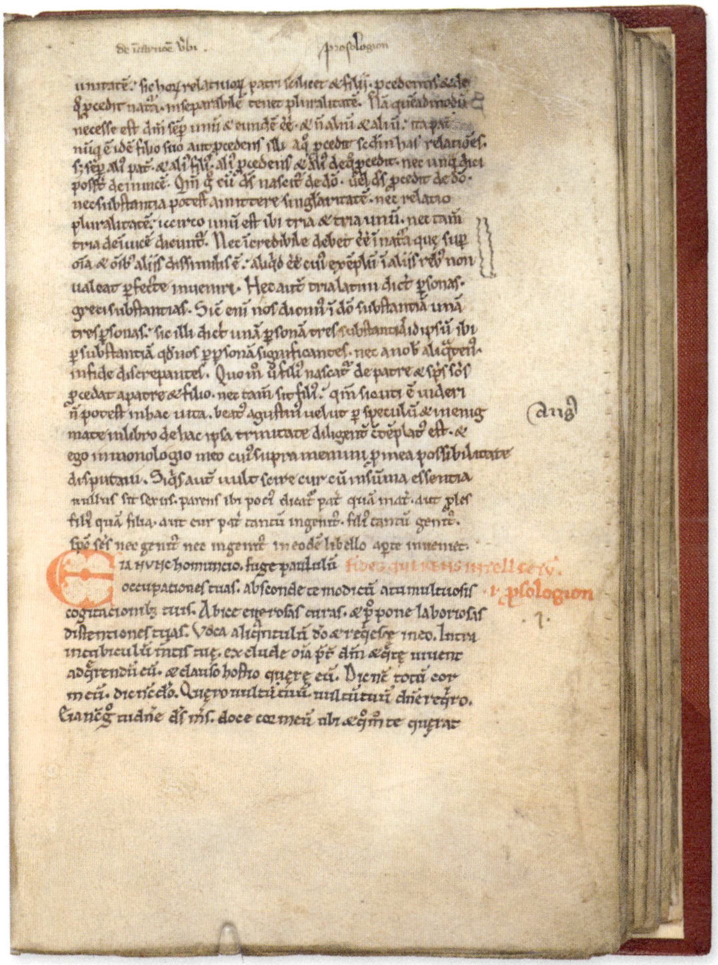

LINKS

Anselm, Seite aus dem *Proslogion*, 12. Jh., Normandie

Diese Version von Anselms theologischer Abhandlung gehört zur Harley-Sammlung in der British Library (benannt nach den Aristokraten, die sie im 18. Jahrhundert zusammentrugen). Das Werk mit den verzierten Initialen des Schreibers wurde hier in einer Schrift mit erkennbar normannischer Schreibweise und Kalligrafie kopiert.

UNTEN

Porträt des Anselm of Canterbury, 1584, Frankreich

Dieses Profilporträt des stoppelbärtigen Theologen aus dem 11. Jahrhundert, auf dem er ein kleines Buch in Händen hält, in dem er offenbar nicht liest, wurde vom Franziskanerpriester und Künstler André Thevet gestochen.

9 Der Ochse

UNTEN

Thomas von Aquin, Seite aus der *Summa contra gentiles*, 13. Jh., Italien

Dieser illuminierte Text, entdeckt in der Biblioteca Malatestiana in Cesena, enthält eine «historisierte Initiale», ein vergrößertes C mit dem Bild eines Menschen, vielleicht Thomas von Aquin, der dem Leser ein Buch hinhält. Abbildungen von Autoren, die ihre Texte hielten, kamen in solchen Texten häufig vor (ähnlich dem heutigen Autorenporträt).

Einen ähnlichen Ansatz sehen wir im Werk eines anderen Mönchs aus der Stadt Roccasecca bei Neapel. Thomas von Aquin (1224–1274), auch Thomas Aquinas oder «der Aquinate" genannt, wurde als jüngster von vier Brüdern in die wohlhabende Familie Aquino hineingeboren und war damit für eine religiöse Laufbahn bestimmt. Er war einer der ersten Studenten in der neu errichteten Universität von Neapel, wo er sich mit dem neuen Bereich der Theologie beschäftigte und Grammatik, Logik, Rhetorik, Arithmetik, Geometrie, Musik und Philosophie studierte. Da er nicht gerade der Kommunikativste unter den Studenten war, bekam er von seinen Kommilitonen den Spitznamen «der stumme Ochse». Sein Lehrer jedoch soll einmal gesagt haben, «eines Tages» würde «der Ochse ein solches Gebrüll von sich geben, dass man es auf der ganzen Welt hört».

Indem er explizit auf die aristotelischen Werke von Ibn Sina und Maimonides aufbaute, führte Thomas von Aquin Anselms Entwicklung der christlichen Vernunftlehre fort. Seine umfangreichen Schriften formalisierten die Debatte, indem sie die Positionen in idealisierten Dialogen oder «Disputationen» systematisch darstellten. Wie der katholische Katechismus legen diese Dialoge in einem konzeptionellen Balanceakt Behauptungen und Gegenbehauptungen dar, um auf diese Weise ein reflektives Gleichgewicht zu erreichen.

In seiner unvollendeten *Summa theologiae* (um 1265) und der *Summa contra gentiles* (um 1259) ergänzt Thomas von Aquin Anselms ontologisches Argument und versucht zu zeigen, wie der Glaube an die Existenz Gottes sich auf ein rationales Fundament stellen lässt. Inspiriert von Ibn Ruschd versuchte er, die Kompatibilität der aristotelischen Metaphysik mit der Religion zu zeigen, und zwar so, dass es ihm die Systematisierung ethischer Systeme, von Kausalmodellen und verschiedenen Arten von natürlichen und göttlichen Gesetzen ermöglichte. Diese Zusammenfügung von Theologie und Philosophie ist sein dauerhaftester Beitrag zur Geschichte des philosophischen Denkens. Anders als «Theologen», für die Gott die erste und wichtigste Prämisse jedes Argumentes ist, beginnen «Philosophen» mit der erschaffenen Welt. Ihre Argumente entspringen den kombinierten Anstrengungen natürlicher Vernunft und der physikalischen Sinne. Der Theologe behauptet, dass die Vernunft von der Erleuchtung durch Gott abhängt. Für die Philosophen aber kommt das Licht der Vernunft von Gott, kann jedoch auf natürliche Weise von den Menschen erkannt werden. Thomas von Aquin erkennt an, dass die rationale Denkweise Grenzen hat: Sie kann keine Einsichten in Gottes göttlichen Charakter oder sein göttliches Wesen geben. Dennoch kann sie die «Präambeln des Glaubens» feststellen, etwa die Existenz Gottes. Wohl mehr als jeder andere mittelalterliche christliche Denker bestärkte Thomas von Aquin die bereits

OBEN LINKS

Porträt der Hildegard von Bingen, 1642, England

Dieser Druck des Kupferstechers William Marshall zeigt Hildegard rätselhaft lächelnd in einem Buch lesend. Die Bildlegende besagt: «Hildegardis, die jungfräuliche Prophetin. Äbtissin des Klosters Rupertsberg. Starb in Bingen AD 1180 im Alter von 82 Jahren.»

OBEN MITTE

Porträt der Juliana von Norwich, 1912 in W. M. Letts: *The Mighty Army*, Wells Gardner, Darton & Co., London, UK

In diesem zarten Aquarell von Stephen Reid sehen wir Juliana von Norwich in stiller Kontemplation der heiligen Schrift, im krassen Gegensatz zum geschäftigen Treiben vor ihrem Fenster.

OBEN RECHTS

Selbstporträt der Herrad von Landsberg, um 1180, Elsass, Deutschland

Dieses Selbstporträt, eine der vielen visuellen Grillen im *Garten der Köstlichkeiten*, zeigt Herrad mit einem Textkasten mit einem ihrer Texte.

bestehenden religiösen und gesellschaftlichen Hierarchien der Westkirche. Damit machte er sie zu einer der ideologisch robustesten Institutionen der Geschichte. Die Kombination aus revelatorischer und rationaler Autorität ermöglichte ihm die Rechtfertigung und Naturalisierung effektiver – aber schädlicher – Herrschaftssysteme. In der *Summa theologiae* beispielsweise erkennen wir die Wiederaufnahme von Aristoteles' Konzept einer natürlichen Hierarchie. Thomas von Aquin behauptet, dass gesellschaftliche Rollen das unvermeidliche Ergebnis natürlicher Gesetze sind; er argumentiert nicht nur, dass Frauen und Personen, die er «natürliche Sklaven» nennt, von ihren «Herren» dominiert werden, sondern dass es zu ihrem Vorteil sei, auf diese Weise dominiert zu werden. Die gesellschaftliche Ordnung sei nicht einfach von Gott so vorgeschrieben, sondern ganz klar auch vernünftig.

Heute mögen solche Kommentare in einer philosophischen Arbeit fehl am Platz erscheinen. Doch Thomas von Aquin und seine Zeitgenossen wirkten zu einer Zeit, als Veränderungen der Arbeitsgesetze großen Einfluss hatten. Die Versklavung, die zuvor in den Ländern Europas weit verbreitet gewesen war, wandelte sich allmählich zu Systemen der «Leibeigenschaft» oder erzwungener landwirtschaftlicher Knechtschaft. Demzufolge mussten die Institutionen andere Möglichkeiten der Beschaffung kostenloser Arbeitskraft finden. Die Vorstellung, dass bestimmte Menschen – überwiegend jeder, der kein Mann oder nicht weiß war – minderwertig sind, bot der Führung wirtschaftliche Vorteile. Wie wir in Kapitel 6 noch sehen werden, sollten diese und ähnliche Ideen in den folgenden Jahrhunderten die imperialistische Expansion der europäischen Staaten antreiben.

10 Mystikerinnen

Es ist gut möglich, dass die Dissonanz, die durch die «rationale» Verteidigung ungerechter sozialer Hierarchien entstand, weibliche Gelehrte dazu brachte, sich innerhalb einer Tradition zu positionieren, die sich das «Übervernünftige» zu eigen machte; so überrascht es auch kaum, dass viele ihrer Texte einen deutlich mystischen Beigeschmack haben. So schwor etwa Lalleshwari (1320–1392), auch bekannt als «Lal Ded», aus der indischen Provinz Kaschmir, dem materialistischen Leben ab und arbeitete als wandernde Dichterin und Lehrerin in der spirituellen shivaistischen Tradition. In ihren *vakhs* oder Sprüchen denkt sie regelmäßig über Selbstverleugnung nach:

Würdest du verstehen, was Einzigkeit ist?
Sie hat mich zum Nichts gemacht.

Unter den bildgewaltigsten dieser mystischen Werke befindet sich ein Buch namens *Scivias* (1151) – vom lateinischen *sci vias Domini*, «kenne die Wege des Herrn» – von Hildegard von Bingen (1098–1179). Sie behauptete, die «Stimme des Himmels» habe ihr befohlen zu schreiben, und ihr Buch erzählt von Visionen, unter anderem zu dem polarisierenden Thema der Erschaffung der Welt.

Das ursprüngliche Manuskript bestand aus rund 235 Pergamentseiten mit Illuminationen. Eine Version, das berühmte Rupertsberger Manuskript, wurde unter Hildegards persönlicher Aufsicht zusammengestellt und oft kopiert, bevor es im Zweiten Weltkrieg in Dresden verloren ging. Die ursprüngliche Herstellung muss alles andere als einfach gewesen sein, unter anderem, weil Hildegard aus Hochachtung vor der religiösen Autorität erst die päpstliche Erlaubnis einholen musste, um es als Ergebnis eines göttlichen Befehls zu verifizieren.

Der Spiegel der einfachen Seelen der französischen Mystikerin und halb klösterlichen «Begine» Margareta Porete (gest. 1310) ist ein Beispiel für einen Text, der am Hof des Vatikans keine Zustimmung fand. Die Arbeit ist insofern bemerkenswert, als sie göttliche Themen in der Sprache der höfischen und romantischen Liebe behandelt.

Die Liebe offenbart den Seelen in diesem Buch die Zeichen seiner göttlichen Werke, die im Geheimen unter dunklen Worten verborgen lagen, damit sie einen tieferen Schluck von seiner Liebe nehmen und trinken können (…).

Der *Spiegel* besagt, dass die Liebe einen Pfad zur Erlösung öffnet. Die «ausgelöschte Seele» hat alles für die Liebe Gottes aufgegeben – einschließlich der Vernunft, die Porete zufolge kaum dafür geeignet ist, die Feinheiten und die Herrlichkeit Gottes zu erfassen. Weil sie in Altfranzösisch statt dem von der Kirche gebilligten Latein schrieb und Begriffe der erotischen Liebe verwendete, wurde sie vom Hof des Vatikans als «Ketzerin des freien Geistes» verurteilt. Der *Spiegel* wurde vom Bischof von Cambrai verurteilt und aus dem Verkehr gezogen. Als Porete später dabei erwischt wurde, wie sie ihn abschrieb, wurde sie erst ins Gefängnis geworfen und dann auf dem Scheiterhaufen verbrannt.

In England schrieb Juliana von Norwich (1342–1416) ebenfalls in der Landessprache über ihre Visionen. Die *Offenbarungen der göttlichen Liebe* (um 1373) gehören zu den ältesten erhalten gebliebenen Büchern in englischer Sprache. Poretes Schicksal blieb ihr deswegen erspart, weil ihre Texte zu ihren Lebzeiten unveröffentlicht blieben und erst nach der Reformation in Umlauf gerieten. Wie Porete und Hildegard von Bingen verwendet Juliana die Sprache der Liebe, um über theologische Probleme zu sprechen. Dieser Schachzug wird häufig unternommen, wenn Frauen aus den konzeptionellen Ghettos ausbrechen, um Themen zu erörtern, die in der öffentlichen Wahrnehmung in den Zuständigkeitsbereich der Männer fallen. Juliana konzentriert sich aber nicht auf die höfische Romantik, sondern auf die elterliche Liebe, indem sie Jesus die Rolle der Mutter zuschreibt.

So wahr, wie Gott unser Vater ist, so wahr ist Gott unsere Mutter.

Nicht alle Texte von Äbtissinnen und Beginen waren mystisch. *Hortus Deliciarum (Der Garten der Köstlichkeiten)* der elsässischen Nonne und Äbtissin Herrad von Landsberg (1130–1195) gehört zu den umfassendsten Überblicken wissenschaftlichen und theoretischen Wissens jener Zeit und

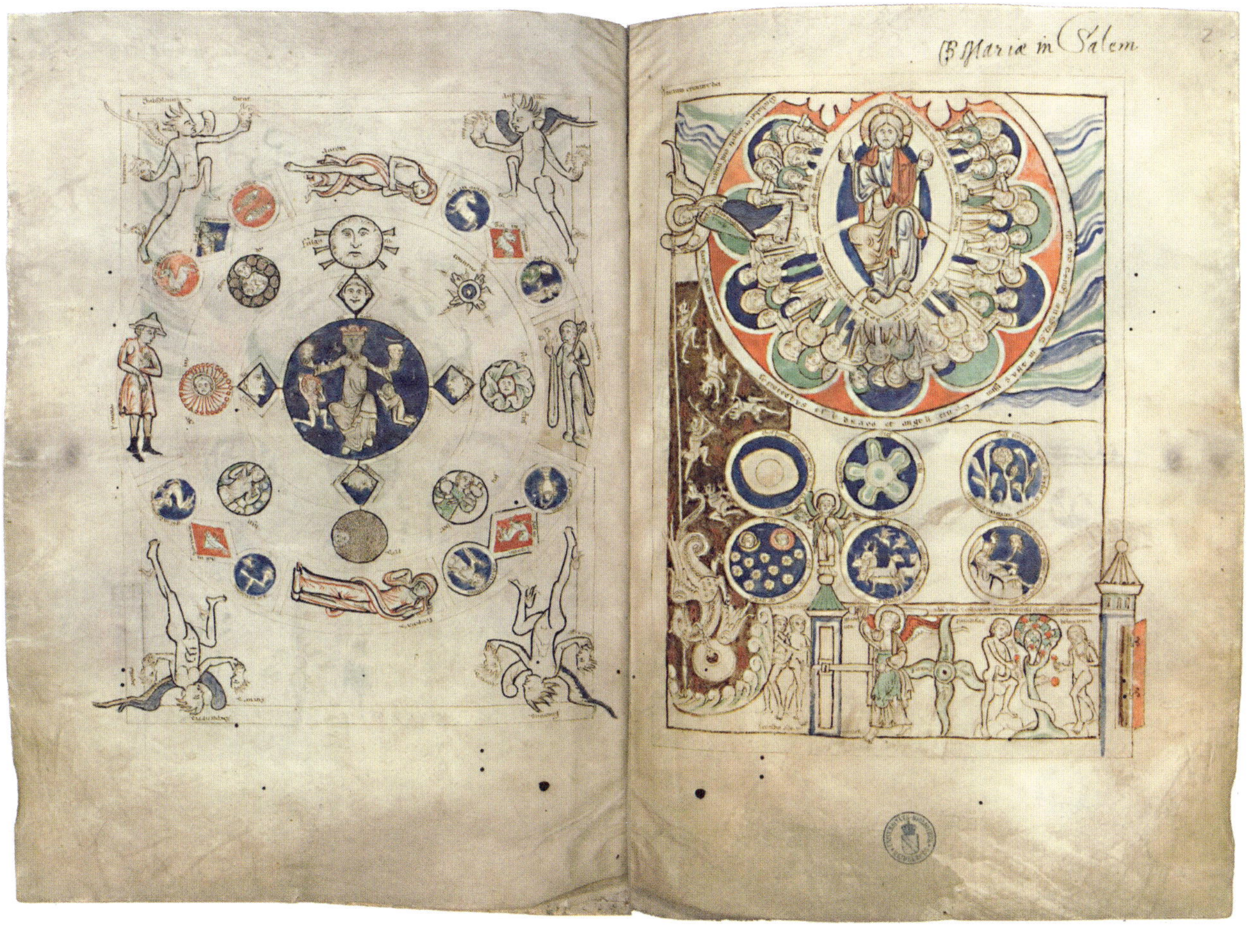

OBEN

Hildegard von Bingen, Seiten aus *Scivias*, um 1220, Heidelberg, Deutschland

Diese Doppelseite findet sich in einer Ausgabe des *Scrivias* aus dem 13. Jahrhundert, die in der Sammlung der Bibliothek der Ruprecht-Karl-Universität entdeckt wurde. Zu sehen ist ein Miniatur-«Annus», ein rundes Bild mit den Höhepunkten eines Jahres. Rechts steht Jesus umringt von Heiligen.

RECHTS

Hildegard von Bingen, Seite aus *Scivias*, um 1927–1933, Abtei St. Hildegard, Eibingen, Deutschland

Dieses eindrucksvolle Bild aus einem neueren (20. Jh.) Faksimile einer Ausgabe des *Scivias* aus dem 12. Jahrhundert, aufbewahrt in der Benediktinerabtei St. Hildegard, ist bekannt als «Chor der Engel». Es besteht aus einem sich wiederholenden Muster aus farbenfrohen Seraphim und Gesichtern um einen sonnenähnlichen Mittelpunkt.

LINKS

Hildegard von Bingen, Seite aus *Scivias*, um 1927–1933, Abtei St. Hildegard, Eibingen, Deutschland

Das Manuskript aus der Abtei St. Hildegard enthält auch dieses Bild, bekannt unter dem Namen «Der Erlöser», auf dem Reigen aus Engeln, Vögeln und Tieren zu sehen sind. Das *Scivias* ist in drei Teile strukturiert: Der erste führt die Reihenfolge der Schöpfung auf, der zweite beschreibt die Reihenfolge der Seelenrettung und die Ankunft Christi des Erlösers. Der dritte Teil formuliert noch einmal die Geschichte der Erlösung.

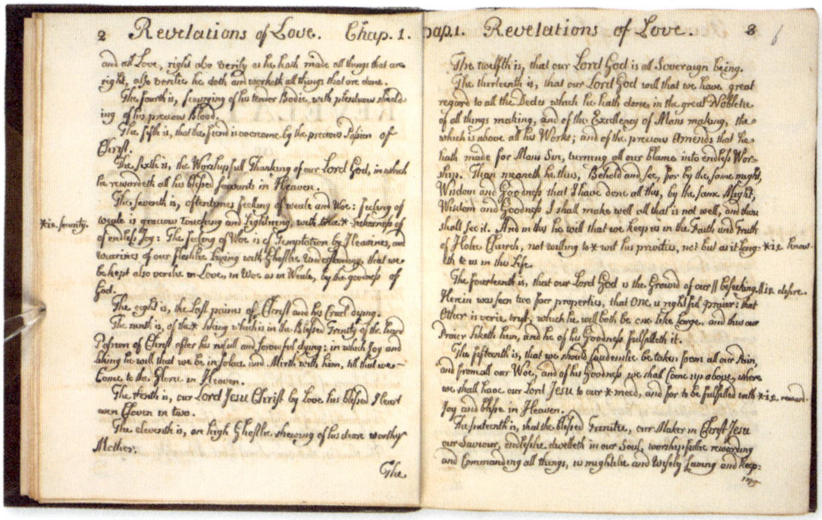

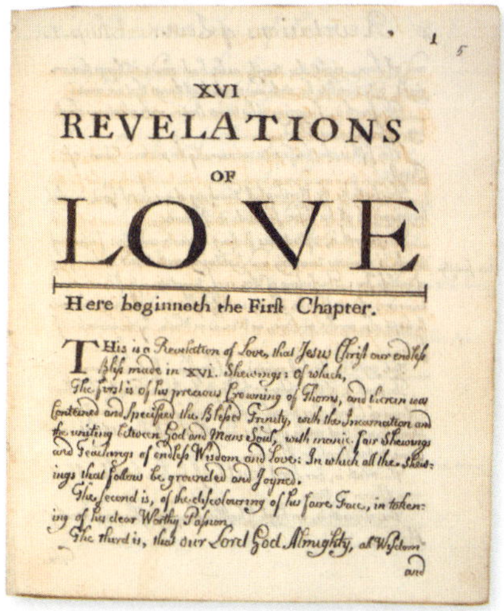

OBEN LINKS

Juliana von Norwich, Seiten aus *Offenbarungen der göttlichen Liebe*, um 1675, R. F. S. Cressy; Cambrai, England oder Paris, Frankreich

Die *Offenbarungen der göttlichen Liebe*, in denen Juliana die religiösen Erfahrungen beschreibt, die sie während einer schweren Krankheit machte, sind in zwei Formen niedergeschrieben: Der «Kurztext» entstand kurz nach ihrer Genesung, der «Langtext», der hier zu sehen ist, wurde erst Jahrzehnte später verfasst. Er wird heute in der British Library aufbewahrt.

OBEN RECHTS

Juliana von Norwich, Seite aus *Offenbarungen der göttlichen Liebe*, um 1675, R. F. S. Cressy; Cambrai, England oder Paris, Frankreich

Hier sehen wir die Titelseite der *Offenbarungen der göttlichen Liebe* im «Langtext», die Spuren mindestens einer Bearbeitung zeigt. Die frühesten Versionen wurden wahrscheinlich von der Benediktinernonne Anne Clementine Cary im 17. Jahrhundert kopiert.

GANZ LINKS

***Amherst Manuscript*, um 1413–1435, England**

Das «Amherst Manuscript» (gekauft im Lord Amherst Sale und der British Library gespendet) umfasst Juliana von Norwichs *Offenbarungen* in der Kopie eines karmelitischen Schreibers.

LINKS

Herrad von Landsberg, Seite aus dem *Garten der Köstlichkeiten*, 1818, J. G. Cotta; Stuttgart und Tübingen, Deutschland

Christian Maurice Engelhardts Ausgabe des Textes aus dem 12. Jahrhundert zeigt die sogenannte «Leiter der Tugenden». Ähnlich wie das «Rad des Schicksals» wurde die Leiter in der mittelalterlichen Kunst häufig als Illustration verwendet. Je höher die Sterblichen die Leiter hinaufsteigen, desto näher kommen sie der «Krone des Lebens». Von grinsenden Dämonen mit Pfeil und Bogen werden sie dabei heruntergestoßen.

ist zudem noch außerordentlich prachtvoll. In Latein auf 324 Pergamentblättern geschrieben, ist der *Garten* ein Kompendium aller Wissenschaften, die damals studiert wurden, mit eingestreuten Handreichungen und Gedichten, oft vertont (zur Unterstützung des Memorierens). Die Bilder in diesem neuartigen und auffälligen Buch, das sie für die Nonnen in ihrem Kloster schrieb, sind wie die im *Scivias*, der *Yongle-Enzyklopädie* und im *Ardahang* mehr als nur Illustrationen. Durch visuelle Metaphorik und Allegorien machen sie komplexe Konzepte verständlich und entwickeln dabei Technologien des Datenabgleichs und der Visualisierung. Arbeiten wie Christine de Pizans *Das Buch von der Stadt der Frauen* (1405) und Teresa von Ávilas *Wohnungen der inneren Burg* (1588) setzten diese mystische, häufig stark illustrierte Philosophie in späteren Jahrhunderten fort.

RECHTS

Christine de Pizan, Seite aus *Book of the Queen*, um 1410–1414, Paris, Frankreich

Diese prachtvoll und detailreich verzierte Seite auf Französisch eröffnet die «100 Balladen des Liebenden und der Dame» und zeigt ein Bild der Autorin beim Schreiben in ihrem Arbeitszimmer. Das Manuskript entstand wahrscheinlich unter ihrer direkten Aufsicht und ist Isabeau de Bavière gewidmet, der Königin von Frankreich.

11 Unterschiedliche Perspektiven

Viele der zwischen 1000 und 1450 entstandenen Bücher sind geprägt von einem ständigen Hin und Her zwischen Denkern auf der Seite der Vernunft und solchen auf der Seite der religiösen Offenbarung. Einige Philosophen wollten aber auch zeigen, wie sich diese unterschiedlichen Wissensbestände, obwohl voneinander getrennt, dennoch gegenseitig ergänzen können. In der indischen Philosophie, vor allem im Jainismus, nahm diese Art der «synkretistischen» Erkenntnislehre eine unverkennbare Form an.

Zu Beginn des neuen Jahrtausends wurde Südindien von den Chola (auch in Sri Lanka und auf den Malediven aktiv) und den Chalukya regiert, die administrative Stabilität und Handel auf den Subkontinent gebracht hatten. Im 13. Jahrhundert wuchs der Einfluss des Sultanats von Delhi im Norden und im Süden entstand das Königreich Vijayanagar. Das Sultanat von Delhi wurde von nomadischen türkischen Muslimen gegründet. Im Zuge der Einverleibung ihrer neuen Staatsgebiete in ihr internationales Netzwerk (mithilfe der Arbeitskraft versklavter Völker) verbanden sie Elemente der vedischen und islamischen Kultur miteinander. Unter mal mehr, mal weniger ausgeprägter Toleranz und religiöser Verfolgung verbreiteten die Schüler von Guru Nanak Dev (1469–1539) die Religion, die wir heute als Sikhismus kennen.

Es war jedoch der Jainismus, der dem Synkretismus – dem Nebeneinanderstellen scheinbar gegensätzlicher Standpunkte – eine feste Form gab. Im *Yogashastra* von Hemacandra (1088–1173) und im *Pramāṇa-naya-tattvālokālamkāra* («Das Ornament des Lichtes der wahren Natur des Pramāṇa und des Naya») von Vādi Devasūri (um 11. Jahrhundert) wird die jainistische Position entwickelt, die *anekāntavāda* genannt wird: die Theorie der Vielseitigkeit (manchmal auch als «Standpunkttheorie» bezeichnet). Auf der Grundlage zentraler Einsichten Mahaviras versuchten die jainistischen Denker, einen Waffenstillstand zwischen verschiedenen «Wahrheitsregimes» auszuhandeln, indem sie die Bedeutung der Perspektive herausstrichen. Statt eine einzelne Schule zu verteidigen, ermunterten Bücher wie Devasūris *Pramāṇa-naya-tattvālokālamkāra* den Leser, alle möglichen Sichtweisen oder Standpunkte zu akzeptieren. Auf diese Weise lasse sich «Einseitigkeit» verhindern und die Beiträge verschiedener Traditionen würdigen.

Betrachten wir die spaltende Frage, die die Philosophen weiter westlich so sehr geplagt hatte: Ist die Welt ewig? Die jainistische Erkenntnislehre war weit genug entwickelt, um offenkundigen Widersprüchen einen Platz zu geben. «Ist die Welt ewig? Nein.» – «Ist die Welt ewig? Ja.» Sowohl positive als auch negative Antworten drücken eine Teilwahrheit über die Welt aus, wie die Verwendung des Sanskrit-Wortes *syāt* zeigt, das so viel bedeutet wie «bedingt» oder «vielleicht». Ob die Aussage wahr ist oder nicht, hängt vom *nyāya* ab, dem «Standpunkt» des Fragestellers. In mancher Hinsicht ist die Welt nicht ewig, weil sie sich ständig verändert und damit nicht dauerhaft existiert. Gleichzeitig verfügt sie jedoch auch über etwas, das fortbesteht – daher ist sie nicht unwirklich und in gewisser Weise ist sie damit tatsächlich ewig.

Von entscheidender Bedeutung ist hier die Vorstellung, durch den Gebrauch von *syāt* impliziert, dass unsere Aussagen über die Realität auf bestimmte Arten und in bestimmten Modi getroffen werden. Ibn Sina, Devasūri und Hemacandra interessieren sich für «Modaloperatoren», die anzeigen, auf welche Weise eine Aussage wahr ist. Hängt sie von einem Standpunkt ab? Ist sie notwendig? In der jainistischen Philosophie jener Zeit treten die Möglichkeiten des Möglichen zutage und die Unterscheidungen zwischen verschiedenen Arten der Existenz und der Wahrheit sollten in der Folge noch an Bedeutung zunehmen.

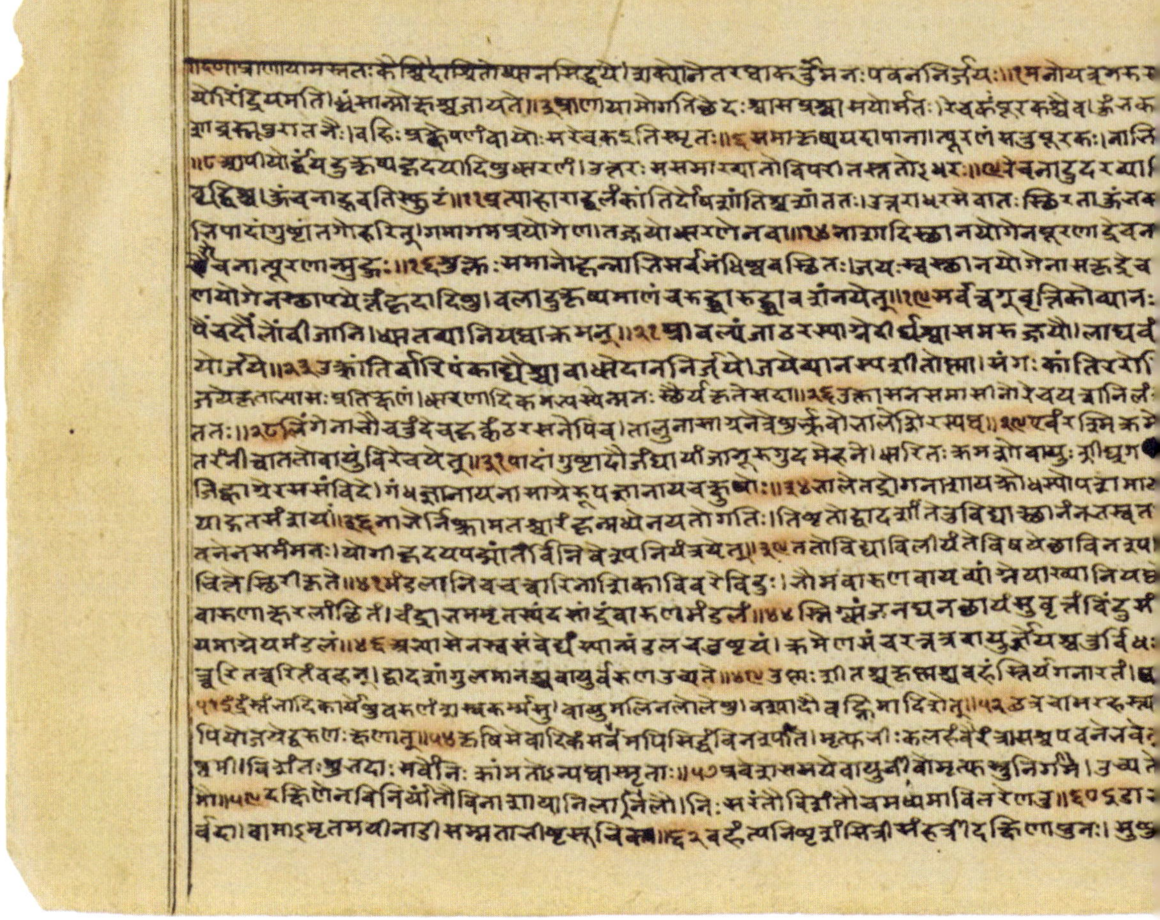

OBEN

Yogashastra, **12. Jh., Indien**

Nur die letzten acht Kapitel dieses vom Mönch Hemachandra in Sanskrit geschriebenen jainistischen Textes sind erhalten geblieben. Er beschreibt die Verhaltensregeln für Laien und Asketen gemäß dem Shvetambara-Jainismus. Gegenwärtig befindet sich der Text in der Bibliothek der Cambridge University.

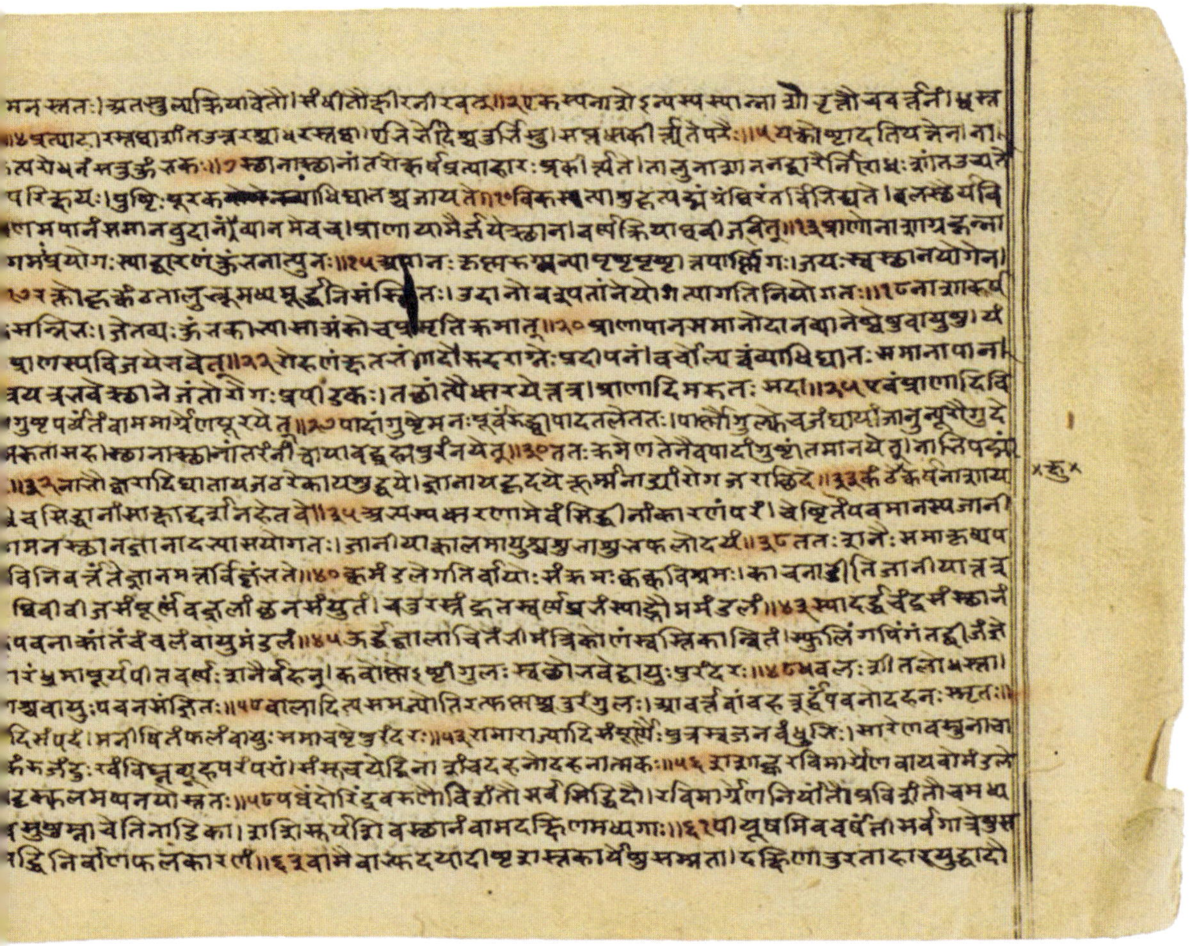

6

OFFENE GRENZEN
(1450–1850)

1 Nöte

Nachdem sie jahrtausendelang nur kleine Nebenrollen auf der Weltbühne gespielt hatte, trat nun die Region, die wir heute Europa nennen, immer mehr in den Vordergrund. Wie ihre Vorgänger verfolgten die europäischen Königreiche brutale und zerstörerische imperialistische Pläne, indem sie «neue» (in Wahrheit uralte) Welten kolonisierten und die Philosophiegeschichten der Kolonien durch ihre eigenen ersetzten.

Ironischerweise überschnitten sich diese Großtaten mit einem Aufschwung egalitaristischer Bewegungen. Wie der Jainismus in Indien und der Buddhismus in China begann auch die europäische Bürgerschaft, sich zu öffnen und neue demokratische Räume zu besetzen. Die Autorität der Kirche wurde in der geopolitischen Neuorganisation der Reformation infrage gestellt. Ein stärkerer Schwerpunkt auf der Vernunft – die Fähigkeit, die «allen» zugesprochen wurde – machte es theoretisch möglich, den Priestern und der adligen Elite Macht zu entreißen und sie der breiten Öffentlichkeit zuzuschieben.

Diese politischen Verschiebungen lassen sich nicht von den Entwicklungen in der philosophischen Forschung und der Buchherstellung trennen. Es wurden mehr Texte in den Landessprachen verfasst statt im exklusiven Kirchenlatein. In der Mitte des 15. Jahrhunderts machten mit Johannes Gutenbergs Druckerpresse auch in Europa die Drucktechnologien einen gewaltigen Sprung nach vorn. Die größte Innovation des deutschen Schmieds bestand darin, jahrhundertealte chinesische

UNTEN

Die Bibel auf Latein, um 1454–55, Johannes Gutenberg; Mainz, Deutschland

Die «Gutenberg-Bibel» ist eine Ausgabe der lateinischen Vulgata, in den 1450er-Jahren von Johannes Gutenberg gedruckt. Sie ist groß; das Papier hat die Größe «Doppelfolio», ist zweispaltig bedruckt und besteht aus 1.286 Seiten, gewöhnlich auf zwei Bände verteilt.

und koreanische Technologien für den europäischen Markt zu kopieren. Der Blockdruck (bei dem der Text mit handgeschnitzten Holzblöcken auf das Papier gedruckt wurde) war in China bereits seit Jahrhunderten Standard, während die bewegliche Lettern (Blöcke mit einzelnen Schriftzeichen, die sich frei versetzen ließen) seit der Zeit von Bi Sheng (970–1051) populär waren. Gutenberg ersann ein Abgusssystem, um kleine Metallblöcke mit beweglichen Lettern herzustellen, sowie eine Tinte, die leichter am Metall haftete. Die so entstandene Druckmaschine, die ab 1450 zum Einsatz kam, erleichterte die Massenproduktion von Büchern und machte die kostengünstige und schnelle Verbreitung von Ideen möglich. Wie die Westkirche bald erkannte, stellten viele dieser Ideen fühlbar den Status quo infrage. 1501 bedrohte Papst Alexander VI. jeden mit der Exkommunikation, der ohne Erlaubnis der Kirche Manuskripte druckte. Diese Anweisung wurde mit der Veröffentlichung der Werke des radikalen christlichen Philosophen Martin Luther (1483–1546) im großen Stil gebrochen.

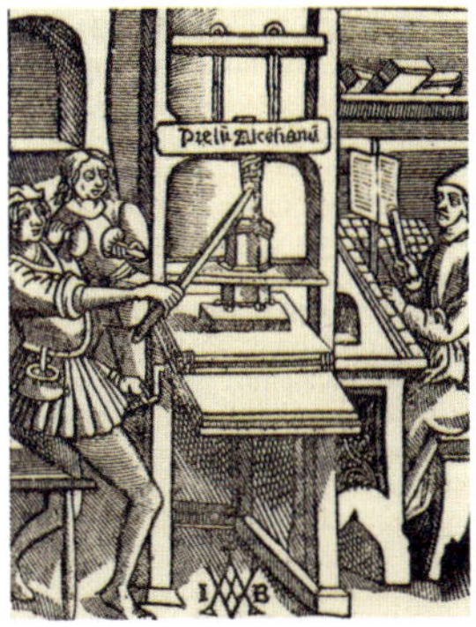

OBEN

Illustration einer Druckerpresse, 1508, Jodocus Badius Ascensius; Paris, Frankreich

Diese Abbildung nach einem Holzschnitt von Jodocus Badius Ascensius zeigt, wie Seiten eingelegt und dann mit dem Holzschnitt oder dem Stich «bedruckt» werden.

2 Ökumenische Angelegenheiten

Martin Luther soll den Text seiner *95 Thesen* (1517) an die Tür einer Kirche in Wittenberg genagelt haben. Das Werk enthält eine beißende Kritik am Katholizismus, vor allem an der Praxis des «Ablasshandels» – von Kirchenvertretern ausgestellte Zertifikate, die die Kirchgänger kaufen konnten, um die Zeit zu verringern, die sie im Fegefeuer verbringen würden (ein Ort der Buße und Reinigung, wo die Seelen bleiben, bevor sie Zugang zum Himmel erhalten). Ablassbriefe sind ein verblüffendes Beispiel dafür, wie theologische und metaphysische Theorien eine Schnittmenge mit realen wirtschaftlichen Interessen bilden können, und Luther und seine Anhänger protestierten vehement gegen die Vorstellung, dass Vertreter der Kirche «moralische Reinheit» verkaufen können (was ihnen den Namen «Protestanten» einbrachte).

Luthers Kritik entzündete das revolutionäre Feuer der Reformation, das sich im 16. Jahrhundert durch das Christentum fraß (und heute noch brennt). Die *95 Thesen* stellten die spirituelle und erkenntnistheoretische Autorität der Kirche infrage und verschoben politische und intellektuelle Verwerfungslinien in ganz Europa. Sie war jedoch nicht die einzige Kraft; in dieser Periode erschien eine Fülle von Büchern mit dem Ziel, die scholastische Orthodoxie (oder sogar die Kirche selbst) abzusetzen.

Desiderius Erasmus' *Lob der Torheit* (1509), geschrieben bei einem Aufenthalt in London im Haus von Thomas Morus (zu diesem später mehr), ist ein satirischer Angriff auf den schwülstigen Institutionalismus. In seinem ironischen Text mit kaum verhohlenen kritischen Spitzen macht Erasmus kurzen Prozess mit den Exzessen von Mönchen, Priestern und der päpstlichen Monarchie, während er spöttisch die Göttin der Torheit preist.

OBEN

Porträt des Martin Luther, 1533, Deutschland

Dieses Bild von Lucas Cranach dem Älteren entstand, als Luther 50 Jahre alt war, und zeigt den «Reformator» in der typischen schwarzen protestantischen Kleidung. Wahrscheinlich war das Original mit einem Porträt von Luthers Mitarbeiter Philipp Melanchthon verbunden.

Für weiteren Aufruhr sorgte die christliche Bibel – oder genauer gesagt, die Übersetzungen der christlichen Bibel in die Landessprache (anstelle des von der Kirche gebilligten Lateins) von Figuren wie Luther und William Tyndale (1494–1536). 2000 Exemplare von Luthers deutschem Text wurden in den 1520er-Jahren gedruckt und verteilt. Das Wort Gottes wurde den Massen zugänglich (was wiederum die Alphabetisierungsraten in die Höhe trieb). Während die Reformationsbewegung Fahrt aufnahm, wurden päpstliche Dokumente und Bücher der katholischen Gesetzgebung bei Protestkundgebungen auf der Straße verbrannt.

Trotz dieser Umbrüche fasste das Christentum im 16. Jahrhundert jedoch in weiten Teilen einer «Neuen Welt» im Westen Fuß.

RECHTS

Szene mit Martin Luther, um 1850, Rudolf Besser; Gotha, Deutschland

In dieser Illustration von Gustav König, zu finden in seinem illustrierten Handbuch *Dr. Martin Luther. Der deutsche Reformator*, ist Luther von Gelehrten und mitschreibenden Protokollführern umgeben, darunter Melanchthon, Bugenhagen und Dr. Justus Jonas. Das Bild vermittelt den Eindruck eines lebendigen intellektuellen Augenblicks, in dem sich Ideen kaum in Büchern festhalten lassen.

AMORE ET STVDIO ELVCIDANDAE ueritatis hæc ſubſcripta diſputabunt Vuittenbergæ, Præſidēte R. P. Martino Luther, Artiū & S. Theologiæ Magiſtro, eiuſdemq; ibidem lectore Ordinario. Quare petit ut qui non poſſunt uerbis præſentes nobiſcum diſceptare, agant id literis abſentes. In nomine domini noſtri Ieſu Chriſti. Amen.

i DOminus & Magiſter noſter Ieſus Chriſtus, dicendo pœnitentiā agite &c. omnem uitam fidelium, pœnitentiam eſſe uoluit.

ij Quod uerbū pœnitentia de pœnitentia ſacramentali (.i. confeſſionis & ſatiſfactionis quæ ſacerdotum miniſterio celebratur) non poteſt intelligi.

iij Non tamen ſolā intēdit interiorē: immo interior nulla eſt, niſi foris operetur uarias carnis mortificationes.

iiij Manet itaq; pœna donec manet odium ſui (.i. pœnitentia uera intus) ſcilicet uſq; ad introitum regni cælorum.

v Papa non uult nec poteſt, ullas pœnas remittere: præter eas, quas arbitrio uel ſuo uel canonum impoſuit.

vj Papa nō poteſt remittere ullam culpā, niſi declarādo & approbando remiſſam a deo. Aut certe remittēdo caſus reſeruatos ſibi, quibus contēptis culpa prorſus remaneret.

vij Nulli prorſus remittit deus culpam, quin ſimul eum ſubijciat humiliatum in omnibus ſacerdoti ſuo uicario.

viij Canones pœnitentiales ſolū uiuentibus ſunt impoſiti: nihilq; morituris, ſecundū eoſdem debet imponi.

ix Inde bene nobis facit ſpirituſſanctus in Papa: excipiēdo in ſuis decretis ſemper articulum mortis & neceſſitatis.

x Indocte & male faciūt ſacerdotes ij, qui morituris pœnitētias canonicas in purgatorium reſeruant.

xj Zizania illa de mutanda pœna Canonica in pœnā purgatorij, uidentur certe dormientibus Epiſcopis ſeminata.

xij Olim pœnæ canonicæ nō poſt, ſed ante abſolutionem imponebantur, tanq; tentamenta ueræ contritionis.

R63/685

DISPVTATIO DE VIRTVTE INDVLGEN.

xiij Morituri, per mortem omnia ſoluunt, & legibus canonū mortui iam ſunt, habentes iure earū relaxationem.

xiiij Imperfecta ſanitas ſeu charitas morituri, neceſſario ſecum fert magnū timorem, tātoq; maiorē, quāto minor fuerit ipſa.

xv Hic timor & horror, ſatis eſt, ſe ſolo (ut alia taceam) facere pœnam purgatorij, cum ſit proximus deſperationis horrori.

xvj Videntur, infernus, purgatorium, cælum differre: ſicut deſperatio, prope deſperatio, ſecuritas differunt.

xvij Neceſſarium uidetur animabus in purgatorio ſicut minui horrorem, ita augeri charitatem.

xviij Nec probatū uidetur ullis, aut rationibus, aut ſcripturis, q; ſint extra ſtatum meriti ſeu augendæ charitatis.

xix Nec hoc probatū eſſe uidetur, q; ſint de ſua beatitudine certæ & ſecuræ, ſaltem oēs, licet nos certiſſimi ſimus.

xx Igit̃ Papa per remiſſionē plenariā omniū pœnarū, non ſimpliciter omniū intelligit, ſed a ſeipo tm̄modo impoſitarū.

xxj Errant itaq; indulgentiarū prædicatores ij, qui dicunt per Papæ indulgentias, hominē ab omni pœna ſolui & ſaluari.

xxij Quin nullam remittit animabus in purgatorio, quā in hac uita debuiſſent ſecundum Canones ſoluere.

xxiij Si remiſſio ulla omniū omnino pœnarū pōt alicui dari: certū eſt eam nō niſi perfectiſſimis, i. pauciſſimis dari.

xxiiij Falli ob id neceſſe eſt, maiorem partē populi: per indifferentē illam & magnificam pœnæ ſolutæ promiſſionem.

xxv Qualē poteſtatē habet Papa ī purgatoriū gn̄aliter talē habet qlibet Epiſcopus & curat⁹ in ſua dioceſi, & parochia ſpāliter.

i Optime facit Papa, q; nō poteſtate clauis (quā nullam habet) ſed per modum ſuffragij, dat animabus remiſſionem.

ij Hominē prædicant, qui ſtatim, ut iactus nūmus in ciſtam tinnierit, euolare dicunt animam.

iij Certū eſt nūmo in ciſtam tinniente, augeri quæſtum & auariciam poſſe: ſuffragiū aūt eccleſiæ eſt in arbitrio dei ſolius.

iiij Quis ſcit ſi omnes animæ in purgatorio uelint redimi, ſicut de ſancto Seuerino & paſchali factum narratur?

v Nullus ſecurus eſt de ueritate ſuæ contritionis; multo minus

a ij

UNTEN RECHTS

Martin Luther, Seiten aus den *95 Thesen*, 1517, Basel, Schweiz

Diese lateinische Ausgabe von Luthers Text ist im Deutschen Historischen Museum in Berlin zu finden. Die titelgebenden Thesen, die hier in Form eines Pamphlets erscheinen, sind mit römischen Zahlen versehen.

LINKS

Martin Luther, Titelseite von *Biblia, das ist: Die ganze heilige Schrift*, deutsch, um 1560–61, Hans Lufft; Wittenberg, Deutschland

Dies ist die Titelseite von Luthers deutscher Übersetzung der Bibel mit einer detailreichen bildlichen Bordüre, die Lucas Cranach der Jüngere in dramatischer Form als Holzschnitt umsetzte. Wie die «Teaser» im modernen Kino sollte dieses Medley aus Bildern – darunter der Garten Eden und die Kreuzigung – Leser anlocken.

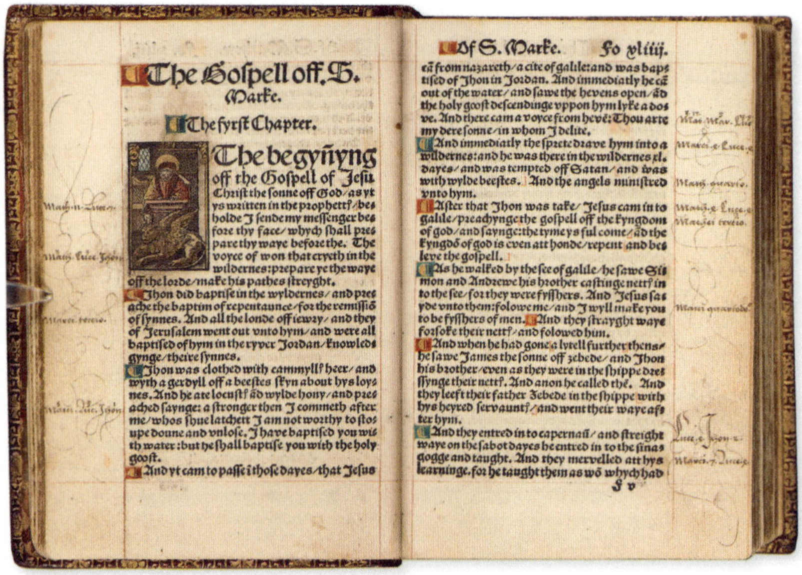

OBEN

William Tyndale, Seiten aus *The New Testament as it was written*, um 1526, Peter Schöffer; Worms, Deutschland

Hier sehen wir William Tyndales englische Übersetzung der Bibel, geöffnet am Beginn des Markus-Evangeliums.

OBEN RECHTS

Marthin Luther, Titelseite des Alten Testaments, deutsch, um 1523–24, Melchior Lotter; Wittenberg, Deutschland

Das Alte Testament, hier mit einer Illustration von Lucas Cranach dem Älteren, ist Luthers Übersetzung der Hebräischen Bibel.

RECHTS

Martin Luther, Seiten aus dem Alten Testament, deutsch, um 1523–24, Melchior Lotter; Wittenberg, Deutschland

Diese deutsche Ausgabe, hier geöffnet im Buch Josua, wurde von Martin Luther übersetzt und von Lucas Cranach dem Älteren illustriert.

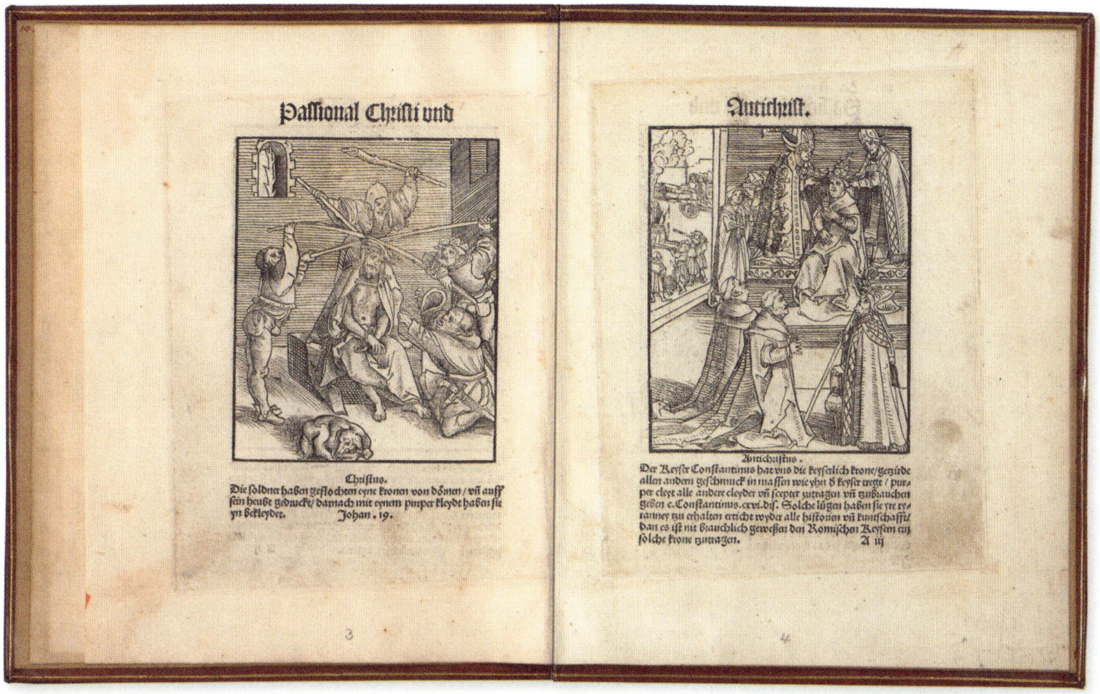

OBEN

Martin Luther, Seiten aus *Passional Christi und Antichristi*, um 1521, Wittenberg, Deutschland

Lucas Cranach der Ältere, Hofmaler der Kurfürsten von Sachsen, war ein begeisterter Anhänger der Reformation und arbeitete eng mit den Übersetzern und Druckern der deutschsprachigen Bibel zusammen.

RECHTS

Desiderius Erasmus, Titelseite von *Moriae encomium*, 1536, Gilles de Gourmont; Paris, Frankreich

Diese Titelseite, aufbewahrt in der British Library, ist ein hervorragendes Beispiel für Branding im 16. Jahrhundert. Der Holzschnittdruck eines ungenannten Künstlers ist das Emblem oder die «Marke» des Druckers, der das Buch herstellte: Gilles de Gourmont

OBEN

Porträt des Desiderius Erasmus, ca. 1486–1536, Antwerpen, Belgien

Diese Radierung von Philip Galle basiert auf Erasmus' Porträt von Hans Holbein dem Jüngeren.

RECHTS

Matthew-Bibel, Abbildung aus *The Byble, which is all the holy Scripture: in whych are contayned the Olde and Newe Testament truly and purely translated into Englysh*, 1537, Antwerpen, Belgien

In dieser Illustration von «Thomas Mattews» (ein Pseudonym von William Tyndale und John Rogers) englischer Übersetzung der Bibel sehen wir Adam und Eva im Garten Eden mit der christlichen Gottheit inmitten von Wolken. Eva zeigt auf den Baum der Erkenntnis, Adam sieht zu.

LINKS

Matthew-Bibel, Frontispiz von *The Byble, which is all the holy Scripture: in whych are contayned the Olde and Newe Testament truly and purely translated into Englysh*, 1537, Antwerpen, Belgien

Die vollfarbige Titelseite dieser englischen Ausgabe der Bibel enthält ein Durcheinander von Szenen in einem einzigen Randbild. Oben links erhält Moses die Steintafeln, während unten rechts Lazarus aus dem Grab steigt. Die Bildunterschrift am unteren Rand lässt sich wie folgt übersetzen: «Dargelegt mit der gnädigen Erlaubnis des Königs», ein hilfreicher Vermerk angesichts der politischen und religiösen Verwerfungen jener Zeit.

3 «Neue» Welten

Unter Kaiser Karl V. (1500–1558) expandierte das Heilige Römische Reich von seiner Basis in Westmitteleuropa in die Länder, die wir heute als Nord- und Südamerika kennen. Das europäische imperialistische Vorhaben erwies sich wie alle davor und danach als verheerend für die kolonisierten Völker. Im Gegensatz zu den toleranteren Babyloniern und Osmanen zielten die Europäer darauf ab, die indigene Bevölkerung durch mörderische Feldzüge und kulturelle Vernichtung zu unterjochen.

Vor der Ankunft der Europäer hatte es in Südamerika vielfältige und komplexe Denksysteme gegeben, die bis weit vor unsere Zeitrechnung zurückreichten. Die Zivilisation der Maya mit ihrer ausgeklügelten Mathematik und Astronomie war in den Gebieten, die wir heute Mexiko, Guatemala und Belize nennen, ab 2000 v. Chr. aktiv gewesen. Das Olmeken-Reich rund um den Golf von Mexiko erlebte seine Blütezeit nach dem 17. Jahrhundert v. Chr. In jüngerer Zeit beherrschte im 13. Jahrhundert n. Chr. das Inka-Reich die Andenregion, während die Nahuatl sprechenden Völker Mēxihcahs ihr Territorium im folgenden Jahrhundert weiter nach Norden ausdehnten.

1519 jedoch trafen Gruppen stark bewaffneter Militanter aus Übersee ein. Mithilfe heimtückischer Taktiken und unbeabsichtigter biologischer Kriegsführung (aufgrund der europäischen Krankheiten, die sie mitbrachten) nahmen die kampfbereiten Invasoren Motēcuhzōma Xōcoyōtzin

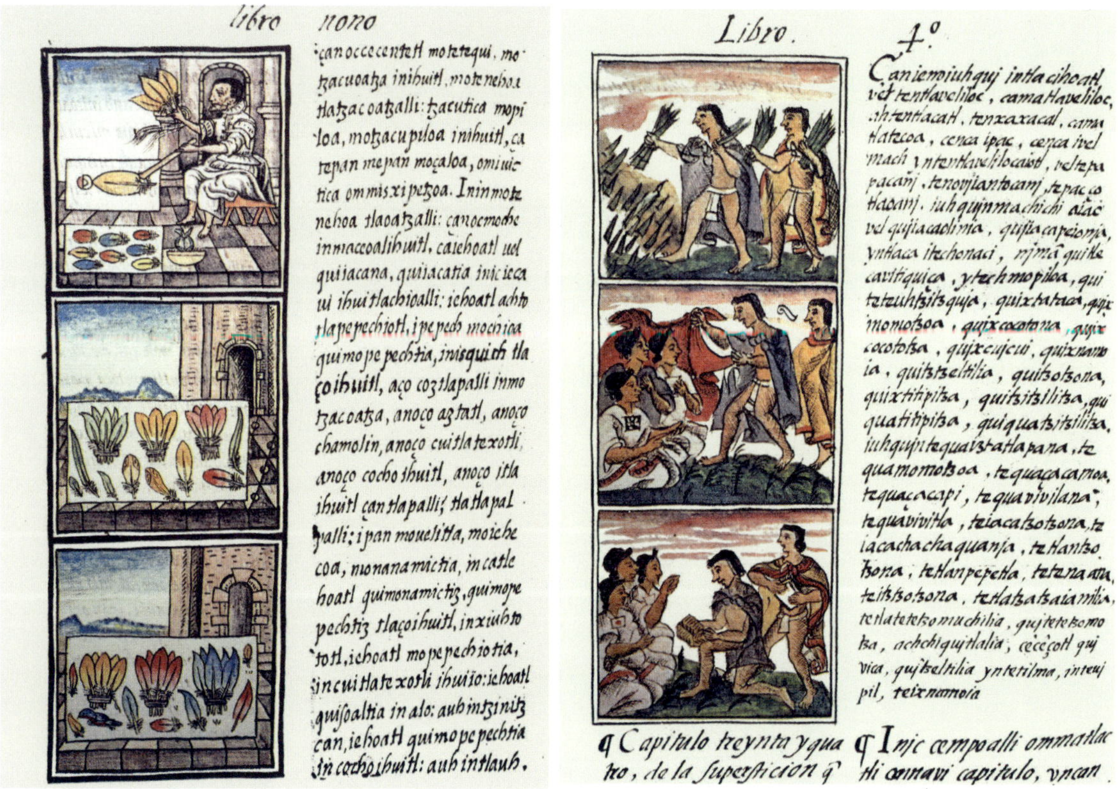

UNTEN

Bernadino de Sahagún, Seiten aus *Historia general de las cosas de Nueva España*, 16. Jh., Mexiko

Auf diesen Seiten aus de Sahagúns ethnografischer Studie sehen wir herrlich kolorierte Illustrationen indigener Rituale und Praktiken aus der Feder von Nahua-Künstlern. Das Manuskript, bekannt als «Codex Florentinus», besteht aus rund 2400 Seiten, ist in zwölf Bücher unterteilt und in Spanisch und Nahuatl verfasst.

gefangen, den Herrscher von Tenōchtitlan. Zwei Jahre später eroberten sie die Hauptstadt des Staatsgebietes. Die Gesellschaft begann zu zerfallen, als die selbst ernannten spanischen «Conquistadores» dieses Gebiet zum «Vizekönigreich Neuspanien» ausriefen. Unter ihrer Herrschaft ging die einheimische Population schnell zurück. Die Überlebenden wurden gezwungen, zum Christentum zu konvertieren, und ihre «heidnischen» kulturellen Aufzeichnungen wurden systematisch zerstört.

Die Rekonstruktion der Nahua-Philosophie hängt stark und auf problematische Weise von den Werken spanischer Archivare wie dem *Codex Mendoza* (1541) ab. Der vom örtlichen Vizekönig Antonio de Mendoza y Pacheco in Auftrag gegebene Codex führt die Geschichte der Nahua bis zur Zerstörung von Tenōchtitlan auf. Er beschreibt außerdem detailliert die ethischen Systeme, die das tägliche Leben bestimmten, mit einem Schwerpunkt auf gesellschaftlicher Produktivität und kommunitaristischen Projekten. Der üppig illustrierte Text ist mit ausführlichen Erörterungen zu Menschenopfern und ihrer Rolle in der Nahua-Gesellschaft versetzt.

Geschichtsschreibung durch Kolonialmächte ist unweigerlich tendenziös. Der spanische Missionar Bernadino de Ribeira (1499–1590), ein Mitbegründer des Colegio Imperial de Santa Cruz de Tlatelolco, erkannte das an, indem er indigene Gelehrte ermunterte, ihre eigene Kultur zu dokumentieren. Das Ergebnis, die *Historia general de las cosas de Nueva España* (um 1545–90), verfasst in Nahuatl und Spanisch, besteht aus 2000 Bündeln Prosa und Illustrationen; behandelt werden Polytheismus, Schöpfungsmythen und Astronomie sowie Rhetorik und Moral. Die *Historia* gibt auch einen Einblick in die Metaphysik der Nahua, die um das zentrale Konzept des *teōtl* kreist: eine einzige, dynamische, kosmische Kraft, die die Natur (Himmel, Erde und Menschen) durchdringt und sich in den verschiedenen Göttern zeigt.

Die spanischen Denker griffen nicht nur die Philosophie frisch kolonisierter Untertanen auf, sondern debattierten auch über das Für und Wider ihrer territorialen Expansion. *Democrates alter sive de justi belli causis apud Indios* (1550) von Juan Ginés de Sepúlveda verteidigt Genozidmissionen auf der Grundlage von Aristoteles' «natürlichen Hierarchien». Die Nahua, erklärt der Autor ruhig, eigneten sich «von Natur aus» zur Versklavung. Dagegen argumentiert Bartolomé de las Casas in *Brevissima relación de la destruyción de las Indias* (*Kurzgefasster Bericht von der Verwüstung der Westindischen Länder*, 1552), dass indigene Völker durchaus fähig zur Selbstverwaltung seien, und setzt die Kolonialherren mit «Teufeln» gleich. Solche Debatten fanden in der europäischen feinen Gesellschaft zwar großen Anklang, konnten die zerstörerischen Expansionsfeldzüge in die «neue» Welt jedoch nicht aufhalten.

P V

Breuissima rela
cion dela destruycion delas In-
dias: colegida por el Obispo dō
fray Bartolome de las Casas/o
Casaus dela orden de Sācto Do
mingo.
Año. 1552.

UNTEN

Bartolomé de las Casas, Titelseite von *Brevissima relación de la destruyción de las Indias*, 1552, Sevilla, Spanien

Der *Kurzgefasste Bericht*, veröffentlicht ein Jahrzehnt nach seiner Entstehung, wurde für Prinz Philip II. von Spanien zusammengestellt, dessen Wappen über dem Titel erscheint. Er sollte den Herrscher vor der ungezügelten kolonialistischen Plünderung warnen, erwies sich jedoch als wirkungslos.

4 Utopische Visionen

Während die Kolonialmächte neue Staatsgebiete an sich brachten, weitete sich das Konzept «Utopia» immer mehr aus. Thomas Morus' Buch *Utopia* (1516) gehört zu einer Tradition Welten erschaffender Literatur, die auch al-Fārābīs *Musterstaat* (S. 128) und Platons *Politeia* (S. 36) umfasst, und wird in seiner Bedeutung zweifellos von den kolonialistischen Vorhaben in Südamerika unterstrichen. In Form eines verschachtelten Dialogs beschreibt Morus auf Latein eine Insel vor der Küste Brasiliens, die er «Utopia» nennt.

Für Morus ist diese Insel idyllisch. Bei den Utopiern gibt es kein Privateigentum, sie teilen ihre landwirtschaftlichen Erzeugnisse und haben Zugang zu gemeinsamen Lagern. Ihr Arbeitstag dauert nur sechs Stunden. Zu ihrer Einstellung zum «Glück» kommentiert er:

> **(…) In dieser Beziehung schlagen sie sich wohl allzu sehr auf Seiten derjenigen Partei, welche das menschliche Glück entweder überhaupt oder doch den wesentlichsten Teil desselben im Vergnügen sieht. (…)**

UNTEN

Thomas Morus, Illustration aus *Utopia*, 1518, Johann Froben; Basel, Schweiz

Diese semikartografische Illustration von Morus' Insel Utopia stammt aus der ersten Schweizer Ausgabe des Werkes und wurde von Ambrosius Holbein gestochen. Die Farbe kam später dazu.

Morus' Geschichte untersucht das Konzept einer idealen Gesellschaft und ob solche Ideale möglich sind. Das «-topia» in Utopia kommt vom griechischen *topos* und bedeutet «Ort», doch das «U-» schwebt gefährlich zwischen *eû*, griechisch für «gut», und *ou* mit der Bedeutung «nicht». Eine Utopie ist daher gleichzeitig ein «guter Ort» und ein «Nicht-Ort», was die Frage aufwirft, ob eine solche Gesellschaft eine echte Perspektive ist oder doch eher ein Traum.

Was für den einen ein «guter Ort» ist, kann für andere schwierig sein. Das Utopia, das Morus beschreibt, besitzt Kolonien; die Utopier kolonisieren, um der Überbevölkerung zu begegnen, und versklaven andere Völker, um utopische Ziele voranzubringen. Diese Praktiken sind ein fester Bestandteil von Morus' Vision. Seine Rhetorik gestattet Sklaverei, indem sie ihre Funktion in einer «natürlicheren» utopischen Gesellschaft darlegt. Nur wenige von Morus' Lesern hätten Einwände gegen seine Sicht auf die Sklaverei gehabt, aber es gab durchaus Kritiker. Mit seiner impliziten Unterstützung kommunitaristischer Projekte verärgerte *Utopia* den englischen Monarchen Heinrich VIII. – und trug zweifellos zu Morus' Tod am 6. Juli 1535 bei, als er auf Befehl der Krone enthauptet wurde.

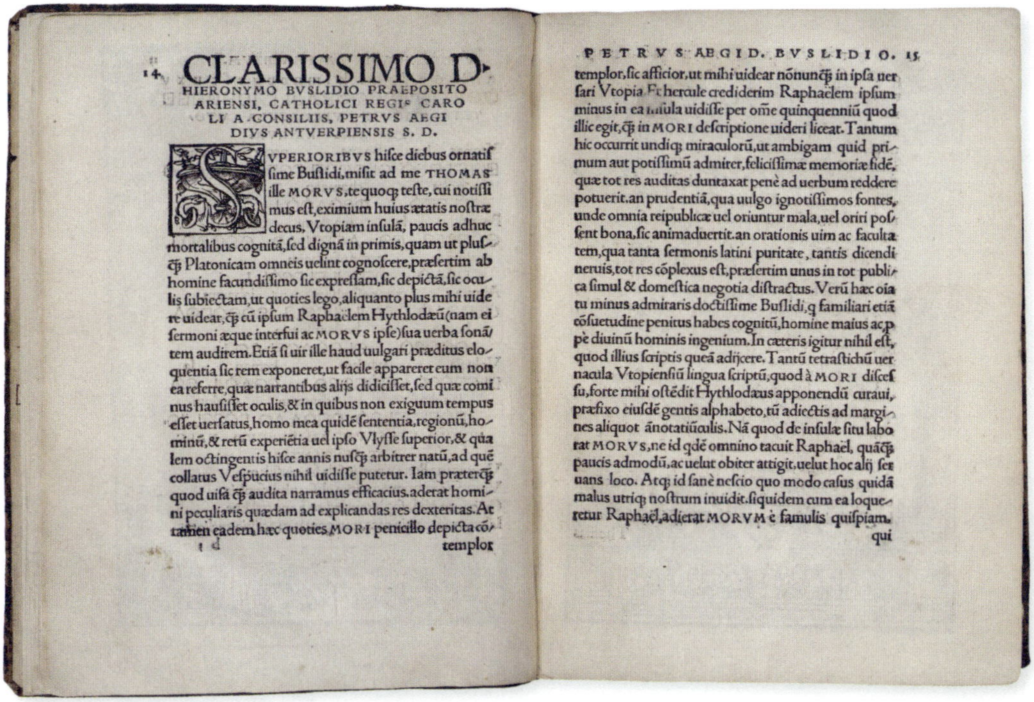

5 Angeborene Vorstellungen

Während Europa aufstieg, gingen andere globale Mächte nieder. In der Folge turbulenter Beziehungen zu den Mongolen hatte die Ming-Dynastie in China strenge Sparmaßnahmen verhängt. Anders als die Spanier und Portugiesen finanzierte sie keine kolonialistischen Forschungsreisen mehr und stellte stattdessen Strafsteuersysteme auf. In Kombination mit Ärger durch japanische «Piraten» und Korruptionssorgen verbreitete sich Widerspruch. Vor diesem Hintergrund erschienen die Werke von Wang Yangming (oder Wang Shouren, 1472–1529).

Im 16. Jahrhundert war der Ruismus noch immer die herrschende Ideologie in China, neu belebt durch die Arbeiten von Zhu Xi und den Gebrüdern Cheng. Wang jedoch war der Ansicht, dass Zhu sich zu sehr auf Tradition und Auswendiglernen verließ, auf das Erlangen von Wissen um des Wissens willen. Seine Werke *Instruktionen für das praktische Leben* (1518) und *Fragen zum Großen Lernen* (1527) sind im Ton rationalistisch und pragmatisch, was auf Wangs Ausbildung in Militärstrategie hindeutet. In diesen Schriften legt er den Schwerpunkt auf die Integration von Wissen und Handeln sowie die aktiven Aspekte des geistigen Lebens. In den *Instruktionen* bemerkt er:

> **Gleich wirst du mit mir diskutieren. (…) Gibt es einen Geist, innerhalb dessen diese Diskussion Platz findet? Wenn du sprichst und dein Geist sich darauf konzentriert, ernst zu sein, ist das derselbe Geist wie bei der Sitzmeditation. Die Aufgabe ist fortlaufend und einheitlich. Wozu muss man dazu noch darüber nachdenken? Man muss in den tatsächlichen Dingen des Lebens geübt und geschickt sein.**

LINKS

Thomas Morus, Seiten aus *Utopia*, 1518, Johann Froben; Basel, Schweiz

Morus schrieb *Utopia* 1515 und 1516. Sein Freund Desiderius Erasmus half beim Lektorieren des Werkes vor seiner Erstveröffentlichung Ende 1516 in Leuven. Erasmus schickte auch Johann Froben ein Exemplar, der das Buch im folgenden Jahr in Basel herausgab. 1548 wurde es ins Italienische übersetzt, 1550 ins Französische und 1551 ins Englische, sechs Jahre nach Morus' Hinrichtung.

OBEN

Porträt des Thomas Morus, 1527, England

Das Bild von Hans Holbein dem Jüngeren auf Eichenholz entstand während Morus' Aufenthalt in London. Trotz der opulenten Kulisse, der schimmernden Samtärmel und der Halskette mit der Tudorrose ist es Holbein gelungen, eine gewisse Nervosität in Morus' Gesicht einzufangen, der nach links sieht und dem Blick des Betrachters ausweicht.

In seinen *Fragen* nimmt er ebenfalls eine Position ein, die häufig als «Innatismus» bezeichnet wird. Wang behauptet, dass bestimmte Vorstellungen «angeboren» seien: Einige Konzepte sind einfach in den menschlichen Geist eingebrannt und es gehört zu den Aufgaben der Philosophen, sie auszusprechen. Dies ist eine Doktrin von direkter politischer Relevanz: Wissen kann im menschlichen Geist gleich welcher Art oder Neigung vorhanden sein und steht daher den Bauern und den Frauen ebenso zur Verfügung wie adligen Männern. Angesichts der ruistischen Orthodoxie und der strengen staatlichen Kontrolle des Ming-Regimes war es vielleicht unvermeidlich, dass die eher egalitären Aspekte von Wangs Philosophie nicht so recht Fuß fassen konnten.

Ein Jahrhundert später jedoch und ein ganzes Stück weiter westlich sollten ganz ähnliche Ideen zum intellektuellen Standard werden.

UNTEN

Szene mit einer Anne Conway ähnelnden Person, um 1670, Den Haag, Niederlande

Von diesem Werk des niederländischen Malers Samuel van Hoogstraten mit dem Titel *Perspektivische Ansicht mit einer Frau, die einen Brief liest* wird wegen der Ähnlichkeiten zwischen dem Gesicht der Abgebildeten und einer Miniatur der Philosophin gelegentlich angenommen, dass es Conway darstellen soll. Es wird gegenwärtig im Kunstmuseum Mauritshuis in Den Haag gezeigt.

6 Befreite Vernunft

In früheren Zeiten hatten Denker aus der islamischen und der christlichen Tradition die jeweiligen Vorzüge von Vernunft und Offenbarung bei der Erlangung von Wissen erörtert. Im 16. Jahrhundert war rationale Überlegung anstelle mystischer Erfahrung zur erkenntnistheoretischen Norm geworden und eine zunehmende Anzahl (nichtreligiöser) Bücher parodierte die neue Intelligenzia, die den Kopf demütig vor der Vernunft neigte statt vor Gott.

Die derben, humoristischen *Essais* (1590) des französischen Autors Michel de Montaigne (1533–1592) verspottet akademische Eliten wegen ihrer allzu hohen Meinung über ihre eigenen rationalen Fähigkeiten. Montaigne widmet sich häufig der «Theriophilie», der Huldigung nichtmenschlicher Tiere und ihrer kognitiven Fähigkeiten, um zu untergraben, was er als irrige Überzeugungen zur menschlichen Überlegenheit (und als akademisches Elitedenken) ansah. Katzen können ebenso überzeugende Debatten führen wie Menschen, wenn man ihnen nur zuhört.

Solche Werke riefen erbitterte Gegenschriften von Gelehrten hervor, darunter auch von René Descartes (1596–1650). Descartes arbeitete in Frankreich und den Niederlanden und ist wohlbekannt für seine «Beweise» für die Existenz Gottes (ähnlich denen von Anselm, S. 154) und seinen Innatismus (ähnlich dem von Wang Yangming). In Texten wie *Discours de la méthode* (*Abhandlung über die Methode*, 1637) und *Meditationes* (*Meditationen*, 1641) argumentiert Descartes gegen Montaigne und in Übereinstimmung mit seiner eigenen «mechanischen» Philosophie, dass nichtmenschliche Tiere in mancher Hinsicht kaum mehr seien als Uhrwerke, die bellen und miauen.

Discours und *Meditationes* enthalten auch Descartes' berühmtes «Cogito». Indem er ein klassisches Argument zitiert, das bei Ibn Sina zu finden ist, legt Descartes dem Leser einen

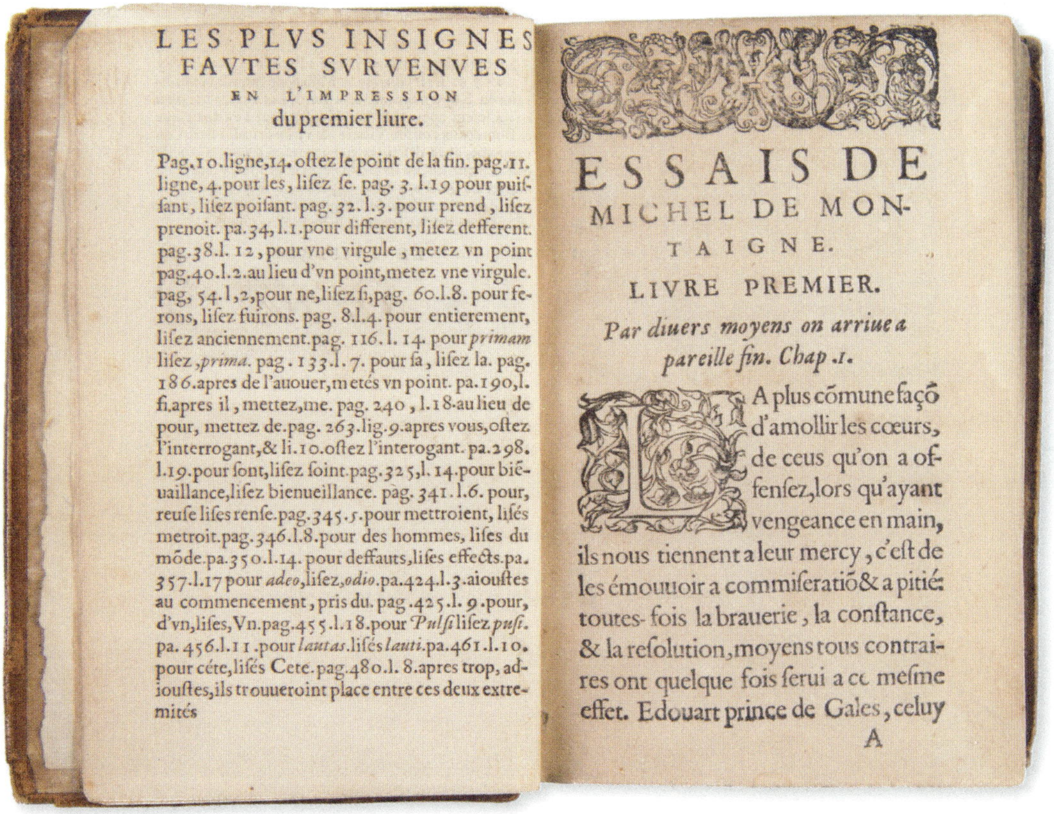

LES PLVS INSIGNES
FAVTES SVRVENVES
EN L'IMPRESSION
du premier liure.

Pag.10.ligne,14.oftez le point de la fin. pag.11. ligne,4.pour les, lifez fe. pag. 3. l.19 pour puiffant, lifez poifant. pag. 32.l.3. pour prend, lifez prenoit. pa.34,l.1.pour different, lifez defferent. pag.38.l. 12, pour vne virgule, metez vn point pag.40.l.2.au lieu d'vn point,metez vne virgule. pag, 54.l,2,pour ne,lifez fi,pag. 60.l.8. pour ferons, lifez fuirons. pag. 8.l.4. pour entierement, lifez anciennement.pag. 116.l. 14. pour *primam* lifez ,*prima*. pag. 133.l.7. pour fa, lifez la. pag. 186.apres de l'auouer,metés vn point. pa.190,l. fi.apres il, mettez,me. pag. 240, l.18.au lieu de pour, mettez de.pag. 263.lig.9.apres vous,oftez l'interrogant,& li.10.oftez l'interogant. pa.298. l.19.pour font,lifez foint.pag.325,l. 14.pour biẽuaillance,lifez bienueillance. pàg. 341.l.6. pour, reufe lifes renfe.pag.345.5.pour mettroient, lifés metroit.pag.346.l.8.pour des hommes, lifes du mõde.pa.350.l.14. pour deffauts,lifes effects.pa. 357.l.17 pour *adeo*,lifez,*odio*.pa.424.l.3.aiouftes au commencement, pris du. pag.425.l. 9.pour, d'vn,lifes,Vn.pag.455.l.18.pour *Pulfi* lifez *pufi*. pa. 456.l.11.pour *lautas*.lifés *lauti*.pa.461.l.10. pour céte,lifés Cete.pag.480.l. 8.apres trop, adiouftes,ils trouueroint place entre ces deux extremités

ESSAIS DE
MICHEL DE MONTAIGNE.
LIVRE PREMIER.

Par diuers moyens on arriue a pareille fin. Chap.1.

LA plus cõmune façõ d'amollir les cœurs, de ceus qu'on a offenfez, lors qu'ayant vengeance en main, ils nous tiennent a leur mercy, c'eft de les émouuoir a commiferatiõ & a pitié: toutes-fois la brauerie, la conftance, & la refolution, moyens tous contraires ont quelque fois ferui a ce mefme effet. Edouart prince de Gales, celuy

A

fundamentalen Gedanken vor: *cogito ergo sum* (Ich denke, also bin ich). Während skeptischer Zweifel alle anderen Gedanken zersetzen kann, gelingt ihm das mit diesem Grundgedanken nicht. Selbst der Prozess des Zweifelns, so Descartes, setzt ein Wesen («ich») voraus, das zweifelt. Das Cogito wiederum regt zum kartesischen Dualismus an, einer metaphysischen Position, die Geist und Körper als getrennte Einheiten betrachtet – da am Körper, im Gegensatz zum Geist, ja immer noch gezweifelt werden kann. Die Bücher ehren den vernünftigen Geist so sehr, dass sie ihn als metaphysisch anders als jedes andere Objekt im Universum hinstellen.

Descartes' extreme Ansichten über die menschliche Vernunft standen im Mittelpunkt bemerkenswerter Debatten. Von seinen Zeitgenossen hat Anne Conway (1631–1679) eine platonische Antwort anzubieten. In ihren *Principles of the Most Ancient and Modern Philosophy* (um 1671–1677) bedient sie sich der platonischen Metaphysik und postuliert eine einzige, unendlich gute, weise und gerechte Quelle allen Seins (Gott). Descartes' Mechanismus weist sie zurück, denn sie sieht die Welt bevölkert von lebendigen, frei beweglichen Wesen, deren Existenz vom Einen kommt und seine Pracht reflektiert.

Kaum jemand übte so schneidende Kritik an Descartes wie Elisabeth von der Pfalz, Prinzessin von Böhmen (1618–1680). Ihre Ansichten werden am deutlichsten in einer Reihe von Briefen, die

OBEN

Michel de Montaigne, Titelseite der *Essais*, 1580, S. Millanges; Bordeaux, Frankreich

Mit der kunstvollen Kopfleiste und einem historisierten Großbuchstaben präsentiert sich die Titelseite des ersten Bandes in einer Druckvariante der ersten Auflage von Montaignes Text. Eine Druckvariante ist eine Erstauflage mit einer kleinen Änderung im Druck, etwa einer Korrektur oder einer Veränderung der Einbandfarbe.

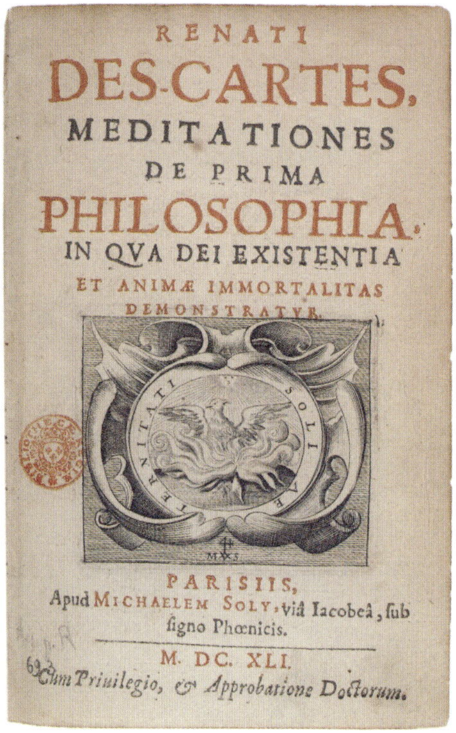

RECHTS

René Descartes, Titelseite der *Meditationes de Prima Philosophia*, 1641, Michael Soly; Paris, Frankreich

Auf der Titelseite dieser lateinischen Ausgabe der *Meditationen* prangt die Phrase «Apud Michaelem Soly». Das lateinische *apud* bedeutet «in Gegenwart von» und kann genutzt werden, um einen Verweis mit etwas Abstand zu platzieren; diese Version wurde vermutlich entweder von Solys Ausgabe kopiert oder (eher wahrscheinlich) in seiner Werkstatt gedruckt.

GANZ RECHTS

Porträt von Descartes, um 1687–1691, Johannes Tangena; Leiden, Niederlande

Dieses Porträt von Descartes vom niederländischen Kupferstecher Cornelis A. Hellemans zeigt ihn im Halbprofil beim Schreiben, einen Fuß symbolträchtig auf ein Bündel vielleicht überholten Materials (die Werke aristotelischer Scholastiker) gestellt.

OBEN

Porträt der Elisabeth, 1912, Manchester, UK

Diese sogenannte «Zigarettenminiatur» aus dem 20. Jahrhundert nach einem Ölgemälde von Gerrit van Honthorst zeigt die Philosophin mit Perlenschmuck, der Wohlstand und eine hohe gesellschaftliche Stellung symbolisiert.

fast zwei Jahrhunderte nach ihrem Tod in Buchform veröffentlicht wurden. Darin stellt sie Descartes' Dualismus infrage mit dem Argument, dass eine absolute Unterscheidung zwischen Geist und Körper ernsthafte Probleme für die Kausalität aufwirft. Wenn der immaterielle Geist derart für sich steht, wie kann er dann den materiellen Körper beeinflussen? Von der Pfalz war nicht allein mit dieser Argumentation. Ähnliche Kommentare finden wir in den Texten des ghanaischen Philosophen, der in Europa unter dem Namen «Anton Wilhelm Amo» bekannt wurde.

7 Transkontinentale Vernunft

Bis zum 16. und 17. Jahrhundert hatten Christentum und Islam in ganz Afrika Fuß gefasst; griechische, arabische und lateinische Texte standen in den Bibliotheken und Universitäten des gesamten Kontinents. Häufig wurde importiertes Gedankengut aus dem Osten und Norden von der lokalen Bevölkerung aufgegriffen. So finden wir im christlichen Königreich von Aksum im heutigen Äthiopien Sammelwerke wie *Das Buch der weisen Philosophen* (1510), das viele der Fragen untersucht, die auch Akademiker in Europa beschäftigten. Das vom Priester Abba Mikael in der altäthiopischen Sprache Ge'ez verfasste Werk enthält eine Sammlung philosophischer Äußerungen, die ethische und theologische Themen aus der arabischen und griechischen Gedankenwelt zusammenfassen.

Afrika erlebte ähnliche religiöse Kämpfe, wie sie Europa und den Nahen Osten erschüttert hatten. Ein Jahrhundert nach Mikaels Text wird *Die Lebenskämpfe von Wälättä Petros* veröffentlicht (1672). Auf der Grundlage mündlicher Überlieferungen zeichnet dieses Werk die moralischen Überlegungen der Philosophin und Nonne Wälättä Petros (1592–1642) nach. Petros wuchs in der Äthiopisch-Orthodoxen Kirche auf und war eine lautstarke orthodoxe Kritikerin des Katholizismus, der von den Portugiesen importiert worden war. Das Buch erzählt von ihrem Widerstand gegen die Billigung der «fremden» Ideen durch Sissinios I.

Petros' Zeitgenosse Zär'a Yaqob (um 1599 bis 1692) stammte aus Nordäthiopien. Wie Petros wurde er wegen seines Widerstands gegen den staatlich verordneten Katholizismus ins Exil verbannt und soll mehrere Jahre in einer Höhle gelebt haben. Wenn ihm auch Gesellschaft fehlte, so mangelte es ihm doch nicht an Inspiration: Im Exil verfasste Zär'a Yaqob sein Buch *Hatäta* (Untersuchung, 1667). Das *Hatäta* ist eine faszinierende Arbeit, nicht zuletzt, weil es das gleichzeitige Auftreten intellektueller Tendenzen nördlich und südlich des Nildeltas demonstriert. Im Mittelpunkt von Zär'a Yaqobs Philosophie steht die Fähigkeit des Menschen zur natürlichen Vernunft. Alle Menschen sind gleich, sie besitzen die gleiche Intelligenz und können daher alle auf ihre Fähigkeit vertrauen, die Wahrheit durch Überlegung zu entdecken.

> **Demjenigen, der sie sucht, wird die Wahrheit unmittelbar enthüllt. Ja, wer mit der reinen Intelligenz forscht, die der Schöpfer in das Herz jedes Menschen gesetzt hat, und die Ordnung und die Gesetze der Schöpfung untersucht, der wird die Wahrheit entdecken.**

Von diesem Werk und dem von Zär'a Yaqobs Schüler Walda Heywat (*Die Abhandlung des Walda Heywat*) gibt es noch immer nur sehr wenige Übersetzungen in europäische Sprachen. Kultureller Austausch kann sehr asymmetrische Formen annehmen und die Pfade, auf denen Philosophen und ihre Werke von Afrika nach Europa reisten, waren oft zutiefst verstörend. Das Leben von Anton Wilhelm Amo ist dafür ein typisches Beispiel.

Das Aschantireich kontrollierte im Westen Afrikas die Grenzen des Akan-Königreiches Bono. Anton Wilhelm Amo «Afer» (um 1703 bis 1759) wurde in der Küstenstadt Axim im heutigen Ghana geboren, war jedoch bei seiner Geburt nicht unter diesem Namen bekannt. Erst nachdem er von Partnern der Niederländischen Westindien-Kompanie als Kind entführt und einem preußischen Herzog «geschenkt» wurde, bekam er seinen europäisch klingenden Namen.

Trotz seiner Verschleppung absolvierte Amo die Ausbildung, die man ihm bot, mit großem Erfolg. In den 1720er-Jahren übertraf er alle rassistischen Erwartungen, indem er an der Universität Wittenberg promovierte. Wenig später folgte *De humanae mentis apatheia* (*Über die Empfindungslosigkeit des menschlichen Geistes*, 1734), worin der Autor Unstimmigkeiten im kartesischen Dualismus erörtert. Wenn, wie Descartes behauptete, die menschliche Seele immateriell ist, kann sie nicht über eine Sinneswahrnehmung verfügen:

> **Kein Geist spürt materielle Dinge; und doch ist der menschliche Verstand ein Geist, also spürt er keine materiellen Dinge.**

Amo verfasste zahlreiche Schriften über das «nüchterne und präzise» Philosophieren, bevor er nach Ghana zurückkehrte, doch seine Kritik an Descartes brachte ihm die größte Leserschaft ein.

8 Die neue Wissenschaft

LINKS UND OBEN

Illuminationen von Wälättä Petros, 1672–1673, Äthiopien

In dieser äthiopischen Bilderhandschrift, heute in der Sächsischen Landesbibliothek – Staats- und Universitätsbibliothek Dresden aufbewahrt, sehen wir leuchtend kolorierte Szenen aus dem Leben von Wälättä Petros beim Wirken von Wundern, in denen sie zum Beispiel Menschen von Krankheiten heilt und vor Tieren und Angreifern schützt.

Neben der dualistischen Weltsicht und der Inthronisation der Vernunft reagierten Descartes' Leser auch auf sein Eintreten für eine «mechanische» Philosophie. Descartes wollte den von der Kirche gebilligten Aristotelianismus ersetzen, der die natürliche Welt «teleologisch» begriff: *télos* bedeutet im Griechischen «Ende» oder «Ziel» und für die Scholastiker strebten alle Objekte von Natur aus nach einem natürlichen Ziel. Für Descartes ließen sich die meisten Dinge als das Produkt mechanischer Interaktionen, von Ursache und Wirkung betrachten.

In seinen Befreiungsbestrebungen von der kirchlichen Orthodoxie baute Descartes auf früheren naturphilosophischen Werken auf. Eines von ihnen, das *Novum Organum* (*Neues Organon*, 1620) des englischen Denkers Francis Bacon, wollte Aristoteles' «Werkzeug» (*organon* auf Griechisch) für die wissenschaftliche Praxis ersetzen. In einem Angriff auf das syllogistische Denken, das sich auf abstrakte Konzepte stützt, tritt Bacon für eine neue «wissenschaftliche Methode» ein und erklärt, die Leserschaft möge bei eigenen Untersuchungen mit den Daten beginnen, die sie durch ihre Sinne sammelt. Erst dann sollte der Versuch unternommen werden, allgemeine Axiome zu entwickeln. Dieser Vorgang wird als «induktives Denken» bezeichnet. Er steht im Kontrast zum «deduktiven Denken» der aristotelischen Gelehrten, das mit allgemeinen Prinzipien beginnt und sie extrapoliert, um individuelle Fälle zu erklären. Diese neue Methode sollte bald großen Einfluss gewinnen und schließlich eine Trennung der Philosophie von den Naturwissenschaften herbeiführen.

Die Autorität der Kirche infrage zu stellen, barg gewisse Risiken. Descartes ließ sein Werk *Le Monde (Die Welt)* unveröffentlicht aus Angst, es würde ähnliche Gegenreaktionen hervorrufen wie

RECHTS

Francis Bacon, Titelseite von *Novum Organum*, 1645, Wijngaerde und Moiardus; Leiden, Niederlande

An diesem Titelbild fällt besonders die Bildsprache ins Auge: Der Leser begibt sich auf eine Reise, zwischen Säulen hindurch in die ruhigen Gewässer der Möglichkeit. Das «neue Organon» wird so mit dem kolonialen Framing der «neuen Welt» verknüpft. Am unteren Rand lesen wir die Worte «Multi pertransibunt et augebitur scientia»: «Viele werden hindurchgehen und das Wissen wird sich vermehren».

Galileo Galileis Behauptungen über die Planetenbewegungen, die als Ketzerei galten. Gleichzeitig entging Bacon der offiziellen Zensur größtenteils, bot dafür jedoch mehr literarischen Angriffen eine Zielscheibe. *The Description of a New World, Called the Blazing-World (Die gleißende Welt)* von Margaret Cavendish (1623–1673) ist einer dieser Angriffe.

Die gleißende Welt (1666), eine weitere Utopie, erzählt von einer Reise in eine parallele Dimension. Eine junge Gelehrte wird entführt und zum Nordpol gebracht, wo sie einen Zugang zu einer alternativen Realität findet und dort von sprechenden «Bärenmenschen» zur «Weltherrscherin» ernannt wird. Neben Betrachtungen über eine perfekte Gesellschaft wendet sich Cavendish darin auch gegen die «neue» wissenschaftliche Methode. Dialoge zwischen der Herrscherin und ihren Untertanen deuten an, dass Wissen über die natürliche Welt sich am besten durch rationale Überlegungen erlangen lässt und nicht durch empirische Analyse. Wissenschaftliche Gerätschaften, sagt sie, verzerren die Realität: Ein Mikroskop beispielsweise lässt «eine Laus so groß erscheinen wie einen Elefanten». Cavendishs Kritik klingt heute noch in Debatten über die Zuverlässigkeit von Datensammlungen und Datenanalyse nach, auch wenn sie den Wandel in der wissenschaftlichen Praxis nicht aufhalten konnte.

LINKS

Margaret Cavendish, Frontispiz von *The Blazing World*, 1671, England

Diese Radierung von Abraham van Diepenbeeck, von der Autorin in den 1650er-Jahren selbst in Auftrag gegeben, zeigt Cavendish umgeben von Schreibmaterialien, während Putten (weltliche Engel) ihr den Dichterkranz aufsetzen. Auf ihrem Kopf sitzt bereits eine kleine Krone, die ihren adeligen Status andeutet. Die Autorin wird hier als einsame, fleißige «melancholische» Denkerin dargestellt. Im Gegensatz zu vielen anderen Autorenbildern liegen keine Bücher in ihrer Nähe, was auf Originalität und Freiheit von fremden Einflüssen hinweist.

UNTEN LINKS

Porträt von Leibniz, um 1729, Deutschland

Dieses barocke Leibniz-Porträt des deutschen Malers Christoph Bernhard Francke befindet sich derzeit im Herzog Anton Ulrich-Museum.

UNTEN RECHTS

Gottfried Leibniz, Titelseite der *Theodizee*, 1710, Isaac Troyel; Amsterdam, Niederlande

Als erster Buchdrucker der *Theodizee* entfernte Isaac Troyel das kontroverse Konzept der «natürlichen Theologie» aus dem Originaltitel.

9 Schlechte Disziplin

Während Bacons *Neues Organon* in den Disziplinen neue Nischen schuf, mussten die Naturwissenschaften – Physik, Biologie und Chemie – sich erst noch von den Bereichen abspalten, die nach heutiger Ansicht philosophische Untersuchungen verkörpern. «Polymathematische» Gelehrte arbeiteten weiterhin in all diesen Bereichen – und wenige waren so vielfach begabt wie der deutsche Philosoph Gottfried Wilhelm von Leibniz (1646–1716).

In der Wissenschaftsgemeinde ist Leibniz für seine intellektuelle Fehde mit Isaac Newton bekannt (darüber, wer die Analysis erfand) und für seine Innovationen in der logischen Notation und seine Theorien über physikalische Bewegung. In der akademischen Philosophie ist er bekannt für seine Metaphysik, Theologie und seine neoaristotelische Sicht auf lebendige Substanzen. Viele dieser Gedanken kreuzen sich in seiner *Monadologie* (1714). Darin erläutert er das Konzept der «Monade», eines einfachen, molekülartigen Individuums, und die Vorstellung der «prästabilierten Harmonie», in der diese radikal unabhängigen Monaden als kausal isoliert, aber trotzdem «harmonisierend» betrachtet werden, weil sie von Gott so programmiert wurden.

In seinen *Essais de Theodicée sur la Bonté de Dieu, la Liberté de l'Homme et l'Origine du Mal (Die Theodizee von der Güte Gottes, der Freiheit des Menschen und dem Ursprung des Übels*, 1710) nimmt

ESSAIS
DE
THEODICÉE
SUR LA
BONTÉ DE DIEU,
LA
LIBERTÉ DE L'HOMME
ET
L'ORIGINE DU MAL.

A AMSTERDAM,
Chez ISAAC TROYEL, Libraire.
MDCCX.

Leibniz Argumente wieder auf, die wir schon im *Babylonischen Kohelet* (S. 18) gesehen haben, und argumentiert, dass trotz allen Leids die Welt, in der wir leben, «die beste aller möglichen Welten» ist. Wir können versuchen, uns ein anderes Leben vorzustellen, aber nach den Gesetzen der Logik hätte nicht einmal das göttliche Wesen das verbessern können, was gegenwärtig existiert. Wie Devasūri erweitert Leibniz das Konzept der Modaloperatoren, die anzeigen, was möglich, notwendig oder kontingent ist oder auch nicht. Seine apologetischen Argumente wurden unterschiedlich aufgenommen. Einige priesen sie, doch in François-Marie Arouets (oder «Voltaires») *Candide ou l'optimisme* (*Candide oder der Optimismus*, 1759) wird Leibniz in der Figur des schwafelnden Wissenschaftsphilosophen «Professor Pangloss» zur Zielscheibe satirischer Karikatur.

UNTEN

Gottfried Leibniz, Seiten aus dem Manuskript der *Monadologie*, 1714, Deutschland

Mit ihren zahlreichen Zusätzen und Streichungen sind diese Seiten aus einem frühen Entwurf der *Monadologie* eine Fundgrube für Gelehrte, die den philosophischen Prozess des Philosophen verstehen möchten.

10 Wissenschaftlicher Rassismus

In den letzten Jahren haben intellektuelle Historiker analysiert, wie die selbst ernannte «Neue Wissenschaft» dabei half, den rassistischen Imperialismus zu legitimieren. Ältere Systeme wie die katholische Kirche verwiesen auf von Gott eingesetzte «natürliche Hierarchien», um die Unterwerfung ethnischer Gruppen zu verteidigen (und die Ausbeutung natürlicher Ressourcen). In diesem Zeit-

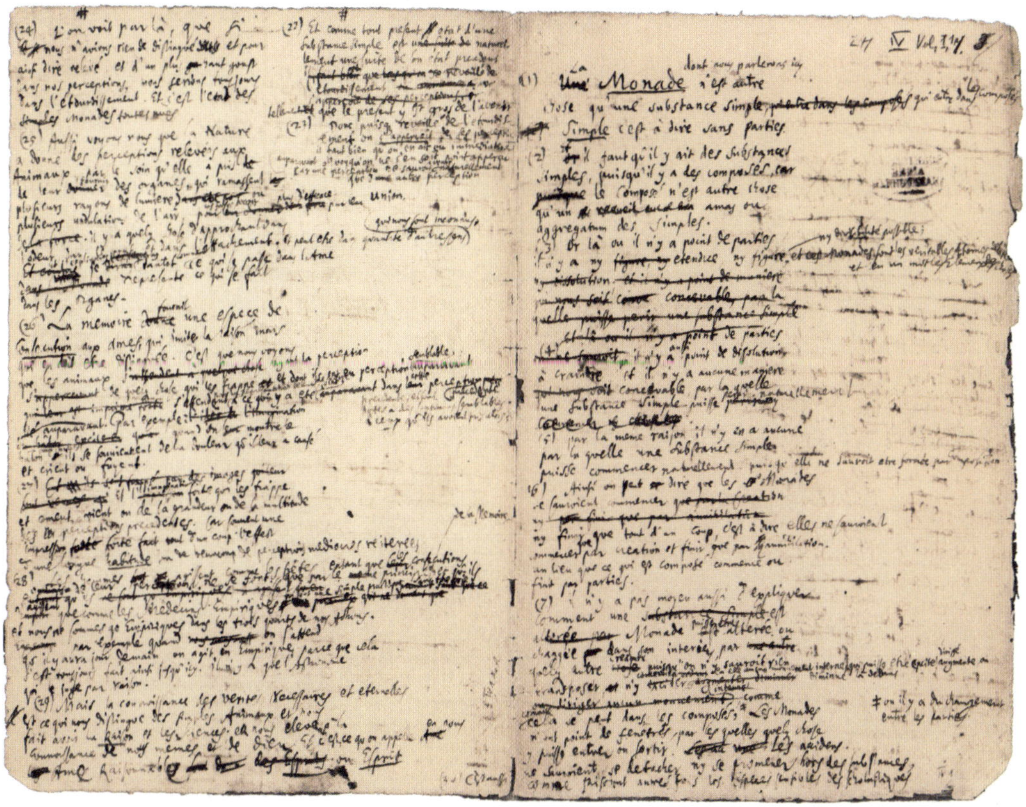

alter «neuer Welten» und «neuer Wissenschaft» brauchte man jedoch neue Gründe: Die Kolonialmächte betrachteten sich nicht mehr per göttlichem Dekret als überlegen, sondern aus scheinbar objektiven, «wissenschaftlichen» Gründen. Man führte vorbelastete anthropologische und «naturhistorische» Studien durch, um zu zeigen, dass die Daten sammelnden Gesellschaften weiter entwickelt waren als die «primitiven», die sie untersuchten. Empirische Beobachtungen wurden zu allgemeinen Prinzipien ausgearbeitet, mit deren Hilfe dann die Kolonisierungsprojekte gerechtfertigt wurden. Der transatlantische Handel mit versklavten Menschen stand im Einklang mit dem intellektuellen Geist Europas. Als die sogenannte «Aufklärung» Fuß fasste, wurden vorgeblich «rationale» und «wissenschaftliche» Argumente eingesetzt, um diese barbarischen Praktiken zu entschuldigen.

Besonders bemerkenswert unter den imperialistischen Philosophen ist Immanuel Kant (1724–1804). Er half dabei, den Begriff «Aufklärung» bekannt zu machen (in seinem Essay «Was ist Aufklärung?»), und sah im Säkularismus das bestimmende Merkmal seiner Epoche. Kant unterstützte die Machtverschiebung von der Autorität der Kirche hin zur Autorität der Vernunft in Werken wie *Die Religion innerhalb der Grenzen der bloßen Vernunft* (1793). Er ist außerdem bekannt für seine Beschäftigung mit ethischen Axiomen wie seinem «kategorischen Imperativ». In einer Formulierung besagt dieser, dass andere Menschen kategorisch als Zweck für sich behandelt werden müssen und nicht als Mittel zum Zweck.

Kant ist auch als «systematischer Philosoph» bekannt. Er war ein Systembauer, der die konzeptionellen Verbindungen zwischen Ästhetik, Ethik und Metaphysik berücksichtigen wollte – und Anthropologie. Seine *Anthropologie in pragmatischer Hinsicht* (1798) errichtet er auf wissenschaftlichem Rassismus mit dem Argument, dass es unterschiedliche «Rassen» von Menschen gebe und dass von diesen Rassen der weiße Europäer die kultivierteste und am weitesten entwickelte sei. Wie der Philosoph Emmanuel Chukwudi Eze im 20. Jahrhundert aufzeigte, wurden diese rassistischen Ansichten als das Produkt «neutraler» und daher unanfechtbarer Vernunft verstanden. Man kann sagen, Kants Werk «kolonisiert die Menschheit».

OBEN

Porträt der Anne Dacier, Datierung unbekannt

Dieser Farbstich von Camille Rogier zeigt die Schrifstellerin an ihrem Schreibtisch. Wie bei vielen weiblichen Gelehrten in diesem Buch gibt es deutlich weniger Abbildungen – Gemälde oder andere – und kaum Informationen zu denen, die wir haben.

Im Zentrum dieses neuen «rationalen» Gedankengebäudes stand der Begriff der «Objektivität». Kants Texte wollen explizit über lokale, «subjektive» Interessen hinausgehen. Über die Vernunft konnte der Leser die absolute Perspektive einnehmen, die einst Gott vorbehalten war. Die Schlussfolgerungen, die innerhalb dieser Systeme erreicht wurden, waren in den Augen der Anwender unstrittig. Dem heutigen Publikum mögen derartige Ansprüche auf objektive Beurteilung anmaßend erscheinen, wenn nicht gar lächerlich. Nirgends wird die Anmaßung dabei so deutlich wie in den philosophischen Debatten über die Objektivität des Geschmacks.

In seinem Essay *Of the Standard of Taste* (*Über den Standard des Geschmacks*, 1757) und *A Treatise on Human Nature (Ein Traktat über die menschliche Natur*, 1738) argumentierte der schottische Philosoph David Hume, dass eine breite Übereinstimmung beim Thema Schönheit darauf hindeutet, dass es objektive Standards des Geschmacks gebe. Manche Kunstwerke seien einfach schöner als andere. Darüber hinaus, so Hume, lassen sich diese Standards von «wahren Beurteilern» aufspüren, also Menschen mit ausgebildeten ästhetischen Sinnen (etwa Weinkenner). Dieser Elitismus ist besonders beunruhigend, wenn man ihn mit einem weiteren Gedanken kombiniert, der von Anne Dacier in *Des causes de la corruption du goust* («Ursachen für den Verfall des Geschmacks», 1714) formuliert wird. Sie schreibt:

> **Geschmack zeigt den Grad der Zivilisiertheit innerhalb einer bestimmten Kultur an, sowohl moralisch als auch künstlerisch.**

Wir lernen also, dass Schönheit eine Sache objektiver Beurteilung ist, die durch kulturelle Gatekeeper erfolgt. Zusätzlich ist der Grad der Schönheit eines Kunstwerks ein Indikator für den Grad der Zivilisiertheit, mit der es hergestellt wurde.

11 Persönliches Eigentum

Gleichzeitig mit diesen Verschiebungen in Ästhetik, Ethik und Metaphysik sehen wir, wie auch die Einstellungen zu Eigentum, Führung und Menschsein sich ändern, was den europäischen Imperien sowohl in Übersee als auch zu Hause weiteren Rückenwind bescherte.

Thomas Hobbes' *Leviathan or The Matter, Forme and Power of a Common-Wealth Ecclesiasticall and Civil (Leviathan oder von Materie, Form und Gewalt des kirchlichen und bürgerlichen Staates*, 1651) wurde nach der Niederlage der Royalisten im Englischen Bürgerkrieg (1642–1651) und der Hinrichtung Karls I. geschrieben. Seine konservative These besagt, dass Bürger der Regierungsmacht gehorchen sollten, außer wenn ihr Leben bedroht wird. Hobbes stellt sich einen vermuteten «gesellschaftlichen Vertrag» zwischen Bürgern und Staat vor, in dem Erstere bestimmte Rechte im Austausch gegen Schutz aufgeben.

In den *Two Treatises of Government (Zwei Abhandlungen über die Regierung*, 1689) antwortet John Locke auf den *Leviathan*. Locke weist Hobbes' Ansicht zurück, dass Untertanen implizit (und aus Angst) alle Rechte und Freiheiten aufgegeben haben. Menschen, stellt Locke fest, haben

UNTEN LINKS

Porträt von Immanuel Kant, 18. Jh., Deutschland

Jedes Detail dieser nachkolorierten Illustration von Kant soll seinen dynamischen Geist unterstreichen. Aufrecht in einem Kippstuhl sitzend, konsultiert er gleichzeitig ein Astrolabium, starrt gedankenverloren vor sich hin und schreibt.

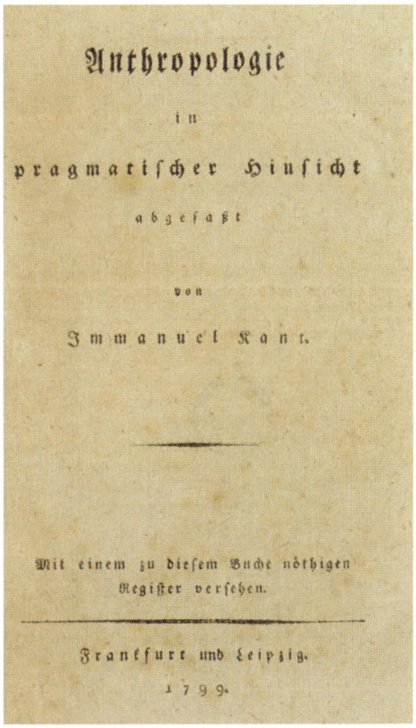

Anthropologie

in

pragmatischer Hinsicht

abgefaßt

von

Immanuel Kant.

Mit einem zu diesem Buche nöthigen Register versehen.

Frankfurt und Leipzig.

1799.

UNTEN

Immanuel Kant, Titelseite der *Anthropologie*, 1799, Frankfurt, Deutschland

Diese deutsche Ausgabe von Kants Arbeit wird in der Wellcome Collection in London aufbewahrt. Wie viele Institutionen im 21. Jahrhundert hat die Wellcome Scans des gesamten Buches online gestellt und damit empfindliche Texte für Forscher und die Allgemeinheit leicht zugänglich gemacht.

verschiedene «natürliche Rechte»: auf Leben, Gesundheit, Freiheit und Eigentum. Sein Akzent auf der Freiheit macht ihn zu einem Gründungsmitglied des politischen «Liberalismus». In seiner ökonomischen Form (manchmal auch als «Neoliberalismus» bezeichnet) richtet er sich auf eine deregulierte, «freie» Marktpolitik – den Hintergrund der kapitalistischen Systeme, zu denen wir im nächsten Kapitel kommen.

Ganz ähnlich half Lockes Schwerpunkt auf das Recht des Einzelnen auf Eigentum, die Art von Landraub zu rechtfertigen, zu der es in Nord- und Südamerika kam. Für Locke ist jeder Mensch absoluter Eigentümer seines Körpers. Durch Arbeit, in dem er Land bestellt und seine Arbeitskraft mit der Erde vermischt, kann auch das Land zu seinem Eigentum werden. Diese Lockesche Aussage ignoriert vor allem die Eigentumsrechte nomadischer Völker oder Gesellschaften ohne Subsistenzwirtschaft, etwa die vieler amerikanischer Ureinwohner.

Lockes politische Ansichten leiteten direkt zu seinen metaphysischen über, vor allem zu seinem Verständnis von «persönlicher Identität». In der überarbeiteten Version seines *Essay Concerning Human Understanding (Versuch über den menschlichen Verstand*, 1690) erörtert er, wie Menschen

RECHTS

Thomas Hobbes, Frontispiz von *Leviathan: The Matter, Forme and Power of a Common Wealth Ecclesiasticall and Civil*, 1651, Andrew Crooke; London, UK

In dieser nachkolorierten Version einer berühmten Radierung von Abraham Bosse ist das Volk im hoheitlichen Körper des Monarchen eingeschlossen, wo es ihm gut geht, es aber letzten Endes unter seiner Kontrolle steht.

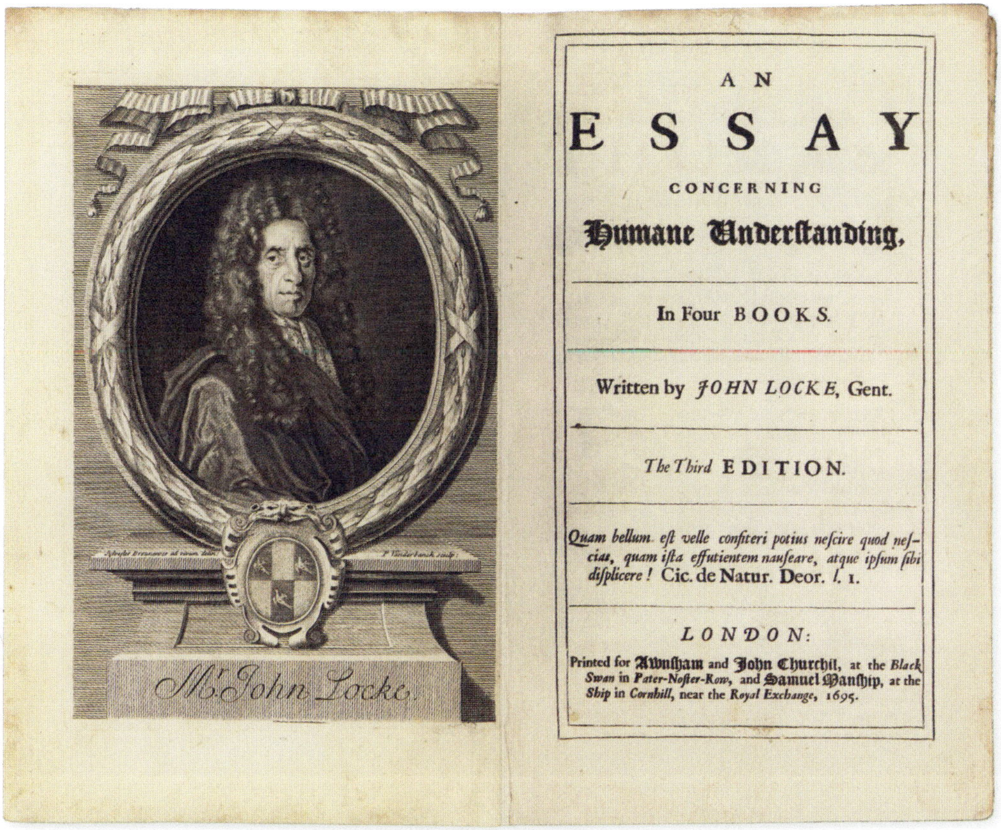

Mr. John Locke.

AN
ESSAY
CONCERNING
Humane Understanding.

In Four BOOKS.

Written by JOHN LOCKE, Gent.

The Third EDITION.

Quam bellum est velle confiteri potius nescire quod nescias, quam ista effutientem nauseare, atque ipsum sibi displicere! Cic. de Natur. Deor. *l.* 1.

LONDON:
Printed for Awnsham and John Churchil, at the *Black Swan* in *Pater-Noster-Row*, and Samuel Manship, at the *Ship* in *Cornhill*, near the *Royal Exchange*, 1695.

OBEN

John Locke, Frontispiz und Titelseite von *An Essay Concerning Human Understanding*, 1695, Awnsham and J. Churchill; London, UK

In der dritten Auflage des *Essay* steht Lockes Porträt auf dem Frontispiz auf einem fiktiven, verzierten Sockel, was seine Autorität und Bildung unterstreichen soll. Die Titelseite enthält einen Sinnspruch aus Ciceros *De Natura Deorum* (*Vom Wesen der Götter*), das in der Übersetzung wie folgt lautet: «Wie schön wäre es, Velleius, zuzugeben, dass du nicht weißt, was du nicht weißt, statt diesen Unsinn von dir zu geben, der selbst dich mit Selbstekel erfüllen muss!»

fortbestehen. Was, fragt er, macht aus dem Wesen, das begonnen hat, diesen Satz zu lesen, dasselbe, das ihn beendet? Seine Antwort (kontinuierliches Bewusstsein) ist vielleicht weniger interessant als seine Gründe dafür, diese Frage überhaupt zu stellen. Das eigenständige, beschränkte, selbstbesitzende, vernünftige Individuum – der liberale Mensch – war ein wesentliches Postulat für seine Aussagen über Landbesitz und Handel.

Locke gehörte zu der Welle von Naturphilosophen, die sich als Erleuchter von Mysterien begriffen, die lange von der katholischen Kirche unter Verschluss gehalten worden waren. Er war Mitglied einer «modernen Gesellschaft» und sah erzwungene Eigentümerschaft – oder «Führung» – amerikanischer und afrikanischer Territorien als Funktion eines wahrhaft modernen Unternehmens an (eine Überzeugung, die durch seine Rolle in Sklavenhandelsorganisationen wie der Royal African Company dokumentiert wird). In mancher Hinsicht stehen seine Gedanken im Kontrast zu jenen im *Contract social (Gesellschaftsvertrag*, 1762) von Jean-Jacques Rousseau (1712–1778), der die «Zivilisation» und ihre schädlichen Einflüsse anklagt. Für Rousseau erzeugte die Moderne moralische Degeneration. Es ist jedoch bemerkenswert, dass Rousseaus Aussagen das «primitive» Individuum fetischisiert – den «edlen Wilden», wie er es formulierte –, das durch europäische Einflüsse verdorben wird. Seine Kritik des modernen Lebens und des Kolonialismus hat daher auch ihre eigenen Schwächen.

DU
CONTRACT SOCIAL;
OU
PRINCIPES
DU DROIT POLITIQUE.
PAR J. J. ROUSSEAU,
CITOYEN DE GENEVE.
—— fœderis æquas
Dicamus leges.
Æneid. XI.
Suivant la Copie imprimée
A AMSTERDAM,
Chez MARC MICHEL REY.
M. DCC. LXII.

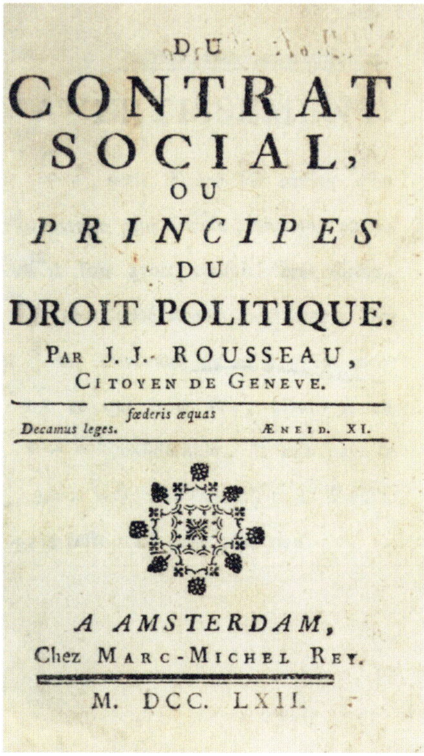

DU
CONTRAT
SOCIAL,
OU
PRINCIPES
DU
DROIT POLITIQUE.
PAR J. J. ROUSSEAU,
CITOYEN DE GENEVE.
fœderis æquas
Decamus leges.
ÆNEID. XI.
A AMSTERDAM,
Chez MARC-MICHEL REY.
M. DCC. LXII.

RECHTS

Jean-Jacques Rousseau, Titelseite des *Contrat social*, 1762, Marc-Michel Rey; Amsterdam, Niederlande

Die Titelseite dieser bei Marc-Michel Rey veröffentlichten Ausgabe zeigt eine vielschichtige Illustration: Justizia auf einer Lichtung mit einem Hut auf einem Stock in der Hand und einer Katze zu ihren Füßen. Das Eröffnungszitat aus der *Aeneis* lautete: «Foederis aequas dicamus leges» – «Wir schließen mit gleichen Rechten den Bund».

GANZ RECHTS

Jean-Jacques Rousseau, Titelseite des *Contrat social*, 1762, Marc-Michel Rey; Amsterdam, Niederlande

Marc-Michel Rey, der Herausgeber dieser Ausgabe, war in Amsterdam ansässig, wo er eine Reihe von Büchern für französische Philosophen druckte, die woanders als zu kontrovers galten.

12 Göttliche Logik

Im europäischen Wirtschaftsaufschwung investierte der niederländische Staat stark in den Handel. 1602 gründete er die Niederländische Ostindien-Kompanie, um Import und Export von Gütern (einschließlich versklavter Menschen) aus dem und in das indische Mogulreich zu steuern. Zu Beginn des 17. Jahrhunderts war die niederländische Kontrolle in Indien größtenteils inoffiziell. Ihre Ankunft führte jedoch zu einem starken Anstieg der europäischen Kolonialisierung des Subkontinents und schädigte seine Gesellschaften, kulturellen Leistungen und Archive nachhaltig.

Indien war lange Zeit ein kulturelles Machtzentrum gewesen. Zu Beginn dieses Zeitalters zirkulierten wichtige religiöse Kommentare wie das *Bijak* von Kabir (bl. 15. Jh.) neben logischen Werken wie dem *Tattvacintāmaṇidīdhiti* von Raghunatha Siromani (um 1477–1547). Mit osmanischer und safawidischer Unterstützung stürzte das Mogulreich im frühen 16. Jahrhundert das Sultanat von Delhi. Aufbauend auf den Institutionen ihrer Vorgänger förderten die neuen Herrscher Toleranz und eine offene Wahrheitsfindung.

Die offene Atmosphäre des offiziell hinduistischen Mogulreiches war ein Segen für muslimische Autoren wie Muḥibballāh Illāhābādī (1587–1648). Inspiriert vom Andalusier Ibn ʿArabī (S. 129), schrieb der sufistische Denker Kommentare zu seinen *Ringsteinen der göttlichen Weisheit* und verteidigte seine Doktrin der «Einzigkeit» in einem Text namens *Taswīyah (Gleichstellung)*.

Das Mogulreich ließ nicht nur unterschiedlichen Philosophien Raum, sondern organisierte auch Handelsabkommen mit Vertretern verschiedener Nationalstaaten. Das erwies sich als lukrativ für die Vereinigten Niederlande (mehr als für die Moguln); tatsächlich gründete sich ihr Goldenes Zeitalter größtenteils auf ihre ausbeuterischen Praktiken im Osten. Der Staat, der überall für seinen weltoffenen Humanismus bekannt war, der Philosophen wie politischen Vertriebenen gleichermaßen eine neue Heimat bot, baute auf eine zerstörerische Auslandspolitik.

Unter denjenigen, die vom niederländischen Liberalismus profitierten, war auch Baruch de Spinoza (1632–1677), ein Kind sephardischer Juden, die nach der Vertreibung durch die Katholiken von der spanischen Halbinsel geflohen waren. Spinoza legte den Schwerpunkt weniger auf die Versöhnung spezifischer theologischer Systeme, sondern mehr auf die Kritik an der organisierten Religion im Allgemeinen. Sein Werk *Ethica, ordine geometrico demonstrata (Ethik, nach geometrischer Methode dargelegt*, 1677) ist nonkonformistisch und stark vernunftgetrieben im Ton. Kant vorausnehmend, bemüht sich Spinoza darin, religiöses Gedankengut auf die Strukturen der Logik auszurichten. Er wendet sich dabei gegen anthropomorphisierte Vorstellungen von Gott und verbreitet stattdessen das Konzept eines unpersönlichen Wesens, das von der Natur nicht zu unterscheiden ist.

Alles, was ist, ist in Gott, und nichts kann ohne Gott sein, noch begriffen werden.

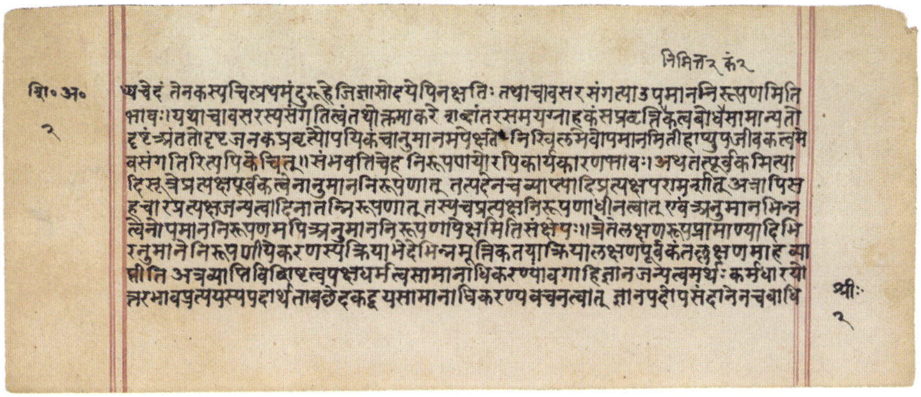

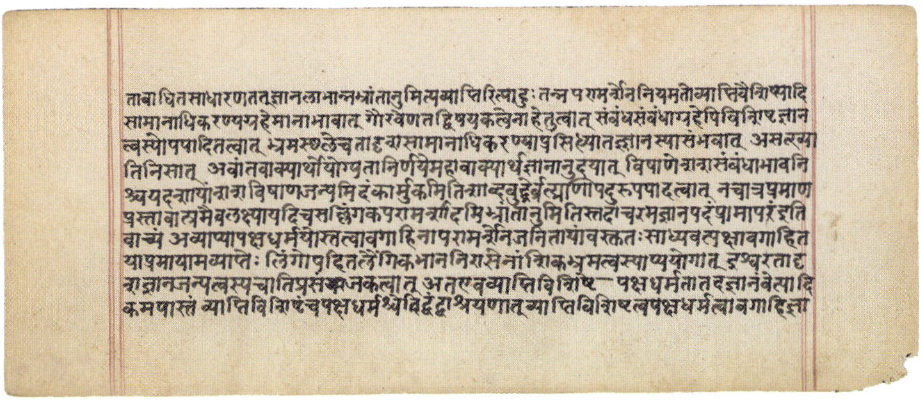

LINKS

Raghunata Siromani, Seiten aus dem *Tattvacintāmaṇidīdhiti*, um 1700–1850, Indien

Diese Seiten, aufbewahrt in der Bibliothek für seltene Bücher und Manuskripte der University of Pennsylvania, stammen aus einem Manuskript über Logik aus dem 18. oder 19. Jahrhundert, das aus 20 foliierten Blättern besteht. Wichtige Begriffe oder Phrasen sind rot unterlegt.

RECHTS

Porträt von Baruch de Spinoza, spätes 17./frühes 18. Jahrhundert, Deutschland oder Niederlande

Dieses Ölgemälde von Baruch de Spinoza wurde nach seinem Tod durch einen unbekannten Künstler angefertigt. Er wird hier in einem bescheidenen Kleid gezeigt.

Innerhalb dieses Rahmens verlieren «Gebete» ihre Bedeutung, da es kein individuelles, weltliches Wesen gibt, das darauf reagiert. Für Spinoza ist religiöse Betätigung eine Frage der Naturphilosophie: Rationale Überlegung bringt uns näher zu Gott. Dieses Argument entwickelt er noch weiter und unterscheidet zwischen verschiedenen Arten, die Welt zu betrachten: entweder als weltliche, begrenzte Wesen (*sub specie durationis*) oder aus einer absoluten, ewigen Perspektive (*sub specie aeternitatis*). Der «Blick aus dem Nichts» fließt wieder in den Begriff der Objektivität ein, der in den Philosophien späterer Jahrhunderte eine zentrale Rolle spielen sollte.

13 Niederländisch-japanische Beziehungen

Das Handelsmonopol der Vereinigten Niederlande mit Japan trug auch zu seinem Erfolg bei. Nach einer Zeit sozialer Unruhen und militärischer Konflikte war Japan zu Beginn des 17. Jahrhunderts unter dem Tokugawa-Shogunat geeint worden, das das Land zu relativem Frieden und wirtschaftlichem Wachstum führte – aber auch für die kontrollierte Schließung der Grenzen verantwortlich war, um die Ausbreitung des Christentums zu unterdrücken.

Obwohl es sich von fremden Mächten distanzierte, brachte Japan in der Edo-Zeit stark ruistisches Gedankengut hervor. Deutlich wird das an der Beliebtheit des *Okina mondō (Gespräche eines alten Mannes*, 1646) von Nakae Tōju oder «Mokken» (1608–1648), einem Anhänger von Wang Yangming. Die *Gespräche* konzentrierten sich auf die Ethik des Respekts gegenüber den Eltern, der als «Ursprung allen menschlichen Handelns» bezeichnet wird. In seiner anschaulichen Skizzierung einer Szene nach der Geburt beschreibt Nakae die Opfer, die Eltern für ihre Kinder bringen.

Schläft das Kind, streckt sich die Mutter noch nicht einmal aus, um es nicht zu wecken, und selbst wenn ihr Körper schmutzig und blutverschmiert ist, hat sie keine Zeit, um zu baden oder ihr Haar zu waschen.

Diese Opfer und Wohltaten müssen zurückgezahlt werden, um Tugend zu erlangen. Mokken weist darauf hin, dass seine Haltung im Einklang mit Japans einheimischen Shinto-Prinzipien steht; im Gegensatz zum Buddhismus tritt Shinto nicht dafür ein, Familienbande zu durchtrennen. Diese Unterstreichung des sozialen Zusammenhalts musste in jener Zeit zunehmender Isolation auf starke Resonanz treffen.

Ein weiterer Trend in der Edo-Philosophie war die wissenschaftliche Betätigung der Samurai, das *bushidō* (der Weg des Kriegers). In einer Mischung aus ruistischem, Zen-buddhistischem und shintoistischem Gedankengut betrachten Werke wie Miyamoto Musashis *Gorin no Sho* (Buch der fünf Ringe, um 1645) und Yamamoto Tsunetomos *Hagakure* (um 1716) den Platz des Kriegers in Friedenszeiten. Miyamoto (1584–1645) war ein *rōnin* gewesen, ein Samurai ohne Herr; sein Buch beleuchtet das «Handwerk des Krieges» und verwandte Fragen im Hinblick auf gesellschaftliche Beziehungen. In seinem spirituellen wie pragmatischen letzten Abschnitt, «Buch der Leere» betitelt, finden sich buddhistische Überlegungen zur Leere wieder.

Später, als Japans isolationistische Politik stärker wurde, brachte die Kokugaku-Schule für das «Studium des nationalen Erbes» die japanischen Klassiker zurück in den Fokus der Aufmerksamkeit. Mit seinen Kommentaren zu den *Genji monogatari* versuchte Motoori Norinaga (1730–1801), einheimische japanische Gesetze, Konzepte und die «alten Bräuche» des Shinto einzufangen. Sein Werk lieferte eine nationalistische Theorie der Gefühle und stellt das Konzept des *mono no aware*, einer allgemeinen Sensibilität Dingen und ihrer Vergänglichkeit gegenüber, als «typisch japanisch» vor, während es den chinesischen Ruismus als künstlich abtut.

Zu jener Zeit waren die Niederländer für die Japaner der einzige Zugang zu europäischen intellektuellen Tendenzen, nachdem ihnen in den 1640er-Jahren eine Handelsniederlassung auf der Insel Dejima (wörtlich übersetzt «Ausgangsinsel») zugewiesen wurde. Folglich bezog sich im Japan des 17. und 18. Jahrhunderts «niederländisch» und die Merkmale der Niederländer auf alles, was aus dem Fernen Westen kam. So veröffentlichte Morishima Chūryō 1787 *Kōmō zatsuwa* («Allerlei Gespräche über die Rotschöpfe») und unter der Leitung von Sugita Genpaku erschien 1815 *Rangaku koto hajime* («Beginn der Hollandkunde»), eine Übersetzung niederländischer anatomischer Texte. Erst Mitte des 19. Jahrhunderts, angesichts der drohenden Ankunft der frisch etablierten Vereinigten Staaten, löste sich diese besondere Beziehung auf und die Edo-Zeit fand ein Ende.

UNTEN

Porträt des Nakae Tōju, Datierung unbekannt

Dies ist ein Replikat eines Porträts des japanischen Ruisten Tōju, ausgestellt in den Archiven der Shizutani-Schule. Die Haare sind im *chonmage*-Stil frisiert, wie er in dieser Zeit üblich war.

14 Widerstand

Nach ihrer Unabhängigkeitserklärung (1776) sagten sich die USA von Großbritannien los und entwickelten sich rasch zu einer wichtigen geopolitischen Größe. Wie bei den Niederländern, Spaniern, Portugiesen und Briten gründete sich auch der Erfolg der USA auf eigennützige Auslandspolitik und die unbezahlte Arbeitskraft der Menschen, die in die Sklaverei gezwungen wurden. Manche meinen, es sei unfair, diese Gesellschaften nach den heutigen, fortschrittlicheren Standards zu beurteilen, doch diese Ansicht ignoriert die Vielzahl von Büchern jener Zeit, die Kritik an diesen Praktiken übten.

RECHTS

Miyamoto Musashi, um 1843, Japan

Dieser dynamische Druck des *ukiyo-e*-Künstlers Utagawa Kuniyoshi aus Text und Bild zeigt Miyamoto Musashi im Kampf mit einem geschuppten Drachen. Die Arbeit ist in Kuniyoshis *Suikoden japanischer Helden* enthalten.

Amos *De iure Maurorum in Europa* steht in einer langen Tradition der Widerstandsliteratur mit Beiträgen aus der ganzen Welt. *Die Leiter des Aufstiegs zum Wissen über den rechtlichen Status versklavter schwarzer Menschen* (oder «Antworten zur Sklaverei») wurde 1608 von Abu al-ʿAbbās Aḥmad ibn Aḥmad al-Takrūrī al-Massūfī al-Tinbuktī (Ahmad Bābā, 1556–1627) verfasst. Ahmad Bābā argumentiert darin, dass nur «Ungläubige» versklavt werden können – Sklaverei muss sich also an religiösen und nicht an rassifizierten Kriterien orientieren. Diese Ansicht mag nicht besonders fortschrittlich erscheinen, aber zumindest denaturalisieren die *Antworten* die Sklaverei und bieten die Chance auf religionsbasierte Freilassung (da zum Islam Konvertierte freigelassen werden müssen). Eine ähnliche Haltung finden wir im Werk von Nānā Asmā'u bint ʿUthmān dan Fodīyo (1793–1864) aus dem Kalifat von Sokoto (im heutigen Nigeria). Ihr in Hausa verfasstes Werk *Sei dir Gottes Wahrheit gewiss* (1831, nach dem Original ihres Vaters von 1811) untersucht Fragen der Ethik, Rechte und Verantwortlichkeiten im Islam. Sie akzeptiert die Versklavung von Kriegsgefangenen, warnt jedoch, dass das Höllenfeuer diejenigen verschlingen wird, die freie Menschen in Friedenszeiten versklaven.

Im 18. Jahrhundert entstanden in Afrika mehrere weitere Texte gegen die Sklaverei. Quobna Ottobah Cugoano (um 1757–1803) wurde in der Stadt Ajumako im Süden des heutigen Ghana geboren. Im Alter von 13 Jahren wurde er entführt und zur Arbeit auf Plantagen in Grenada gezwungen, bevor er nach England «verkauft» wurde. Dort bekam Cugoano Zugang zu Bildung

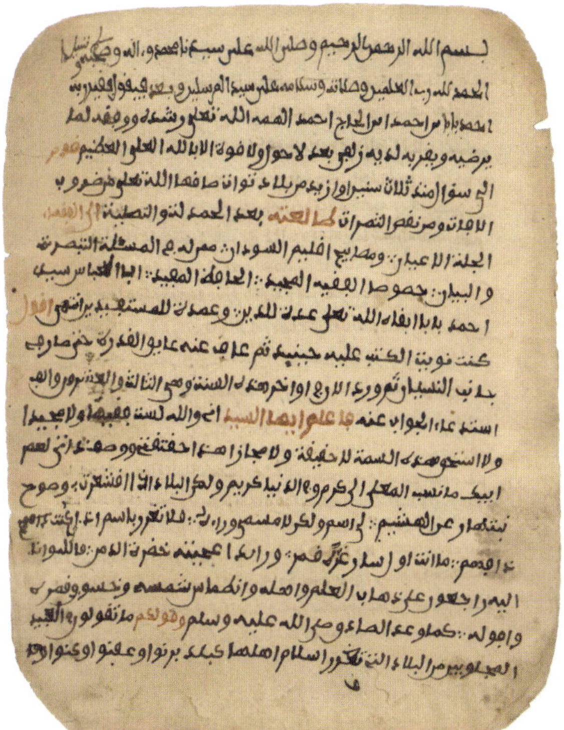

LINKS

Ahmad Bābā, Seite aus *Die Leiter des Aufstiegs*, 17. Jh., Timbuktu, Mali

Ahmad Bābās Text, auf Arabisch verfasst und auf dem Werk islamischer Rechtstheoretiker wie Ibn Khaldoun gegründet, beschäftigt sich mit der Sklaverei in Westafrika im 17. Jahrhundert.

RECHTS

Gemälde der Haitianischen Revolution, 1839, Furne & Cie.; Paris, Frankreich

Dieses Bild aus dem Buch *Histoire de Napoléon*, geschrieben von Jacques Marquet de Montbreton de Norvins und illustriert von Auguste Raffet, zeigt eine Schlacht zwischen französischen und haitianischen Truppen. Ungewöhnlich: Beim Betrachten des Bildes verfolgen wir den Kampf von der haitianischen Seite aus.

und wurde schließlich freigelassen. In *Thoughts and Sentiments on the Evil and Wicked Traffic of Slavery and Commerce of the Human Species* («Gedanken und Empfindungen zum bösen und gottlosen Sklavenhandel und dem Handel mit der menschlichen Spezies», 1787) argumentiert er auf der Grundlage biblischer und biografischer Belege, dass Sklaverei niemals rechtmäßig sein kann. Cugoano stellt außerdem Überlegungen zum Wesen der Mitschuld an: Wer die Sünden der Sklaverei nicht aktiv verhindert, so sagt er, ist verantwortlich für ihre Fortsetzung:

> **Jedermann in Großbritannien [ist] in gewissem Maß verantwortlich für die schockierenden und unmenschlichen Morde an und die Unterdrückung von Afrikanern.**

Cogoanos Werk erschien neben *The Interesting Narrative of the Life of Olaudah Equiano* (Merkwürdige Lebensgeschichte des Sklaven Olaudah Equiano) von Olaudah Equiano (1745–1797) zur selben Zeit, als antikoloniale Bewegungen wie die des Voodoopriesters Dutty Boukman Fahrt aufnahmen. «Voudou» oder «Voodoo» ist eine philosophisch-religiöse Weltanschauung, die westafrikanisches Gedankengut mit Elementen des römischen Katholizismus vereint. Sie wurde im heutigen Haiti und der Dominikanischen Republik von Opfern der Sklaverei aus den Königreichen Dahomey und Kongo entwickelt. Voodoo beschäftigt sich vor allem mit metaphysischen Angelegenheiten des Geistes und auch mit konkreten ethischen Fragen. 1791 hielt Boukman zusammen mit Cécile Fatiman einen Vortrag über die Notwendigkeit eines spirituellen Aufstands. Sie unterschieden zwischen dem «Gott der Weißen» und «unserem Gott» und artikulierten damit eine antikoloniale und gegen die Vorherrschaft der Weißen gerichtete Herangehensweise an die Göttlichkeit. Boukmans Rede wurde 1824 in *Voyage dans le nord d'Hayiti* («Reise in den Norden von Haiti») abgedruckt.

Nach der Aushöhlung der Autorität sowohl der Kirche als auch der Monarchie – eine Folge fortgesetzter «humanistischer» Angriffe unter anderem auf das göttliche Recht der Könige – erlangten Randgruppen mehr Einfluss. Die Französische Revolution (1789–1799) führte zur Absetzung der Monarchie und der Gründung einer Republik. Von den Spaniern und Portugiesen in Südamerika kolonisierte Länder strebten nach Unabhängigkeit. Der Militarist und Politiker Simón José Antonio de la Santísima Trinidad Bolívar y Palacios Ponte-Andrade y Blanco (1783–1830) schrieb in seiner *Carta de Jamaica* («Brief aus Jamaika», 1815), dass selbst die Tyrannei durch das eigene Volk besser sei als die Herrschaft einer fremden Macht. Wie seine Vorgänger wollte auch Bolívar Stärke durch Einheit erreichen und appellierte an eine gemeinsame südamerikanische Identität.

Das auffälligste Ereignis in dieser Hinsicht ist vielleicht die Haitianische Revolution (1791–1804). Die *Constitution de Saint-Domingue de 1801* («Verfassung von Saint-Domingue von 1801») des haitianischen Generals François-Dominique Toussaint Louverture (1743–1803) enthält ein philosophisch angehauchtes Programm zur Erneuerung des Staatsgebietes von Saint-Domingue. Seine Gesellschaften waren durch die europäische Ausbeutung und erzwungenen Hierarchien aufgrund der Hautfarbe fragmentiert worden. Louverture postuliert, dass die Sklaverei sowohl verboten als auch unmöglich sein sollte, lehnt rassifizierte Hierarchien ab und akzeptiert nur Unterscheidungen auf der Grundlage von «Tugend und Talent». Die Bewegung entwickelte eine Eigendynamik und die erste und einzige erfolgreiche Revolution versklavter Menschen endete damit, dass das Land 1804 als Kaiserreich Haiti die Unabhängigkeit erlangte.

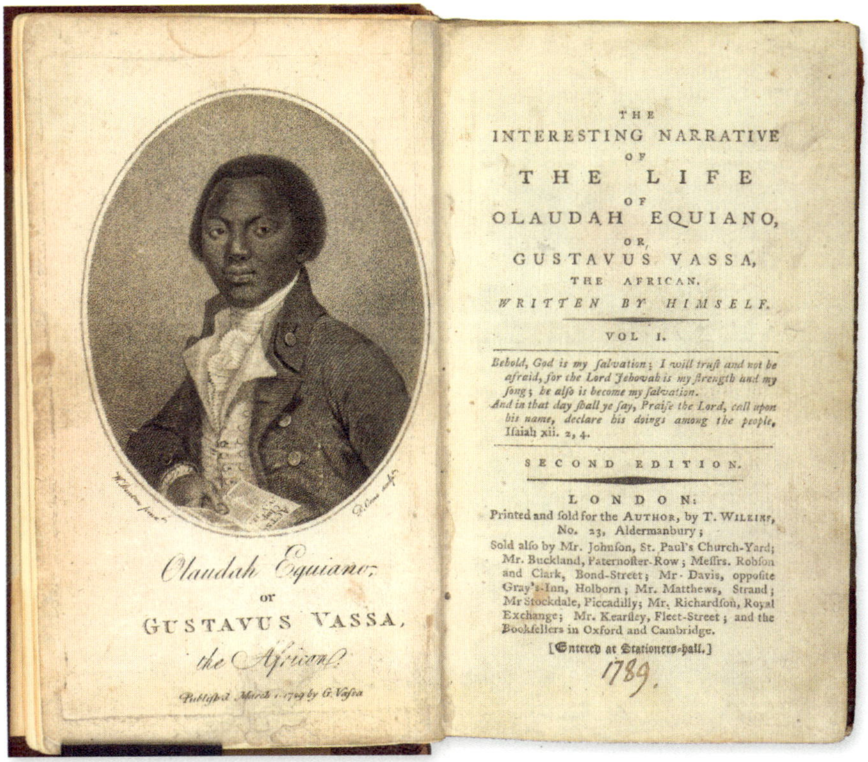

LINKS

Olaudah Equiano, 1789, T. Wilkins; London, England. Frontispiz und Titelseite von *The Interesting Narrative of The Life of Olaudah Equiano*

In diesem Frontispiz-Porträt blickt der Autor den Betrachter direkt an und hält dabei (vielleicht) ein Exemplar des eigenen Buches. Auf der Titelseite wird er als «Olaudah Equiano oder Gustavus Vassa, der Afrikaner» bezeichnet.

GANZ OBEN

Porträt der Mary Wollstonecraft, um 1790–91, England

Dieses Porträt von John Opie zeigt Wollstonecraft mit nach hinten gebundenen Haaren, vorübergehend vom Betrachter von ihrem Buch abgelenkt. Ihre Schreibfeder liegt links im Bild bereit.

OBEN

Porträt der Anna Maria von Schürmann, 1649, Holland

Dieses Detail aus einem Ölgemälde auf Leinwand von Jan Lievens zeigt die Philosophin an ihrem Schreibtisch mit einem offenen Buch in der Hand, neben sich ein Tintenfass. Es hängt in der National Gallery in London.

15 Kreuzungen

Auch woanders wurde um Bürgerrechte gekämpft. Anna Maria von Schürmanns *Dissertatio de ingenii muliebris ad doctrinam et meliores litteras aptitudine (Darf eine christliche Frau studieren?*, 1638), Mary Astells zweiteiliges *A Serious Proposal to the Ladies* (*Ein ernsthafter Vorschlag an die Damen zur Förderung ihres wahren und großen Interesses*, 1694 und 1697) und Mary Wollstonecrafts *A Vindication of the Rights of Woman* (*Verteidigung der Rechte der Frauen*, 1792) treten für gleichen Zugang zu Bildung ein. Im Einklang mit dem intellektuellen Geist der Epoche konzentrieren sich diese Bücher auf das demokratische Potenzial der Vernunft und erklären, dass sowohl Männer als auch Frauen über diese Fähigkeit verfügen. Durch den unvernünftigen Ausschluss bestimmter Gruppen würden männliche «Koryphäen» ihren eigenen Ansprüchen nicht gerecht.

Dabei blieben derartige Konversationen nicht auf Europa beschränkt. Juana Inés de Asbaje y Ramírez de Santillana (um 1648–1695), später bekannt als Sor Juana Inés de la Cruz, verteidigte im heutigen Mexiko-Stadt in ihrer *Respuesta a Sor Filotea de la Cruz* (*Die Antwort an Schwester Philothea*, 1691) Veröffentlichungen durch Frauen. Sie untermauert ihren Standpunkt durch die Berufung auf religiöse Autoritäten: Schreibende Frauen, sagt sie, hätten das «Lob des heiligen Hieronymus» gewonnen. Gleichzeitig spricht sich im Russischen Kaiserreich der *Nakaz* oder die «Anweisung» (1767) von Sophie von Anhalt-Zerbst (1729–1796) – besser bekannt unter ihrem angenommenen russischen Namen Jekaterina Alexejewna oder als Katharina die Große – deutlich für die Gleichheit *aller* Menschen vor dem Gesetz aus und verurteilt gleichzeitig die Folter und die Todesstrafe. Weniger kritisch stand Kaiserin Katharina II. allerdings der Sklaverei gegenüber, die sie als zeitweise unvermeidlich betrachtete.

Einige Verfechterinnen der Frauenrechte erkannten nun, wie ihre Interessen mit den Rechten der versklavten und kolonisierten Völker zusammenfielen. Man denke nur an die *Productions of Mrs Maria W. Stewart* («Schriften der Mrs. Maria W. Stewart», 1835), die die Befreiungsgedanken der politischen Aktivistin Maria W. Stewart (1803–1879) zusammenfassen. Stewart stellt die Heuchelei bloß, die die amerikanische Gesellschaft durchdringt, und fordert die Befreiung der Schwarzen. Wie Wollstonecraft, von Schürmann und Astell strebte sie nach Befreiung durch Selbstentwicklung:

> **(…) mich dünkt, wendeten die freien farbigen Menschen Amerikas ihre Aufmerksamkeit beharrlicher moralischen Werten und intellektuellem Wachstum zu, wäre das Ergebnis folgendes: Vorurteile würden allmählich weniger und die Weißen wären gezwungen zu sagen: Löst die Fesseln!**

Etwa um dieselbe Zeit schrieb Rammohan Roy (1772–1833) in Bengalen seine *Conference Between An Advocate For and An Opponent Of the Practice of Burning Widows* («Konferenz zwischen einem Befürworter und einem Gegner der Witwenverbrennung", 1818). Das Buch, auf Bengalisch und Englisch verfasst, prangert die Praxis des *sati* an, nach der von einer Witwe Suizid erwartet wird, indem sie sich auf den Scheiterhaufen ihres Mannes wirft. Als politische Deklaration wollte die *Conference* die Rechte der Frauen in der Region schützen – doch sie diente auch noch einem anderen Zweck. Roy war Angestellter der Britischen Ostindien-Kompanie und seine Arbeit erlangte zum Teil wegen ihrer Beschreibungen der «Barbarei» der mogulischen Gesellschaft Berühmtheit. Dem *sati* entgegenzutreten, wurde zur politischen Lizenz für die Kolonisierung, wobei die britische Herrschaft als moralische und zivilisierende Kraft dargestellt wurde.

LINKS

Kaiserin Katharina II. mit dem *Nakaz*, 1778, Frankreich

Diese Radierung von Pierre-Philippe Choffard aus der Sammlung der Eremitage in St. Petersburg zeigt Sophie von Anhalt-Zerbst (Katharina II.), wie sie ihre *Anweisung* unter dramatischen Engelsfanfaren dem Volk präsentiert.

ГОСПОДИ БОЖЕ МОЙ! ВОНМИ МИ, И ВРАЗУМИ МЯ, ДА СОТВОРЮ СУДЪ ЛЮДЕМЪ ТВОИМЪ ПО ЗАКОНУ СВЯТОМУ ТВОЕМУ СУДИТИ ВЪ ПРАВДУ.

Domine Deus mi! exaudi me, et da mihi intelligentiam, vt conſtituam iudicium genti tuae, quo ſecundum legem tuam ſanctam dicatur ei ius.

НАКАЗЪ

КОММИССІИ О СОСТАВЛЕНІИ ПРОЕКТА НОВАГО УЛОЖЕНІЯ.

INSTRVCTIO

Coetui ad condendam ideam noui legum Codicis conuocato, plenaque ad id donato poteſtate.

1.

Законъ Христіанскій научаетъ насъ взаимно дѣлати другъ другу добро, сколько возможно.

1.

Religio Chriſtiana docet nos, vt alter alteri mutuo tantum boni faciamus, quantum quidem in cuiusque noſtrum viribus ſitum eſt.

OBEN

Porträt der Sor Juana Inés de la Cruz, 1750, Mexiko

Miguel Mateo Maldonado y Cabrera (1695–1768) malte dieses posthume Bildnis von Sor Juana in Öl auf Leinwand. Es zeigt die Nonne im Habit ihres Ordens, der Hieronymiten, mit einem «Nonnenmedaillon», das die Verkündigung des Herrn darstellt.

OBEN RECHTS

Katharina II., Seite aus dem *Nakaz*, 1770, Akademie der Wissenschaften; St. Petersburg, Russland

Diese Seite enthält eine dramatische Kopfleiste (das Bild im oberen Teil), entworfen von Jacob Stehlin und gestochen von Christopher Melchior Roth.

16 Historischer Umbruch

Die Kolonisierung und Ausbeutung des indischen Subkontinents brachten der britischen Wirtschaft einen bedeutenden Aufschwung. Im 18. und 19. Jahrhundert wurde das Land in eine Ära der technologischen Entwicklung katapultiert, die man gemeinhin als «industrielle Revolution» bezeichnet. Britische Textilien, stark abhängig von ausbeuterisch billiger indischer Baumwolle, profitierte von technischen Innovationen, während kohlebetriebene Dampfmaschinen die Produktionskosten drastisch reduzierten. Weitere geopolitische Verschiebungen trugen in Kombination mit den Revolutionen in Frankreich und Nord- und Südamerika zu einer allgemeinen Wahrnehmung eines historischen Umbruchs in Europa bei. Die «Moderne» hatte begonnen.

Fortschritte im Druckwesen und Entwicklungen in der Zeitungsherstellung führten zu einer erhöhten öffentlichen Wahrnehmung dieser Massenbewegungen – und Metaphysiker begannen damit, die Gezeiten dieser soziopolitischen Trends zu untersuchen. *Die Phänomenologie des Geistes* (1807) des preußischen Denkers Georg Wilhelm Friedrich Hegel ist eine der ersten westlichen Analysen des historischen Umbruchs. Er beschreibt darin ein kosmisches Prinzip, das die Entwicklung von Gesellschaften ordnet und das er «Dialektik» nennt. Es beinhaltet das Oszillieren zwischen Extremen; Gesellschaften passen sich wieder und wieder an und einigen sich schließlich auf einen Kompromiss. Hegel stellt eine These vor, gefolgt von einer Antithese und schließlich einer Synthese der beiden.

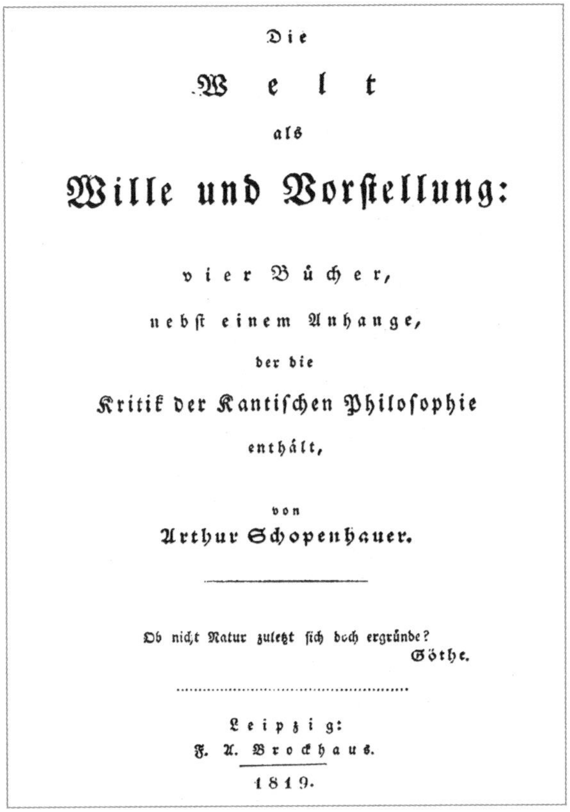

Die
Welt
als
Wille und Vorstellung:
vier Bücher,
nebst einem Anhange,
der die
Kritik der Kantischen Philosophie
enthält,
von
Arthur Schopenhauer.

Ob nicht Natur zuletzt sich doch ergründe?
Göthe.

Leipzig:
F. A. Brockhaus.
1819.

LINKS

Titelseite von *Die Welt als Wille und Vorstellung*, 1819, F. A. Brockhaus; Leipzig, Deutschland

Titelseite der Erstauflage des ersten Bandes von Schopenhauers *Die Welt als Wille und Vorstellung*.

OBEN

Porträt des Arthur Schopenhauer, 1859, Deutschland

Für diese «Daguerreotypie» von Johan Schäfer wurde eine versilberte Kupferplatte mit einer Beschichtung aus lichtempfindlichem Jodid dem Licht ausgesetzt. Schopenhauer musste dazu bis zu 15 Minuten in dieser Pose verharren, die seine Lesebrille hervorhebt.

Diese Vorstellung eines Strebens nach kosmischem Gleichgewicht mag uns bekannt vorkommen und es überrascht kaum, dass Hegel wahrscheinlich von daoistischem Gedankengut beeinflusst war, das das kosmische Prinzip der gegensätzlichen, aber miteinander verbundenen Kräfte des Yin und Yang kodifiziert. Daoismus war nicht die einzige nichtwestliche Philosophie, die Eingang in die europäische Literatur fand; buddhistisches Gedankengut durchdringt *Die Welt als Wille und Vorstellung* (1819) des Gelehrten Arthur Schopenhauer. Wie die *Phänomenologie* konzentriert sich sein Buch auf die nichtphysikalischen Energien, die die persönliche und gesellschaftliche Entwicklung organisieren. Für Schopenhauer bringt eine Urkraft, ein nichtrationaler Impuls, den er den «Willen zum Leben» nennt, Menschen und die Gesellschaften voran, in denen sie leben. Diese Energie kann disruptiv sein und wie seine buddhistischen Vorläufer betrachtet Schopenhauer diejenigen, die diesem ziellosen, möglicherweise zerstörerischen Trieb widerstehen, als «weise».

Solche Versuche, die Bewegungen und Philosophien von Gesellschaften und Menschen zu verstehen, sollten in den nachfolgenden Jahren noch umfassender ausgearbeitet werden, als Denker auf der ganzen Welt durch Weltkriege, ausbeuterische Arbeit und fortgesetzte Kolonisierung in existenzielle Krisen gebracht wurden.

7

GROSSE NARRATIVE

(1850–2000)

1 Geschichtsschreiber

In vielerlei Hinsicht ähnelten das 19. und 20. Jahrhundert den vorangegangenen. Imperien stiegen auf und gingen nieder und die Philosophie war tief in diese politischen Bewegungen verstrickt. Diese Zeit ist jedoch auch von den Auswirkungen der industriellen Revolution geprägt, darunter die Massenproduktion von Druckerzeugnissen: Büchern, Zeitschriften, Zeitungen. Informationen über technologische Entwicklungen und über nationale und internationale Geschehnisse standen einer breiteren Öffentlichkeit zur Verfügung als je zuvor. Diese Fülle an Informationen führte zu komplexeren und raffinierteren Geschichten und Historien – was wiederum die Arten von Geschichtsphilosophien befeuerte, die Hegel vorher im 19. Jahrhundert entwickelt hatte.

Eines der wichtigsten Weltereignisse für die Philosophie dieser Zeit war die Unterwerfung des indischen Mogulreiches durch das British Empire. Die selbst ernannte «ehrenwerte» Britische Ostindien-Kompanie hatte im 18. und 19. Jahrhundert Handelsbeziehungen zum Mogulreich sowie nach Ostindien und zur chinesischen Qing-Dynastie aufgenommen. Die billige Einfuhr von Produkten wie Baumwolle, Seide und Indigo (sowie Tee) kurbelte die britische Herstellung von Waren an. 1857 jedoch rebellierten indische Arbeiter gegen diese und andere dominante und ausbeuterische «Handels»-Beziehungen und strebten die Lossagung von der Ostindien-Kompanie an. Nach der Niederschlagung dieses Aufstands wurde die Leitung der Kompanie der britischen Krone übertragen, die somit von 1858 bis 1947 die Herrschaft über den indischen Subkontinent übernahm und damit «Britisch-Indien» gründete.

Ein Denker, der sich explizit mit diesen kolonialistischen Unternehmungen beschäftigte, war Karl Marx (1818–1883). Der in Preußen geborene Staatsdenker analysierte nicht nur die Plünderung von Indien durch das Empire in einer Reihe von Artikeln in der *New York Tribune* (1853–1858), sondern hatte durch seinen Mitarbeiter und Geldgeber Friedrich Engels (1820–1895), der in der Garnfabrik seiner Familie in Manchester arbeitete, auch enge Beziehungen zur britischen Textilindustrie.

Am bekanntesten ist Marx für *Das Kapital* (1867). Das stark von Hegel beeinflusste Werk analysiert die Ökonomie und Konzepte hinter Klassenkampf und Unterdrückung. Nach Marx' Ansicht teilt sich die Gesellschaft in zwei Gruppen: die «Bourgeoisie» (oder «Kapitalisten»), die die Produktionsmittel besitzt und kontrolliert, und das «Proletariat», das für die Bourgeoisie arbeitet. Die Bourgeoisie macht Profit, indem sie den Arbeitern weniger bezahlt, als sie für das fertige Produkt verlangt; die Beziehung ist ausbeuterisch, da die Eigentümer den Lohn für anderer Menschen Arbeit einstreichen.

Das Kapital beschreibt auch, wie das System aufrechterhalten wird. Diejenigen mit wirtschaftlicher Macht leiten gesellschaftliche Institutionen (wie das Rechtssystem und die Medien), was ihnen die «ideologische Kontrolle» verschafft. Die Vorstellungen der herrschenden Klasse werden als vernünftig dargestellt und das Proletariat so dazu gebracht, ausbeuterische Beziehungen als die Norm anzusehen. Marx nennt das «falsches Klassenbewusstsein».

Die von der Bourgeoisie erzeugten Illusionen zeigen sich auch im Phänomen des «Warenfetischismus»: Waren (Automobile, Fernseher) werden für die Menschen zu Fetischen, während sie die gesellschaftlichen Beziehungen ignorieren, die sie hervorgebracht haben. Konsumwaren tauchen fast wie durch Zauberhand im Supermarktregal auf. Marx und Engels versuchten, die Menschen durch Arbeiterrevolutionen (im Stil der indischen Revolution von 1857) aus dem in ihren Augen zutiefst verstörenden Traumzustand aufzurütteln.

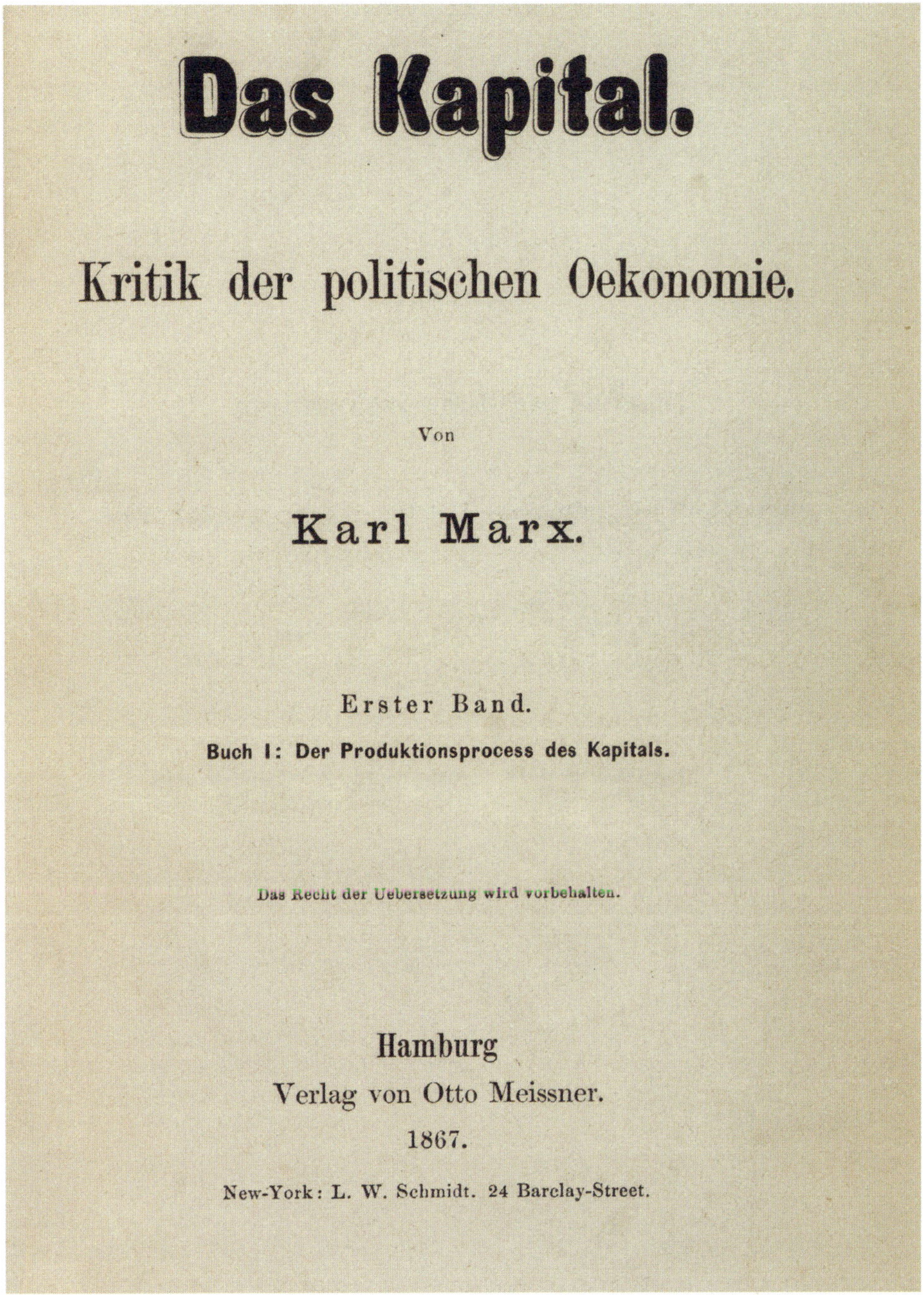

Das Kapital.

Kritik der politischen Oekonomie.

Von

Karl Marx.

Erster Band.

Buch I: Der Produktionsprocess des Kapitals.

Das Recht der Uebersetzung wird vorbehalten.

Hamburg

Verlag von Otto Meissner.

1867.

New-York: L. W. Schmidt. 24 Barclay-Street.

OBEN

Porträt des Karl Marx, 1875, England

Diese ikonische Fotografie zeigt Marx mit 52, als er mit der Theaterkritikerin und politischen Aktivistin Jenny von Westphalen und ihren Kindern im Exil in London lebte.

LINKS

Karl Marx, Titelseite von *Das Kapital. Kritik der politischen Oekonomie*, 1867, Otto Meissner; Hamburg, Deutschland

Eines der merkwürdigsten Designmerkmale dieser Titelseite ist die Anzahl der unterschiedlichen Schriftarten, die darauf zum Einsatz kommen. Schriften mit und ohne Serifen werden hier wild gemischt; letztere sind eine neuere Erfindung des frühen 19. Jahrhunderts. Ungewöhnlich ist auch der Punkt hinter dem Titel.

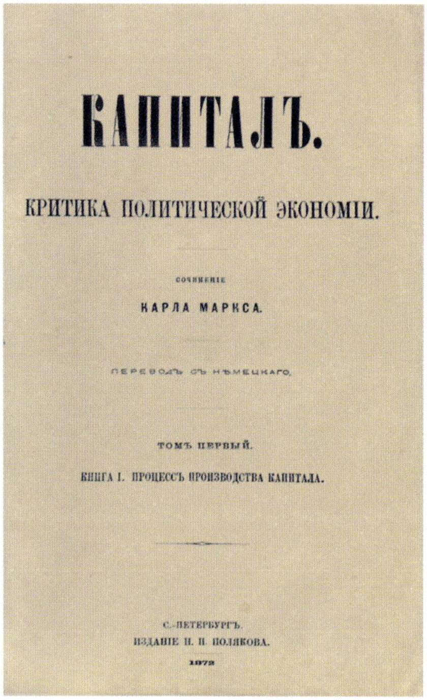

КАПИТАЛЪ.

КРИТИКА ПОЛИТИЧЕСКОЙ ЭКОНОМІИ.

СОЧИНЕНІЕ

КАРЛА МАРКСА.

ПЕРЕВОДЪ СЪ НѢМЕЦКАГО.

ТОМЪ ПЕРВЫЙ.

КНИГА I. ПРОЦЕССЪ ПРОИЗВОДСТВА КАПИТАЛА.

С.-ПЕТЕРБУРГЪ.
ИЗДАНІЕ Н. П. ПОЛЯКОВА.
1872

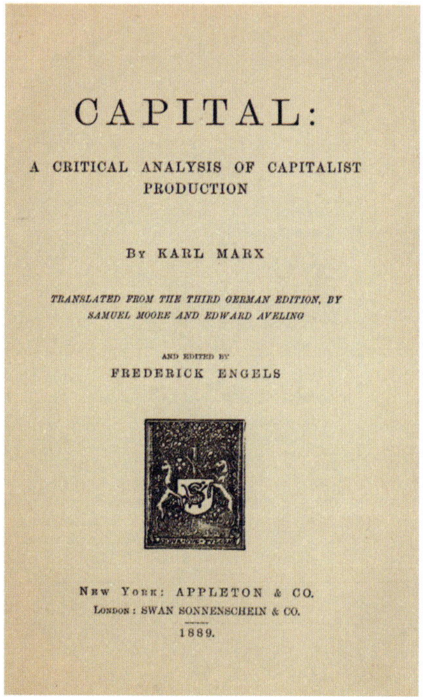

CAPITAL:

A CRITICAL ANALYSIS OF CAPITALIST PRODUCTION

BY KARL MARX

TRANSLATED FROM THE THIRD GERMAN EDITION, BY
SAMUEL MOORE AND EDWARD AVELING

AND EDITED BY
FREDERICK ENGELS

NEW YORK: APPLETON & CO.
LONDON: SWAN SONNENSCHEIN & CO.
1889.

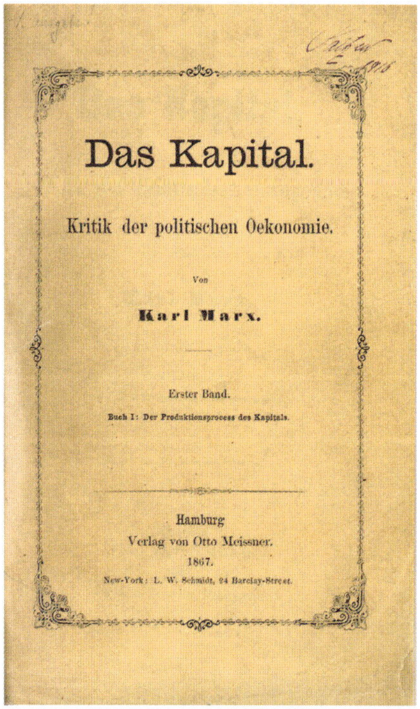

Das Kapital.

Kritik der politischen Oekonomie.

Von

Karl Marx.

Erster Band.

Buch I: Der Produktionsprocess des Kapitals.

Hamburg
Verlag von Otto Meissner.
1867.
New-York: L. W. Schmidt, 24 Barclay-Street.

RECHTS

Karl Marx, Titelseiten von *Das Kapital. Kritik der politischen Oekonomie*, 1867, Otto Meissner, Hamburg, Deutschland; 1872, Poliakow, St. Petersburg, Russland; 1889, Appleton & Co., New York, NY, USA

Hier sehen wir die Titelseiten verschiedener Übersetzungen von Marx' Text. Das auf Deutsch verfasste Werk wurde 1872 ins Russische und 1887 ins Englische übersetzt. Während die deutsche Version mit einer floralen Umrandung verziert ist und die englische Version eine kleine Illustration in einem Kasten aufweist, bleibt die in kyrillischen Buchstaben gedruckte russische Ausgabe schmucklos. (Das kyrillische Alphabet wurde vom bulgarischen Zar Simeon I. im 9. Jahrhundert in Auftrag gegeben, um die bisherige glagolitische Schrift abzulösen und damit eine neue kulturelle und politische Entwicklung einzuläuten.)

In *Die Philosophie des Geldes* (1900) untersucht Georg Simmel (1858–1918) ähnliche Fragen rund um Kapital und Gesellschaft, indem er analysiert, wie Geld das menschliche Denken und Verhalten beeinflussen kann. Geld kann Freiheit bringen, glaubt Simmel, indem es den Menschen von persönlichen Verpflichtungen unabhängig macht. Doch unpersönliche Geldtransaktionen ziehen die Menschen auch in ein Netzwerk des anonymen Austauschs, was zu gesellschaftlicher Fragmentierung und Entfremdung führt.

Die von diesen beiden Vordenkern beschriebenen Phänomene waren eng mit den Überseeprojekten der europäischen Imperien verknüpft. Britische Kolonialisten erzielten große Profite, indem sie die Arbeitskraft indischer Arbeiter ausbeuteten, doch durch die Vorgänge der Entfremdung und ideologische Manipulation wurden diese Ungerechtigkeiten normalisiert und zum Vorteil der Konsumenten verbrämt.

2 Historische Bühnen

Diese Theorien wurzeln in einem «stadialen» Blick auf die historische Entwicklung, demzufolge sich Gesellschaften linear von Jäger-und-Sammler-Gruppen zu Hirten, zur Agrargesellschaft und dann zum Handelsstaat weiterentwickeln. Für Marx wie für Hegel wurde die Bewegung von «Wildheit» über «Barbarei» bis zur «Zivilisation» vom Prozess der Dialektik vorangetrieben. Marx' Schriften über das British Empire setzen implizit voraus, dass Indien im Prinzip eine Feudalgesellschaft war, die einen Modernisierungsprozess durchlief.

Diese stadiale Betrachtungsweise sprach kolonialistischen Vorhaben eine Berechtigung zu, indem sie die Vorstellung untermauerte, dass manche Orte «weiter entwickelt» waren als andere. Die Kolonisation ließ sich daher als «zivilisierende» Kraft betrachten, die «weniger entwickelte» Gesellschaften vorwärtsbrachte. Das britische Philosophenpaar Harriet Taylor Mill (1807–1858) und John Stuart Mill (1806–1873) machte sich diese Sichtweise zu eigen. Am bekanntesten sind die Mills wohl für ihr Buch *On Liberty* (*Über die Freiheit*, 1859). Das berühmte «Schadensprinzip» aus diesem Werk besagt:

> **(…) dass der einzige Zweck, um dessentwillen man Zwang gegen den Willen eines Mitglieds einer zivilisierten Gesellschaft rechtmäßig ausüben darf, der ist: die Schädigung anderer zu verhüten.**

Man beachte den Gebrauch des Begriffs «zivilisiert». Nach dem Erfolg der *History of British India* («Geschichte von Britisch-Indien», 1818) seines Vaters hatte John selbst eine gut bezahlte Anstellung bei der Ostindien-Kompanie ergattert. Seine und Harriets Ansichten über die «Zivilisation» standen in direkter Verbindung zur britischen Kolonisation. Das «Schadensprinzip» vernachlässigt implizit die Rechte derjenigen außerhalb «zivilisierter Gesellschaften»; über sie kann «zu ihrem eigenen Besten» Macht ausgeübt werden.

Zwar standen die Mills der britischen Herrschaft in Indien nicht unkritisch gegenüber, doch sie nahmen weniger Anstoß an der Herrschaft an sich als an ihren Methoden. Sie waren der Ansicht, dass Machtmissbrauch die Legitimität des imperialistischen Vorhabens unterlaufe, dass derartiger Missbrauch jedoch wiedergutgemacht werden könnte, ohne zur Auflösung des Empires zu führen.

Über die Freiheit konfiguriert das British Empire durch den Prozess des «Othering» als «zivilisiert». Dies ist eine zentrale Einsicht «dekolonialer» Kritiken aus dem späteren 20. Jahrhundert. In

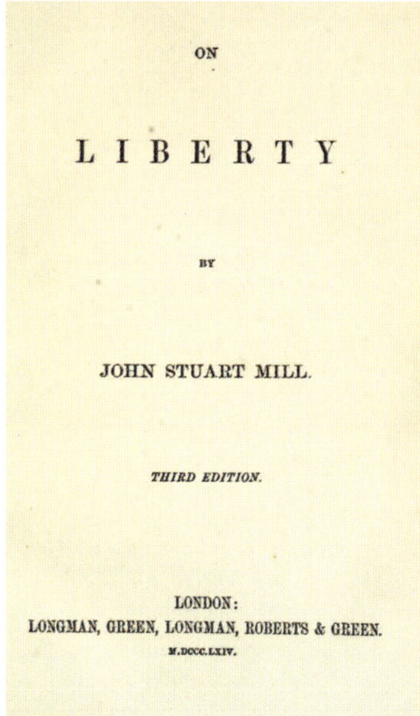

ON

LIBERTY

BY

JOHN STUART MILL.

THIRD EDITION.

LONDON:
LONGMAN, GREEN, LONGMAN, ROBERTS & GREEN.
M.DCCC.LXIV.

RECHTS

Porträt der Harriet Taylor, 1834, UK

Dieses Bild der jungen Harriet Taylor (vor ihrer Hochzeit mit John Stuart Mill) wurde von einem unbekannten Künstler im übertriebenen manieristischen Stil gemalt und hängt in der National Portrait Gallery in London.

GANZ RECHTS

John Stuart Mill, Titelseite von *On Liberty*, 1864, Longman, Green, Longman Roberts & Green; London, UK

Die dritte Auflage von *On Liberty*, veröffentlicht kurz vor Mills Ernennung zum Lord Rector an der University of St Andrews. Die Notwendigkeit von Veröffentlichungen für akademische Ernennungen ist in den letzten Jahrzehnten stark gewachsen.

Orientalism («Orientalismus», 1978) zeigt der palästinische Vordenker Edward Said (1935–2003), wie das Konzept eines «moralisch überlegenen» Großbritannien durch Bezug zu einem «anderen» erschaffen wurde, das eben *nicht* «groß» war. Die britische Philosophie des 19. Jahrhunderts machte aus dem «Orient» einen exotischen Raum, der europäischer Ordnung bedurfte (wobei sie natürlich die jahrtausendealten Zivilisationen ignorierte, um die es in den früheren Kapiteln ging). Wie Gayatri Chakravorty Spivak in ihrem Essay «Can the Subaltern Speak?" («Darf der Marginalisierte sprechen?", 1988; später erweitert in *A Critique of Postcoolonial Reason [Kritik der postkolonialen Vernunft]*, 1999) bemerkt, beeinflusst diese Geschichte nachhaltig die Aufnahme von Gegennarrativen. Sie fragt, wie überhaupt jemand die Perspektive des Marginalisierten (ein Mitglied der Gruppe außerhalb der Hierarchie der Kolonialmacht) zutreffend repräsentieren kann. Koloniale Verzerrungen durchdringen sowohl akademische Studien als auch die gesellschaftlichen Settings, in denen Marginalisierte leben, daher kann die marginalisierte Erfahrung gar nicht richtig aufgegriffen werden (eine Sichtweise mit ernsthaften Konsequenzen für Geschichtsdarstellungen, auch diese hier).

OBEN

Edward Said, 1979, New York, NY, USA

Dieses Schwarz-Weiß-Foto zeigt den Professor der Columbia University am Schreibtisch in seinem Büro sitzend. Said kam 1963 in den Fachbereich Vergleichende Literaturwissenschaften der Columbia und arbeitete dort bis 2003.

3 Bürgerkriege und Bürgerrechte

Kurz nach Harriet Taylor Mills Tod schrieb John Stuart Mill das deutlich von ihren Ansichten durchdrungene *The Subjection of Women* (*Die Hörigkeit der Frau*, 1861). Britische Frauen waren damals rechtlich den Männern untergeordnet; es wurde von ihnen erwartet, dass sie heirateten, Kinder großzogen und unbezahlte Arbeit im Haushalt verrichten. *The Subjection of Women* steht in einer langen Tradition philosophischer Verteidigungen gleicher Rechte auf Bildung. Es spiegelt wider, wie viel die Mills dem «Utilitarismus» von Jeremy Bentham (1748–1832) verdanken; die Unterordnung von Frauen ist nicht nur für sich genommen falsch, sondern auch «eines der

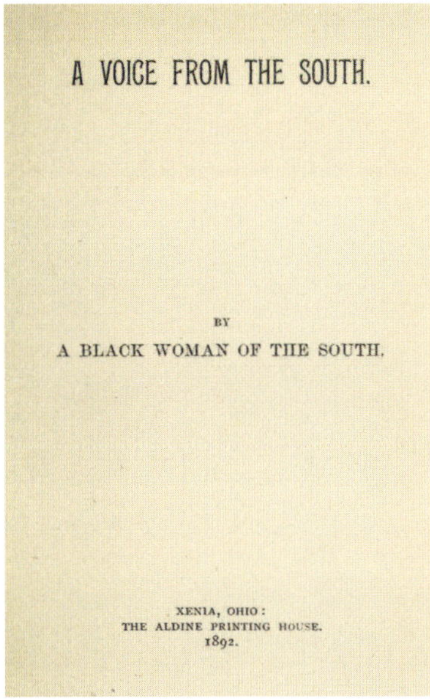

A VOICE FROM THE SOUTH.

BY

A BLACK WOMAN OF THE SOUTH.

XENIA, OHIO:
THE ALDINE PRINTING HOUSE.
1892.

GANZ LINKS

Porträt der Anna Julia Cooper, 1892, USA

Diese frühe Fotografie der Philosophin an einem Tisch mit Bücherstapel ist von der Autorin selbst signiert: «Yours sincerely, A. J. Cooper».

LINKS

Anna Julia Cooper, *A Voice from the South*, 1892, Aldine Printing House; Xenia, OH, USA

Eine der bemerkenswertesten Merkmale dieser Titelseite ist die Weglassung des Namens der Autorin. Zwischen dem Titel und den Verlagsangaben steht: «Von einer schwarzen Frau aus dem Süden». Man darf sich fragen, ob das Coopers Entscheidung war oder ein Versuch des Herausgebers, ihre soziale Identität zu mobilisieren.

Haupthindernisse für das Vorankommen der Menschen». Frauen dieselben Gelegenheiten wie Männern zu verweigern, macht die Gesellschaft im Ganzen ärmer. Wie Virginia Woolf später in *A Room of One's Own* (*Ein Zimmer für sich allein*, 1929) schrieb, braucht eine Frau finanzielle und spirituelle Unabhängigkeit, um ihren Platz als Schriftstellerin in der Gesellschaft einzunehmen. Dieser Faden wird später von Fatema Mernissi in *Beyond the Veil* (*Geschlecht, Ideologie, Islam*, 1975) wieder aufgenommen, wo sie argumentiert, dass Frauen nicht befreit werden können, wenn sie keinen Zugang zu Arbeit, Ressourcen, Kantinen und Kinderbetreuung haben.

Ähnliche Diskurse fanden auch weiter westlich statt. Nach Befreiungsbewegungen auf breiter Front in Südamerika hatte der Norden sich von Großbritannien unabhängig erklärt. In den 1860er-Jahren begann dort ein problembeladener Prozess der Selbstdefinition. Die Einheit der jüngst gegründeten «Vereinigten» Staaten erwies sich als dringliches Problem, das im amerikanischen Bürgerkrieg (1861–1865) zwischen dem konföderierten Süden und den nördlichen Unionsstaaten gipfelte. Bei diesem Konflikt ging es genauso um moralisches wie um physikalisches Territorium. Im Einklang mit den typischen Themen der Moderne argumentierten Unionisten, dass zu einer zivilisierten christlichen Union die Abschaffung der Sklaverei gehören musste. Aufgrund dessen wurden Arbeiten von Bürgerrechtsaktivist*innen wie Sojourner Truth (um 1797–1883) und Susan B. Anthony (1820–1906) unterstützt, ihre Signale verstärkt und flächendeckend verbreitet.

Die Unionisten gewannen den Krieg und 1865 erklärte die Bundesregierung die Sklaverei für verfassungswidrig (außer als Strafe für ein Verbrechen, für das der Betreffende «ordentlich verurteilt» wurde). 1870 verbot die Ratifizierung des 15. Verfassungszusatzes den Staaten, männlichen Bürgern das Wahlrecht auf der Grundlage von «Rassenzugehörigkeit, Hautfarbe oder vormaligem Dienstbarkeitsverhältnis» zu versagen.

Vor diesem Hintergrund schrieb die Soziologin und Aktivistin Anna Julia Cooper (1858–1964) *A Voice from the South* («Eine Stimme aus dem Süden», 1892). *A Voice from the South* dokumentiert,

OBEN

Fatima Mernissi, Einband von *Beyond the Veil: Male-Female Dynamics in a Modern Muslim Society*, 1975, John Wiley; New York, NY, USA

Diese simple, aber geschickte Covergestaltung für den Verlag John Wiley zeigt, wie Bucheinbände genutzt werden können, um Leser*innen anzuziehen. Das Design selbst wird hier zum Schleier, auf dem der Titel prangt. Wer das Cover/Buch öffnet, sieht hinter den Schleier.

wie wirtschaftliche und politische Machtbeziehungen sich nach der Abschaffung der Sklaverei veränderten. Im Gegensatz zu Texten wie *On Liberty* erkennt Coopers Buch an, dass einige Menschen gleichzeitig als Frau und aus rassistischen Gründen ihrer Rechte beraubt werden können. Damit baute sie auf Truths berühmter Rede «Ain't I A Woman?» auf, die sie 1851 gehalten hatte.

> **Ich möchte (...) meinen Appell für die farbigen Mädchen des Südens hinzufügen, diese große, kluge, vielversprechende, verhängnisvoll schöne Klasse (...) so voller Versprechungen und Möglichkeiten und doch so sicher dem Untergang geweiht.**

In *The Souls of Black Folk* (*Die Seelen der Schwarzen*, 1903) erörtert William Edward Burghardt Du Bois (1868–1963) auf ähnliche Weise die entmenschlichende Wirkung des Rassismus. Du Bois schreibt von einem «doppelten Bewusstsein»: der inneren Spannung zwischen dem eigenen Selbstempfinden und dem beschädigten Selbstbild des rassistisch unterdrückten Menschen als Ergebnis des äußeren Rassismus. Das Buch hatte einen starken Einfluss auf spätere Denker wie Frantz Fanon in ihren Beschreibungen der mentalen Kolonisation.

RECHTS

Porträt des W. E. B. Du Bois, 1930, USA

Auf dieser sepiafarbenen Fotografie sehen wir den Philosophen mit seinem unverkennbaren Schnurrbart und Ziegenbärtchen (offenbar inspiriert von Kaiser Wilhelm II. von Preußen) und einem geheimnisvollen Lächeln auf den Lippen.

4 Herrenpläne

Während die Vereinigten Staaten von Amerika nach einer neuen Art von Stabilität suchten, setzte Europa seine Vorhaben im Sinne des Imperialismus und der nationalen Einigung fort. Das jüngst unter Otto von Bismarck 1871 geeinte Deutschland arbeitete darauf hin, den wahrgenommenen «Erfolg» des British Empire zu emulieren, und buhlte um einen Platz am kolonialen Tisch bei den anderen europäischen Mächten. Konzeptionell wurden diese Projekte durch philosophische Arbeiten zu Nationalcharakter und Identität unterfüttert. Zu den reichhaltigsten Beispielen dafür zählen die Werke von Friedrich Nietzsche (1844–1900).

Zur Genealogie der Moral: eine Streitschrift (1887) besteht aus drei Essays und betreibt eine Form von konzeptioneller Archäologie – holt also lange begrabene philosophische Ideen wieder ans Licht – der moralischen Konzepte von «Gut» und «Böse». Diese archäologische Methode oder «Genealogie» hat in jüngerer Zeit unglaublich an Einfluss gewonnen. In einer historischen Analyse werden ansonsten scheinbar einheitliche Konzepte als Sammlungen zusammengefasster Gedanken präsentiert, die eigenständigen Abstammungslinien entspringen (wie die Verzweigungen in einem Familienstammbaum). Nietzsches *Genealogie* will zeigen, dass christliche Konzepte von Gut und Böse weder natürlich noch gottgegeben sind, sondern aus spezifischen soziokulturellen Kontexten erwachsen.

Die *Genealogie* verteidigt außerdem eine allgemeinere Feststellung. Nietzsche behauptet, dass die Kämpfe, die wir in der Geschichte immer wieder sehen, aus dem Konflikt zwischen zwei Arten von Moral entstehen: einer edlen «Herrenmoral», die Stärke, Mut und Erfolg wertschätzt, und

OBEN

Porträt des Friedrich Nietzsche, 1870er-Jahre, Schweiz

Dieses Foto entstand, als Nietzsche noch ein junger Professor in der Schweiz war, und zeigt ihn als adretten Mann mit gepflegtem Schnurrbart. In seinem späteren Leben ließ er den Schnurrbart aus Ehrerbietung für die deutsche Militärtradition deutlich länger wachsen.

LINKS

Friedrich Nietzsche, *Also sprach Zarathustra: Ein Buch für alle und keinen*, 1908, Insel; Leipzig, Deutschland

Es geht etwas Hypnotisches von den Art-Nouveau-Schnörkeln auf diesen Seiten von *Also sprach Zarathustra* aus, gedruckt vom deutschen Insel-Verlag nach dem Tod des Autors. Sie scheinen auf das Rätselhafte des Inhalts hinzudeuten.

OBEN

Toviyyah ben Moshe ha-Kohen, 1717, Polen

Der Autor des Ma'aseh Toviyyah wird hier mit einem Astrolabium, Buchregalen und einem aufgeschlagenen Buch gezeigt, traditionellen Requisiten der Gelehrsamkeit. Er trägt, obwohl im Haus, eine Kopfbedeckung, wie es zu jener Zeit typisch für jüdische Männer war.

einer «Sklavenmoral», die das Gegenteil in den Vordergrund stellt, etwa Güte, Wohltätigkeit und Mitgefühl. Für Nietzsche ist das Christentum eine «Sklavenmoral». Es warnt vor den Sünden Stolz, Habsucht, Unkeuschheit, Neid, Unmäßigkeit, Zorn und Trägheit – hemmungslose, individualistische Leidenschaften, die von Gruppen, die die Christen historisch unterdrückten, sowohl gelebt als auch hochgehalten wurden. Für die Römer beispielsweise gehörten zur Güte Unerschrockenheit, Mut, Vornehmheit und Stärke. Die unterjochten Christen assoziierten dieses System dementsprechend mit Unterdrückung (machten daraus das «Böse») und traten für die entgegengesetzten Werte ein mit Aussagen wie «die Sanftmütigen werden das Erdreich besitzen». Nietzsche zufolge stellte der Aufstieg des Christentums – angeregt von jüdischem Gedankengut – einen Sklavenaufstand und eine Moralumkehr dar.

Während Nietzsches Ansichten über jüdische Ethik häufig in den Antisemitismus abrutschten, war er weniger geneigt, die christliche Moral abzulehnen. Er glaubte jedoch, dass sie eingeschränkt ist und einer Neubelebung bedurfte; was sie brauchte, waren Hoffnung und Ziele, abgeleitet von einer «Herrenmoral», um die Menschheit voranzubringen. Dieses Werk, meinte er, musste von außergewöhnlichen Figuren getan werden – dem *Übermenschen*, den er in seinem *Also sprach Zarathustra* (1883) erwähnt. Auf dieser Grundlage schreckte er vor Bismarcks Einheitsvorhaben zurück, die er als vulgäre und kleinliche «Blut und Boden»-Politik betrachtete. Bismarck wollte einen kleingeistigen Nationalismus, gespickt mit Fremdenfeindlichkeit. Nietzsche ging es um die größere Politik: ein Projekt der paneuropäischen Vereinigung anstelle einzelner Länder.

Nietzsches faszinierendes und komplexes Werk wurde, wie wir noch sehen werden, in der Mitte des 20. Jahrhunderts vereinnahmt und sträflich vereinfacht. Mit der Hilfe von Nietzsches Schwester Elisabeth Förster übersetzte der Nazi-Hofphilosoph Alfred Bäumler diese nuancenreichen Streitschriften in faschistische Schmähschriften von einer «Herrenrasse»: dem «Arier» und «Übermenschen», der Europa und, über seine Kolonien, die Welt beherrschen würde. Diese Nietzsche-Interpretation blieb noch über einen großen Teil des späten 20. Jahrhunderts bestehen, verstärkt von anglophonen Nachkriegsinterpretationen, die darauf abzielten, die deutsche Philosophie zu problematisieren.

5 Neue Regimes

In den beiden Jahrzehnten zwischen dem Ende des Ersten und dem Beginn des Zweiten Weltkriegs brachen zwei große Imperien aufgrund inneren und äußeren, politischen wie militärischen Drucks zusammen.

Das Osmanische Reich war seit seiner Gründung im 13. Jahrhundert durch Sultan Osman Gazi (1259–1326) eine zentrale Macht im Nahen Osten und Nordafrika gewesen. Sein kulturelles Schaffen war umfangreich und umfasst im Bereich der Philosophie große enzyklopädische Arbeiten wie *Die Beseitigung des Zweifels aus dem Namen der Bücher und der Künste* von Kātib Çelebi («Gelehrter Schreiber», geboren als Muṣṭafa ibn ʿAbd Allāh, 1609–1657) und das Werk des Tobias von Toviyyah ben Moshe ha-Kohen (1652–1729), das Themen vom Wesen der Göttlichkeit über Gesundheit und Hygiene bis zur elementaren Metaphysik behandelt.

Am Ende des 18. Jahrhunderts jedoch führten Gebietsverluste an die Habsburgermonarchie und das Russische Kaiserreich zu einem wirtschaftlichen und gesellschaftlichen Niedergang und der Entziehung religiöser Freiheiten. Im späten 19. Jahrhundert beginnen Abweichlertexte wie *Die Natur des Despotismus* von ʿAbd ar-Rahmān al-Kawākibī (1855–1092) zu attackieren, was al-Kawākibī als osmanische Tyrannei betrachtete. Al-Kawākibī wurde letzten Endes von staatlichen Behörden ermordet. Die antiosmanische Stimmung jedoch, die er zum Ausdruck brachte, führte, zusammen mit schweren Niederlagen im Ersten Weltkrieg, zur Auflösung dieses einst so mächtigen Reiches.

Inzwischen erlebte das Russische Kaiserreich einen Aufschwung des Spiritualismus. Ein Beispiel dafür ist *The Secret Doctrine, the Synthesis of Science, Religion and Philosophy* (Die Geheimlehre, 1888) von Helena Petrovna Blavatsky (1831–1891). Die Mitbegründerin der Theosophischen Gesellschaft (die behauptete, Göttlichkeit ließe sich durch direkte Intuition oder Ekstase erfahren) wollte «verborgenes» Wissen wiederbeleben, das angeblich in alten Doktrinen der Hermetik und des späten Platonismus enthalten war. Zur gleichen Zeit schrieb der christlich-anarchistische Adlige Lew Nikolajewitsch Tolstoi (1828–1910) auflagenstarke Bücher über die moralisch-spirituelle Philosophie, inspiriert von hinduistischem und chinesischem Gedankengut – neben einigen bedeutenden Titeln der russischen Literatur.

Wie bei den Osmanen resultierte auch der Zusammenbruch des Russischen Kaiserreichs aus einem ähnlichen Zusammentreffen innerer und äußerer Faktoren. Das Blutvergießen in der größtenteils aus der Arbeiterklasse rekrutierten Armee unter der Führung von Zar Nikolaus führte zu weitreichenden politischen Gärprozessen. 1917 kam es zur «Oktoberrevolution», die in der Russischen Revolution und schließlich dem Sturz des alten Regimes durch die kommunistischen Bolschewiken gipfelte. Im Zentrum des Aufruhrs stand «Die Entwicklung des Kapitalismus in Russland» (1899), ein Buch des russischen Theoretikers Wladimir Iljitsch Uljanow (1870–1924) oder «Lenin». Der Text, geschrieben während seines Exils in Sibirien und unter dem Pseudonym

GANZ LINKS

Helena Petrovna Blavatsky, Einband von *The Secret Doctrine: The Synthesis of Science, Religion and Philosophy*, 1888, Theosophical Publishing Company; London, UK

Das kryptische Wesen der *Geheimlehre*, die angeblich spirituelle Einsichten in weltliche Dinge bietet, wird von den Symbolen auf dem Einband angedeutet. Unten rechts sehen wir eine Variante des Äskulapstabs, eines von einer Schlange umwundenen Stabs, oben links den Davidstern, eingekreist von einer Schlange, die in ihren eigenen Schwanz beißt (der Ouroboros, ein Symbol der Unendlichkeit). Der Stern ist auch ein Hinweis auf Blavatskys antisemitische Konzepte, die das Judentum mit dem Okkulten verknüpfen.

LINKS

Helena Petrovna Blavatsky, 1875, New York, NY, USA

Dieses Foto der in Russland geborenen amerikanischen Theosophistin wurde in Ithaca in New York aufgenommen, wohin sie 1873 umzog, und entstand im selben Jahr, in dem sie mit Henry Olcott die Theosophical Society gründete.

RECHTS

Die Uljanows, 1920, Moskau

Dieses Familienfoto zeigt Wladimir Lenin unten links neben seiner Frau Nadeschda Krupskaja, seine Schwester Anna Jelisarowa-Uljanowa ganz rechts. In der zweiten Reihe legt seine Mutter Maria Uljanowa ihm eine Hand auf die Schulter. Sein Bruder Dmitri Uljanow hält eine große Katze im Arm, daneben Anna Jelisarowa-Uljanowas Adoptivsohn Georgij Losgatschow-Jelisarow.

UNTEN RECHTS

Lew Nikolajewitsch Tolstoi, um 1900, Russland

Diese Fotografie von Lew Nikolajewitsch Tolstoi in der Sammlung des Staatsmuseums in Moskau zeigt den Autor in seinen späten Jahren mit einem Blatt Papier in der Hand. In seinen Romanen deutet die Kleidung oft auf das moralische Verhalten hin; die einfache schwarze Bluse auf diesem Bild spiegelte wohl den pazifistischen Asketismus wider, dem er anhing.

GANZ RECHTS

Wladimir Iljitsch Uljanow «Lenin», *Die Entwicklung des Kapitalismus in Russland*, 1899, A. Leifert; St. Petersburg, Russland

Diese wasserfleckige Titelseite stammt aus der ersten Auflage von Lenins Text. Die serifenlose kyrillische Schrift steht im Einklang mit der asketischen Ästhetik, die mit dem Leninismus verknüpft wird.

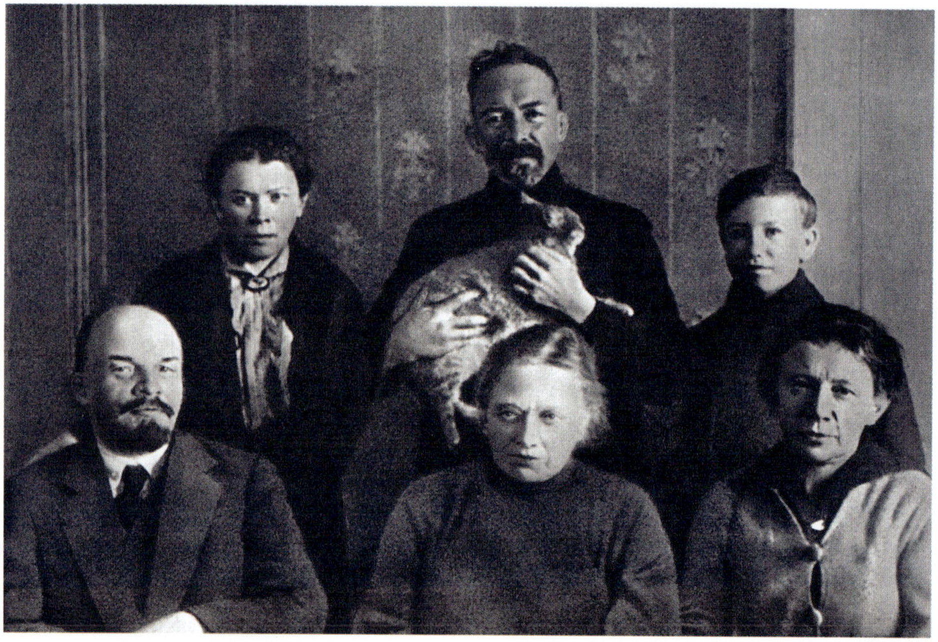

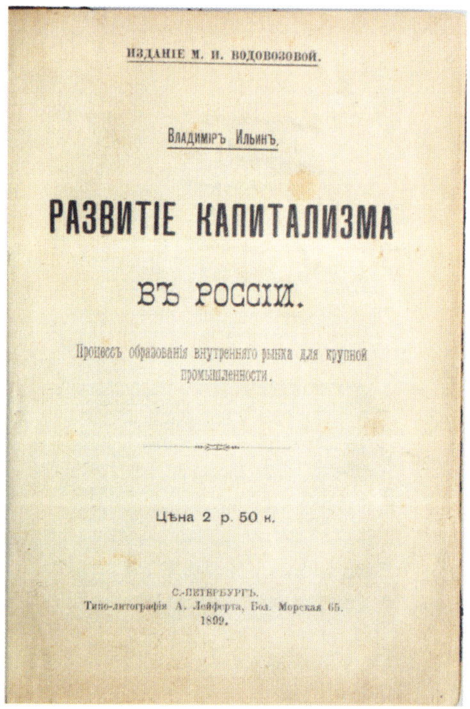

ИЗДАНІЕ М. И. ВОДОВОЗОВОЙ.

Владимиръ Ильинъ.

РАЗВИТІЕ КАПИТАЛИЗМА

ВЪ РОССІИ.

Процессъ образованія внутренняго рынка для крупной промышленности.

Цѣна 2 р. 50 к.

С.-ПЕТЕРБУРГЪ.
Типо-литографія А. Лейферта, Бол. Морская 65.
1899.

«Wladimir Iljin» veröffentlicht, ist eine umfassend recherchierte marxistische Analyse des Zustands der russischen Gesellschaft. Auf der Grundlage einer breiten Palette an politischen und philosophischen Monografien, Artikeln und statistischen Daten liefert Lenin Belege für den Niedergang des Feudalismus in Russland und die wachsende Kluft zwischen den Klassen, die für den Kapitalismus bezeichnend sind. Lenin sprach sich für eine Allianz von Arbeitern und Bauern gegen die kapitalistische Klasse aus. Sein Ruf zu den Waffen erfuhr breite Unterstützung und führte schließlich zum Sieg der Bolschewiken.

Unter Lenin machte sich die neue Regierung daran, die kommunistischen Ideale zu verwirklichen, die in Marx' Kapital (S. 210) beschrieben werden; sie wollte die Hierarchien der Aristokratie abschaffen und den Arbeitern und Bauern mehr Macht geben. Leider blieb die Union der Sozialistischen Sowjetrepubliken (UdSSR) hinter diesen philosophischen und politischen Ambitionen zurück – genau wie viele andere Nationalstaaten, die ihr auf diesem Weg folgten.

6 Formalitäten

Ein Grundlagentext der mathematisch ausgerichteten Philosophie ist Principia Mathematica (1910) von Bertrand Russell und Alfred North Whitehead. Diese Arbeit über Mathematik und symbolische Logik stützt sich ihrerseits stark auf die «Begriffsschrift» (1879) und «Die Grundgesetze der Arithmetik» (1893) des deutschen Philosophen Gottlob Frege. Ein breiterer Ansatz, strikte Grundlagen für die Philosophie als Wissenschaft zu formulieren, war auch das Ziel von Edmund Husserls Arbeit. In Ideen zu einer reinen Phänomenologie und phänomenologischen Philosophie (1913) umreißt Husserl systematisch eine neue philosophische Methode: die Phänomenologie oder das Studium der Merkmale und erfahrbaren Dimensionen des Bewusstseins.

«Der logische Aufbau der Welt» (1928) von Rudolf Carnap ist einer der zentralen Texte aus der Denkerriege, die als «Wiener Kreis» bekannt wurde. Weitere Mitglieder waren Moritz Schlick, Rose Rand, Otto Neurath, Kurt Gödel und Karl Popper. In seinem Werk vertrat Carnap den «logischen Positivismus» (oder «logischen Empirismus»), eine Methodologie, die scharf zwischen den Disziplinen der Wissenschaften und der Philosophie unterscheidet und Letztere als nützlich im Verhältnis zur Ersteren betrachtet. Philosophie wird am besten im Dienste der Wissenschaft eingesetzt, um wissenschaftliche Aussagen logisch zu analysieren, die (anders als die von Metaphysikern) durch empirische Untersuchung nachprüfbar sind. Über die Feststellung hinaus, wie wir wissenschaftliches Wissen systematisieren können, gibt das Buch dem Leser ein Hilfsmittel an die Hand, um wichtige Aussagen zu identifizieren, die einer genauen wissenschaftlichen Untersuchung wert sind.

> **Der Sinn einer Aussage besteht darin, dass sie einen (denkbaren, nicht notwendig auch bestehenden) Sachverhalt zum Ausdruck bringt. Bringt eine (vermeintliche) Aussage keinen (denkbaren) Sachverhalt zum Ausdruck, so hat sie keinen Sinn, ist nur scheinbar eine Aussage.**

Carnaps antimetaphysische, wissenschaftliche (manche würden sagen: szientifische) Methode wurde erstmals von Lizzie Susan Stebbing in *Logical Positivism and Analysis* («Logischer Positivismus und Analyse», 1933) nach Großbritannien importiert und in Alfred Jules Ayers *Language, Truth and Logic* («Sprache, Wahrheit und Logik», 1936) noch bekannter gemacht. Auch der Österreicher

Ludwig Wittgenstein scharte in Großbritannien viele Anhänger um sich, als sein schmales, aber logisch aufgebautes Büchlein Tractatus Logico-Philosophicus (1921), dessen nüchterner, geometrischer Stil an Spinoza erinnerte, ins Englische übersetzt wurde. Das Streben nach einer irgendwie «wissenschaftlicheren» Herangehensweise an die Philosophie sollte in den kommenden Jahrzehnten immer mehr an Bedeutung gewinnen.

7 Moderne Zeiten

Die wirtschaftlichen (wenn auch nicht moralischen) Erfolge des «Hochimperialismus» weckten Aufmerksamkeit außerhalb Europas. Andere Nationen versuchten, die britischen Modernisierungs- und Kolonisierungsbestrebungen nachzuahmen. Zu den erfolgreichsten dabei gehörte Japan.

Die erzwungene Öffnung Japans in den 1850er-Jahren führte zusammen mit der wirtschaftlichen Stagnation und Hunger zum Niedergang des Tokugawa-Shogunats. 1868 wurde das Kaiserhaus unter Kaiser Meiji wieder eingesetzt und Ausländer machten über japanische Grenzen hinweg Geschäfte. Das zwang den Inselstaat zu einer Bewertung gesellschaftlicher Veränderungen außerhalb seines Staatsgebietes. Japans Verfassung von 1889 erzwang einen westlichen Führungsstil und unterstützte die landesweite Industrialisierung. Der europäischen Politik entsprechend, verfolgten die Japaner auch imperialistische Expansionsbestrebungen. Ihr kolonialistischer Blick sollte zuerst auf Korea, Taiwan und China fallen.

UNTEN LINKS

Nishida Kitarō, Einband einer englischen Ausgabe von *Über das Gute*, 1992, Yale University Press; New Haven, CT, USA

Diese englische Neuauflage von Nishida Kitarōs Text erschien rund 80 Jahre nach der ursprünglichen Veröffentlichung bei der Yale University Press. Die Entscheidung für ein Foto des Philosophen auf dem Einband historisiert die Arbeit und stellt die Identität des Autors im Kontext seiner Gedankenwelt in den Vordergrund.

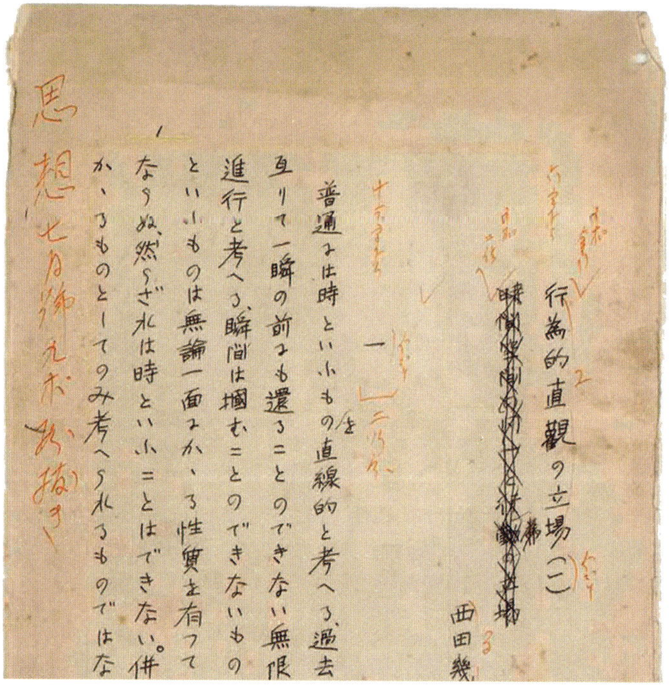

行為的直観の立場（二）

西田幾

普通には時といふものを直線的と考へる、過去より一瞬の前にも還ることのできない無限進行と考へる。瞬間は掴むことのできないものといふものは無論一面にかゝる性質を有ってならぬ。然らざれば時といふことはできない。併しかゝるものとしてのみ考へられるものではな

Zwar schien das Vertrauen auf alte Texte in der Edozeit mit der Modernisierung im Widerspruch zu stehen, doch japanische Denker versuchten, ein Gefühl der nationalen Identität zu bewahren. Dazu konzentrierten sie sich wieder einmal auf «einheimische Studien». Shintō und Zen-Buddhismus bildeten den spirituellen Kern dieser neuen Denksysteme, die «japanische Spiritualität» und «westliche Vorstellungskraft» miteinander kombinierten.

Über das Gute (1911) von Nishida Kitarō ist ein klares Beispiel für diesen synthetisierenden Ansatz. Nishida, der Gründer der Kyōto-Schule, arbeitete sich durch die Spannungen in westlichen Traditionen, indem er sie einem eindeutig japanischen System unterordnete, das im Mahayana-buddhistischen Konzept des Nichts oder mu (auf Chinesisch wú) wurzelte. *Über das Gute* vergleicht, was Nishida als eindeutig westlichen metaphysischen Schwerpunkt auf das Seiende (auf das, was ist und existiert) wahrnimmt, mit dem, was er als eine eindeutig östliche Orientierung auf das «absolute Nichts» oder die Leere betrachtet. Letzteres ist nicht einfach eine Negierung des Seienden (ebenso, wie für diejenigen, die an ein Leben nach dem Tod glauben, der Tod nicht einfach die Abwesenheit des Lebens ist). Für Nishida lieferte der Mahayana-Buddhismus wichtige Lösungen für komplexe, wenn auch fehlgeleitete, westliche philosophische Unstimmigkeiten.

Auf ähnliche Weise untersucht Watsuji Tetsurō (ein Kollege von Nishida aus der Kyōto-Schule) in *Rinrigaku* (Ethik, 1937) die Trennung zwischen Geist und Körper, die die europäische Gedankenwelt dominiert. Der Körper, bemerkt Watsuji, wurde im Westen als Hort des Wissens vernachlässigt – es gilt eher, alles über ihn zu erfahren. Das *Rinrigaku* stellt diese Ansicht dem buddhistischen Konzept des verkörperten Wissens gegenüber, das wir in Meditationspraktiken und dem Begriff des «Bodymind» finden:

> **Nicht in Übereinstimmung mit den konkreten Fakten der Erfahrung steht die Ansicht, dass etwas Psychologisches, unbegleitet von körperlichen Ereignissen, und ein Vorgang im physischen Körper in keinerlei Beziehung zu Körpererfahrungen in Form eines Gegensatzes zwischen Körper und Geist fortbestehen, die unabhängig voneinander existieren.**

Dieses philosophische Werk erwies sich als produktiv. Dennoch fiel die Kyōto-Schule später wegen ihrer Verbindung mit dem japanischen Nationalismus in Ungnade. Sie entwickelte eine unverwechselbar japanische Weltsicht, die in einigen Fällen Konzepte der Rassenreinheit und mythische Narrative über die japanische Überlegenheit mit einschloss. Es muss noch viel getan werden, um diese Verbindungen zu entwirren – eine Aufgabe, die wegen der direkten und indirekten Verbindungen dieser Denker zum deutschen Faschismus umso verwirrender ist.

8 Philosophie im Krieg

In den 1930er-Jahren florierten die akademischen Beziehungen zwischen Japan und Deutschland. Gelehrte aus der Kyōto-Schule wie Tanabe Hajime (1885–1962) reisten nach Europa, um mit prominenten deutschen Intellektuellen zu arbeiten, darunter auch ein radikaler Metaphysiker namens Martin Heidegger. Aufbauend auf der phänomenologischen Methode seines Lehrers Husserl und der Arbeit seiner japanischen Pendants, nahm Heidegger das Ziel und das Gerüst der europäischen Suche nach dem Metaphysischen wieder auf.

OBEN

Watsuji Tetsurō, 1959, Japan

Dieses Bild, aufgenommen vom Fotografen der *Asahi Shimbun*, einer der größten japanischen Zeitungen, zeigt den lächelnden Moralphilosophen im Alter von 70 Jahren.

LINKE SEITE

Notizen von Nishida Kitarō, Datierung unbekannt, Japan

Diese Seite aus dem Archiv der Kyōto-Schule enthält Notizen von Nishida Kitarō mit Ausstreichungen und Randnotizen in roter Tinte. Das Archiv hat es sich zur Aufgabe gemacht, den Nutzern digitalisierte Manuskripte prominenter japanischer Philosophen zum Analysieren und Kommentieren zur Verfügung zu stellen.

Heideggers *Sein und Zeit* (1927) untersucht, was es bedeutet, in der Welt zu sein. Im Gegensatz zu nichtmenschlichen Tieren, sagt er, haben Menschen ein Ichbewusstsein: Wir denken, wir reflektieren, wir haben Wünsche erster und zweiter Ordnung. Wir sind in der Lage, das Wunderbare und die Verwirrung dessen zu erfassen, was es bedeutet, ein sterbliches Wesen zu sein. Es ist ein dichter und oft schwer nachzuvollziehender Text – aus gutem Grund, denn Heidegger versuchte, die sprachlichen Fesseln früherer konzeptioneller Vokabularien abzuschütteln. Er glaubte, dass neue Arten des Denkens über das Sein neue Arten des Sprechens darüber notwendig machten. Sprache, wie er in seinem Brief über den «Humanismus» (1946) schrieb, ist das «Haus des Seins».

Viele seiner Interessen laufen um das Thema der Technologie zusammen – verständlich angesichts der Auswirkungen der industriellen Revolution. *Sein und Zeit* beschreibt, wie die Modernisierung eine bestimmte Einstellung fördert, eine Sicht auf die Welt als eine Zusammenstellung isolierbarer Dinge statt untereinander verbundener Wesen. Wir sind nur allzu bereit, Objekte in unserer Umgebung – Telefone, Computer, Fernseher – als «vorhandene», eigenständige Artefakte zu betrachten, die sich begrifflich von ihrem Kontext abstrahieren lassen. Die moderne Technologie überschreibt die Sicht auf Objekte als «zuhanden», als begrifflich in die Welt eingebunden; sie verschleiert ihre «Weltlichkeit». *Sein und Zeit* ermuntert den Leser, sich dem zu widersetzen und stattdessen das zu verfolgen, was er «dichterisches Wohnen» nennt. Durch die Betrachtung der Natur etwa kann man sich der häufig verstörenden Erhabenheit der Existenz unterwerfen.

Wie wir in seinen posthum veröffentlichten Schwarzen Heften (2014) sehen, ist Heideggers Metaphysik auch eng mit seinem Deutschnationalismus und Antisemitismus verflochten. Er glaubte nicht nur, dass die NSDAP (in der er Mitglied war) eine Neuorientierung an den Werten des deutschen Landlebens auslösen konnte, sondern war auch davon überzeugt, dass die deutsche Sprache dem deutschen Volk eine privilegierte Einsicht in die Genese des europäischen Gedankenguts verschaffte. Ein neues begriffliches Vokabular war nötig, um die Wahrheit des Seins zu verstehen, und für diese Aufgabe war die deutsche Sprache linguistisch qualifiziert.

RECHTS

Martin Heidegger, Einband von *Being and Time*, 1962, SCM Press; London, UK

Dieser Wälzer, übersetzt von John Macquarrie und Edward Robinson für die Library of Philosophy and Theology, ist die erste englische Ausgabe von Heideggers Text. Das Element auf dem Einband, ein gekröntes Kreuz, gehört zum Verleger, der Student Christian Movement Press.

GANZ RECHTS

Martin Heidegger, Einband von *Sein und Zeit*, 1927, Max Niemeyer; Halle, Deutschland

Die deutsche Erstausgabe von Heideggers Beitrag zur Phänomenologie erschien im Max Niemeyer Verlag.

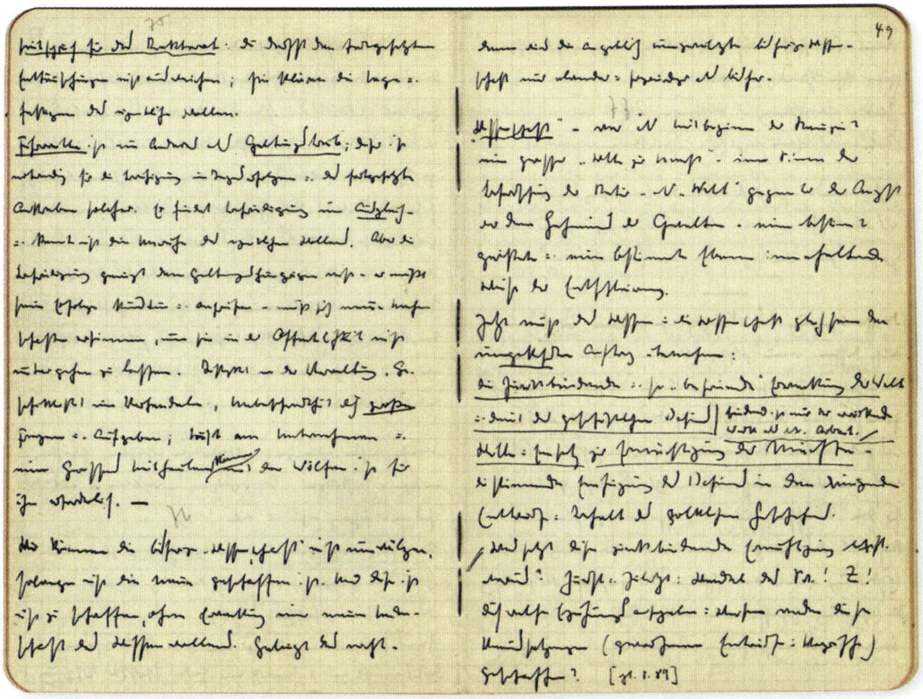

LINKS

Martin Heidegger, Seiten aus den *Schwarzen Heften*, 1931–41, Deutschland

Heideggers handschriftliche *Schwarze Hefte* entstanden zwischen 1931 und 1941 und machen den Antisemitismus im Kern seines philosophischen Vorhabens sichtbar. Erst kürzlich, im Jahr 2014, wurden die *Hefte* von Peter Trawny transkribiert und veröffentlicht.

UNTEN LINKS

Martin Heidegger, 1933, Deutschland

Dieses Foto zeigt den deutschen Philosophen, als er zum Rektor der Universität Freiburg gewählt wurde und Mitglied der NSDAP wurde. Beides geschah, kurz nachdem sein Lehrer Edmund Husserl aus den akademischen Bibliotheken verbannt wurde, weil er Jude war.

Im Einklang mit der Logik der Imperien fanden die deutsche und die japanische Gesellschaft bei den Begriffen der nationalen Identität und ethnonationalen Überlegenheit zusammen. Von alliierten Philosophen wird die Geschichte so erzählt, dass der Zweite Weltkrieg kausal flussabwärts dieser philosophischen Bemühungen lag. Die Wahrheit ist komplexer und umfasst ein heikles Wechselspiel von Einflüssen zwischen philosophischem Gedankengut und der soziopolitischen Umgebung. Doch wie auch immer diese Kausalgeschichten erzählt werden, die Auswirkungen bleiben dieselben: Der Zweite Weltkrieg begann mit dem Massaker von Nanjing 1937 und der Invasion in Polen 1939. In dem daraus resultierenden Konflikt flossen Mythen der Rassenreinheit und nationalen Überlegenheit zu dem entsetzlichen Genozidprojekt zusammen, das wir als Holocaust bezeichnen.

9 Philosophie nach dem Krieg

Die Niederlage der deutschen und japanischen Truppen führten zum Zusammenbruch der Gedankensysteme. Heidegger verlor seine Dozentenstelle. Die Kyōto-Schule löste sich auf. In der englischsprachigen Philosophie sehen wir eine breite Bewegung weg vom hochfliegenden Systembau von Denkern wie Hegel und ihren intellektuellen Erben.

In einigen Kreisen wurde die linguistische Analyse zu einer beliebten Methode. John Langshaw Austins *How to Do Things with Words* (Zur Theorie der Sprechakte, 1962) ist ein gutes Beispiel dafür. Diese Methodik überschnitt sich häufig mit einer «fragmentarischen» Haltung zu philosophischen Problemen: Große Themen werden auf ihre Bestandteile heruntergebrochen und diese einzeln gelöst. Bertrand Russell nannte diese Herangehensweise vielsagend «Teile und herrsche». Ein Schwerpunkt auf Logik und Sprache, zusammen mit der Betonung des angeblichen «gesunden Menschenverstandes» und einer Ablehnung der als verwirrt und verwirrend betrachteten Aussagen

RECHTS

Mary Midgley, 2012, UK

Dieses Foto von Midgley, aufgenommen von Sarah Lee für den *Guardian*, zeigt sie mit ihrem unverwechselbaren breitkrempigen schwarzen Hut beim Redigieren eines Stapels Papiere. Midgley war für die Zeitungsleser eine vertraute Figur und betrachtete öffentliches Engagement als eines der zentralen Ziele der Philosophie.

GANZ RECHTS

Philippa Foot, 1999, Oxford, UK

Dieses Foto von Foot wurde von Steve Pyke in Oxford aufgenommen, wo sie erst studiert hatte und dann Dozentin, Fellow und Tutorin am Somerville College war.

über Sein und Realität wurden zu bestimmenden Merkmalen der anglophonen «analytischen» Philosophie. Dieser Trend wurde als modernisierende Bewegung hin zu einer mehr «objektiv basierten», nachprüfbaren Methodik. Er fiel zusammen mit einem allgemeinen Misstrauen gegenüber ergebnisoffenen metaphysischen Überlegungen, von denen man meinte, sie hätten den Aufstieg des Faschismus angestachelt.

Insbesondere erschien 1945 *A History of Western Philosophy* (Philosophie des Abendlandes) des renommierten öffentlichen Intellektuellen Bertrand Russell (1872–1970). Es war eine Geschichtsdarstellung mit einer klaren Agenda, die den deutschen Idealismus und das deutsche Gedankengut im Allgemeinen mit dem Faschismus verknüpfte. Nietzsche, dessen Konzept des Übermenschen sich die Nazis angeeignet hatten, wird als philosophischer Schurke par excellence präsentiert und den Krieg nennt Russell «Nietzsches Krieg».

OBEN

Elizabeth Anscombe, 1990, Cambridge, UK

In diesem Doppelporträt von Steve Pyke ist die Philosophin mit ihrem Partner, dem Philosophen Peter Geach, zu sehen. Hier ist sie zwar schlicht gekleidet, sie war jedoch dafür berüchtigt, gern Overall und Monokel zu tragen und Zigarren zu rauchen. Pyke ist bekannt für seine markanten Schwarz-Weiß-Fotografien berühmter anglophoner Philosophinnen und Philosophen.

Während sich die Türen des akademischen Establishments für die einen schlossen, öffneten sie sich gleichzeitig für andere. Die Einberufung von Männern und Frauen in die britische Armee führte dazu, dass die einst männlich dominierten Hörsäle für Frauen leichter zugänglich wurden. In Oxford gehörte zu ihnen eine Gruppe von vier Freundinnen, die Gespräche als den wahren Ort philosophischer Aktivität betrachteten und sich inoffiziell «The Resocratics» («Die Re-Sokratikerinnen») nannten. Es handelte sich um Gertrude Elizabeth Margaret Anscombe (1919–2001), bekannt für ihr Buch *Intention* (Absicht, 1957), Iris Murdoch (1919–1999), Schriftstellerin und Autorin von *The Sovereignty of Good* («Die Herrschaft des Guten«, 1970), Philippa Foot (1920–2010), die in einer Fülle von Essays und Büchern Kritik an Ayer und Richard Mervyn Hare übte, sowie Mary Midgley (1919–2018), am bekanntesten für ihr *Beast and Man: The Roots of Human Nature* («Tier und Mensch: die Wurzeln der menschlichen Natur«, 1978).

Darüber hinaus sorgten Migrations- und Flüchtlingsströme aus den kriegsgeschüttelten Ländern für eine Abwanderung der Intelligenz aus dem europäischen Festland, bedeutete aber gleichzeitig für andere Regionen einen Segen (in Form von «Intelligenzzuwanderung»), besonders für die USA. Albert Einstein, Hans Reichenbach (1891–1953), Rudolf Carnap und Rose Rand (1903–1980) gehörten zu denjenigen, die sich Mitte der 1930er-, 1940er- und 1950er-Jahren dort niederließen. Sie brachten eine Leidenschaft für empirisch orientierte, logikbetonte Philosophie mit, die in ihrer neuen Wahlheimat positiv aufgenommen wurde und in Texten wie *Philosophy in a New Key: A Study in the Symbolism of Reason, Rite and Art* (Philosophie auf neuem Wege: Das Symbol im Denken, im Ritus und in der Kunst, 1941) von Susanne Katherina Langer (1895–1985) zum Ausdruck kam.

Weitere soziopolitisch orientierte Philosophinnen und Philosophen gehörten bald zum Establishment. Hannah Arendt (1906–1975), die mit Heidegger studiert hatte, übte mit ihrem Werk The *Origins of Totalitarianism* (Elemente und Ursprünge totaler Herrschaft, 1951), in dem sie das Wesen und Wirken totalitärer Bewegungen analysiert, eine nachhaltige Wirkung aus. Die *Dialektik der Aufklärung* (1947) von Theodor Wiesengrund Adorno und Max Horkheimer aus der Frankfurter Schule schwamm gegen den Strom der analytischen Philosophie und lieferte eine kritische Beurteilung der Aufklärung. Adorno und Horkheimer sahen sie nicht als eine eindeutig positive, befreiende Kraft, sondern als einen verzerrenden, übermäßig rationalistischen Prozess, der in der allgemeinen Bevölkerung zu einer unterwürfigen Fügsamkeit führte (zum Vorteil der herrschenden Klasse).

RECHTS

Iris Murdoch, 1977, UK

In diesem Porträt betrachtet die Philosophin, Kunstkritikerin und Schriftstellerin eine zerstörte Büste, die ihrerseits dem Blick des Betrachtenden begegnet. Es vermittelt einen Eindruck einiger klassischer und existenzieller Themen ihrer Arbeit.

UNTEN RECHTS

Iris Murdoch, Einband von *The Sovereignty of Good*, 1971, USA

Diese Ausgabe von Murdochs *Sovereignty* erschien bei Schocken Books und fällt im Einklang mit den üblichen eindrucksvollen Covergestaltungen des Verlags mit einem grellroten Einband ins Auge.

GANZ RECHTS

Mary Midgley, Einband von *Beast & Man*, 1980, Routledge; London, UK

Dieser leicht verstörende Einband zeigt eine Illustration eines mythologischen Wesens, des «Mantikors», aus Edward Topsells *Historie of Foure-Footed Beastes* von 1607.

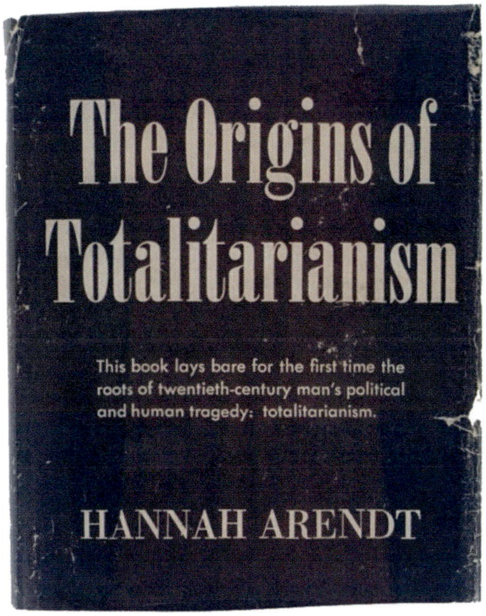

GANZ LINKS

Hannah Arendt, 1963, USA

Dieses ikonenhafte Foto wurde etwa zur Zeit der Veröffentlichung von *Eichmann in Jerusalem* und *Über die Revolution* aufgenommen und zeigt die Philosophin beim entspannten Rauchen.

LINKS

Hannah Arendt, Einband von *The Origins of Totalitarianism*, 1951, Harcourt, Brace; New York, NY, USA

Die Erstausgabe der *Origins* in einem blauen Schutzumschlag aus Stoff, entworfen von Schocken Books, wurde in demselben Jahr veröffentlicht, in dem Arendt die US-Staatsbürgerschaft annahm. Schocken Books veröffentlicht spezifisch religiöse, häufig jüdische literarische Werke.

UNTEN GANZ LINKS

Philippa Foot, Einband von *Virtues and Vices*, 1979, University of California Press; Berkeley, CA, USA

Diese Ausgabe von Foots Book mit dem bis zur Abstraktion vergrößerten Fragezeichen wurde von der University of California Press veröffentlicht, einer gemeinnützigen Verlagsabteilung der Universität, die von dieser und dem Staat finanziert wird.

UNTEN LINKS

Susanne K. Langer, Einband von *Philosophy in a New Key*, 1948, Penguin; New York, NY, USA

Die Verlagsmarke Pelican von Penguin Books spezialisierte sich auf leicht zugängliche Sachbücher für ein breites Publikum. Langers 1948 erschienenes Buch gehörte zu den ersten Büchern in Großbritannien, die ausdrücklich als «Populärphilosophie» vermarktet wurden.

OBEN

Porträt von Simone Weil, 1936, Spanien

Auf diesem Foto wird Weil in Militäruniform mit Gewehr an der Schulter dargestellt. Sie diente im Spanischen Bürgerkrieg in der Kolonne Durruti als Soldatin und war im Zweiten Weltkrieg Teil der französischen Résistance.

10 Keine Nationen?

Die Konflikte um die Mitte des 20. Jahrhunderts ermunterten auch zu einem behutsameren Umgang mit Volkstum und dem Begriff des Nationalstaats. In ihrem Buch *Should Nations Survive?* («Sollten Nationen überleben?») spricht Hilda Diana Oakeley (1867–1950) das «Paradox des Nationalismus» an. Während einige Nationen Schlüsselrollen beim Aufbau diverser und einladender Kulturen spielten, trug der Nationalismus, wie um die Zeit der Veröffentlichung ihres Buches gut zu beobachten war, auch zu einer kulturellen und gesellschaftlichen Auflösung bei. Auf die Titelfrage antwortete Oakeley mit einem kompetenten «Ja». Ihrer Ansicht nach sind Nationen «historische Gemeinschaften», die sich von der Vergangenheit bis in die Zukunft erstrecken. Sie vertrat die Meinung, dass Menschen in diesen unverwechselbaren Gemeinschaften friedlich koexistieren können, wenn sie in der Lage sind, bestimmte absolute Moralstandards zu begreifen.

The *Open Society and Its Enemies* (Die offene Gesellschaft und ihre Feinde, 1945) ist das erste Werk des Wissenschaftsphilosophen Karl Raimund Popper (1902–1994), in dem er sich mit politischem Gedankengut beschäftigt. Wie Oakeley sah Popper die liberale Demokratie, eine «offene Gesellschaft», als bestmögliche Form der gesellschaftlichen Organisation an. Im Einklang mit den antimetaphysischen Tendenzen seiner Kolleginnen und Kollegen des Wiener Kreises kritisierte er den Totalitarismus scharf und verknüpfte ihn mit teleologischen Erzählungen der historischen Entwicklung (die behaupteten, dass die Geschichte nach universellen, zielgerichteten Gesetzen abläuft).

Zur selben Zeit beschäftigte sich Simone Adolphine Weil (1909–1943) mit der Bedeutung des «Verwurzeltseins». *L'enracinement: Prélude à une déclaration des devoirs envers l'être humain* (Die Einwurzelung: Einführung in die Pflichten dem menschlichen Wesen gegenüber, 1949) reflektiert das, was Weil als das Problem der «Entwurzelung» betrachtete. Der Verlust der eigenen Wurzeln führt zur Zerstörung spiritueller und kultureller Bindungen zu einer Gemeinschaft. Verwurzelt zu sein, ist, wie der Titel schon andeutet, keine Möglichkeit, sondern eine unbedingte Notwendigkeit, damit der Mensch ein erfüllendes moralisches Leben führen kann.

Verwurzelt zu sein, ist vielleicht das wichtigste und am wenigsten anerkannte Bedürfnis der menschlichen Seele. Es gehört auch zu den am schwersten zu definierenden. Ein Mensch hat Wurzeln kraft seiner realen, aktiven und natürlichen Teilnahme am Leben einer Gemeinschaft, die bestimmte besondere Schätze der Vergangenheit und bestimmte besondere Erwartungen an die Zukunft lebendig erhält.

Weils Ansichten kreuzen sich hier auf interessante Weise mit ihrem jüdischen Erbe (und ihrer späteren Bewunderung des Katholizismus). Die antisemitische Karikatur des «wandernden Juden» war ein beunruhigendes Sprachbild in der Nazipropaganda und muss Weils Gedanken über die Bedeutung des Verwurzeltseins durchdrungen haben, genau wie Argumente für ein jüdisches Heimatland, die sich mit Theodor Herzls Argumenten in *Der Judenstaat* (1896) überschnitten. In den späten 1940er-Jahren nahmen diese Gedanken in Form der Unterteilung Palästinas, das damals zum British Empire gehörte, durch Großbritannien zur Gründung eines unabhängigen jüdischen Staates Israel reale Gestalt an.

11 Dekoloniale Geister

Eine weitere Auswirkung des Zweiten Weltkriegs war die verbreitete Entkolonialisierung. Die durch Kolonialherrschaft Unterdrückten hatten lange für ihre Befreiung argumentiert. Angesichts der alliierten Rhetorik gegen den Imperialismus und die Rassendiskriminierung Deutschlands gewannen diese Argumente in den Nachkriegsjahren an politischer Durchschlagskraft. Befreiungsbewegungen wie die in Indien unter der Führung von Mohandas Karamchand Gandhi (1869–1948) bekamen Zulauf. In *The Story of My Experiments With Truth* (Die Geschichte meiner Experimente mit der Wahrheit, 1927–1929), das er größtenteils während seiner Haftstrafe wegen «Volksverhetzung» verfasste, erklärt Gandhi anhand autobiografischer Beispiele seine Philosophie der Selbstkontrolle und Gewaltlosigkeit.

In der zweiten Hälfte des 20. Jahrhunderts erklärten zahlreiche Territorien ihre Unabhängigkeit von britischen, französischen, portugiesischen, belgischen, italienischen, deutschen und niederländischen Besatzungsmächten. Nach jahrhundertelanger kolonialer Ausbeutung sahen sich nun unabhängige Nationen Fragen der Selbstverwaltung und der Eigendefinition gegenüber. Viel Arbeit wurde in die Dekonstruktion der entzweienden Gesellschaftsstrukturen gesteckt, die die Kolonialherren den einheimischen Völkern aufgezwungen hatten. Auf den Prüfstand kamen auch die traditionellen Hierarchien, die repressive Regierungen aus organisatorischen Zwecken übernommen hatten, etwa das Kastensystem in Indien. *Annihilation of Caste* (Die Auslöschung des Kastensystems, 1936) von Bhimrao Ramji Ambedkar ist ein frühes Beispiel dafür. In seinem Buch, gerichtet an ein hinduistisches Publikum, kritisiert er hinduistische religiöse Texte; Ambedkar betrachtet die Kastenhierarchie als so eng mit religiösen Texten verflochten, dass beides zusammen abzulehnen sei.

Denkerinnen und Denker in entkolonialisierten Nationen beschäftigten sich auch mit der nationalen Identität. Im Gegensatz zu ihren imperialistischen Gegenstücken jedoch konzentrierten sie sich darauf, wie solche Konzepte die Brüche heilen könnten, die die Kolonialherrschaft verursacht hatte. Auf der Grundlage der psychologischen Modelle von Sigmund Freud arbeitet eine der faszinierendsten Werke auf diesem Gebiet die psychologischen Auswirkungen der kolonialen Unterdrückung heraus. Eine Schlüsselfigur ist dabei der Philosoph und Psychiater Ibrahim Frantz Fanon (1925–1961).

Der in Martinique geborene Fanon engagierte sich stark in der algerischen Unabhängigkeitsbewegung und verfasste in den frühen 1950er-Jahren sein Werk *Peau noire, masques blancs* (Schwarze Haut, weiße Masken). In dem 1952 veröffentlichten Buch erörtert Fanon in Anknüpfung an Du Bois' Arbeiten das, was er als Kolonialisierung des Geistes bezeichnete. In *Les damnés de la terre* (Die Verdammten dieser Erde, 1961) entwickelt er diese Gedanken noch weiter und beschreibt die Formen der Gewalt – körperliche, begriffliche und diskursive –, die von Kolonialmächten verübt werden. Er stellt außerdem fest, dass der Prozess der Entkolonialisierung unweigerlich Schäden verursacht:

> **Entkolonialisierung ist immer ein gewalttätiges Ereignis. Auf welcher Ebene wir sie auch betrachten – persönliche Begegnungen, die Namensänderung eines Sportvereins, die Gästeliste bei einer Cocktailparty, Mitglieder einer Polizeitruppe oder der Vorstand einer staatlichen oder privaten Bank –, die Entkolonialisierung ist ganz einfach das Ersetzen einer «Menschenart» durch eine andere.**

OBEN

Frantz Fanon, Datierung unbekannt

Fanon machte in den frühen 1950er-Jahren eine Ausbildung zum Psychiater und sein psychologisches Verständnis ist von zentraler Bedeutung für seine Werke über die koloniale Unterwerfung. Hier ist er am Ende seines Lebens zu sehen (er starb im Alter von 36 Jahren an Leukämie).

GANZ LINKS

Simone Weil, Einband von *L'enracinement*, 1949, Gallimard; Paris, Frankreich

Das französische Verlagshaus Gallimard veröffentlichte die Erstausgabe von *L'enracinement* 1949. Der Gründer des 1911 ins Leben gerufenen Verlags, Gaston Gallimard, ging im Zweiten Weltkrieg eine umstrittene Kollaboration mit der Nazi-Besatzungsmacht ein.

Fanon warnt, dass die ehemals kolonialisierten Völker europäische Narrative über universelle Standards meiden und gleichzeitig Mythen einer idealisierten, «reinen» vorkolonialen Zeit widerstehen müssen. Der négritude-Bewegung von Aimé Césaire stand er kritisch gegenüber, weil sie seiner Ansicht nach ein vereintes afrikanisches Erbe romantisierte. Die Bewegung, die um ein panafrikanisches Selbst- und Heimatverständnis kreiste, spielt eine große Rolle in Césaires *Discours sur le colonialisme* (Über den Kolonialismus, 1950). Fanons Thesen über die Soziogenese wurden später von anderen Autor*innen weiterentwickelt, darunter Sylvia Wynter.

In Südafrika hatte die Apartheid-Politik Nelson Rolihlahla Mandela (1918–2013) auf den Plan gerufen, dessen marxistische Philosophie sich allmählich von Gewaltlosigkeit hin zur Befürwortung gezielter Aufstände verschob. Besorgte Funktionäre verurteilten Mandela zu einer lebenslangen Haftstrafe, von der er 27 Jahre verbüßte, bevor er im Anschluss die Präsidentschaft seines Landes übernahm. Die Angst der herrschenden Mächte vor Büchern wird auch im Fall von Stephen Bantu Biko (1946–1977) deutlich, der sich in der Anti-Apartheid-Bewegung Black Consciousness engagierte. Inspiriert von Fanon argumentierte Biko, dass die Befreiung der Schwarzen die Selbstverwaltung erfordert, unabhängig von wohlmeinenden, aber oft paternalistischen liberalen Weißen. Sein Buch *I Write What I Like* (Ich schreibe, was mir passt, 1978), zu seinen Lebzeiten wegen seines Aktivismus mit einem Veröffentlichungsverbot belegt, erschien erst posthum nach der brutalen Ermordung des Autors durch weiße Polizisten.

UNTEN

Fotografie von Anti-Apartheid-Kämpfern anlässlich der Beerdigung von Steve Biko am 25. September 1975.

Dieses Diskussionen überschneiden sich mit dem, was Henry Odera Oruka und Kwasi Wiredu als die Gefahren der «Ethnophilosophie» bezeichnen. Indem sie postkolonial philosophische Kulturen neu definieren, riskieren einheimische Denker*innen, Philosophie mit Ethnografie zu vermischen und damit solche Gedankensysteme aus außerphilosophischen Gründen von philosophischer Kritik auszunehmen. In *Cultural Universals and Particulars* («Kulturübergreifende und kulturspezifische Eigenschaften«, 1996) warnt Wiredu vor der Ansicht, dass «ein Rückgriff auf das einheimisch Afrikanische zu einer sofortigen philosophischen Offenbarung führen muss».

12 Existenzfragen

Während Entkolonialisierungsprozesse und die Psychologie der Unterdrückung den Rahmen für Debatten außerhalb Europas und Amerikas vorgaben, wandten sich die «westlichen» Philosophen dem Individuum und ethischen Fragen rund um die «Komplizenschaft» zu (ein Konzept, das nach den Grausamkeiten des Holocaust auf große Resonanz stieß). Einige französische Theoretiker kehrten zu Husserls phänomenologischer Methode (S. 221) zurück, um zu verstehen, was es bedeutet, authentisch zu handeln. Diese Denkerinnen und Denker setzten die Existenz über die Essenz. Damit griffen sie zurück auf die «existenzialistischen» Texte von Søren Kierkegaard (1813–1855), der in *Furcht und Zittern* (1843) die Vorstellung der Willensbildung im Zusammenhang mit der biblischen Geschichte von Abrahams versuchtem Opfer seines Sohnes Isaak problematisiert, sowie von Fjodor Michailowitsch Dostojewski (1821–1881) in Werken wie *Aufzeichnungen aus dem Kellerloch* (1864).

Einer der interessantesten Untersuchungsstränge, der aus der Existenzialismusbewegung hervorging, beschäftigte sich mit Geschlecht, Sexualität und dem Ich, besonders vordergründig in den Texten von Simone de Beauvoir (1908–1986).

> **Man kommt nicht als Frau zur Welt, man wird es. Kein biologisches, psychisches, wirtschaftliches Schicksal bestimmt die Gestalt, die das weibliche Menschenwesen im Schoß der Gesellschaft annimmt. Die Gesamtheit der Zivilisation gestaltet dieses Zwischenprodukt zwischen dem Mann und dem Kastraten, das man als Weib bezeichnet. Nur die Vermittlung eines Anderen vermag das Individuum als ein Anderes hinzustellen.**

Diese Worte stammen aus ihrem zweibändigen Werk *Le deuxième sexe* (Das andere Geschlecht, 1949), in dem sie argumentiert, dass «Frau» kein wesentliches Merkmal ist, sondern eine Kategorie, in die die Gesellschaft bestimmte Menschen steckt. Im Besonderen führt de Beauvoir an, dass die Bezeichnung «Frau» immer als in irgendeiner Weise abgeleitet oder sekundär zur Bezeichnung «Mann» behandelt wird. Eine Frau wird als *nicht* Mann, sondern etwas «anderes» begriffen; auf diese Weise schränken patriarchalische Gesellschaften Wahlmöglichkeiten, Handlungsmacht und Freiheit der Frauen ein. De Beauvoirs Analyse sollte wichtige philosophische Entwicklungen in den Texten der feministischen Philosophie von Judith Butler, Donna Haraway und Luce Irigaray anstoßen.

In *L'Être et le Néant: essai d'ontologie phénoménologique* (Das Sein und das Nichts: Versuch einer phänomenologischen Ontologie, 1943) stellt Jean-Paul Sartre das Konzept der «mauvaise foi» (Unaufrichtigkeit) vor. Einige Akteure, sagt er, handeln selbsttäuschend. Sie mögen sich für etwas halten, das sie sind. Oder sie glauben, ihnen fehle die Freiheit, sie seien reine Produkte ihrer soziokulturellen Stellung. Sich selbst auf diese Weise zu deuten, schreibt Sartre, bedeutet, unauthentisch zu handeln und Selbsttäuschung zu begehen. Er tritt für eine radikale Form der Freiheit ein, wo Akteure selbst in den widrigsten Umständen die Möglichkeit haben zu wählen.

Le mythe de Sisyphe (Der Mythos von Sisyphos, 1942) von Albert Camus antwortet darauf mit «absurdem» Gedankengut. Das Buch beschäftigt sich mit dem Suizid: Wenn wir anerkennen, dass das Leben absurd und sinnlos ist, warum verlassen wir es dann nicht einfach? Da wir uns in der Position des Sisyphos wiederfinden, einer Figur aus der griechischen Mythologie, die dazu verdammt ist, immer dieselbe sinnlose Aufgabe zu wiederholen, scheint ein radikaler Akt notwendig. Camus und Sartre untersuchten solche Fragen in belletristischen Werken, was zu Romanen und Theaterstücken wie *L'Étranger* (Der Fremde, 1942) und *Huis clos* (Geschlossene Gesellschaft, 1944) führte.

OBEN

Mohandas K. Gandhi, Umschlag seiner Autobiografie *An Autobiography: The Story of My Experiments with Truth, 1957*

Diese Autobiographie beschreibt das Leben Gandhis von seiner Kindheit bis ins Jahr 1921. Ursprünglich erschien sie in kürzeren Abschnitten in der Zeitung *Navijvan.* Die Texte wurden später aus dem Gujarati ins Englische übersetzt.

OBEN

Aimé Césaire, *Discourse on Colonialism*, 1972, Monthly Review Press; New York, NY, USA

Diese englische Ausgabe erschien bei der Monthly Review Press, einem amerikanischen Verlag, der bevorzugt linke Titel von marginalisierten Autor*innen veröffentlichte.

OBEN LINKS

Simone de Beauvoir, Einbände von *Le deuxième sexe*, 1949, Gallimard; Paris, Frankreich

Die Einbände dieser limitierten Auflage bestehen aus schwarzem Tuch mit Designs von Mario Prassinos.

OBEN RECHTS

Simone de Beauvoir, Titelseite von *Le deuxième sexe*, 1949, Gallimard; Paris, Frankreich

Diese Titelseite stammt aus dem zweiten Band von de Beauvoirs Text *L'Expérience Vécue (Gelebte Erfahrung).*

UNTEN LINKS

Simone de Beauvoir, Einband von *Le deuxième sexe*, 1965, Il Saggiatore; Mailand, Italien

UNTEN RECHTS

Simone de Beauvoir, Einband von *Le deuxième sexe*, 1953, Shinchosha; Tokyo, Japan

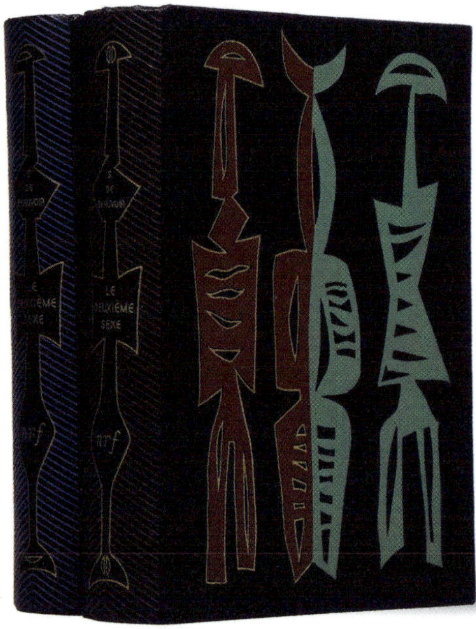

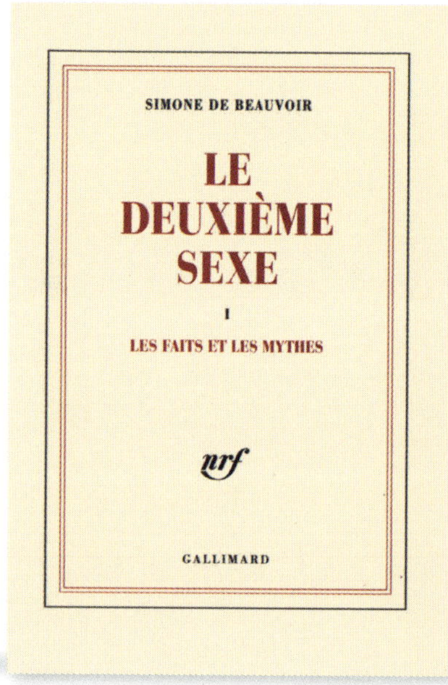

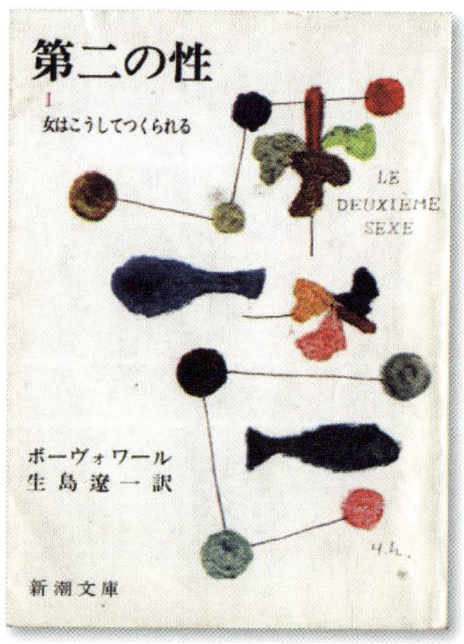

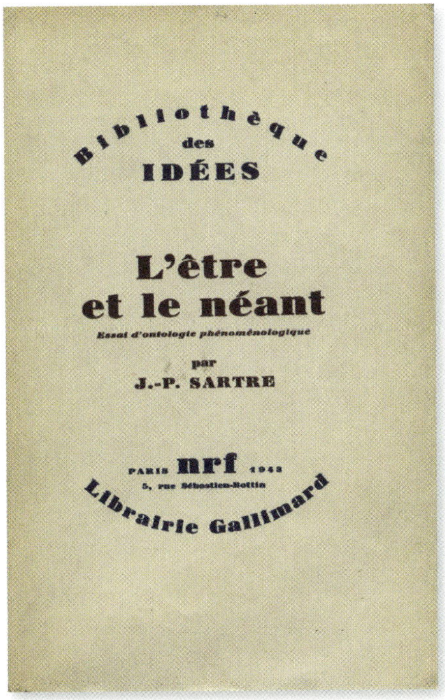

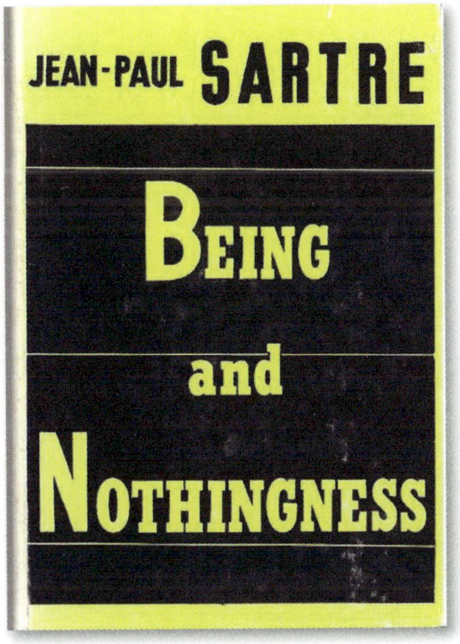

OBEN GANZ LINKS

Simone de Beauvoir, 1947, USA

Das vollständige Foto, aus dem hier ein Ausschnitt zu sehen ist, zeigt de Beauvoir im Begriff, etwas in ein Notizbuch zu schreiben. Es befindet sich im Hulton Archive.

OBEN LINKS

Jean-Paul Sartre, Einband von *L'être et le néant: essai d'ontologie phénoménologique*, 1943, Gallimard; Paris, Frankreich

Nachdem er als Kriegsgefangener 1941 Heideggers *Sein und Zeit* gelesen hatte, folgte Sartre dem phänomenologischen Beispiel des deutschen Denkers mit seiner eigenen Version von *Sein und Zeit*. Gallimard, der dank einer Abmachung mit den Nazis noch aktiv war, veröffentlichte die erste französische Auflage während der deutschen Besatzung in Frankreich.

UNTEN LINKS

Jean-Paul Sartre, Einband von *L'être et le néant*, 1957, Methuen; London, UK

Dies ist der Einband der ersten britischen Auflage des Textes, herausgegeben vom Verlag Methuen, der sich ursprünglich auf akademische Texte spezialisiert hatte.

UNTEN RECHTS

Jean-Paul Sartre, Einband von *L'être et le néant*, 1956, Philosophical Library; New York, NY, USA

Die Philosophical Library, die die erste US-Auflage von *L'être et le néant* veröffentlichte, wurde 1941 von Dagobert D. Runes gegründet, um die Werke Intellektueller der europäischen Diaspora herauszubringen.

RECHTE SEITE OBEN

Poster eines Soldaten, *Worte des Vorsitzenden Mao Tsetung* schwenkend. *Verbotenes Atom, verbotene Chemie, verbotene Bakterien*, 1971, Generalstab der Volksbefreiungsarmee; Beijing, China

RECHTE SEITE UNTEN LINKS

Mao Zedong, Frontispiz und Motto von *Worte des Vorsitzenden Mao Tsetung*, 1966, China

RECHTE SEITE UNTEN RECHTS

Mao Zedong, Einband von *Worte des Vorsitzenden Mao Tsetung*, 1964, Politische Hauptverwaltung der Volksbefreiungsarmee; Beijing, China

UNTEN

Simone de Beauvoir und Jean-Paul Sartre mit Che Guevara, 1960, Havanna, Kuba

Dieses Bild wurde von dem kubanischen Fotografen Alberto Korda während des Besuchs des französischen Philosophenpaars in Kuba aufgenommen. Zwar waren sowohl Sartre als auch de Beauvoir anfangs begeistert von der Revolution, doch letzten Endes prangerten sie Fidel Castro an, der den kubanischen Dichter Herberto Padillo hatte festnehmen lassen.

13 Feldzüge

Ein bemerkenswertes Foto des renommierten kubanischen Fotografen Alberto Díaz Gutiérrez zeigt de Beauvoir 1960 im Gespräch mit dem argentinischen Revolutionär Ernesto «Che» Guevara, während Sartre in der Nähe eine Zigarre raucht. Französische Kaffeehaus-Intellektuelle und radikaler Politiker – eine absurde Mischung. Bei genauerem Nachdenken ist das Foto weniger surreal, als es auf den ersten Blick erscheint. Sowohl de Beauvoir als auch Sartre waren politisch aktiv und verurteilten beispielsweise die französischen Grausamkeiten in Algerien, und Sartre schrieb das Vorwort zu Fanons *Les damnés de la terre*. Zudem war Guevara ein kultivierter Staatsdenker, der versucht hatte, in Kuba eine marxistische Revolution anzuzetteln. Das Foto ist ein Beweis für die starken politischen und philosophischen Spannungen jener Zeit zwischen dem «westlichen» Kapitalismus und dem Sozialismus im Stil der Sowjets.

Kuba war nicht das einzige Land mit einer marxistischen Agenda. Menschen in vielen kürzlich entkolonialisierten Nationen entschieden sich für sozialistische Programme anstelle der marktgetriebenen Modelle ihrer Kolonialherren. Mit der gebührenden Ehrerbietung für *Das Kapital* setzten Nationalstaaten radikale und häufig destabilisierende Projekte der Umverteilung von Wohlstand und der ideologischen «Umerziehung» um und starteten dabei Angriffe auf «bürgerliche kapitalistische Werte».

Worte des Vorsitzenden Mao Tsetung (1964), allgemein auch bekannt als «Das kleine Rote Buch», trägt Aussprüche von Mao Zedong (1893–1976) zusammen, dem Mitbegründer der Kommunistischen Partei Chinas und einstige Vorsitzende der Volksrepublik China. Nach jahrzehntelangen Besetzungen durch die Briten und Japaner war die chinesische Öffentlichkeit zunehmend offen für antiimperialistische kommunistische Ideen. Nach dem Vorbild von Lenins *Entwicklung des Kapitalismus in Russland* beschäftigt sich *Das kleine Rote Buch* mit Fragen der Demokratie, Kultur und Militärstrategie, untersucht aber auch die Metaphysik der historischen Entwicklung. Der Text wurde zur Pflichtlektüre für alle, die zur Zeit der Kulturrevolution in China lebten, mit dem Ergebnis, dass seine Leserschaft in die Milliarden ging. Seine optimistische antiimperialistische Botschaft jedoch wird von den Gräueltaten Lügen gestraft, die unter Maos autokratischer Herrschaft begangen wurden: totalitäre Verfolgung, Zwangsarbeit, die Zerstörung kultureller Artefakte und der Tod von Millionen Menschen.

Der Antagonismus zwischen kommunistischen Ländern wie China, Kuba und der UdSSR und dem kapitalistischen «Westen» einschließlich der USA und Westeuropa prägte die globale Geopolitik in den 1960er- und 1970er-Jahren. Der Kalte Krieg zwischen den kommunistischen und den kapitalistischen Staaten, weit entfernt von einer «kalten» Angelegenheit markiger Drohgebärden, aber mit wenigen tatsächlichen Konflikten, führte zu blutigen Militärfeldzügen in Vietnam, Korea, Südamerika und afrikanischen Staaten – und erschüttert heute noch Regionen, deren Militärwesen von entgegengesetzten Regimes unterstützt wurden (zum Beispiel Afghanistan).

In den USA und Großbritannien drückte sich das wie auch in der UdSSR in staatlich subventionierten Kulturproduktionen aus. Nicht nur in der Kunst, wo der abstrakte Expressionismus von Jackson Pollock und anderen gefördert wurde, um dem sozialisti-

毛主席语录
防原子防化学防细菌掛图

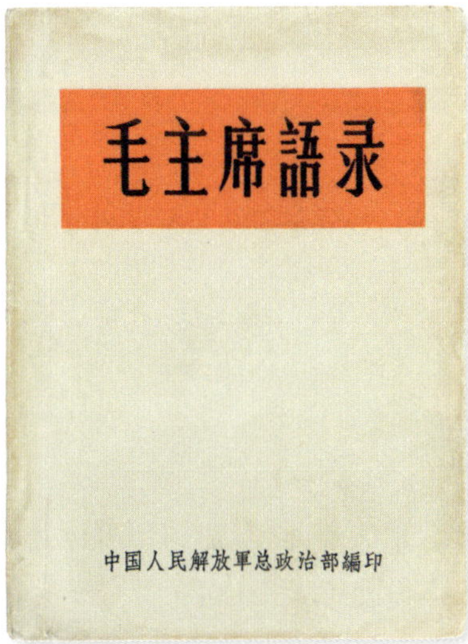
毛主席語录
中国人民解放軍总政治部編印

schen Realismus der Sowjets etwas entgegenzusetzen, sondern auch in der Theorie. In der Zeitschrift *Encounter* beispielsweise waren während ihrer langen Existenz (1953–1991) Beiträge von Geistesgrößen wie Russell, Ayer, Arendt, Sartre, Popper und Murdoch gern gesehen, neben vielen anderen Philosoph*innen, Dichter*innen und Kritiker*innen. Wie sich später herausstellte, wurde die Zeitschrift in Teilen vom britischen Geheimdienst MI6 und der US-amerikanischen Central Intelligence Agency finanziert, die Vordenker*innen aus dem linken Spektrum gern im Auge behalten wollten.

Diese Operationen führten zu einer größeren ideologischen Polarisierung, wie in den Texten deutlich wird, die in dieser Zeit im kapitalistischen Westen entstanden.

RECHTE SEITE OBEN LINKS

Ayn Rand, 1957, USA

Rand, hier lächelnd und rauchend auf einem Foto von Phyllis Cerf, war eine produktive Rednerin, die ihre objektivistische Philosophie in Vorträgen vor Studierenden in Institutionen wie Yale, Princeton, Columbia und Harvard darlegte.

RECHTE SEITE OBEN RECHTS

Sydney Shoemaker, Einband von *Self-Knowledge and Self-Identity*, 1963, Cornell University Press; Ithaca, NY, USA

Shoemaker lehrte fast seine ganze Karriere hindurch an der Cornell University und sein berühmtestes Buch erschien bei Cornell University Press, dem ersten Universitätsverlag in den USA (gegründet 1869). Die Beziehung zwischen Universitätsveröffentlichungen und der akademischen Welt ist eine interessante und nicht ganz unproblematische.

14 Persönliche Sorgen

Während sich die Philosophie in sozialistischen Ländern häufig auf die Kulturkritik des Kapitalismus konzentrierte und darauf, den Marxismus traditionellen Werten anzupassen, wendet sich ein großer Teil der kapitalistischen Philosophie dem Individuum und der Fetischisierung von Technologie zu. Das beste Beispiel dieser Bewegung sind vielleicht die Bücher der russischen Emigrantin Alissa Sinowjewna Rosenbaum, besser bekannt unter ihrem späteren Namen Ayn Rand.

Rand wurde berühmt für ihre unapologetischen kapitalistischen Romane wie *The Fountainhead* (*Der ewige Quell*, 1943) und *Atlas Shrugged* (*Atlas wirft die Welt ab*, 1957), verfasste aber auch Werke wie *The Virtue of Selfishness* (*Die Tugend des Egoismus*, 1964). Darin preist sie den Egoismus als vernünftig und tugendhaft, während sie altruistisches Handeln als destruktiv darstellt. Für Rand garantiert allein der Kapitalismus die individuelle Freiheit:

> **Wer individuelle Rechte aufrechterhalten will, muss erkennen, dass der Kapitalismus das einzige System ist, das sie erhalten und beschützen kann.**

Ihr Eintreten für den marktorientierten «Laissez-faire-Kapitalismus» und ihre Begeisterung für das Privateigentum machten sie in den USA zu einer Ikone, die eine schöne Parallele zum mächtigen Volksglauben an den «American Dream» zog. Die individualistische libertäre Verteidigung minimaler Einmischung vonseiten der Regierung wird später in Robert Nozicks *Anarchy, State, and Utopia (Anarchie, Staat, Utopia)* von 1974 fortgeführt (eine Antwort wiederum auf John Rawls' *A Theory of Justice* [*Eine Theorie der Gerechtigkeit*], 1971).

In der akademischen Philosophie wird der Fokus auf Individuum und Technologie auch in der «Identitätsdebatte» deutlich, die in den Werken von Sydney Shoemaker und Derek Parfit aufflammt. In *Self-Knowledge and Self-Identity* («Selbstkenntnis und Selbstidentität«, 1963) erzählt Shoemaker uns die Geschichte einer «Gehirntransplantation»: Das Gehirn eines Pechvogels wird in den Körper eines anderen Menschen transplantiert. Parfits *Reasons and Persons* («Gründe und Menschen«, 1984) beschreibt einen Fall von «Teletransportation», bei dem ein Mensch in seine Atome zerlegt und dann an einen anderen Ort teleportiert wird. Beides sind grundlegende Texte des literarischen Subgenres der «Gedankenexperimente» – Science-Fiction-Geschichten, die (durch Spekulation) «prüfen», was nötig ist, damit ein Mensch im Zeitverlauf er selbst bleibt. Es ist aufschlussreich, dass Shoemakers Erörterung des Körpertauschs ethnische Zugehörigkeit und Geschlecht ignoriert; Individuen werden von den gesellschaftlichen Realitäten wegabstrahiert und als absolut autonom im bewussten und freien Veräußern ihrer Arbeitskraft präsentiert.

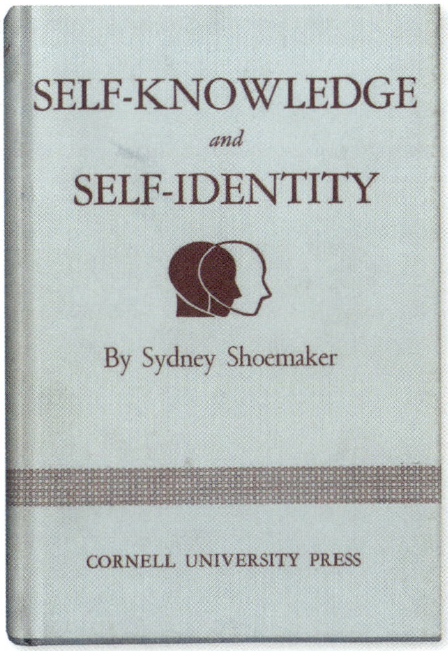

UNTEN LINKS

Peter Singer, Einband von *Practical Ethics*, 1980, Cambridge University Press; Cambridge, UK

Einband der 1980er-Auflage von Singers Einführung in die angewandte Ethik, erstmals 1979 von Cambridge University Press veröffentlicht.

UNTEN MITTE

Robert Nozick, Einband von *Anarchie, State and Utopia*, 1974, Basic Books; New York, NY, USA

Basic Books, die Herausgeber der ersten Auflage von Nozicks Werk, begannen als Buchclub für Psychoanalytiker in Greenwich Village, der Arbeiten zu Sigmund Freud und Claude Lévi-Strauss veröffentlichte. Ab 1960 gehörten sie zu Harper and Row und erweiterten ihr Programm auf mehr philosophische Titel.

UNTEN

Robert Nozick, 1975, USA

Dieses Foto von Martha Holmes zeigt Nozick bei der Entgegennahme des National Book Award 1975 für *Anarchy, State and Utopia*.

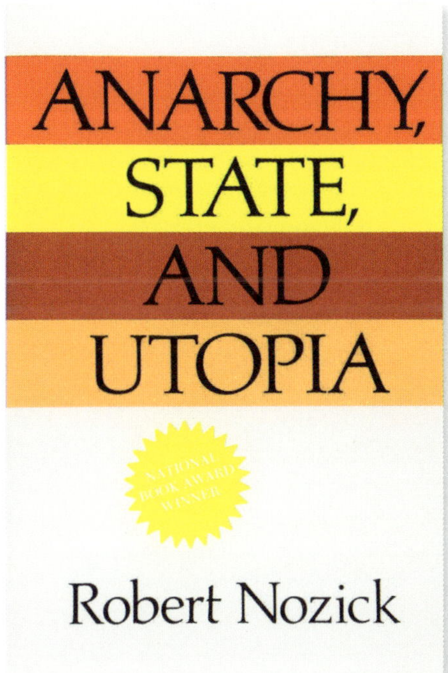

Die Metaphysik war dabei nicht der einzige Bereich, in dem sich dieser Trend zeigte. Im Einklang mit der späteren Wirtschaftspolitik der Reagan-und-Thatcher-Ära scharen sich ethische Theorien um die Wahlmöglichkeiten des «atomaren» Individuums; Theorien, die moralische Beiträge auf das Spenden an wohltätige Organisationen als persönliche Entscheidung reduzieren. Peter Singers *Practical Ethics* (1980) ist ein Beispiel dafür und noch heute ein sehr einflussreiches Werk.

15 Wirklich?

In späteren Jahrzehnten des 20. Jahrhunderts untersuchen immer mehr Texte das politische Engagement, das in der philosophischen Praxis mitschwingt. *If They Come in the Morning: Voices of Resistance* (*Materialien zur Rassenjustiz: Stimmen des Widerstands*, 1971), herausgegeben von der Gelehrten und Black-Panther-Aktivistin Angela Yvonne Davis, beschäftigt sich mit der Politik der Inhaftierung und insbesondere der Abschaffung der Gefängnisse. Vordenker wie Michel Foucault in *Surveiller et punir. La naissance de la prison* (*Überwachen und Strafen. Die Geburt des Gefängnisses*, 1975) und *L'Histoire de la sexualité* (*Sexualität und Wahrheit*, 1976–84) kehren zu Nietzsches genealogischer Analyse zurück, indem sie die «modernen» Konzepte von Mensch, Wahrheit und Vernunft kritisieren. Das zweite Werk steht im Einklang mit der Philosophie der Sexualität in *Die Erotik* (1911) der Nietzsche-Schülerin und -Mitarbeiterin Lou Andreas-Salomé.

In *Sister Outsider* (1984) entwickelt Audre Lorde eine ähnliche Art intersektionaler Untersuchung dessen, was im feministischen *Combahee River Collective Statement* (1977) zu finden war; beide verstehen das Selbst als zahlreich, vielfach mit vielfältigen anderen verbunden. Für Lorde geht es bei der Identität aber primär um mehrfache Rollen, Verwandtschaftsbeziehungen und Gemeinschaft.

Inzwischen blickt *Capitalisme et schizophrénie* (*Kapitalismus und Schizophrenie*, 1972–1980) von Gilles Deleuze und Pierre-Félix Guattari der Rolle des Verlangens bei der Erhaltung einer kapitalistischen Gesellschaft ins Auge. Wie kann es das Individuum nach seiner eigenen Unterdrückung verlangen? Die Autoren schreiben, dass diese Dynamik in der Kindheit genährt wird; Kindern wird (unbewusst) Fügsamkeit und Unterdrückung beigebracht, um sie auf ihre Rolle als passives Rädchen in der unermüdlichen Kapitalismusmaschine vorzubereiten.

Die marxistische Wissenschaftshistorikerin Donna Haraway problematisiert den Begriff eines eigenständigen menschlichen Subjekts in *A Cyborg Manifesto* (1985) noch weiter. «Ein Cyborg ist ein kybernetischer Organismus, ein Hybride aus Maschine und Organismus, ebenso ein Wesen der gesellschaftlichen Realität wie ein Wesen der Fiktion.» Einem solchen Wesen fehle die stabile Identität, der Wesenskern – und auf diese Weise ein soziales und biologisches Geschlecht.

Auf der Grundlage von Arbeiten wie denen von Haraway und de Beauvoir argumentiert Judith Butler in *Gender Trouble: Feminism and the Subversion of Identity* (*Das Unbehagen der Geschlechter*, 1990) gegen die Vorstellung, dass es beim Geschlecht um angeborene «Essenzen» der Männlichkeit oder Weiblichkeit geht. Es gibt kein festes, stabiles Individuum, das sich in universelle Kategorien einordnen lässt. Für Butler sollte das Geschlecht als «Performanz» begriffen werden: die Summe der Theaterstücke, die Menschen im täglichen Leben vor anderen aufführen. *Das Unbehagen der Geschlechter* zeigt, dass Geschlecht und Gender gesellschaftliche Konstrukte sind; sie haben nur in spezifischen soziokulturellen Kontexten eine Bedeutung.

Die Vorstellung, dass Genderkategorien ungewiss und neu interpretierbar sind, hatte sowohl innerhalb als auch außerhalb akademischer Kreise einen beachtlichen Einfluss und fand sowohl in der Popkultur ihren Niederschlag wie auch in der Queer-Theorie und in LGBTQ+-Studien. *Trans Liberation: Beyond Pink or Blue* («Trans-Befreiung: Jenseits von Rosa und Hellblau«, 1992) von Leslie Feinberg führt diese Untersuchungen weiter. Feinberg führt Argumente für die begriffliche (und praktische) Befreiung der Menschen von der Unterdrückung ins Feld, die sie erleben, weil sie (oft unausgesprochenen) Normen des Geschlechtsausdrucks trotzen. Feinberg zufolge ist Gender ein Kontinuum – feste Dualitäten sind eine moderne Erfindung:

> **Transgenderfrauen und -männer gab es schon immer. (…) Das Durchgehen [als konventioneller «Mann» oder konventionelle «Frau»] ist historisch neu. Durchgehen bedeutet Verstecken. Durchgehen bedeutet Unsichtbarkeit. Transgenderpersonen sollten ihr Geschlecht ohne Kritik oder Gewaltandrohung leben und ausdrücken können.**

Diese Kritiken an heutigen Vorstellungen von Menschsein, Gender und Identität zeigen Schnittpunkte mit einer Neubewertung «vernünftiger» epistemischer Normen und einer Neubeschäftigung mit Herangehensweisen, die häufig als gegensätzlich zur Vernunft gelten. Wir sehen das in Simone Weils rigorosem philosophischem Mystizismus, in *La pesanteur et la grâce* (*Schwerkraft und Gnade*, 1942) und in der Fülle darauf folgender christlicher philosophischer Texte. Spiritualität steht auch in einem der Schlüsseltexte der Latina-feministischen Philosophie im Vordergrund, *Frontera/Borderlands* (1987) von Gloria Evangelina Anzaldúa (1942–2004). Anzaldúa führt Fäden der feministischen, queeren und Chicana-Gedankenwelt zusammen und stellt sie in den Kontext der US-mexikanischen Grenze. Das Konzept der Vermischung ist ein zentrales Element von *Frontera/Borderlands*. Anzaldúa spricht sich gegen ein Hervorheben der Reinheit zugunsten des Begriffs der Mischrasse (*una raza mestiza*) aus.

OBEN

Michel Foucault, Einband von *L'Histoire de la sexualité*, 1979, Viking Press; New York, NY, USA

Diese englischsprachige Ausgabe des ersten Bands von Foucaults vierbändiger Untersuchung der Sexualität in der westlichen Welt wurde 1979 von Viking herausgegeben.

LINKS

Angela Y. Davis, 1970er-Jahre, USA

In den 1970er-Jahren, aus denen diese Aufnahme stammt, wurde Davis wegen Kapitalverbrechen verfolgt und inhaftiert, von denen sie später freigesprochen wurde. Ein Großteil ihres Werks dreht sich um die Abschaffung der Gefängnisse.

RECHTS

Audre Lorde,
***Sister Outsider: Essays and Speeches*, 1984, Crossing Press; Berkeley, CA, USA**

Diese vom Philosophieverlag Crossing Press herausgegebene Sammlung enthält bahnbrechende Essays und Reden, die Lorde zwischen 1976 und 1983 schrieb bzw. hielt.

UNTEN

Audre Lorde, 1983, USA

Diese Aufnahme von Lorde machte der amerikanische Fotograf Jack Mitchell kurz nach der Veröffentlichung ihrer autobiografischen Werke *The Cancer Journals* (1980) und *Zami: A New Spelling of My Name* (*Zami. Eine neue Schreibweise meines Namens*, 1982). Ihrem intensiven, direkten Blick kann man sich kaum entziehen.

Witchcraft, Reincarnation and the God-Head («Hexerei, Wiedergeburt und der Gotteskopf", 1992) von Sophie Bósèdé Olúwolé analysiert auf ähnliche Weise häufig vertretene erkenntnistheoretische Werte. Dabei fragt sie: Könnten wir an die Magie und das Mysteriöse glauben, die im Gedankengut der Yoruba geläufig sind? Berichte über Hexerei, argumentiert sie, sollten nicht als «unwissenschaftlich» abgetan, sondern ernst genommen und dokumentiert werden. Sie könnten sogar alternative Möglichkeiten der Realitätserfahrung bieten. Einige Stimmen äußern sich besorgt über das, was sie als Abkehr von Vernunft und rationalem Diskurs wahrnehmen. Könnten «alternative Fakten» eine Bedrohung der demokratischen Freiheit darstellen? Führen sie zu Behauptungen, die Erde sei flach, oder zur Ablehnung der medizinischen Wissenschaft? Diese unterschiedlichen und teilweise widersprüchlichen Befürchtungen zeigen häufig ein gemeinsames Interesse mit großen Narrativen auf, ob über den wissenschaftlichen Fortschritt oder historische Ereignisse, die Entwicklung der Philosophie oder den heroischen Leistungen einzelner Denker*innen. Sie enthalten eine Warnung, die wir hier am Ende unseres Buches gern nachklingen lassen möchten: dass all diese Geschichten Elemente von Wahrheit und Verzerrung enthalten und dass die philosophische Praxis oft eng mit all diesen Problemen verflochten ist.

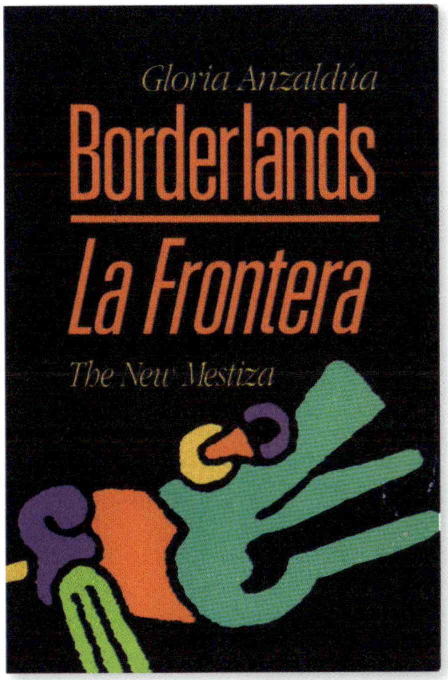

OBEN LINKS

Gloria E. Anzaldúa, *Borderlands/La Frontera: The New Mestiza*, 1987, Aunt Lute Books; San Francisco, CA, USA

Es ist wichtig, die Rolle der unabhängigen Verlage in der Verbreitung von Werken anzuerkennen, die vom Mainstream an den Rand gedrängt werden. Der Verlag Aunt Lute Books, der Anzaldúas Buch veröffentlichte, wurde 1982 von Barb Wieser und Joan Pinkvoss mit dem Ziel gegründet, «Literatur von Frauen zu veröffentlichen, deren Stimmen traditionell unterrepräsentiert sind». Das Cover gestaltete Pamela Wilson.

OBEN RECHTS

Judith Butler, *Gender Trouble: Feminism and the Subversion of Identity*, 1990, Routledge; New York, NY, USA

Die Schriftart auf dem Einband dieser Ausgabe von *Das Unbehagen der Geschlechter* lässt an Filmposter aus den 1930er-Jahren und die Geschlechterperformanz denken, die sich oft im Filmkontext findet.

LINKS

Rebecca Pohl, *An Analysis of Donna Haraway's A Cyborg Manifesto: Science, Technology, and Socialist-Feminism in the Late Twentieth Century*, 2018, Macat; London, UK

FAZIT:
MÖGLICHE ZUKUNFT (2000–)

Zum Zeitpunkt der Entstehung dieses Buches ist das 21. Jahrhundert zwei Jahrzehnte alt – noch können wir keine anhaltenden Tendenzen oder spezifische Bücher festhalten, die einmal typisch für dieses Zeitalter sein werden. Wir erkennen jedoch, dass bestimmte Strömungen, die bereits im vorigen Jahrhundert und in den Jahrhunderten zuvor da waren sich auch im neuen Jahrtausend fortsetzen.

Zum einen werden immer noch philosophische Bücher geschrieben und veröffentlicht, und das nicht zu knapp. In den meisten Buchhandlungen in den meisten Ländern der Welt ist eine ganze Abteilung für diese Disziplin reserviert. Im Gegensatz zu anderen einst beliebten Themen wie Alchemie oder Astrologie strahlt der Stern der Philosophie unverändert hell.

Innerhalb dieser offensichtlich florierenden Disziplin dominieren weiterhin bestimmte Denkschulen des 19. und 20. Jahrhunderts. Die marktorientierte, szientistische und individualistische Weltsicht, die zum Ende des 20. Jahrhunderts so viel kolonialistische Philosophie vermittelte, taucht noch immer in Myriaden von Formen auf – etwa in der Ethik und in der Metaphysik. Die in der anglophonen Welt vielleicht am besten bekannte ethische Einstellung unserer Zeit ist der «Effektive Altruismus». Auf der utilitaristischen Grundlage, die Jeremy Bentham im 19. Jahrhundert legte und Peter Singer in den 1980er- und 1990er-Jahren weiterentwickelte, führt William MacAskills *Doing Good Better* (*Gutes besser tun*, 2015) eine wissenschaftlich anmutende Argumentation dafür ins Feld, «Gutes zu tun». In seinem Buch argumentiert MacAskill, dass individuelles Geldverdienen – und die Umverteilung angehäuften Wohlstands – zu den «effektiveren» Antworten auf die Ungleichheit gehören.

OBEN

Marie Kondo, 2019, Frankreich

Kondo, inzwischen wohl jedem ein Begriff, ist bekannt für ihre Organisationsmethode «KonMari», die auf spirituellen Praktiken im Shintoismus basiert.

Individualistische Ansätze tragen ebenso deutlich zur sprunghaft ansteigenden Beliebtheit von Philosophien der Lebensführung bei. Von seinen fatalistischen pantheistischen Wurzeln befreit, kommt der Stoizismus in populärwissenschaftlichen Philosophiebüchern als Methode der Stressbewältigung und des Umgangs mit beruflichen Rückschlägen zu neuem Ansehen. Die radikale Vorstellung des «Nicht-Selbst», die im Buddhismus eine zentrale Rolle einnimmt, wurde in eine Abfolge persönlicher Achtsamkeitsübungen überführt. Wie Marie Kondo in *Magic Cleaning: Wie richtiges Aufräumen Ihr Leben verändert* (2011) zeigt, lässt sich selbst die Philosophie der Leere zu einem lukrativen kommerziellen Imperium umformen.

Auch im Bereich der Metaphysik rauscht die «Persönlichkeits- und Identitätsbranche» ungebremst weiter voran – auch wenn der Schwerpunkt jetzt weniger auf Gehirntransplantation und Teleportation und mehr auf Themen wie «Genveränderung» und «Human Enhancement» liegt (in Büchern wie Michael Bess' *Make Way for the Super Humans*, 2017, oder Rosi Braidottis *The Posthuman/Posthumanismus*, 2013). Vielleicht am deutlichsten wird die Tendenz zum philosophischen Szientismus in dem aufkeimenden Feld, das «X-Phi» (kurz für «experimentelle Philosophie») genannt wird. Hier versuchen Akademiker auf den Grundlagen der Philosophie des 17. Jahrhunderts, Dilemmata durch die Anwendung empirischer Daten zu lösen (gut repräsentiert durch die Arbeiten von Tania Lombrozo).

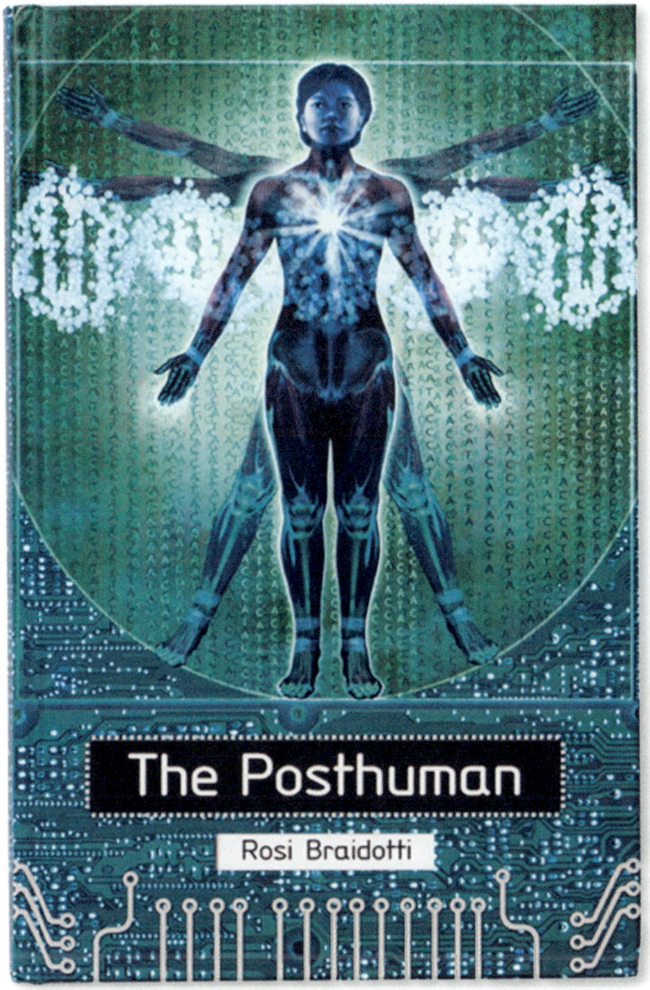

RECHTS

Rosi Braidotti,
***The Posthuman*, 2013,**
Polity; Cambridge, UK

In ihrer Untersuchung über die Grenzen der traditionellen humanistischen Gedankenwelt über die Einheit des Subjekts argumentiert Braidotti, der Posthumanismus helfe uns, multiple Identitäten in einer Zeit großer technologischer Veränderungen einzuordnen.

OBEN

Rosi Braidotti,
2013, Utrecht, Niederlande

Braidotti stand an der Spitze der europäischen Frauenforschung, gründete interuniversitäre feministische Netzwerke und war oder ist im Beirat zahlreicher feministischer Zeitschriften.

OBEN

Kwame Anthony Appiah,
Datierung unbekannt

Der Autor zahlreicher Bücher über Politik- und Moraltheorie sowie afrikanische Geistesgeschichte und die Philosophie der Sprache bekleidet derzeit eine Stelle am Fachbereich Philosophie der New York University.

Experimentelle Zusammenarbeit ist nur ein Beispiel dafür, wie viele Grenzen zwischen den Disziplinen, die in früheren Jahrhunderten errichtet wurden, zu verschwimmen beginnen. In den letzten Jahren haben wir auch das Aufkommen innovativer philosophischer Romane gesehen, oft Autofiktionen wie Sheila Hetis *Motherhood* (*Mutterschaft, 2018*). Diese Werke bringen die von nicht wenigen Buchhandlungen vorausgesetzten Standardklassifikationen von Philosophie und Belletristik, von Realität und Einbildung gründlich durcheinander.

Philosophische Bücher hatten lange einen «globalen» Schwerpunkt. Wie wir gesehen haben, datiert der Globalisierungsprozess bis zur Entstehung der Seidenstraße und noch weiter zurück. Heutzutage beschäftigen sich Philosophinnen und Philosophen mit globaler Reichweite noch immer mit den Themen Kolonialismus, Flucht, nationale Identität und Multikulturalismus, wie wir in Werken wie Priyamvada Gopals *Insurgent Empire* (2019), Kwame Anthony Appiahs *Cosmopolitanism* (*Der*

Kosmopolit, 2006) und *We Are Displaced* (2019), herausgegeben von der Friedensnobelpreisträgerin Malala Yousafzai, sehen. Gleichzeitig beginnen Denker*innen, sich *explizit* mit den reichhaltigen und umfassenden philosophischen Historien aus anderen Teilen der Welt zu beschäftigen und anzuerkennen, was sie ihnen verdanken. Eines der meistverkauften philosophischen Bücher des letzten Jahrzehnts war *The Path* (*Das Wichtigste von Allem*, 2016), in dem Christine Gross-Loh und Michael Puett sich aus einer amerikanischen Perspektive heraus mit ruistischem Gedankengut beschäftigen.

Ein weiteres globales Thema hat ebenfalls einen rasanten Aufstieg erlebt: die Klimakrise. Die Erderwärmung gehört inzwischen zu den markttauglichsten Themen bei den Philosophieveröffentlichungen. Von Greta Thunbergs *No One Is Too Small To Make A Difference* (2019) bis zu *This Is Not A Drill* (2019), veröffentlicht unter dem Namen der Bewegung «Extinction Rebellion», setzen sich Vordenker*innen – oft in Zusammenarbeit mit anderen Schreibenden – mit den moralischen, gesellschaftlichen und existenziellen Auswirkungen der Erderwärmung auseinander. Ein Ergebnis dieses neuen Schwerpunkts ist die gestiegene (wenn auch immer noch unzureichende) Aufmerksamkeit, die einheimischen Denker*innen in einigen der (derzeit) am schlimmsten betroffenen Regionen zuteil wird, sowie Gedankensysteme, die außerhalb des westlichen Industriemodells liegen (siehe etwa Chelsea Vowels *Indigenous Writes*, 2016, oder Daniel R. Wildcats *Red Alert: Saving The Planet with Indigenous Knowledge*, 2009).

Auch die Erkenntnislehre hat in den letzten Jahren einen beträchtlichen Wandel erfahren, vor allem im Zusammenhang mit Informationstechnologien. Das Internet hat ganz neue Rätsel und Probleme im Hinblick auf Wahrheit und Wissen aufgeworfen und welche Schnittmengen sie mit Ethik und Politik ergeben. Zum Nachdenken über solche Themen laden uns Werke wie

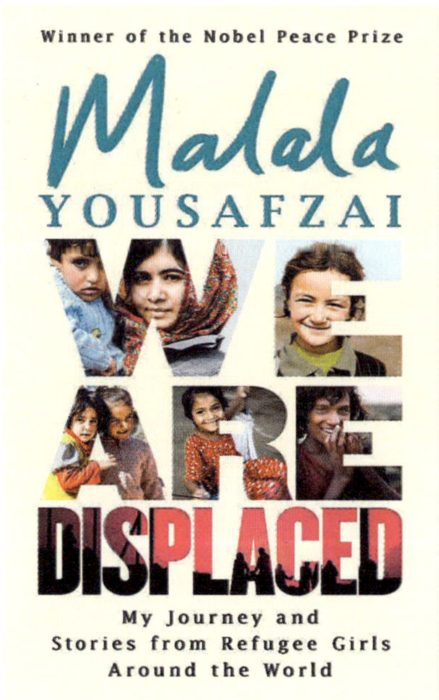

LINKS

Malala Yousafzai, 2018, Australien

Die pakistanische Aktivistin für Frauenbildung Yousafzai ist die jüngste Nobelpreisträgerin aller Zeiten. Diese Aufnahme entstand 2018 in Sydney (Australien).

RECHTS

Malala Yousafzai, *We Are Displaced: My Journey and Stories from Refugee Girls Around the World*, 2019, Little, Brown and Company; Boston, MA, USA

Der Bestseller beschreibt Yousafzais Kindheitserfahrung der Vertreibung in Pakistan sowie Geschichten anderer Vertriebener auf der ganzen Welt. Der eindringlich geschriebene Text ist ein engagiertes, bewegendes Zeugnis der Marginalisierung und Unterdrückung.

RECHTS

Extinction Rebellion, 2020, London, UK

Der letzte Tag der «Massenrebellionen» von Extinction Rebellion in London.

UNTEN LINKS

Daniel R. Wildcat, *Red Alert: Saving the Planet with Indigenous Knowledge*, 2009, Fulcrum; Golden, CO, USA

UNTEN MITTE

Greta Thunberg, *No One Is Too Small To Make A Difference*, 2019, Penguin Books; New York, NY, USA

UNTEN RECHTS

Greta Thunberg, 2019, New York, USA

Die junge Umweltaktivistin wurde weltweit bekannt, nachdem sie in den Schulstreik ging, um vor dem schwedischen Parlament für stärkere Maßnahmen gegen den Klimawandel zu protestieren.

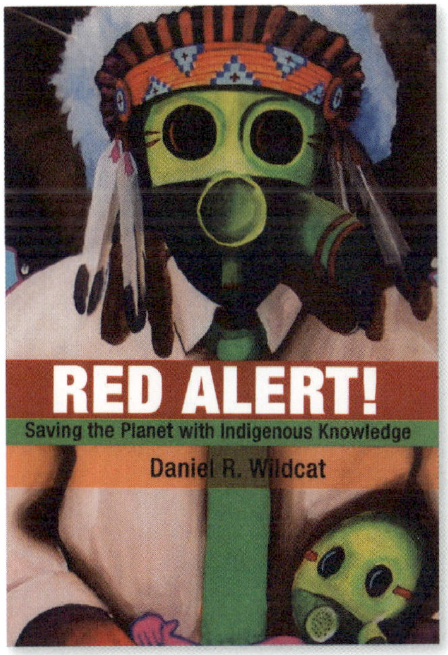

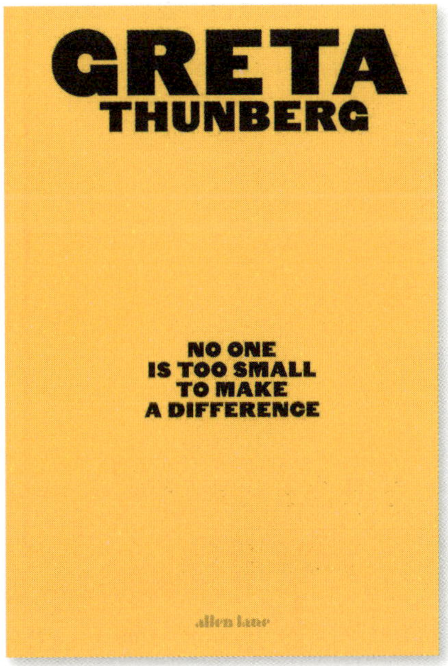

OBEN LINKS

Rana Foroohar, 2019, Kalifornien, USA

Die amerikanische Ökonomin Rana Foroohar gehört zu den bissigsten Intellektuellen, die sich mit der Ethik und den erkenntnistheoretischen Auswirkungen der sogenannten Big-Tech-Unternehmen auseinandersetzen.

OBEN RECHTS

Rana Foroohar, *Don't Be Evil: The Case Against Big Tech*, 2019, Penguin Books; New York, NY, USA

«Don't Be Evil» («Sei nicht böse») war das ursprüngliche Unternehmensmotto des Tech-Giganten Google. Foroohars Studie untersucht, wie digitale Unternehmen sich von dieser offensichtlichen Gründungsphilosophie entfernt haben.

UNTEN LINKS

Shoshana Zuboff, *The Age of Surveillance Capitalism: The Fight for a Human Future at the New Frontier of Power*, 2019, Public Affairs, Hachette Book Group; New York, NY, USA

Der «Überwachungskapitalismus» aus dem Titel bezieht sich auf die Formen des Kapitalismus, wie sie durch die Geschäftsmodelle digitaler Unternehmen wie Google und Amazon veranschaulicht werden, die ihre Nutzer*innen überwachen und ihre Daten sammeln.

UNTEN RECHTS

Shoshana Zuboff, 2019, Berlin, Deutschland

Harvard-Professorin Shoshana Zuboff ist bekannt für ihre Untersuchungen der digitalen Revolution und der Auswirkungen und Entwicklungen des Kapitalismus. Hier nimmt sie gerade den Axel Springer Award entgegen.

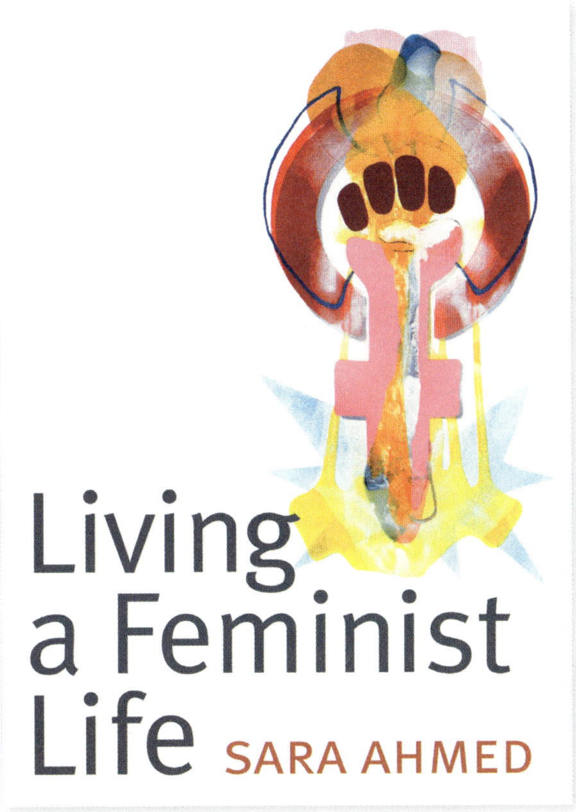

LINKS

Sara Ahmed,
***Living a Feminist Life*, 2017,**
Duke University Press;
Durham, NC, USA

Living a Feminist Life, von Duke University Press veröffentlicht und vielgepriesen, ist eine lyrische persönliche Erkundung des zeitgenössischen Feminismus, die gelehrte Feministinnen of colour in den Vordergrund stellt.

UNTEN

Sara Ahmed,
2019, Genf, Schweiz

Neben ihren zahlreichen Veröffentlichungen leistet Ahmed einen ihrer wichtigsten Beiträge zum philosophischen Diskurs in ihrem Forschungsblog feministkilljoys.com.

Shoshana Zuboffs *The Age of Surveillance Capitalism* (*Das Zeitalter des Überwachungskapitalismus*, 2019) und Rana Foroohars *Don't Be Evil: The Case Against Big Tech* (2019) ein. Eine Frage, die in diesen Texten immer wieder auftaucht: Sind die alten erkenntnistheoretischen Rahmenwerke, verwurzelt in alten Systemen der Wissensproduktion (etwa Büchern) im sogenannten «digitalen Zeitalter» noch angemessen?

Wir sehen außerdem eine verstärkte Selbstreflektion innerhalb der Fachrichtung, wie sie sich aktuell präsentiert, und ein größeres Bewusstsein dafür, was ihre verschiedenen akademischen Institutionen den Systemen des Imperialismus und des Patriarchats zu verdanken haben. Das gilt auch für die Analytische Philosophie. So ist es beispielsweise bemerkenswert, dass Sara Ahmed (ausgebildet in Analytischer Philosophie) nach ihrem Fortgang von der Universität ihre glänzende Analyse des institutionellen Rassismus und Sexismus *Living a Feminist Life* (*Feministisch leben!*, 2017) veröffentlichte. Ebenfalls bemerkenswert ist in diesem Zusammenhang, dass im 21. Jahrhundert unter großer öffentlicher Anteilnahme eine ganze Reihe von Fällen sexueller Belästigung und sexuellen Missbrauchs durch weiße, männliche, englischsprachige Philosophen ans Licht kamen, die im 20. Jahrhundert eine große Anhängerschaft fanden.

In der Zwischenzeit scheinen sich Produktionsmethoden in Reaktion auf Veränderungen sowohl im Wissenschaftsbetrieb als auch in der Verlagsbranche zu wandeln. Forderungen nach

OBEN RECHTS

Ai Weiwei, 2015, London, UK

Ai Weiwei steht hier vor seiner Installation *Forever Bicycles* in einer Ausstellung mit dem Titel *Bare Life*. Er bezieht sich auf Giorgio Agambens Vorstellung der menschlichen Existenz ohne jeden politischen und legalen Schutz, der in *Homo Sacer* zum Ausdruck kommt.

UNTEN LINKS

Sarah Bakewell, 2016, Edinburgh, UK

Das erste Buch der britischen Philosophin, ein historischer Roman mit dem Titel *The Smart*, wurde inspiriert von ihrer Arbeit als Kuratorin früher gedruckter Bücher in der Wellcome Library und ihrer Untersuchung vergessener Fragmente und Schriften.

UNTEN RECHTS

Jacques Rancière, 2011, Paris, Frankreich

Rancière, Professor der Philosophie an der European Graduate School in Saas-Fee, wurde bekannt als Coautor von *Lire le Capital (Das Kapital lesen)* mit Louis Althusser. Hier sehen wir ihn in einer nachdenklichen Pose.

LINKS

Kate Manne,
***Down Girl: The Logic of Misogyny*, 2017,**
Oxford University Press;
New York, NY, USA

Mannes brandaktuelle Analyse von Patriarchat, Sexismus und Frauenfeindlichkeit, 2017 bei der amerikanischen Abteilung der Oxford University Press erschienen, gewann den PROSE Award in Philosophie der amerikanischen Verlegervereinigung (AAP) sowie den PROSE Award for Excellence in Humanities.

«Open Access» (die Bezahlschranken zwischen den Philosoph*innen und ihren Leser*innen infrage stellen) werden weltweit laut in dem Bestreben, Wissen wirkungsvoller zu demokratisieren. Die Zukunft wird wahrscheinlich eine Zunahme von «Books-on-Demand» und höhere Verkaufszahlen bei E-Books und Hörbüchern bringen.

Eine interessantere Veränderung besteht darin, dass kürzere, dialogische Texte einen Aufschwung erleben, zum Beispiel aufgezeichnete Gespräche oder Interviews (oft im Wortlaut) in Arbeiten wie Ai Weiweis *Weiwei-isms* (2014) oder *Politics and Aesthetics* (2019) von Jacques Rancière und Peter Engelman. Solche Texte haben einen eher geringen intellektuellen Arbeitsaufwand und sind häufig im umgangssprachlichen Plauderton für ein breites Publikum geschrieben. Sie spielen auch eine Rolle im Aufschwung der «populären Philosophie» der Art, wie sie von Sarah Bakewell und Julian Baggini verfasst wird. Solche Bücher wollen die akademische, übermäßig theoretische Sprache einer breiten Allgemeinheit zugänglich machen. Sie sind, wie wir von Mary Midgley lernen, die unweigerliche Konsequenz der zunehmenden Spezialisierung der Disziplin, die in Unterdisziplinen und Unterunterdisziplinen wie «Meta-Metaphysik» und der Philosophie der Geschichte der Philosophie der Biologie schwelgt.

Zusätzlich scheinen philosophische Bücher in immer höherer Schlagzahl geschrieben zu werden, häufig in Reaktion auf drängende politische Krisen – und möglicherweise auch im Zusammenhang

OBEN

Fassade der School of Life, 2019, London, UK

The School of Life, 2008 von Alain de Botton gegründet, vermarktet philosophisches Gedankengut über ihre Publikationen und die von ihr angebotene «Bibliotherapie».

mit institutionsseitigen Forderungen nach mehr «Einfluss» (um die Finanzierung zu sichern). *Down Girl* (2017) der Erkenntnistheoretikerin Kate Manne etwa, eine brillante und zeitgemäße Analyse von Frauenfeindlichkeit und Sexismus, ist zum Teil eine Reaktion auf die amerikanische Präsidentenwahl 2016. Das Buch entstand in weniger als einem Jahr.

Natürlich findet ein Teil der wichtigsten philosophischen Arbeit außerhalb von Büchern statt. Wie wir im Verlauf all dieser Historien durchgehend gesehen haben, erscheint das philosophische Werk in unzähligen Formen, unter anderem, aber ganz sicher nicht nur, in Druckerzeugnissen. Angesichts jüngster Veränderungen in der Kommunikationstechnologie – die etwa digitale Aufnahmemethoden einem großen Personenkreis zugänglich machten – überrascht es nicht, dass viele Menschen heute Philosophie nicht in Form gedruckter Bücher oder Essays konsumieren, sondern online und auf ihren Mobilgeräten. Hier, zu Beginn des neuen Jahrtausends und am Ende dieses Buches über Bücher, könnte es hilfreich sein, einige andere Arten philosophischer Medien zu erwähnen, die derzeit im Angebot sind.

In mancher Hinsicht erleben wir gerade eine Rückkehr zu mündlichen Traditionen, wie sie einst auf der ganzen Welt verbreitet waren, bevor sie durch den Kolonialismus abrissen. In Audio-Podcasts findet ein großer Teil des zeitgenössischen Philosophierens statt. Einer der Haupttexte, die uns zu diesem Buch inspiriert und bei seiner Entstehung geholfen haben, ist der Podcast *History of Philosophy Without Any Gaps* von Peter Adamson. In 20-minütigen Episoden taucht Adamson in die Feinheiten verschiedener philosophischer Traditionen ein, oft im Gespräch mit Spezialist*innen wie Nkiru Nzegwu und Monima Chadha. Es sollte auch erwähnt werden, dass die Skripte für den Podcast niedergeschrieben wurden und auch in Buchform erhältlich sind – diese Medien sind weder exklusiv noch stehen sie in unmittelbarer Konkurrenz zueinander.

Onlineforen wie YouTube haben Räume für Denkerinnen und Denker eröffnet, ob institutionell gebunden oder nicht, in denen sie ihre Arbeit vielen Menschen zugänglich machen können. Kurze, einfache Erklärungsvideos aus Contentschmieden wie ContraPoints (von Natalie Wynn), 8-bit Philosophy und The School of Life (ins Leben gerufen von Alain de Botton) werden millionenfach angesehen. Häufig werden diese Texte von Animationen begleitet, die wie das Bilderbuch *Ardahang* speziell für didaktische Zwecke erstellt wurden. Eines der jüngsten Beispiele der Digitalisierung ist die App *Xuéxi Qiángguó* (grob übersetzt «Studiere die große Nation»), veröffentlicht 2019. Sie dient der Verbreitung der Gedanken des Präsidenten der Volksrepublik China, Xi Jinping.

Ebenfalls erst durch das Internet möglich gemacht wurden Massenkollaborationen. Denker*innen aus der ganzen Welt treffen sich in virtuellen Räumen und vereinigen ihr Wissen, um so etwas wie eine Onlineversion des Hauses der Weisheit zu schaffen. Zu den umfangreichsten dieser Onlineräume gehört Wikipedias Philosophie-Portal mit Zehntausenden Artikeln über philosophische Themen. Ebenso findet man in der *Internet Encyclopedia of Philosophy* und in der *Stanford Encyclopedia of Philosophy* (beide 1995–) Hunderte detaillierter, frei zugänglicher und intellektuell handfester Einträge von Fachleuten aus verschiedenen Teilen der Erde (wenn auch bisher nur auf Englisch). Wie Wikipedia und andere Onlinetexte werden diese Enzyklopädien fortlaufend aktualisiert und erweitert, zum Nutzen von Studierenden wie Praktizierenden.

Zum Philosophieren versammelt man sich nicht mehr auf Marktplätzen, wie es die alten Babylonier taten, aber Twitter, Reddit und Facebook haben inzwischen eine ähnliche Funktion übernommen. Hier entsteht ein Großteil des interessanten philosophischen Werks durch philosophische Aktivist*innen wie Shaikha al-Jassem, Nathaniel Adam Tobias Coleman und Sara Ahmed, die sich neben gedruckten Veröffentlichungen (oder statt auf diese) auf Engagement und Widerstand konzentrieren. Intellektuelle Bewegungen wie #RhodesMustFall und #DecoloniseMyCurriculum begannen nicht zufällig in den sozialen Medien. Natürlich erkennt der Mainstream-Wissenschaftsbetrieb diese Formen philosophischer Arbeit noch nicht an. Wie beim Werk der Kyniker, das außerhalb von Mark Aurels Bildungssystem entstand, besteht die Möglichkeit, dass fortlaufende Debatten in der «Twittersphäre» wegen der Wechselfälle zeitgenössischer Archivierungsprozesse für die zukünftige Geschichtsforschung verloren sind.

In mancher Hinsicht schaffen und verbreiten Philosophinnen und Philosophen Inhalte auf zutiefst neue und unerwartete Weise. Der Umstand, dass wir auf der Fahrt ins Büro ein animiertes vierminütiges Video ansehen können, das Du Bois' Konzept des doppelten Bewusstseins erklärt, ist sicherlich etwas ganz Wunderbares. Doch in anderer, sehr realer Hinsicht sind diese «neuen» Möglichkeiten eigentlich nur Variationen alter Diskursformen, die sich auf der ganzen Welt durch unsere Historien ziehen. Eine der ältesten und zweifellos eine der dauerhaftesten ist die gedruckte Seite. Die Bücher, die wir hier besprochen haben, erzählen Historien, die parteiisch, oft tendenziös und manchmal widersprüchlich sind. Dennoch ist die Buchtechnologie beeindruckend ausgeklügelt und diese Texte sind zugänglich, fangen zuverlässig Gedankenwelten ein und lassen sich leicht archivieren. In vielerlei Hinsicht sind sie noch lange nicht verdrängt worden. Unabhängig davon, was die Zukunft bereithält, sehr wahrscheinlich kommen Bücher darin vor. Und Bücher über Bücher. Und vielleicht auch Bücher über diese Bücher.

ANHANG

GLOSSAR

Dieses kurze Glossar gibt einen Überblick über die Fachbegriffe, die im Text nicht explizit erklärt werden.

Askese
Lebensweise, deren Anhänger alle Formen von Übermaß und Genuss vermeiden.

Bindung
Die Methode, mit der Seiten oder Blätter zusammengehalten werden.

Kolonisation
Der Vorgang, die indigene Bevölkerung eines Gebietes zu vertreiben und/oder Kontrolle über sie auszuüben.

Kolophon
Angaben auf der Rückseite eines Buches mit Informationen über den Herstellungsprozess.

Kosmologie
Der Zweig der Astronomie, der sich mit der Entwicklung des Universums oder «Kosmos» beschäftigt.

Entkolonialisierung
Der Vorgang, sich aus einer ehemaligen Kolonie zurückzuziehen oder die Kolonie an die indigene Bevölkerung zurückzugeben.

Demokratie
Ein politisches System, in dem Entscheidungen von der Öffentlichkeit *(demos)* mithilfe eines Wahlverfahrens getroffen werden.

Despotismus
Eine Art der Landesführung, bei der eine einzelne Person – ein*e Despot*in – mit absoluter Macht herrscht.

Dichotomie
Trennung zwischen zwei vermeintlich gegensätzlichen Dingen.

Egalitarismus
Die These, dass die Menschen gleichbehandelt werden sollten.

Empirisch
Als Beschreibung einer Aussage oder Idee: basierend auf Beobachtung oder Erfahrung.

Vorsatz
Das Papier, das an die Innenseite des Einbands geklebt wird. Oft marmoriert.

Epistemologie/Erkenntnistheorie
Zweig der Philosophie, der sich damit beschäftigt, was wir wissen und woher wir es wissen (vom griechischen *episteme* = «Wissen»).

Ethik
Kodex moralischer Prinzipien, die das Verhalten leiten. Zweig der Philosophie, der diesen Kodex untersucht.

Exegese
Kritische Untersuchung von Texten, typischerweise religiösen Schriften.

Fliegendes Blatt
Leere Seite, die beim Binden zwischen dem Vorsatz und dem Beginn oder Ende des Textes eingefügt wird.

Bundsteg
Der Innenrand auf den Blättern eines gebundenen Buches.

Heuristisch
Eine Lernmethode.

Ideologie
Ideensystem, das z. B. die wirtschaftliche oder politische Theorie formt.

Karma
Metaphysisches Prinzip in Hinduismus und Buddhismus, das sich auf Vorgänge von Ursache und Wirkung auf spiritueller Ebene bezieht, durch die z. B. die Absicht eines Individuums seine Zukunft beeinflusst.

Metaphysik
Zweig der Philosophie, der sich mit der fundamentalen Struktur der Realität beschäftigt.

Monotheismus
Die Doktrin, dass es nur eine Gottheit gibt.

Moralität
Zweig der Philosophie, der sich mit der Unterscheidung zwischen «richtig» und «falsch» beschäftigt.

Ontologie
Die Untersuchung der Existenz und dessen, welche Dinge existieren und welche nicht.

Recto
Vorderseite eines Blattes oder rechte Seite.

Selbstverleugnung
Verleugnung des Selbst, Selbstopferung oder Aufgabe persönlicher Rechte oder Besitztümer.

Pergament
Dünnes, ungegerbtes Leder aus Kalbshaut.

Verso
Linke Seite in einem aufgeschlagenen Buch.

WEITERFÜHRENDE LITERATUR

Natürlich gibt es eine unbegrenzte Anzahl an Texten und Ressourcen (schriftliche und andere), die weiteren Aufschluss über die oben beschriebenen Traditionen geben. Hier einige, die uns beim Schreiben dieses Buches geholfen haben oder die anderswie von großem Interesse sind.

Adamson, Peter https://historyofphilosophy.net/

Baggini, Julian How the World Thinks: A Global History of Philosophy Granta Books 2018

British Library Digitised Manuscripts: http://www.bl.uk/manuscripts/

British Museum Digital Collection: https://www.britishmuseum.org/collection

Collins, Patricia Hill Black Feminist Thought: Knowledge, Consciousness, and the Politics of Empowerment, Hyman (1990)

Lorraine Daston Against Nature MIT Press (2019)

Dotson, Kristie How is this Paper Philosophy? Comparative Philosophy 3:1 (2013)

Frankopan, Peter The Silk Roads: A New History of the World Bloomsbury, 2015

Ganeri, Jonardon The Oxford Handbook of Indian Philosophy Oxford University Press 2017

Gordon, Lewis An Introduction to Africana Philosophy Cambridge University Press 2008

Lai, Karyn An Introduction to Chinese Philosophy Cambridge University Press 2017

Library of Congress Digital Collections: https://www.loc.gov/collections/

Mills, Charles The Racial Contract Cornell University Press (1997)

Müller-Salo, Johannes: Analytische Philosophie, UTB, 2020.

National Gallery Digital Collection: https://www.nationalgallery.org.uk/paintings/search-the-collection

Park, Peter K. J. Africa, Asia, and the History of Philosophy: Racism in the Formation of the Philosophical Canon, 1780-1830 SUNY Press, 2013.

Pfister, Jonas: Philosophie. Ein Lehrbuch. Reclam, 2011.

Rentsch, Thomas: Philosophie des 20. Jahrhunderts: Von Husserl bis Derida, C.H. Beck 2019.

Ruffing, Reiner: Einführung in die Geschichte der Philosophie, UTB, 2006.

Russell, Bertrand: History of Western Philosophy, Routledge, 2004.

Störig, Hans Joachim: Kleine Weltgeschichte der Philosophie, Fischer, 1999.

Waithe, Mary Ellen A History of Women Philosophers, Volumes I-IV. Springer, 1987-1995.

Wellcome Library Digital Collections: https://wellcomelibrary.org/collections/digital-collections/

Whiting, Lisa; Buxton, Rebecca The Philosopher Queens: The Lives and Legacies of Philosophy's Unsung Women Unbound 2020

ANMERKUNGEN ZU NAMEN UND ZU ÜBERSETZUNGEN

In Bezug auf die unterschiedlichen philosophischen Traditionen sahen wir uns mit zahlreichen Schwierigkeiten in Bezug auf Namen und bezüglich der korrekten Übersetzung von Begriffen konfrontiert. Um konsistent zu sein und um Platz zu sparen, entschieden wir uns, die Titel der verschiedenen Bücher stets ins Deutsche zu übersetzen sowie den Originaltitel zu nennen. Wo es möglich war, haben wir darauf geachtet, die üblichen Sonderzeichen bei der Transliteration zu verwenden. Bezüglich den Namen haben wir uns darum bemüht, jene zu verwenden, die die Autoren selber auch verwendet haben. Dies betrifft insbesondere philosophische Schulen (so haben wir uns beispielsweise für den Begriff «Ruismus» statt des im deutschen Sprachraum üblicheren «Konfuzianismus» entschieden). Bei den Namen ist es des Weiteren so, dass im chinesischen Sprachraum – anders als etwa im deutschen, englischen und französischen Sprachraum – stets der Nachname vor dem Vornamen steht. Wir haben diese Konvention ebenfalls beibehalten.

REGISTER

Die *kursiv* gesetzten Nummern verweisen auf Abbildungen

D

E

F

G

H

BILDNACHWEISE

S. 6: akg-images; S. 7: Granger Historical Picture Archive/Alamy Stock Photo; S. 8 oben: Wikimedia Commons; S. 8: unten © Österreichische Nationalbibliothek; S. 9: ART Collection/Alamy Stock Photo; S. 10 :CM Dixon/Print Collector/Getty Images; S. 11: Robert Alexander/Getty Images; S. 14: Metropolitan Museum of Art; S. 15 links: Fine Art Images/Heritage Images/Getty Images; S. 15: Louvre Museum; S. 16: Bibliothèque nationale de France; S. 17 oben: DEA/G. DAGLI ORTI/De Agostini via Getty Images; S. 17 unten: Bibliothèque nationale de France; S. 18: British Museum; S. 19: British Museum; S. 20: Wikimedia Commons; S. 21: Fine Art Images/Heritage Images/Getty Images; S. 22 oben: © British Library Board. All Rights Reserved/Bridgeman Images; S. 22 unten: © British Library Board. All Rights Reserved/Bridgeman Images; S. 23: Wikimedia Commons; S. 25: Museum of East Asian Art/Heritage Images/Getty Images; S. 26: Alyce and Edwin DeCosta and the Walter E. Heller Foundation, Frederick W. and Nathalie C. Gookin Endowment, and Frederick W. Renshaw Acquisition Funds; S. 27 links: Wikimedia Commons; S. 27 rechts: Bridgeman Images; S. 28 oben: Pictures from History/Bridgeman Images; S. 28 oben: Östasiatiska Museet, Stockholm; S. 29: Hunan Province Museum; S. 30 oben: Metropolitan Museum of Art; S. 30 unten: Freer Gallery of Art, Smithsonian Institution/Gift of Eugene and Agnes E. Meyer/Bridgeman Images; S. 31: Archive.org; S. 32: Fine Art Images/Heritage Images/Getty Images; S. 33: Alto Vintage Images/Alamy Stock Photo; S. 34: Album/Alamy Stock Photo; S. 35: Archive.org; S. 36: Hulton Archive/Getty Images; S. 37: www.BibleLandPictures.com/Alamy Stock Photo; S. 38: DeAgostini/Getty Images; S. 42: Luisa Ricciarini/Bridgeman Images; S. 43: British Library; S. 44 oben: British Library; S. 44 unten: British Library; S. 45 oben: Royal Geographical Society/Getty Images; S. 45 oben: Peter Horree/Alamy Stock Photo; S. 46: PHAS/Universal Images Group/Getty Images; S. 48: Wikimedia Commons; S. 49: British Library; S. 50: Purchase, Denise and Andrew Saul Gift, in honor of Maxwell K. Hearn, 2014; S. 51: Wellcome Collection; S. 52: imageBROKER/Alamy Stock Photo; S. 53: British Library; S. 54-55: Gift of Marie-Hélène and Guy Weill, 1984; S. 55: Public domain; S. 56: ART Collection/Alamy Stock Photo; S. 57 oben: DeAgostini/Getty Images; S. 57 unten: Album/Alamy Stock Photo; S. 58 oben: World Digital Library/National Library of China; S. 58 unten: Pictures from History/Bridgeman Images; S. 59: World Digital Library/Library of Congress; S. 60 oben: Princeton University Art Museum. Bequest of John B. Elliott, Class of 1951; S. 60 unten links: Wikimedia Commons; S. 60 unten rechts: Wikimedia Commons; S. 61 oben: Princeton University Art Museum. Bequest of John B. Elliott, Class of 1951; S. 61 unten links: Wikimedia Commons; S. 61 unten Mitte: Wikimedia Commons; S. 61 unten rechts: Wikimedia Commons; S. 62 links: Royal Academy of Arts; S. 62 rechts: Shanghai Museum; S. 63: Purchase, Bequests of Edna H. Sachs and Flora E. Whiting, by exchange; Fletcher Fund, by exchange; Gifts of Mrs. Harry Payne Bingham and Mrs. Henry J. Bernheim, by exchange; and funds from various donors, by exchange, 2016; S. 64: DEA/ICAS94/Getty Images; S. 65: DeAgostini/Getty Images; S- 66: Adams Library at the Boston Public Library; S. 67 rechts: Heidelberg University Library; S. 70: Yale Center for British Art, Paul Mellon Collection; S. 72 oben: British Library; S. 72 unten: British Library; S. 74 links: © Archives Charmet/Bridgeman Images; S. 74 rechts: The Picture Art Collection/Alamy Stock Photo; S. 75: CPA Media Pte Ltd/Alamy Stock

Photo; S. 76 links: Bequest of Mary Clark Thompson, 1923; S. 76 rechts: Gift of Mrs. Joseph Brummer and Ernest Brummer, in memory of Joseph Brummer, 1948; S. 77 links: © Raffaello Bencini/Bridgeman Images; S. 77 rechts: Wikimedia Commons; S. 78 links: Bridgeman Images; S. 78 rechts: British Library; S. 79 oben: Bequest of Joseph H. Durkee, 1898; S. 79 unten: Gift of Ivan B. Hart/Bridgeman Images; S. 81 oben: Wikimedia Commons; S. 81 Mitte: Wikimedia Commons; S. 81 oben: Wikimedia Commons; S. 82 oben: Wikimedia Commons; S. 82 unten: Wikimedia Commons; S. 83: The Sackler Collections, Purchase, The Sackler Fund, 1965; S. 84: The Sackler Collections, Purchase, The Sackler Fund, 1965; S. 84-85: Library of Congress, Asian Division, Chinese Rare Books; S. 86-87: Library of Congress, Asian Division, Chinese Rare Books; S. 88-89: Library of Congress, Asian Division, Chinese Rare Books; S. 90-91: Bridgeman Images; S. 92-93: Bridgeman Images; S. 93: Bridgeman Images; S. 94: CPA Media Pte Ltd/Alamy Stock Photo; S. 95 oben: Heritage Image Partnership Ltd/Alamy Stock Photo; S. 95 unten: Icas94/De Agostini Picture Library via Getty Images; S. 96 oben links: British Library; S. 96 oben rechts: British Library; S. 96 unten: British Library; S. 97: British Library; S. 100: © Christie's Images/Bridgeman Images; S. 101 oben: Birmingham University; S. 101 unten: Metropolitan Museum of Art. Rogers Fund, 1937; S. 102 oben: Purchase, Friends of Islamic Art Gifts, 2004; S. 102 unten: Purchase, Lila Acheson Wallace Gift, 2004; S. 103 oben: Metropolitan Museum of Art. Rogers Fund, 1940; S. 103 unten links: Heritage Arts/Heritage Images via Getty Images; S. 103 unten rechts: Heritage Arts/Heritage Images via Getty Images; S. 105: Edwin Binney 3rd Collection/Bridgeman Images; S. 106: © Archives Charmet/Bridgeman Images; S. 107: Chester Beatty Digital Collections; S. 108: Wellcome Collection; S. 109: Yale University Library; S. 111: The Print Collector/Alamy Stock Photo; S. 112: www.BibleLandPictures.com/Alamy Stock Photo; S. 113: Gift of Mr. and Mrs. Stanley Herzman, 1979; S. 114: H. O. Havemeyer Collection, Bequest of Mrs. H. O. Havemeyer, 1929; S. 115: H. O. Havemeyer Collection, Bequest of Mrs. H. O. Havemeyer, 1929; S. 116-117: Nara National Museum; S. 116 unten: Gift of Robert Allerton; S. 118: Wikimedia Commons; S. 120 oben: Leemage/Corbis via Getty Images; S. 120 unten: Abbey Library of St. Gallen ; S. 121: Chronicle/Alamy Stock Photo; S. 122: Copenhagen, Arnamagnæan Collection, AM 242 fol. Photograph: Suzanne Reitz. Published with permission from the Arnamagnæan Institute; S. 123 links: Bayerische Staatsbibliothek; S. 123 rechts: Fine Art Images/Heritage Images/Getty Images; S. 126: Bridgeman Images; S. 127: University of Toronto; S. 128: © Christie's Images/Bridgeman Images; S. 130 oben: © Bodleian Libraries, University of Oxford; S. 130 unten: Qatar National Library; S. 131: CPA Media Pte Ltd/Alamy Stock Photo; S. 132: Wellcome Collection; S. 133: British Library; S. 134: Art Collection 2/Alamy Stock Photo; S. 135 oben: British Library; S. 135 unten: VCG Wilson/Corbis via Getty Images; S. 136-137: Jointly owned by The Israel Museum, Jerusalem, and The Metropolitan Museum of Art, New York, 2013.; S. 138 oben: British Library; S. 138 unten links: British Library; S. 138 unten rechts: British Library; S. 140: Bibliotheque National de France; S. 141 National Palace Museum; S. 142: National Palace Museum; S. 143 oben: © Archives Charmet/Bridgeman Images; S. 143 unten links: CPA Media Pte Ltd/Alamy Stock Photo; S. 143 unten rechts: Photo12/Universal Images Group via Getty Images; S. 144 links: British Library; S. 144 rechts: British Library; S. 145 links: British Library; S. 145 rechts: British Library; S. 146: Museum of Fine Arts, Boston; S. 147: CPA Media Pte Ltd/Alamy Stock Photo; S. 148-149: Mary Griggs Burke Collection, Gift of the Mary and Jackson Burke Foundation, 2015; S. 150: © British Library Board. All Rights Reserved/Bridgeman Images; S. 151: © British Library Board. All Rights Reserved/Bridgeman Images; S. 152 oben: Mary Griggs Burke Collection, Gift of the Mary and Jackson Burke Foundation, 2015; S. 152 unten: Mary

Griggs Burke Collection, Gift of the Mary and Jackson Burke Foundation, 2015; S. 153 oben: Mary Griggs Burke Collection, Gift of the Mary and Jackson Burke Foundation, 2015; S. 153 unten: Mary Griggs Burke Collection, Gift of the Mary and Jackson Burke Foundation, 2015; S. 154: Purchase, Gifts of Mrs. Russel Sage, Mrs. Peter Gerhard, Mr. and Mrs. Donald Percy, Charles Stewart Smith, Mrs. V. Everit Macy, Mrs. Thomas Van Buren, Mrs. Charles Stewart Smith, Hartwell J. Staples, Mrs. George A. Crocker and Mr. and Mrs. Samuel Coleman, by exchange; Bequests of Edward C. Moore, James Alexander Scrymser and Stephen Whitney Phoenix, by exchange; Rogers Fund and funds from various donors, 1980; S. 155 links: British Library; S. 155 rechts: DEA PICTURE LIBRARY/Getty Images; S. 156: DeAgostini/Getty Images; S. 157 links: Chronicle/Alamy Stock Photo; S. 157 Mitte: Chronicle/Alamy Stock Photo; S. 157 rechts: The Picture Art Collection/Alamy Stock Photo; S. 159 links: Fine Art Images/Heritage Images/Getty Images; S. 159 rechts: Fine Art Images/Heritage Images/Getty Images; S. 160: Fine Art Images/Heritage Images/Getty Images; S. 161: Fine Art Images/Heritage Images/Getty Images; S. 162 oben links: British Library; S. 162 oben rechts: British Library; S. 162 unten: British Library; S. 163: Bibliothèque nationale de France; S. 164: British Library; S. 166-167: Wikimedia Commons; S. 170: Otto Vollbehr Collection, Rare Book and Special Collections Division, Library of Congress; S. 171 oben: Universal History Archive/Getty Images; S. 171 unten: Fine Art Images/Heritage Images/Getty Images; S. 172 oben: INTERFOTO/Alamy Stock Photo; S. 172 unten: Bridgeman Images; S. 173: © Christie's Images/Bridgeman Images; S. 174 oben links: British Library; S. 174 oben rechts: Library of Congress, Rare Book and Special Collections Division; S. 174 unten: Library of Congress, Rare Book and Special Collections Division; S. 175 oben: Library of Congress, Rare Book and Special Collections Division; S. 175 unten links: © British Library Board. All Rights Reserved/Bridgeman Images; S. 175 unten rechts: Rijksmuseum; S. 176: British Library; S. 177: British Library; S. 178 links: DeAgostini/Getty Images; S. 178 rechts: DeAgostini/Getty Images; S. 179: Archive.org; S. 180: Granger Historical Picture Archive/Alamy Stock Photo; S. 181 links: The Folger Shakespeare Library; S. 181 rechts: incamerastock/Alamy Stock Photo; S. 182: Mauritshuis; S. 183: Wikimedia Commons; S. 184 links: Heritage Image Partnership Ltd/Alamy Stock Photo; S. 184 Mitte: Bibliothèque nationale de France; S. 184 rechts: Rijksmuseum; S. 186 oben: SLUB Dresden; S. 186 unten: SLUB Dresden; S. 187: SLUB Dresden; S. 188: Houghton Library, Harvard University; S. 189: British Library; S. 190 links: Herzog Anton Ulrich-Museum; S. 190 rechts: INTERFOTO/Alamy Stock Photo; S. 191: Gottfried Wilhelm Leibniz Bibliothek; S. 192: Chronicle/Alamy Stock Photo; S. 193 links: Wellcome Library; S. 193 rechts: Stefano Bianchetti/Bridgeman Images; S. 194: © The Trustees of the British Museum; S. 195: Archive.org; S. 196 links: University of Ottawa; S. 196 rechts: University of Ottawa; S. 197: University of Pennsylvania; S. 198 links: Herzog August Library; S. 198 rechts: Archive.org; S. 199: Archive.org; S. 200: Museum of Fine Arts Boston; S. 201: Mamma Haidara Commemorative Library; S. 202: The History Collection/Alamy Stock Photo; S. 203: British Library; S. 204 oben: Pictorial Press Ltd/Alamy Stock Photo; S. 204 unten: Fine Art Images/Heritage Images/Getty Images; S. 205: Fine Art Images/Heritage Images/Getty Images; S. 206 links: Granger Historical Picture Archive/Alamy Stock Photo; S. 206 rechts: Flikr/Yale Law Library; S. 207 links: Granger Historical Picture Archive/Alamy Stock Photo; S. 207 rechts: Hulton Archive/Getty Images; S. 211 links: Fine Art Images/Heritage Images via Getty Images; S. 211 rechts: Everett Collection/Shutterstock.com; S. 212 oben links: © AF Fotografie/Bridgeman Images; S. 212 oben rechts: Brigham Young University-Idaho; S. 212 unten: Zentralbibliothek Zürich; S. 214 oben links: National Portrait Gallery; S. 214 oben rechts: Lincoln Financial

Foundation Collection; S. 214 unten: Bernard Gotfryd/Getty Images; S. 215 oben links: Wellesley College Library; S. 215 oben rechts: Wellesley College Library; S. 215 unten: Archive.org; S. 216: Granamour Weems Collection/Alamy Stock Photo; S. 217 links: © British Library Board. All Rights Reserved/Bridgeman Images; S. 217 rechts: ullstein bild/ullstein bild via Getty Images; S. 218: Lebrecht Music & Arts/Alamy Stock Photo; S. 219 links: Wellcome Library; S. 219 rechts: Universal History Archive/Getty Images; S. 220 oben: Historic Images/Alamy Stock Photo; S. 220 unte links: Fine Art Images/Heritage Images/Getty Images; S. 220 oben rechts: Peter Harrington Books; S. 222 links: Kyodo News Stills via Getty Images; S. 222 rechts: Kyodo News Stills via Getty Images; S. 223: The Asahi Shimbun via Getty Images; S. 224 links: Maggs Bros; S. 224 rechts: Mags Bros; S. 225 oben: Deutsches Literaturarchiv Marbach; S. 225 unten: adoc-photos/Corbis via Getty Images; S. 226: Sarah Lee/Guardian/eyevine; S. 227 oben: Steve Pyke/Getty Images; S. 227 unten: Steve Pyke/Getty Images; S. 228 oben: © Sophie Bassouls/Bridgeman Images; S. 228 unten links: Routledge, 1980; S. 228 unten rechts: Schocken, 1971; S. 229 oben links: Bridgeman Images; S. 229 oben rechts: Harcourt, Brace: New York, NY, USA, 1951; S. 229 unten links: Univ. of California Press, 1979; S. 229 unten rechts: Penguin, New York, 1948; S. 230 oben: Apic/Getty Images; S. 230 unten: Gallimard; S. 231: Everett Collection Inc/Alamy Stock Photo; S. 232 links: Beacon, 1972; S. 232 Mitte: STF/AFP via Getty Images; S. 232 rechts: Monthly Review Press, New York, 1972; S. 234 oben links: Peter Harrington Books; S. 234 oben rechts: Gallimard; S. 234 oben links: Il Saggiatore, Milano; S. 234 unten rechts: Gallimard; S. 235 oben links: Uber Bilder/Alamy Stock Photo; S. 235 oben rechts: Gallimard; S. 235 unten links: Published by Saggiatore, La Cultura, Milano, 1965, supplied by Peter Harrington; S. 235 unten rechts: Published by Saggiatore, La Cultura, Milano, 1965, supplied by Peter Harrington; S. 236: Pictures from History/Bridgeman Images; S. 237 oben: David Pollack/Corbis via Getty Images; S. 237 unten links: Bridgeman Images; S. 237 unten rechts: © AF Fotografie/Bridgeman Images; S. 239 oben links: Everett Collection Inc/Alamy Stock Photo; S. 239 oben rechts: Cornell University Press: Ithaca, NY, USA, 1963; S. 239 unten links: Cambridge University Press, Cambridge, UK, 1980; S. 239 unten Mitte: Basic Books: New York, NY, USA, 1974; S. 239 unten rechts: Martha Holmes/The LIFE Images Collection via Getty Images/Getty Images; S. 241 oben: © Globe Photos/ZUMAPRESS. com; S. 241 unten links: Viking Press: New York, NY, USA, 1979; S. 241 unten rechts: Crossing Press: Berkeley, CA, USA, 1984; S. 242 oben: The Third Press: New York, NY, USA, 1971; S. 242 unten: Jack Mitchell/Getty Images; S. 243 oben links: Aunt Lute Books: San Francisco, CA, USA, 1987; S. 243 oben rechts: Macat: London, UK, 2018; S. 243 unten: Routledge: New York, NY, USA, 1990; S. 244: Richard Bord/ Getty Images for Cannes Lions; S. 245 Mitte: Wikimedia Commons; S. 245 oben rechts: Wikimedia Commons; S. 245 unten rechts: Polity: Cambridge, UK, 2013; S. 246 unten links: Louise Kennerley/Fairfax Media via Getty Images via Getty Images; S. 246 unten rechts: Weidenfeld & Nicolson, London, 2019; S. 247 oben: Maciek Musialek/NurPhoto via Getty Images; S. 247 unten links: Fulcrum Books; S. 247 unten Mitte: Allen Lane, New York, USA, 2019; S. 247 unten rechts: Spencer Platt/Getty Images; S. 248 oben links: Matt Winkelmeyer/Getty Images for Vanity Fair; S. 248 oben rechts: Public Affairs, Hachette Book Group: New York, NY, USA, 2019; S. 248 unten links: Allen Lane, New York, USA, 2019; S. 248 unten rechts: Bernd von Jutrczenka/dpa/Pool/dpa/Alamy Live News; S. 249 links: Duke University Press; S. 249 rechts: Wikimedia Commons; S. 250 oben: Guy Corbishley/Alamy Live News; S. 250 unten links: Awakening/Getty Images; S. 250 unten rechts: Ulf ANDERSEN/Gamma-Rapho via Getty Images; S. 251: Oxford University Press: New York, NY, USA, 2017; S. 252: Jeffrey Blackler/Alamy Stock Photo

DANKSAGUNGEN

Unser Dank gilt allen bei Ivy und Francis Cooper, die dabei geholfen haben, dieses Buch Wirklichkeit werden zu lassen. Dazu gehören Jennifer Barr, Natalia Price-Cabrera und vor allem Tom Kitch, der das Buch durch die schwierigen frühen Produktionsphasen steuerte. Ein besonders großer Dank an unsere wunderbaren Leser*innen Yoko Arisaka, Jonardon Ganeri und Dag Herbjørnsrud, deren Anmerkungen, Ermunterungen und Rückmeldungen für uns von unschätzbarem Wert waren. Danken möchten wir auch unseren Freund*innen, Familien und Kolleg*innen Anonymous, Zara Bain, Laurencia Saenz Benavides, Anna Bennett, Emily Berry, Florence Bullough, Nenna Orie Chuku, Nathaniel Adam Tobias Coleman, James Cox, Darren Chetty, Rageshri Dhairyawan, Maeve Duval, Alexandra Elbakyan, the Ferner-Moss Collective, Alice Franklin, Medi Gwosdz, Beth Hannon, Maya Kalaya, librarians and bookbinders, Lottie Manzi, Luke Massey, Esther McManus, Nadia Mehdi, Jonathan Nassim, Mar Steenhagen, Aaron Swartz, Sem, Mike Smith, Judith Suissa, Will Tattersdill, Liza Thompson, Vivienne Watson, Andy West und Juma Woodhouse. Und danke an Sie fürs Lesen.

Dieses Buch ist Hide Ishiguro gewidmet.

ÜBER DIE AUTOREN

DR. ADAM FERNER Adam Ferner ist ein unabhängiger Forscher und Jugendarbeiter. Er veröffentlichte zahlreiche Artikel in Fachjournalen und Zeitschriften, schrieb Computerspiele und produzierte bisher vier Bücher: *Organisms and Personal Identity* (2016), *Anders denken* (2018), *Crash Course: Philosophy* (mit Zara bain und Nadia Mehdi) und *Richtig nein sagen* (2019) (mit Darren Chetty). Sein fünftes Buch *Unpleasant Thoughts* ist eine Sammlung von Kurzgeschichten und wird bei Bloomsbury veröffentlicht. Ferner ist Mitherausgeber der Forum's Essays und Mitglied der kollaborativen Nordlondoner Kreativkollektivs Changelings.

DR. CHRIS MEYNS Chris Meyns dichtet, entwickelt, bewahrt Architektur und lebt in Uppsala in Schweden. Publizierte zur Geschichte der Daten und zu Anton Wilhelm Amos Philosophie des Geistes. Das von Dr. Meyns herausgegebene *Information and the History of Philosophy* wird 2021 veröffentlicht. Chris Meyns konzentriert sich aktuell auf die Verletzlichkeit in Ökosystemen des Informationsaustauschs.